全面解析增值税制度与实务操作
———— 深入分析典型案例 ————

增值税
实务操作与典型案例分析

翟继光 邓杰 朱锡康 ◎ 著

- 制度解读 | 全面权威
- 实务操作 | 清晰准确
- 典型案例 | 分析透彻

立信会计出版社
LIXIN ACCOUNTING PUBLISHING HOUSE

图书在版编目（CIP）数据

增值税实务操作与典型案例分析 / 翟继光，邓杰，朱锡康著 . -- 上海：立信会计出版社，2025.6.
ISBN 978-7-5429-7963-6

Ⅰ．F812.424

中国国家版本馆 CIP 数据核字第 2025QC8849 号

责任编辑　毕芸芸

增值税实务操作与典型案例分析
ZENGZHISHUI SHIWU CAOZUO YU DIANXING ANLI FENXI

出版发行	立信会计出版社		
地　　址	上海市中山西路 2230 号	邮政编码	200235
电　　话	（021）64411389	传　　真	（021）64411325
网　　址	www.lixinaph.com	电子邮箱	lxaph@sh163.net
网上书店	www.shlx.net	电　　话	（021）64411071
经　　销	各地新华书店		

印　　刷	北京鑫海金澳胶印有限公司
开　　本	710 毫米 × 1000 毫米　1/16
印　　张	28.5
字　　数	482 千字
版　　次	2025 年 6 月第 1 版
印　　次	2025 年 6 月第 1 次
书　　号	ISBN 978-7-5429-7963-6/F
定　　价	98.00 元

如有印订差错，请与本社联系调换

前　言

　　增值税是我国第一大税种，在保证税收收入稳定、提升财政治理能力方面发挥着至关重要的作用。2024年12月25日，第十四届全国人民代表大会常务委员会第十三次会议表决通过《中华人民共和国增值税法》（以下简称《增值税法》），自2026年1月1日起施行。为了帮助广大企业及财务会计人员掌握《增值税法》的主要内容，我们编写了《增值税实务操作与典型案例分析》一书。

　　本书对增值税的基本制度与实务操作方法进行了全面阐述，并对典型案例进行了分析。全书内容分为十一章，涉及增值税纳税人实务操作、增值税征税范围实务操作与典型案例分析、增值税税率实务操作与典型案例分析、增值税销项税额计算实务操作与典型案例分析、增值税进项税额计算实务操作与典型案例分析、增值税应纳税额计算及留抵退税实务操作与典型案例分析、增值税税收优惠实务操作与典型案例分析、增值税发票开具实务操作与典型案例分析、增值税纳税申报实务操作与典型案例分析、增值税法律责任与典型案例分析、增值税纳税筹划技巧与典型案例分析。

　　本书具有以下三个特点：

　　第一，制度解读全面权威。本书对增值税的基本制度进行了全面解读，力求兼顾理论性和通俗性。本书第一作者长期从事增值税相关法规的教学和研究工作，且曾多次参与财政部、国家税务总局、中国法学会等组织的专家研讨会，对增值税制度的阐释全面权威。

　　第二，实务操作清晰准确。本书全面收录了现行有效的增值税实务操作规范，并通过"特别提示""疑难问题解答"和"实操案例"等方式予以提示和解释，方便读者清晰、准确地把握增值税的实务操作方法。

　　第三，典型案例分析透彻。全书精选与增值税制度相关的法院经典案例，在介绍基本案情的同时，精选法院判决的观点，让读者准确把握增值税制度在具体案例中的应用。

本书由中国政法大学教授瞿继光，以及百账汇（广州）科技有限公司董事长邓杰、联合创始人朱锡康合著。本书引用的法律法规和其他规范性文件均截至2025年2月28日。本书既适宜作为广大企业及财务会计人员了解和掌握增值税制度的参考书，也适宜作为各级税务机关宣传普及增值税法知识的科普读物，还适宜作为高等院校学生和研究人员的参考资料。

由于编写时间紧、工作量大，本书难免有不足之处，恳请广大读者和学界专家提出宝贵意见。如您有任何意见或指正，请和瞿继光老师联系（邮箱：jiguangq@cupl.edu.cn），我们将在再版时予以修正。

作者

2025年3月10日

目　录

第一章　增值税纳税人实务操作 … 1
- 第一节　增值税纳税人的认定 … 1
- 第二节　增值税小规模纳税人的标准 … 2
- 第三节　增值税一般纳税人的管理 … 3

第二章　增值税征税范围实务操作与典型案例分析 … 9
- 第一节　增值税征税范围的界定 … 9
- 第二节　销售货物的范围 … 13
- 第三节　销售服务的范围 … 17
- 第四节　销售无形资产的范围 … 31
- 第五节　销售不动产的范围 … 36
- 第六节　增值税征税范围典型案例分析 … 37

第三章　增值税税率实务操作与典型案例分析 … 42
- 第一节　增值税的税率 … 42
- 第二节　增值税的征收率 … 52
- 第三节　增值税税率典型案例分析 … 56

第四章　增值税销项税额计算实务操作与典型案例分析 … 71
- 第一节　增值税销项税额的计算 … 71
- 第二节　增值税销项税额计算典型案例分析 … 83

第五章　增值税进项税额计算实务操作与典型案例分析 … 113
- 第一节　允许抵扣的增值税进项税额 … 113
- 第二节　不得抵扣的增值税进项税额 … 128
- 第三节　增值税进项税额计算典型案例分析 … 135

第六章　增值税应纳税额计算及留抵退税实务操作与典型案例分析 … 142
- 第一节　增值税应纳税额的计算 … 142

第二节　留抵退税的标准与计算 …………………………… 151
　　第三节　出口退税制度与实务 …………………………… 158
　　第四节　增值税应纳税额计算及留抵退税典型案例分析 …………… 191

第七章　增值税税收优惠实务操作与典型案例分析……………… 206
　　第一节　起征点与免征增值税优惠 …………………………… 206
　　第二节　增值税专项优惠政策 …………………………… 224
　　第三节　增值税优惠项目的管理 …………………………… 247
　　第四节　增值税税收优惠典型案例分析 …………………………… 259

第八章　增值税发票开具实务操作与典型案例分析……………… 270
　　第一节　通用增值税发票开具实务 …………………………… 270
　　第二节　特殊增值税发票开具实务 …………………………… 293
　　第三节　增值税发票开具典型案例分析 …………………………… 299

第九章　增值税纳税申报实务操作与典型案例分析……………… 308
　　第一节　增值税纳税申报管理 …………………………… 308
　　第二节　一般纳税人增值税纳税申报报表的填写 …………… 318
　　第三节　小规模纳税人增值税纳税申报报表的填写 ………… 348
　　第四节　增值税及附加税费预缴表的填写 …………………… 358
　　第五节　增值税的会计处理与账务处理实务 ………………… 364
　　第六节　增值税纳税申报典型案例分析 …………………… 372

第十章　增值税法律责任与典型案例分析……………………… 389
　　第一节　增值税偷税的法律责任与典型案例分析 …………… 389
　　第二节　虚开增值税专用发票的法律责任与典型案例分析 …… 404
　　第三节　虚开增值税普通发票的法律责任与典型案例分析 …… 412

第十一章　增值税纳税筹划技巧与典型案例分析………………… 423
　　第一节　增值税纳税人身份的纳税筹划 …………………… 423
　　第二节　增值税核算方式的纳税筹划 ……………………… 430
　　第三节　利用增值税优惠政策的纳税筹划 ………………… 437
　　第四节　利用房产转让增值税优惠进行纳税筹划 ………… 445

第一章 增值税纳税人实务操作

第一节 增值税纳税人的认定

一、增值税的纳税人

增值税的纳税人是指在中华人民共和国境内（以下简称境内）销售货物、服务、无形资产、不动产（以下简称应税交易），以及进口货物的单位和个人。销售货物、服务、无形资产、不动产，是指有偿转让货物、不动产的所有权，有偿提供服务，有偿转让无形资产的所有权或者使用权。有偿，是指取得货币、货物或者其他经济利益。单位，是指企业、行政单位、事业单位、军事单位、社会团体及其他单位。个人，是指个体工商户和其他个人。

2017年7月1日（含）以后，资管产品运营过程中发生的增值税应税行为，以资管产品管理人为增值税纳税人，按照现行规定缴纳增值税。

二、增值税纳税人的分类

增值税纳税人分为一般纳税人和小规模纳税人。

应税行为的年应征增值税销售额超过财政部和国家税务总局规定标准的纳税人为一般纳税人，未超过规定标准的纳税人为小规模纳税人。

三、增值税扣缴义务人

根据《中华人民共和国增值税法》（以下简称《增值税法》）第十五条的规定，境外单位和个人在境内发生应税交易，以购买方为扣缴义务人，按照国务院的规定委托境内代理人申报缴纳税款的除外。

境外单位和个人在境内发生应税交易，也应当在中国缴纳增值税，由于纳税人在境外，无法实际缴纳增值税，只能以购买方为扣缴义务人。按照国务院的规定委托境内代理人申报缴纳税款的，这种情况下，境内代理人直接代表境外单位和个人申报缴纳增值税。

扣缴义务人依照《增值税法》规定代扣代缴税款的，按照销售额乘以税率计算应扣缴税额。

扣缴义务人依法代扣代缴税款时，其扣缴税额的计算公式如下：

$$扣缴税额 = 销售额 \times 税率$$

需要注意的是，扣缴税额的计算不抵扣进项税额，其适用的是税率，而非征收率。

实操案例 1-1

境外甲公司向境内乙公司提供应税交易，不含税交易额为 100 万元，按规定需要缴纳增值税，适用税率为 6%。

乙公司应当扣缴增值税税额 =100×6%=6（万元）。

第二节　增值税小规模纳税人的标准

一、小规模纳税人的销售额标准

小规模纳税人，是指年应征增值税销售额未超过 500 万元的纳税人。这里的"年"是指过去连续 12 个月，对于按季度申报缴纳增值税的纳税人而言，就是过去四个季度。

实操案例 1-2

甲公司 2024 年第二季度应征增值税销售额为 100 万元，第三季度应征增值税销售额为 150 万元，第四季度应征增值税销售额为 150 万元，2025 年第一季度应征增值税销售额为 120 万元。由于过去四个季度的应征增值税销售额超过了 500 万元，甲公司应及时去税务机关办理一般纳税人登记。

二、小规模纳税人登记为一般纳税人

小规模纳税人会计核算健全，能够提供准确税务资料的，可以向主管税务机关办理登记，按照《增值税法》规定的一般计税方法计算缴纳增值税。

会计核算健全，是指能够按照国家统一的会计制度规定设置账簿，根据合法、有效凭证进行核算。

小规模纳税人应按照简易计税方法计算缴纳增值税，如果纳税人想按照一般计税方法计算缴纳增值税，可以向主管税务机关办理一般纳税人登记，按照一般计税方法计算缴纳增值税，但其应当符合以下条件：会计核算健全，能够提供准确的税务资料。

三、小规模纳税人标准的动态调整

根据国民经济和社会发展的需要，国务院可以对小规模纳税人的标准作出调整，报全国人民代表大会常务委员会备案。

第三节　增值税一般纳税人的管理

一、办理一般纳税人登记的标准

（一）必须办理一般纳税人登记的情形

1.增值税纳税人（以下简称纳税人）年应税销售额超过财政部、国家税务总局规定的小规模纳税人标准（以下简称规定标准）的，除特殊规定外，应当向主管税务机关办理一般纳税人登记。

2.上述所称年应税销售额，是指纳税人在连续不超过12个月或四个季度的经营期内累计应征增值税销售额，包括纳税申报销售额、稽查查补销售额、纳税评估调整销售额。

3.销售服务、无形资产或者不动产（以下简称应税行为）有扣除项目的纳税人，其应税行为年应税销售额按未扣除之前的销售额计算。纳税人偶然发生的销售无形资产、转让不动产的销售额，不计入应税行为年应税销售额。

特别提示

1.上述"经营期"是指在纳税人存续期内的连续经营期间，含未取得销售收入的月份或季度。

2.上述"纳税申报销售额"是指纳税人自行申报的全部应征增值税销售

额,其中包括免税销售额和税务机关代开发票销售额。"稽查查补销售额"和"纳税评估调整销售额"计入查补税款申报当月(或当季)的销售额,不计入税款所属期销售额。

(二)可以办理一般纳税人登记的情形

1.年应税销售额未超过规定标准的纳税人,会计核算健全,能够提供准确税务资料的,可以向主管税务机关办理一般纳税人登记。

2.会计核算健全,是指能够按照国家统一的会计制度规定设置账簿,根据合法、有效凭证进行核算。

(三)不办理一般纳税人登记的情形

下列纳税人不办理一般纳税人登记:
1.按照政策规定,选择按照小规模纳税人纳税的。
2.年应税销售额超过规定标准的其他个人。

特别提示

1.年应税销售额超过规定标准的纳税人符合"按照政策规定,选择按照小规模纳税人纳税的",应当向主管税务机关提交书面说明。
2.上述"其他个人"是指自然人。

二、办理机关与办理程序

(一)办理一般纳税人登记手续的税务机关

纳税人应当向其机构所在地主管税务机关办理一般纳税人登记手续。

(二)办理一般纳税人登记的程序

纳税人办理一般纳税人登记的程序如下:

1.纳税人向主管税务机关填报《增值税一般纳税人登记表》,如实填写固定生产经营场所等信息,并提供税务登记证件。

2.纳税人填报内容与税务登记信息一致的,主管税务机关当场登记。

3.纳税人填报内容与税务登记信息不一致,或者不符合填列要求的,税务机关应当场告知纳税人需要补正的内容。

> 特别提示

1. 上述"固定生产经营场所"信息是指填写在《增值税一般纳税人登记表》"生产经营地址"栏次中的内容。

2. 上述"税务登记证件"包括纳税人领取的由工商行政管理部门或者其他主管部门核发的加载法人和其他组织统一社会信用代码的相关证件。

3. 经税务机关核对后退还纳税人留存的《增值税一般纳税人登记表》，可以作为证明纳税人成为增值税一般纳税人的凭据。

三、办理时限与逾期管理措施

1. 纳税人在年应税销售额超过规定标准的月份（或季度）的所属申报期结束后15日内按照上述规定办理相关手续。

2. 未按规定时限办理的，主管税务机关应当在规定时限结束后5日内制作《税务事项通知书》，告知纳税人应当在5日内向主管税务机关办理相关手续。主管税务机关制作的《税务事项通知书》中，需告知纳税人的内容应当包括：纳税人年应税销售额已超过规定标准，应在收到《税务事项通知书》后5日内向税务机关办理增值税一般纳税人登记手续或者选择按照小规模纳税人纳税的手续。

3. 逾期仍不办理的，次月起按销售额依照增值税税率计算应纳税额，不得抵扣进项税额，直至纳税人办理相关手续为止。

> 特别提示

上述期限的最后一日是法定休假日的，以休假日期满的次日为期限的最后一日；在期限内有连续3日以上（含3日）法定休假日的，按休假日天数顺延。

四、增值税一般纳税人纳税辅导期管理

（一）纳税辅导期管理的期限及其告知

新认定为一般纳税人的小型商贸批发企业实行纳税辅导期管理的期限为3个月；其他一般纳税人实行纳税辅导期管理的期限为6个月。

对新办小型商贸批发企业，主管税务机关应在《税务事项通知书》内告知纳税人对其实行纳税辅导期管理，纳税辅导期自主管税务机关制作《税务

事项通知书》的当月起执行；对其他一般纳税人，主管税务机关应自稽查部门作出《税务稽查处理决定书》后 40 个工作日内，制作、送达《税务事项通知书》告知纳税人对其实行纳税辅导期管理，纳税辅导期自主管税务机关制作《税务事项通知书》的次月起执行。

（二）抵扣进项税额的前提条件

辅导期纳税人取得的增值税专用发票（以下简称专用发票）抵扣联、海关进口增值税专用缴款书以及运输费用结算单据应当在交叉稽核比对无误后，方可抵扣进项税额。

（三）限量限额发售专用发票

主管税务机关对辅导期纳税人实行限量限额发售专用发票。

1. 实行纳税辅导期管理的小型商贸批发企业，领购专用发票的最高开票限额不得超过 10 万元；其他一般纳税人专用发票最高开票限额应根据企业实际经营情况重新核定。

2. 辅导期纳税人专用发票的领购实行按次限量控制，主管税务机关可根据纳税人的经营情况核定每次专用发票的供应数量，但每次发售专用发票数量不得超过 25 份。

> **特别提示**
>
> 辅导期纳税人领购的专用发票未使用完而再次领购的，主管税务机关发售专用发票的份数不得超过核定的每次领购专用发票份数与未使用完的专用发票份数的差额。

（四）预缴增值税

1. 辅导期纳税人 1 个月内多次领用专用发票的，应从当月第二次领用专用发票起，按照上一次已领用并开具的专用发票销售额的 3% 预缴增值税，未预缴增值税的，主管税务机关不得向其发放专用发票。

2. 预缴增值税时，纳税人应提供已领用并开具的专用发票记账联，主管税务机关根据其提供的专用发票记账联计算应预缴的增值税。

3. 辅导期纳税人预缴的增值税可在本期增值税应纳税额中抵减，抵减后预缴增值税仍有余额的，可抵减下期再次领用专用发票时应当预缴的增值税。

4. 纳税辅导期结束后，纳税人因增购专用发票发生的预缴增值税有余额的，主管税务机关应在纳税辅导期结束后的第一个月内，一次性退还纳税人。

（五）会计核算

1. 辅导期纳税人应当在"应交税费"科目下增设"待抵扣进项税额"明细科目，核算尚未交叉稽核比对的专用发票抵扣联、海关进口增值税专用缴款书以及运输费用结算单据（以下简称增值税抵扣凭证）注明或者计算的进项税额。

2. 辅导期纳税人取得增值税抵扣凭证后，借记"应交税费——待抵扣进项税额"明细科目，贷记相关科目。交叉稽核比对无误后，借记"应交税费——应交增值税（进项税额）"科目，贷记"应交税费——待抵扣进项税额"科目。经核实不得抵扣的进项税额，红字借记"应交税费——待抵扣进项税额"科目，红字贷记相关科目。

3. 主管税务机关定期接收交叉稽核比对结果，通过《稽核结果导出工具》导出发票明细数据及《稽核结果通知书》并告知辅导期纳税人。

4. 辅导期纳税人根据交叉稽核比对结果相符的增值税抵扣凭证本期数据申报抵扣进项税额，未收到交叉稽核比对结果的增值税抵扣凭证留待下期抵扣。

（六）纳税辅导期管理结果

纳税辅导期内，主管税务机关未发现纳税人存在偷税、逃避追缴欠税、骗取出口退税、抗税或其他需要立案查处的税收违法行为的，从期满的次月起不再实行纳税辅导期管理，主管税务机关应制作、送达《税务事项通知书》，告知纳税人；主管税务机关发现辅导期纳税人存在偷税、逃避追缴欠税、骗取出口退税、抗税或其他需要立案查处的税收违法行为的，从期满的次月起按照上述规定重新实行纳税辅导期管理，主管税务机关应制作、送达《税务事项通知书》，告知纳税人。

五、其他管理事项

（一）纳税人增值税应纳税额的计算方法

1. 纳税人自一般纳税人生效之日起，按照增值税一般计税方法计算应纳税额，并可以按照规定领用增值税专用发票，财政部、国家税务总局另有规定的除外。

2.有下列情形之一者,应当按照销售额和增值税税率计算应纳税额,不得抵扣进项税额,也不得使用增值税专用发票:

(1)一般纳税人会计核算不健全,或者不能够提供准确税务资料的。

(2)应当办理一般纳税人资格登记而未办理的。

特别提示

上述所称的生效之日,是指纳税人办理登记的当月1日或者次月1日,由纳税人在办理登记手续时自行选择。

(二)一般纳税人与小规模纳税人的转化

纳税人登记为一般纳税人后,不得转为小规模纳税人,国家税务总局另有规定的除外。

实操案例1-3

国家税务总局在特殊情况下,可以规定一般纳税人转为小规模纳税人的具体标准,例如,根据《财政部 税务总局关于统一增值税小规模纳税人标准的通知》(财税〔2018〕33号)的规定,按照《中华人民共和国增值税暂行条例实施细则》(以下简称《增值税暂行条例实施细则》)第二十八条规定已登记为增值税一般纳税人的单位和个人,在2018年12月31日前,可转登记为小规模纳税人,其未抵扣的进项税额作转出处理。

第二章　增值税征税范围实务操作与典型案例分析

第一节　增值税征税范围的界定

一、增值税的征税范围

增值税的征税范围包括在境内发生应税交易和进口货物。

二、在境内发生应税交易的界定

在境内发生应税交易，是指下列情形：

1.销售货物的，货物的起运地或者所在地在境内。货物从中国境内甲地运往中国境内乙地，属于典型的发生在中国境内的销售货物行为。货物从中国境内甲地运往中国境外乙地，属于出口行为，出口货物不征增值税。货物从中国境外甲地运往中国境内乙地，属于进口行为，进口货物需要缴纳增值税。

2.销售或者租赁不动产、转让自然资源使用权的，不动产、自然资源所在地在境内。境内主体向境内主体销售或者租赁不动产、转让自然资源使用权，属于典型的发生在中国境内的应税行为。境内主体向境外主体、境外主体向境内主体销售或者租赁不动产、转让自然资源使用权，也属于发生在中国境内的应税行为。

3.销售金融商品的，金融商品在境内发行，或者销售方为境内单位和个人。中国企业在上海、深圳、北京证交所发行股票，销售该股票属于典型的在中国境内销售金融商品的行为。中国境内单位和个人销售位于境内或者境外的金融商品，也属于发生在中国境内的销售金融商品行为。

4.除上述第二项、第三项规定外，销售服务、无形资产的，服务、无形资产在境内消费，或者销售方为境内单位和个人。例如，中国游客或者外国游客在中国境内酒店住宿，属于典型的发生在中国境内的销售服务行为。中国航空公司将乘客从中国境内运往中国境外，也属于发生在中国境内的销售服务行为。

三、视同应税交易的情形

有下列情形之一的，视同应税交易，应当依照《增值税法》规定缴纳增值税：

1. 单位和个体工商户将自产或者委托加工的货物用于集体福利或者个人消费。由于增值税是由最终的消费者负担的，将货物用于集体福利或者个人消费就已经进入消费领域，应当缴纳增值税。这里需要注意的是，只有将自产或者委托加工的货物用于集体福利或者个人消费才视同应税交易，如果将外购的货物用于集体福利或者个人消费不视同应税交易，这种情况下只是进项税额不允许抵扣，并不视同销售货物。另外，如果是个人（不含个体工商户）将自产或者委托加工的货物用于集体福利（客观上不可能）或者个人消费，也不视同应税交易。

2. 单位和个体工商户无偿转让货物。无偿转让的货物有可能进入最终消费领域，应当纳税，即使该货物继续留在流动领域，为确保增值税抵扣链条的完整，也应当按照销售来计算并缴纳增值税，否则转让方缺少销项税额、受让方缺少进项税额，增值税抵扣将出现异常。需要注意的是，如果是个人（不含个体工商户）无偿转让货物，如亲朋好友之间互赠物品、个人捐赠物品等，不视同应税交易，无须缴纳增值税。

疑难问题解答

问：我公司将粉煤灰无偿赠送给其他单位和个人，是否征收增值税？

答：纳税人将粉煤灰无偿提供给他人，应根据视同应税交易的规定征收增值税。销售额按照市场价格确定。

问：我公司将煤矸石无偿赠送给其他单位和个人，是否征收增值税？

答：纳税人将煤矸石无偿提供给他人，应根据视同应税交易的规定征收增值税。销售额按照市场价格确定。

3. 单位和个人无偿转让无形资产、不动产或者金融商品。为防止避税，任何主体，包括个人，如果无偿转让的是无形资产、不动产或者金融商品，如亲朋好友之间赠送房屋，均应视同应税交易，但符合法定免税情形的可免于缴纳增值税。

> 💡 **特别提示**
>
> 纳税人出租不动产，租赁合同中约定免租期的，不属于视同应税交易。

四、不属于应税交易的情形

有下列情形之一的，不属于应税交易，不征收增值税：

1.员工为受雇单位或者雇主提供取得工资、薪金的服务。该行为属于单位内部行为，对员工而言，并非经营行为，故不应纳入增值税的征税范围。员工为公司、个体工商户或者个人雇主提供取得工资、薪金的服务，均不属于应税交易，不征收增值税。这里需要强调的是，员工和受雇单位或者雇主之间要形成雇佣和被雇佣的关系，即应当签订劳动合同，缴纳社保，按照"工资、薪金所得"申报缴纳个人所得税。如果签订的是劳务合同，不缴纳社保，按照"劳务报酬所得"申报缴纳个人所得税则属于增值税的征税范围，除依法免税的情形外，需要缴纳增值税。

> 💡 **特别提示**
>
> 除纳税人聘用的员工为本单位或者雇主提供的再生资源回收不征收增值税外，纳税人发生的再生资源回收并销售的业务，均应按照规定征免增值税。

2.收取行政事业性收费、政府性基金。行政事业性收费，是指国家机关、事业单位、代行政府职能的社会团体及其他组织根据法律法规等有关规定，依照国务院规定程序批准，在实施社会公共管理，以及在向公民、法人和其他组织提供特定公共服务过程中，向特定对象收取的费用。政府性基金，是指各级人民政府及其所属部门根据法律、行政法规和中共中央、国务院文件规定，为支持特定公共基础设施建设和公共事业发展，向公民、法人和其他组织无偿征收的具有专项用途的财政资金。无论是政府机关、事业单位，还是公司、个体工商户，只要收取的是行政事业性收费、政府性基金，均不属于应税交易，不征收增值税。因为上述收费的最终取得主体是政府，如果对行政事业性收费、政府性基金征税，相当于对政府本身征税。单位和个人收取的行政事业性收费、政府性基金应当全额上缴国库或者按照法律规定处置才能认为不属于应税交易，不征收增值税。

💡 特别提示

纳税人收取的同时满足以下条件的政府性基金或者行政事业性收费才不属于应税交易，不征收增值税：

（1）由国务院或者财政部批准设立的政府性基金，由国务院或者省级人民政府及其财政、价格主管部门批准设立的行政事业性收费。

（2）收取时开具省级以上（含省级）财政部门监（印）制的财政票据。

（3）所收款项全额上缴财政。

3.依照法律规定被征收、征用而取得补偿。这种行为一方面不是交易行为，另一方面，由于其补偿资金来自财政，如果征税，税负将由财政负担，因此，不宜列入增值税的征税范围。

4.取得存款利息收入。储户将资金存入银行取得存款利息的行为不是经营行为，同时，为鼓励储蓄，也不宜将该行为列入增值税的征税范围。需要注意的是，只有储户将资金存入银行等具有合法吸收存款资格的主体，取得的存款利息收入，才不属于应税交易，不征收增值税。如果单位和个人将资金借给他人使用，根据合同约定取得利息收入，该行为属于增值税应税行为，除依法免税外，应当缴纳增值税。

📄 疑难问题解答

问：我公司从事二手车经营业务，收购二手车时将其办理过户登记到我公司名下，销售时再将该二手车过户登记到买家名下，是否征收增值税？

答：经批准允许从事二手车经销业务的纳税人按照《机动车登记规定》的有关规定，收购二手车时将其办理过户登记到自己名下，销售时再将该二手车过户登记到买家名下的行为，属于销售货物的行为，应按照现行规定征收增值税。

除上述行为以外，纳税人受托代理销售二手车，凡同时具备以下条件的，不征收增值税；不同时具备以下条件的，视同应税交易征收增值税。

（1）受托方不向委托方预付货款。

（2）委托方将《二手车销售统一发票》直接开具给购买方。

（3）受托方按购买方实际支付的价款和增值税额（如系代理进口销售货物则为海关代征的增值税额）与委托方结算货款，并另外收取手续费。

自 2011 年 3 月 1 日起，纳税人在资产重组过程中，通过合并、分立、出售、置换等方式，将全部或者部分实物资产以及与其相关联的债权、负债和劳动力一并转让给其他单位和个人，不属于增值税的征税范围，其中涉及的货物转让，不征收增值税。

纳税人在资产重组过程中，通过合并、分立、出售、置换等方式，将全部或者部分实物资产以及与其相关联的债权、负债经多次转让后，最终的受让方与劳动力接收方为同一单位和个人的，其中货物的多次转让行为均不征收增值税。资产的出让方须将资产重组方案等文件资料报其主管税务机关。

第二节 销售货物的范围

销售货物是指有偿转让货物的所有权，这些货物必须是有形动产，包括电力、热力、气体等。

一、增值税特殊应税项目

1.货物期货（包括商品期货和贵金属期货），应当征收增值税。

2.银行销售金银的业务，应当征收增值税。

3.基本建设单位和从事建筑安装业务的企业附设的工厂、车间生产的水泥预制构件、其他构件或建筑材料，用于本单位或本企业的建筑工程的，应在移送使用时征收增值税。但对其在建筑现场制造的预制构件，凡直接用于本单位或本企业建筑工程的，不征收增值税。

4.典当业的死当物品销售业务和寄售业代委托人销售寄售物品的业务，均应征收增值税。

5.因转让著作所有权而发生的销售电影母片、录像带母带、录音磁带母带的业务，以及因转让专利技术和非专利技术的所有权而发生的销售计算机软件的业务，不征收增值税。

6.供应或开采未经加工的天然水（如水库供应农业灌溉用水，工厂自采地下水用于生产），不征收增值税。

7.邮政部门销售集邮邮票、首日封，应当征收增值税。

8.缝纫，应当征收增值税。

疑难问题解答

问：我公司的工厂自采地下水用于生产，是否需要缴纳增值税？

答：供应或开采未经加工的天然水（如水库供应农业灌溉用水，工厂自采地下水用于生产），不征收增值税。

二、货物期货征收增值税具体办法

1. 货物期货交易增值税的纳税环节为期货的实物交割环节。

2. 货物期货交易增值税的计税依据为交割时的不含税价格（不含增值税的实际成交额）。

$$不含税价格 = 含税价格 \div (1 + 增值税税率)$$

3. 货物期货交易增值税的纳税人：

（1）交割时采取由期货交易所开具发票的，以期货交易所为纳税人。期货交易所增值税按次计算，其进项税额为该货物交割时供货会员单位开具的增值税专用发票上注明的销项税额，期货交易所本身发生的各种进项不得抵扣。

（2）交割时采取由供货的会员单位直接将发票开给购货会员单位的，以供货会员单位为纳税人。

4. 2027年12月31日前，对经国务院批准对外开放的货物期货品种保税交割业务，暂免征收增值税。上述期货交易中实际交割的货物，如果发生进口或者出口的，统一按照现行货物进出口税收政策执行。非保税货物发生的期货实物交割仍按《国家税务总局关于下发〈货物期货征收增值税具体办法〉的通知》（国税发〔1994〕244号）的规定执行。

三、原油和铁矿石期货保税交割业务有关增值税政策

（一）一般规定

上海国际能源交易中心股份有限公司的会员和客户通过上海国际能源交易中心股份有限公司交易的原油期货保税交割业务，大连商品交易所的会员和客户通过大连商品交易所交易的铁矿石期货保税交割业务，暂免征收增值税。

期货保税交割的销售方，在向主管税务机关申报纳税时，应出具当期期

货保税交割的书面说明、上海国际能源交易中心股份有限公司或大连商品交易所的交割结算单、保税仓单等资料。

上述期货交易中实际交割的原油和铁矿石,如果发生进口或者出口的,统一按照现行货物进出口税收政策执行。非保税货物发生的期货实物交割仍按《国家税务总局关于下发〈货物期货征收增值税具体办法〉的通知》(国税发〔1994〕244号)的规定执行。

(二)上海国际能源交易中心原油期货保税交割业务增值税管理

1. 上海国际能源交易中心开展的原油期货保税交割业务(以下简称原油期货保税交割业务)是指参与原油期货保税交割业务的境内机构、境外机构,通过上海国际能源交易中心,以海关特殊监管区域或场所内处于保税监管状态的原油货物为期货实物交割标的物,开展的原油期货实物交割业务。

2. 境内机构包括上海国际能源交易中心的会员单位(含期货公司会员和非期货公司会员),以及通过会员单位在上海国际能源交易中心开展原油期货保税交割业务的境内客户;境外机构包括在上海国际能源交易中心开展原油期货保税交割业务的境外经纪机构和境外参与者。

3. 对境内机构的增值税管理按以下规定执行:

(1)境内机构均应注册登记为增值税纳税人。

(2)境内机构应在首次申报原油期货保税交割业务免税时,向主管税务机关提交从事原油期货保税交割业务的书面说明,办理免税备案。

(3)原油期货保税交割业务的卖方为境内机构时,应向买方开具增值税普通发票。境内卖方客户应向卖方会员单位开具增值税普通发票,卖方会员单位应向上海国际能源交易中心开具增值税普通发票,上海国际能源交易中心应向买方会员单位开具增值税普通发票,买方会员单位应向境内或境外买方客户开具增值税普通发票。开票金额均为上海国际能源交易中心保税交割结算单上注明的保税交割结算金额。

(4)境内机构应将免税业务对应的保税交割结算单及开具和收取的发票、收付款凭证以及保税标准仓单清单等资料按月整理成册,留存备查。

4. 上海国际能源交易中心的增值税管理规定,参照上述对境内机构的增值税管理规定执行。

5. 原油期货保税交割业务的卖方为境外机构时,卖方会员单位应向卖方索取相应的收款凭证,并以此作为免税依据。

6.上海期货交易所与上海国际能源交易中心其他期货品种的保税交割业务，适用免征增值税政策的，其增值税管理参照上述规定执行。

（三）大连商品交易所铁矿石期货保税交割业务增值税管理

1.大连商品交易所开展的铁矿石期货保税交割业务（以下简称铁矿石期货保税交割业务）是指参与铁矿石期货保税交割业务的境内机构、境外机构，通过大连商品交易所，以海关特殊监管区域或场所内处于保税监管状态的铁矿石货物为期货实物交割标的物，开展的铁矿石期货实物交割业务。

2.境内机构包括大连商品交易所的会员单位（含期货公司会员和非期货公司会员），以及通过会员单位在大连商品交易所开展铁矿石期货保税交割业务的境内客户；境外机构包括在大连商品交易所开展铁矿石期货保税交割业务的境外经纪机构和境外参与者。

3.对境内机构的增值税管理按以下规定执行：

（1）境内机构均应注册登记为增值税纳税人。

（2）境内机构应在首次申报铁矿石期货保税交割业务免税时，向主管税务机关提交从事铁矿石期货保税交割业务的书面说明，办理免税备案。

（3）铁矿石期货保税交割业务的卖方为境内机构时，应向买方开具增值税普通发票。境内卖方客户应向卖方会员单位开具增值税普通发票，卖方会员单位应向大连商品交易所开具增值税普通发票，大连商品交易所应向买方会员单位开具增值税普通发票，买方会员单位应向境内或境外买方客户开具增值税普通发票。开票金额均为大连商品交易所保税交割结算单上注明的保税交割结算金额。

（4）境内机构应将免税业务对应的保税交割结算单及开具和收取的发票、收付款凭证以及保税标准仓单清单等资料按月整理成册，留存备查。

4.大连商品交易所的增值税管理规定，参照上述对境内机构的增值税管理规定执行。

5.大连商品交易所其他期货品种的保税交割业务，适用免征增值税政策的，其增值税管理参照上述规定执行。

疑难问题解答

问：如果铁矿石期货保税交割业务的卖方为境外机构，以什么作为免税凭据？

答：铁矿石期货保税交割业务的卖方为境外机构时，卖方会员单位应向卖方索取相应的收款凭证，并以此作为免税依据。

第三节 销售服务的范围

销售服务是指提供加工服务、修理修配服务、交通运输服务、邮政服务、电信服务、建筑服务、金融服务、现代服务、生活服务。

一、加工服务

加工服务是指受托加工货物，即委托方提供原料及主要材料，受托方按照委托方的要求，制造货物并收取加工费的业务。

疑难问题解答

问：我公司为客户提供缝纫服务，是否需要缴纳增值税？
答：提供缝纫服务应当征收增值税。

二、修理修配服务

修理修配服务是指受托对损伤和丧失功能的货物进行修复，使其恢复原状和功能的业务。

三、交通运输服务

交通运输服务是指利用运输工具将货物或者旅客送达目的地，使其空间位置得到转移的业务活动，包括陆路运输服务、水路运输服务、航空运输服务和管道运输服务。

（一）陆路运输服务

陆路运输服务是指通过陆路（地上或者地下）运送货物或者旅客的运输业务活动，包括铁路运输服务和其他陆路运输服务。

1. 铁路运输服务是指通过铁路运送货物或者旅客的运输业务活动。
2. 其他陆路运输服务是指铁路运输以外的陆路运输业务活动，包括公路运输、缆车运输、索道运输、地铁运输、城市轻轨运输等。

疑难问题解答

问：我公司为出租车公司，我公司将自有出租车出租给司机，司机向我公司缴纳管理费，我公司收取的管理费按照什么税目缴纳增值税？

答：出租车公司向使用本公司自有出租车的出租车司机收取的管理费用，按照"陆路运输服务"缴纳增值税。

（二）水路运输服务

水路运输服务是指通过江、河、湖、川等天然、人工水道或者海洋航道运送货物或者旅客的运输业务活动。

水路运输的程租、期租业务，属于水路运输服务。

程租业务是指运输企业为租船人完成某一特定航次的运输任务并收取租赁费的业务。

期租业务是指运输企业将配备有操作人员的船舶承租给他人使用一定期限，承租期内听候承租方调遣，不论是否经营，均按天向承租方收取租赁费，发生的固定费用均由船东负担的业务。

（三）航空运输服务

航空运输服务是指通过空中航线运送货物或者旅客的运输业务活动。

航空运输的湿租业务，属于航空运输服务。

湿租业务是指航空运输企业将配备有机组人员的飞机承租给他人使用一定期限，承租期内听候承租方调遣，不论是否经营，均按一定标准向承租方收取租赁费，发生的固定费用均由承租方承担的业务。

航天运输服务按照"航空运输服务"缴纳增值税。

航天运输服务是指利用火箭等载体将卫星、空间探测器等空间飞行器发射到空间轨道的业务活动。

特别提示

自2018年1月1日起，纳税人已售票但客户逾期未消费取得的运输逾期票证收入，按照"交通运输服务"缴纳增值税。纳税人为客户办理退票而向客户收取的退票费、手续费等收入，按照"其他现代服务"缴纳增值税。

（四）管道运输服务

管道运输服务是指通过管道设施输送气体、液体、固体物质的运输业务活动。

无运输工具承运业务，按照"交通运输服务"缴纳增值税。

无运输工具承运业务是指经营者以承运人身份与托运人签订运输服务合同，收取运费并承担承运人责任，然后委托实际承运人完成运输服务的经营活动。

四、邮政服务

邮政服务是指中国邮政集团公司及其所属邮政企业提供邮件寄递、邮政汇兑和机要通信等邮政基本服务的业务活动，包括邮政普遍服务、邮政特殊服务和其他邮政服务。

（一）邮政普遍服务

邮政普遍服务是指函件、包裹等邮件寄递，以及邮票发行、报刊发行和邮政汇兑等业务活动。

函件是指信函、印刷品、邮资封片卡、无名址函件和邮政小包等。

包裹是指按照封装上的名址递送给特定个人或者单位的独立封装的物品，其重量不超过50千克，任何一边的尺寸不超过150厘米，长、宽、高合计不超过300厘米。

（二）邮政特殊服务

邮政特殊服务是指义务兵平常信函、机要通信、盲人读物和革命烈士遗物的寄递等业务活动。

（三）其他邮政服务

其他邮政服务是指邮册等邮品销售、邮政代理等业务活动。

五、电信服务

电信服务是指利用有线、无线的电磁系统或者光电系统等各种通信网络资源，提供语音通话服务，传送、发射、接收或者应用图像、短信等电子数据和信息的业务活动，包括基础电信服务和增值电信服务。

（一）基础电信服务

基础电信服务是指利用固网、移动网、卫星、互联网，提供语音通话服务的业务活动，以及出租或者出售带宽、波长等网络元素的业务活动。

（二）增值电信服务

增值电信服务是指利用固网、移动网、卫星、互联网、有线电视网络，提供短信和彩信服务、电子数据和信息的传输及应用服务、互联网接入服务等业务活动。

卫星电视信号落地转接服务，按照"增值电信服务"缴纳增值税。

六、建筑服务

建筑服务是指各类建筑物、构筑物及其附属设施的建造、修缮、装饰，线路、管道、设备、设施等的安装以及其他工程作业的业务活动，包括工程服务、安装服务、修缮服务、装饰服务和其他建筑服务。

（一）工程服务

工程服务是指新建、改建各种建筑物、构筑物的工程作业，包括与建筑物相连的各种设备或者支柱、操作平台的安装或者装设工程作业，以及各种窑炉和金属结构工程作业。

（二）安装服务

安装服务是指生产设备、动力设备、起重设备、运输设备、传动设备、医疗实验设备以及其他各种设备、设施的装配、安置工程作业，包括与被安装设备相连的工作台、梯子、栏杆的装设工程作业，以及被安装设备的绝缘、防腐、保温、油漆等工程作业。

固定电话、有线电视、宽带、水、电、燃气、暖气等经营者向用户收取的安装费、初装费、开户费、扩容费以及类似收费，按照"安装服务"缴纳增值税。

（三）修缮服务

修缮服务是指对建筑物、构筑物进行修补、加固、养护、改善，使之恢复原来的使用价值或者延长其使用期限的工程作业。

（四）装饰服务

装饰服务是指对建筑物、构筑物进行修饰装修，使之美观或者具有特定用途的工程作业。

> **特别提示**
>
> 物业服务企业为业主提供的修缮服务，按照"建筑服务"缴纳增值税。

（五）其他建筑服务

其他建筑服务是指上列工程作业之外的各种工程作业服务，如钻井（打井）、拆除建筑物或者构筑物、平整土地、园林绿化、疏浚（不包括航道疏浚）、建筑物平移、搭脚手架、爆破、矿山穿孔、表面附着物（包括岩层、土层、沙层等）剥离和清理等工程作业。

> **疑难问题解答**
>
> 问：我公司是建筑公司，我们将一些施工设备出租给其他单位使用，我们为客户配备操作人员，我们收取的租金应当按照什么税目缴纳增值税？
>
> 答：纳税人将建筑施工设备出租给他人使用并配备操作人员的，按照"建筑服务"缴纳增值税。

七、金融服务

金融服务是指经营金融保险的业务活动，包括贷款服务、直接收费金融服务、保险服务和金融商品转让。

（一）贷款服务

贷款是指将资金贷与他人使用而取得利息收入的业务活动。

各种占用、拆借资金取得的收入，包括金融商品持有期间（含到期）利息（保本收益、报酬、资金占用费、补偿金等）收入，信用卡透支利息收入，买入返售金融商品利息收入，融资融券收取的利息收入，以及融资性售后回租、押汇、罚息、票据贴现、转贷等业务取得的利息及利息性质的收入，按照"贷款服务"缴纳增值税。

> **特别提示**

上述所称"保本收益、报酬、资金占用费、补偿金",是指合同中明确承诺到期本金可全部收回的投资收益。金融商品持有期间(含到期)取得的非保本的上述收益,不属于利息或利息性质的收入,不征收增值税。

融资性售后回租是指承租方以融资为目的,将资产出售给从事融资性售后回租业务的企业后,从事融资性售后回租业务的企业将该资产出租给承租方的业务活动。

> **疑难问题解答**

问:我公司将资金投资至其他公司,根据双方合同约定,其他公司保证我公司的股息不低于一定金额,我公司取得的股息是否缴纳增值税?

答:以货币资金投资收取的固定利润或者保底利润,按照"贷款服务"缴纳增值税。

证券公司、保险公司、金融租赁公司、证券基金管理公司、证券投资基金以及其他经中国人民银行、国家金融监督管理总局、证监会批准成立且经营金融保险业务的机构发放贷款后,自结息日起90天内发生的应收未收利息按现行规定缴纳增值税,自结息日起90天后发生的应收未收利息暂不缴纳增值税,待实际收到利息时按规定缴纳增值税。

(二)直接收费金融服务

直接收费金融服务是指为货币资金融通及其他金融业务提供相关服务并且收取费用的业务活动,包括提供货币兑换、账户管理、电子银行、信用卡、信用证、财务担保、资产管理、信托管理、基金管理、金融交易场所(平台)管理、资金结算、资金清算、金融支付等服务。

(三)保险服务

保险服务是指投保人根据合同约定,向保险人支付保险费,保险人对于合同约定的可能发生的事故因其发生所造成的财产损失承担赔偿保险金责任,或者当被保险人死亡、伤残、疾病或者达到合同约定的年龄、期限等条件时承担给付保险金责任的商业保险行为,包括人身保险服务和财产保险服务。

人身保险服务是指以人的寿命和身体为保险标的的保险业务活动。

财产保险服务是指以财产及其有关利益为保险标的的保险业务活动。

（四）金融商品转让

金融商品转让是指转让外汇、有价证券、非货物期货和其他金融商品所有权的业务活动。

其他金融商品转让包括基金、信托、理财产品等各类资产管理产品和各种金融衍生品的转让。

纳税人购入基金、信托、理财产品等各类资产管理产品持有至到期，不属于金融商品转让。

> **特别提示**
>
> 纳税人无偿转让股票时，转出方以该股票的买入价为卖出价，按照"金融商品转让"计算缴纳增值税；在转入方将上述股票再转让时，以原转出方的卖出价为买入价，按照"金融商品转让"计算缴纳增值税。

八、现代服务

现代服务是指围绕制造业、文化产业、现代物流产业等提供技术性、知识性服务的业务活动，包括研发和技术服务、信息技术服务、文化创意服务、物流辅助服务、租赁服务、鉴证咨询服务、广播影视服务、商务辅助服务和其他现代服务。

（一）研发和技术服务

研发和技术服务包括研发服务、合同能源管理服务、工程勘察勘探服务、专业技术服务。

1. 研发服务也称技术开发服务，是指就新技术、新产品、新工艺或者新材料及其系统进行研究与试验开发的业务活动。

2. 合同能源管理服务是指节能服务公司与用能单位以契约形式约定节能目标，节能服务公司提供必要的服务，用能单位以节能效果支付节能服务公司投入及其合理报酬的业务活动。

3. 工程勘察勘探服务是指在采矿、工程施工前后，对地形、地质构造、地下资源蕴藏情况进行实地调查的业务活动。

4. 专业技术服务是指气象服务、地震服务、海洋服务、测绘服务、城市规划、环境与生态监测服务等专项技术服务。

(二) 信息技术服务

信息技术服务是指利用计算机、通信网络等技术对信息进行生产、收集、处理、加工、存储、运输、检索和利用，并提供信息服务的业务活动，包括软件服务、电路设计及测试服务、信息系统服务、业务流程管理服务和信息系统增值服务。

1. 软件服务是指提供软件开发服务、软件维护服务、软件测试服务的业务活动。

2. 电路设计及测试服务是指提供集成电路和电子电路产品设计、测试及相关技术支持服务的业务活动。

3. 信息系统服务是指提供信息系统集成、网络管理、网站内容维护、桌面管理与维护、信息系统应用、基础信息技术管理平台整合、信息技术基础设施管理、数据中心、托管中心、信息安全服务、在线杀毒、虚拟主机等业务活动，包括网站对非自有的网络游戏提供的网络运营服务。

4. 业务流程管理服务是指依托信息技术提供的人力资源管理、财务经济管理、审计管理、税务管理、物流信息管理、经营信息管理和呼叫中心等服务的活动。

5. 信息系统增值服务是指利用信息系统资源为用户附加提供的信息技术服务，包括数据处理、分析和整合、数据库管理、数据备份、数据存储、容灾服务、电子商务平台等。

(三) 文化创意服务

文化创意服务包括设计服务、知识产权服务、广告服务和会议展览服务。

1. 设计服务是指把计划、规划、设想通过文字、语言、图画、声音、视觉等形式传递出来的业务活动，包括工业设计、内部管理设计、业务运作设计、供应链设计、造型设计、服装设计、环境设计、平面设计、包装设计、动漫设计、网游设计、展示设计、网站设计、机械设计、工程设计、广告设计、创意策划、文印晒图等。

2. 知识产权服务是指处理知识产权事务的业务活动，包括对专利、商标、著作权、软件、集成电路布图设计的登记、鉴定、评估、认证、检索服务。

3. 广告服务是指利用图书、报纸、杂志、广播、电视、电影、幻灯、路牌、招贴、橱窗、霓虹灯、灯箱、互联网等各种形式为客户的商品、经营服务项目、文体节目或者通告、声明等委托事项进行宣传和提供相关服务的业务活动，包括广告代理和广告的发布、播映、宣传、展示等。

4. 会议展览服务是指为商品流通、促销、展示、经贸洽谈、民间交流、企业沟通、国际往来等举办或者组织安排的各类展览和会议的业务活动。

疑难问题解答

问：我公司主要提供住宿服务，但也有一些房间提供给客户开会并提供茶水等服务，我公司取得的租金按照什么税目缴纳增值税？

答：宾馆、旅馆、旅社、度假村和其他经营性住宿场所提供会议场地及配套服务的活动，按照"会议展览服务"缴纳增值税。

（四）物流辅助服务

物流辅助服务包括航空服务、港口码头服务、货运客运场站服务、打捞救助服务、装卸搬运服务、仓储服务和收派服务。

1. 航空服务包括航空地面服务和通用航空服务。

航空地面服务是指航空公司、飞机场、民航管理局、航站等向在境内航行或者在境内机场停留的境内外飞机或者其他飞行器提供的导航等劳务性地面服务的业务活动，包括旅客安全检查服务、停机坪管理服务、机场候机厅管理服务、飞机清洗消毒服务、空中飞行管理服务、飞机起降服务、飞行通信服务、地面信号服务、飞机安全服务、飞机跑道管理服务、空中交通管理服务等。

通用航空服务是指为专业工作提供飞行服务的业务活动，包括航空摄影、航空培训、航空测量、航空勘探、航空护林、航空吊挂播洒、航空降雨、航空气象探测、航空海洋监测、航空科学实验等。

2. 港口码头服务是指港务船舶调度服务、船舶通信服务、航道管理服务、航道疏浚服务、灯塔管理服务、航标管理服务、船舶引航服务、理货服务、系解缆服务、停泊和移泊服务、海上船舶溢油清除服务、水上交通管理服务、船只专业清洗消毒检测服务和防止船只漏油服务等为船只提供服务的业务活动。

> **特别提示**
>
> 港口设施经营人收取的港口设施保安费，按照"港口码头服务"缴纳增值税。

3. 货运客运场站服务是指货运客运场站提供货物配载服务、运输组织服务、中转换乘服务、车辆调度服务、票务服务、货物打包整理、铁路线路使用服务、加挂铁路客车服务、铁路行包专列发送服务、铁路到达和中转服务、铁路车辆编解服务、车辆挂运服务、铁路接触网服务、铁路机车牵引服务等业务活动。

4. 打捞救助服务是指提供船舶人员救助、船舶财产救助、水上救助和沉船沉物打捞服务的业务活动。

5. 装卸搬运服务是指使用装卸搬运工具或者人力、畜力将货物在运输工具之间、装卸现场之间或者运输工具与装卸现场之间进行装卸和搬运的业务活动。

6. 仓储服务是指利用仓库、货场或者其他场所代客贮放、保管货物的业务活动。

7. 收派服务是指接受寄件人委托，在承诺的时限内完成函件和包裹的收件、分拣、派送服务的业务活动。

收件服务是指从寄件人收取函件和包裹，并运送到服务提供方同城的集散中心的业务活动。

分拣服务是指服务提供方在其集散中心对函件和包裹进行归类、分发的业务活动。

派送服务是指服务提供方从其集散中心将函件和包裹送达同城的收件人的业务活动。

（五）租赁服务

租赁服务包括融资租赁服务和经营租赁服务。

1. 融资租赁服务是指具有融资性质和所有权转移特点的租赁活动，即出租人根据承租人所要求的规格、型号、性能等条件购入有形动产或者不动产租赁给承租人，合同期内租赁物所有权属于出租人，承租人只拥有使用权，合同期满付清租金后，承租人有权按照残值购入租赁物，以拥有其所有权。不论出租人是否将租赁物销售给承租人，均属于融资租赁。

按照标的物的不同，融资租赁服务可分为有形动产融资租赁服务和不动产融资租赁服务。

> **特别提示**
>
> 融资性售后回租不按照本税目缴纳增值税。

2.经营租赁服务是指在约定时间内将有形动产或者不动产转让他人使用且租赁物所有权不变更的业务活动。

按照标的物的不同,经营租赁服务可分为有形动产经营租赁服务和不动产经营租赁服务。

将建筑物、构筑物等不动产或者飞机、车辆等有形动产的广告位出租给其他单位或者个人用于发布广告,按照"经营租赁服务"缴纳增值税。

> **疑难问题解答**
>
> 问:我公司为经过政府批准修建桥梁并收取过桥费的企业,我公司收取的过桥费按照什么税目缴纳增值税?
>
> 答:车辆停放服务、道路通行服务(包括过路费、过桥费、过闸费等)等,按照"不动产经营租赁服务"缴纳增值税。

水路运输的光租业务、航空运输的干租业务,属于经营租赁。

光租业务是指运输企业将船舶在约定的时间内出租给他人使用,不配备操作人员,不承担运输过程中发生的各项费用,只收取固定租赁费的业务活动。

干租业务是指航空运输企业将飞机在约定的时间内出租给他人使用,不配备机组人员,不承担运输过程中发生的各项费用,只收取固定租赁费的业务活动。

(六)鉴证咨询服务

鉴证咨询服务包括认证服务、鉴证服务和咨询服务。

1.认证服务是指具有专业资质的单位利用检测、检验、计量等技术,证明产品、服务、管理体系符合相关技术规范、相关技术规范的强制性要求或者标准的业务活动。

2.鉴证服务是指具有专业资质的单位受托对相关事项进行鉴证,发表具有证明力的意见的业务活动,包括会计鉴证、税务鉴证、法律鉴证、职业技能鉴定、工程造价鉴证、工程监理、资产评估、环境评估、房地产土地评估、建筑图纸审核、医疗事故鉴定等。

3.咨询服务是指提供信息、建议、策划、顾问等服务的活动，包括金融、软件、技术、财务、税收、法律、内部管理、业务运作、流程管理、健康等方面的咨询。

💡 **特别提示**

翻译服务和市场调查服务，按照"咨询服务"缴纳增值税。

（七）广播影视服务

广播影视服务包括广播影视节目（作品）的制作服务、发行服务和播映（含放映，下同）服务。

1.广播影视节目（作品）制作服务是指进行专题（特别节目）、专栏、综艺、体育、动画片、广播剧、电视剧、电影等广播影视节目和作品制作的服务。具体包括与广播影视节目和作品相关的策划、采编、拍摄、录音、音视频文字图片素材制作、场景布置、后期的剪辑、翻译（编译）、字幕制作、片头、片尾、片花制作、特效制作、影片修复、编目和确权等业务活动。

2.广播影视节目（作品）发行服务是指以分账、买断、委托等方式，向影院、电台、电视台、网站等单位和个人发行广播影视节目（作品）以及转让体育赛事等活动的报道及播映权的业务活动。

3.广播影视节目（作品）播映服务是指在影院、剧院、录像厅及其他场所播映广播影视节目（作品），以及通过电台、电视台、卫星通信、互联网、有线电视等无线或者有线装置播映广播影视节目（作品）的业务活动。

（八）商务辅助服务

商务辅助服务包括企业管理服务、经纪代理服务、人力资源服务、安全保护服务。

1.企业管理服务是指提供总部管理、投资与资产管理、市场管理、物业管理、日常综合管理等服务的业务活动。

2.经纪代理服务是指各类经纪、中介、代理服务，包括金融代理、知识产权代理、货物运输代理、代理报关、法律代理、房地产中介、职业中介、婚姻中介、代理记账、拍卖等。

货物运输代理服务是指接受货物收货人、发货人、船舶所有人、船舶承租人或者船舶经营人的委托，以委托人的名义，为委托人办理货物运输、装卸、仓储和船舶进出港口、引航、靠泊等相关手续的业务活动。

代理报关服务是指接受进出口货物的收、发货人委托，代为办理报关手续的业务活动。

疑难问题解答

问：我公司为拍卖行，我公司受托拍卖取得的手续费或佣金收入，按照什么税目缴纳增值税？

答：拍卖行受托拍卖取得的手续费或佣金收入，按照"经纪代理服务"缴纳增值税。

3.人力资源服务是指提供公共就业、劳务派遣、人才委托招聘、劳动力外包等服务的业务活动。

4.安全保护服务是指提供保护人身安全和财产安全，维护社会治安等的业务活动。它包括场所住宅保安、特种保安、安全系统监控以及其他安保服务。

特别提示

纳税人提供武装守护押运服务，按照"安全保护服务"缴纳增值税。

（九）其他现代服务

其他现代服务是指除研发和技术服务、信息技术服务、文化创意服务、物流辅助服务、租赁服务、鉴证咨询服务、广播影视服务和商务辅助服务以外的现代服务。

九、生活服务

生活服务是指为满足城乡居民日常生活需求提供的各类服务活动，包括文化体育服务、教育医疗服务、旅游娱乐服务、餐饮住宿服务、居民日常服务和其他生活服务。

（一）文化体育服务

文化体育服务包括文化服务和体育服务。

1. 文化服务是指为满足社会公众文化生活需求提供的各种服务，包括文艺创作、文艺表演、文化比赛、图书馆的图书和资料借阅、档案馆的档案管理、文物及非物质遗产保护、组织举办宗教活动、科技活动、文化活动，提供游览场所。

2. 体育服务是指组织举办体育比赛、体育表演、体育活动，以及提供体育训练、体育指导、体育管理的业务活动。

特别提示

纳税人在游览场所经营索道、摆渡车、电瓶车、游船等取得的收入，按照"文化体育服务"缴纳增值税。

（二）教育医疗服务

教育医疗服务包括教育服务和医疗服务。

1. 教育服务是指提供学历教育服务、非学历教育服务、教育辅助服务的业务活动。

学历教育服务是指根据教育行政管理部门确定或者认可的招生和教学计划组织教学，并颁发相应学历证书的业务活动，包括初等教育、初级中等教育、高级中等教育、高等教育等。

非学历教育服务包括学前教育、各类培训、演讲、讲座、报告会等。

教育辅助服务包括教育测评、考试、招生等服务。

2. 医疗服务是指提供医学检查、诊断、治疗、康复、预防、保健、接生、计划生育、防疫服务等方面的服务，以及与这些服务有关的提供药品、医用材料器具、救护车、病房住宿和伙食的业务。

（三）旅游娱乐服务

旅游娱乐服务包括旅游服务和娱乐服务。

1. 旅游服务是指根据旅游者的要求，组织安排交通、游览、住宿、餐饮、购物、文娱、商务等服务的业务活动。

2. 娱乐服务是指为娱乐活动同时提供场所和服务的业务，具体包括歌厅、舞厅、夜总会、酒吧、台球、高尔夫球、保龄球、游艺（包括射击、狩猎、跑马、游戏机、蹦极、卡丁车、热气球、动力伞、射箭、飞镖）。

（四）餐饮住宿服务

餐饮住宿服务包括餐饮服务和住宿服务。

1.餐饮服务是指通过同时提供饮食和饮食场所的方式为消费者提供饮食消费服务的业务活动。

> **疑难问题解答**
>
> 问：我公司为餐馆，除提供堂食外，也对外销售外卖食品，外卖食品的收入按照什么税目缴纳增值税？
>
> 答：提供餐饮服务的纳税人销售的外卖食品，按照"餐饮服务"缴纳增值税。

2.住宿服务是指提供住宿场所及配套服务等的活动，包括宾馆、旅馆、旅社、度假村和其他经营性住宿场所提供的住宿服务。

（五）居民日常服务

居民日常服务是指主要为满足居民个人及其家庭日常生活需求提供的服务，包括市容市政管理、家政、婚庆、养老、殡葬、照料和护理、救助救济、美容美发、按摩、桑拿、氧吧、足疗、沐浴、洗染、摄影扩印等服务。

（六）其他生活服务

其他生活服务是指除文化体育服务、教育医疗服务、旅游娱乐服务、餐饮住宿服务和居民日常服务之外的生活服务。

第四节 销售无形资产的范围

销售无形资产是指转让无形资产所有权或者使用权的业务活动。

无形资产是指不具实物形态，但能带来经济利益的资产，包括技术、商标、著作权、商誉、自然资源使用权和其他权益性无形资产。

一、技术

技术包括专利技术和非专利技术。

二、商标

经商标局核准注册的商标为注册商标，包括商品商标、服务商标、集体商标和证明商标。商标注册人享有商标专用权，受法律保护。

集体商标是指以团体、协会或者其他组织名义注册，供该组织成员在商事活动中使用，以表明使用者在该组织中的成员资格的标志。

证明商标是指由对某种商品或者服务具有监督能力的组织所控制，而由该组织以外的单位或者个人使用于其商品或者服务，用以证明该商品或者服务的原产地、原料、制造方法、质量或者其他特定品质的标志。

三、著作权

（一）著作权的取得

中国公民、法人或者非法人组织的作品，不论是否发表，依照《中华人民共和国著作权法》（以下简称《著作权法》）享有著作权。

外国人、无国籍人的作品根据其作者所属国或者经常居住地国同中国签订的协议或者共同参加的国际条约享有的著作权，受《著作权法》保护。

外国人、无国籍人的作品首先在中国境内出版的，依照《著作权法》享有著作权。

> **特别提示**
>
> 未与中国签订协议或者共同参加国际条约的国家的作者以及无国籍人的作品首次在中国参加的国际条约的成员国出版的，或者在成员国和非成员国同时出版的，受《著作权法》保护。

（二）作品的范围

《著作权法》所称的作品，是指文学、艺术和科学领域内具有独创性并能以一定形式表现的智力成果，包括：

1. 文字作品。
2. 口述作品。
3. 音乐、戏剧、曲艺、舞蹈、杂技艺术作品。
4. 美术、建筑作品。

5. 摄影作品。
6. 视听作品。
7. 工程设计图、产品设计图、地图、示意图等图形作品和模型作品。
8. 计算机软件。
9. 符合作品特征的其他智力成果。

（三）著作权人

著作权人包括：
1. 作者。
2. 其他依照《著作权法》享有著作权的自然人、法人或者非法人组织。

（四）著作权的权利

著作权包括下列人身权和财产权。
1. 发表权，即决定作品是否公之于众的权利。
2. 署名权，即表明作者身份，在作品上署名的权利。
3. 修改权，即修改或者授权他人修改作品的权利。
4. 保护作品完整权，即保护作品不受歪曲、篡改的权利。
5. 复制权，即以印刷、复印、拓印、录音、录像、翻录、翻拍、数字化等方式将作品制作一份或者多份的权利。
6. 发行权，即以出售或者赠与方式向公众提供作品的原件或者复制件的权利。
7. 出租权，即有偿许可他人临时使用视听作品、计算机软件的原件或者复制件的权利，计算机软件不是出租的主要标的的除外。
8. 展览权，即公开陈列美术作品、摄影作品的原件或者复制件的权利。
9. 表演权，即公开表演作品，以及用各种手段公开播送作品的表演的权利。
10. 放映权，即通过放映机、幻灯机等技术设备公开再现美术、摄影、视听作品等的权利。
11. 广播权，即以有线或者无线方式公开传播或者转播作品，以及通过扩音器或者其他传送符号、声音、图像的类似工具向公众传播广播的作品的权利，但不包括下述第 12 项规定的权利。
12. 信息网络传播权，即以有线或者无线方式向公众提供，使公众可以在其选定的时间和地点获得作品的权利。

13. 摄制权，即以摄制视听作品的方法将作品固定在载体上的权利。

14. 改编权，即改变作品，创作出具有独创性的新作品的权利。

15. 翻译权，即将作品从一种语言文字转换成另一种语言文字的权利。

16. 汇编权，即将作品或者作品的片段通过选择或者编排，汇集成新作品的权利。

17. 应当由著作权人享有的其他权利。

著作权人可以许可他人行使上述第5项至第17项规定的权利，并依照约定或者《著作权法》有关规定获得报酬。

著作权人可以全部或者部分转让上述第5项至第17项规定的权利，并依照约定或者《著作权法》有关规定获得报酬。

四、商誉

（一）商誉的含义

商誉是指企业在对外并购中形成，合并成本超过被并购企业可辨认净资产公允价值份额且单项入账的资产。

（二）商誉的初始确认计量

商誉初始确认计量是后续会计处理的基础。企业应当严格根据《企业会计准则》将合并成本在并购日资产负债中（有形资产、无形资产、确认负债、或有负债）进行合理分配，确实不可分配的部分才可确认为商誉。

企业应当充分识别被并购企业专利权、非专利技术、特定客户关系、商标权、著作权、土地使用权、特许权等符合可辨认性标准的无形资产，不得将其确认为商誉。

商誉应当在购买日分摊至相关资产组，认定资产组要以独立产生现金流入为主要依据，不应包括与商誉无关的资产及负债，后续会计期间应当保持一致、不得随意变更；确因业务重组、整合等原因发生变化，需及时将商誉账面价值重新分摊至受影响的资产组，并提供充分的理由及依据。

企业后续发现商誉初始确认计量、资产组认定或商誉分摊出现差错，应当及时进行账务调整处理。

（三）商誉的减值测试

商誉减值测试是商誉管理的重点。企业应当梳理、明确商誉减值迹象的具体情形，包括但不限于现金流和效益持续恶化或明显低于预期、主要产品技术升级迭代、行业环境或产业政策发生根本改变、所在国别地区宏观环境风险突出等。

企业要加强对减值迹象的动态跟踪监控，严格按照会计准则要求，在减值迹象出现时及时进行减值测试，每年年度终了应当集中对商誉进行减值测试。

企业要重点关注减值迹象对未来现金净流量、折现率、预测期等关键参数的影响，合理确定可收回金额，必要时可聘请相关专家或独立第三方参与减值测试；对于连续3年出现减值迹象但测试结果未显示发生减值的，要重新审视关键参数的合理性。

企业要合理区分并分别处理商誉减值事项和并购重组相关方的业绩补偿事项，不得以存在业绩补偿承诺为由不进行商誉减值测试。

（四）商誉的信息披露

商誉信息披露是商誉管理的重要内容。企业应当按照会计准则要求规范披露所有与商誉减值有关的重要有用信息，不断增强完整性、真实性和可比性，严禁出现虚假、误导性陈述或重大遗漏等情形。

企业要全面反映商誉所在资产组的相关信息，资产组构成发生变化应当充分披露导致其变化的事实与依据。

企业要全面反映商誉对应资产组并购预期实现情况，以及减值测试的关键参数、过程与方法，与以前年度不一致的应当说明存在的差异及原因。

（五）商誉的终止确认

商誉终止确认是商誉全生命周期管理的最后环节。根据《企业会计准则》相关规定，对并购子企业或项目整体进行再转让的，应当及时将商誉一同转让；对资产组进行再转让的应当确认转让损益，并终止确认该资产组对应商誉；对并购子企业由于设计寿命到期、政府主管部门不再授权等原因停止生产经营，需要提前判断资产组预期现金流入，及时计提减值损失，到期退出后及时终止确认商誉。

五、自然资源使用权

自然资源使用权包括土地使用权、海域使用权、探矿权、采矿权、取水权和其他自然资源使用权。

六、其他权益性无形资产

其他权益性无形资产包括基础设施资产经营权、公共事业特许权、配额、经营权（包括特许经营权、连锁经营权、其他经营权）、经销权、分销权、代理权、会员权、席位权、网络游戏虚拟道具、域名、名称权、肖像权、冠名权、转会费等。

第五节　销售不动产的范围

销售不动产是指转让不动产所有权的业务活动。

不动产是指不能移动或者移动后会引起性质、形状改变的财产，包括建筑物、构筑物等。

疑难问题解答

问：如果我公司将一处建筑物的永久使用权转移给其他公司，我公司按照什么税目缴纳增值税？

答：转让建筑物有限产权或者永久使用权的，转让在建的建筑物或者构筑物所有权的，以及在转让建筑物或者构筑物时一并转让其所占土地的使用权的，按照"销售不动产"缴纳增值税。

一、建筑物

建筑物包括住宅、商业营业用房、办公楼等可供居住、工作或者进行其他活动的建造物。

二、构筑物

构筑物包括道路、桥梁、隧道、水坝等建造物。

第六节　增值税征税范围典型案例分析

一、案例出处

北京市第三中级人民法院（2023）京03民终7838号民事判决书。

二、案例事实

2006年12月8日，北京恒晨伟业房地产开发有限公司（以下简称恒晨伟业公司）与北京京明苑房地产开发有限公司（以下简称京明苑公司）就位于北京市朝阳区北土城东路慧忠庵住宅项目（以下简称慧忠庵住宅项目）的联合开发签订《联合开发建设慧忠庵住宅项目基本原则协议》（以下简称《原则协议》），双方约定恒晨伟业公司应当支付京明苑公司8 500万元前期的补偿费。双方另就项目名称违约责任等问题进行了约定。2007年12月3日，京明苑公司作为甲方与乙方恒晨伟业公司就慧忠庵住宅项目签订《补充协议》，双方就《原则协议》付款条款进行约定：于《补充协议》签订之日起十日内，恒晨伟业公司再向京明苑公司支付1 050万元慧忠庵2号楼项目转让费……恒晨伟业公司已经全额向京明苑公司支付《原则协议》中约定的8 500万元慧忠庵2号楼项目转让补偿费。

2008年4月，恒晨伟业公司将京明苑公司诉至北京市第二中级人民法院，要求京明苑公司履行《原则协议》和《补充协议》。经法院调解，双方当事人达成调解协议。北京市第二中级人民法院作出（2008）二中民初字第07965号民事调解书。

2010年11月17日，京明苑公司名称变更为北京远洋一品房地产开发有限公司（以下简称远洋一品公司）。

2011年8月9日，北京市第二中级人民法院作出（2011）二中民再初字第12849号民事判决书，判决："一、撤销北京市第二中级人民法院（2008）二中民初字第07965号民事调解书；二、驳回北京恒晨伟业房地产开发有限公司的诉讼请求；三、驳回北京远洋一品房地产开发有限公司的反诉请求。"恒晨伟业公司、远洋一品公司不服该判决，向北京市高级人民法院提起上诉。北京市高级人民法院作出（2011）高民再终字第3351号民事判决书，判决：驳回上诉，维持原判。

2013年1月，远洋一品公司将恒晨伟业公司诉至北京市朝阳区人民法院，要求解除《原则协议》及《补充协议》。恒晨伟业公司提出反诉，要求确认其对慧忠庵项目2号楼拥有完整的所有权、使用权、处置权和经营权的各项合法权益，并由远洋一品公司支付3 671万元占用期间的银行贷款利息损失407.12万元。北京市朝阳区人民法院作出（2013）朝民初字第06495号民事判决，判决："一、北京远洋一品房地产开发有限公司与北京恒晨伟业房地产开发有限公司之间的《联合开发建设慧忠庵住宅项目基本原则协议》《补充协议》已经解除；二、北京远洋一品房地产开发有限公司于本判决生效后六十日内返还北京恒晨伟业房地产开发有限公司人民币八千五百万元并按照中国人民银行同期存款利率支付利息……"恒晨伟业公司不服该判决，向北京市第二中级人民法院提出上诉，北京市第二中级人民法院作出（2013）二中民终字第12390号民事判决，判决：驳回上诉，维持原判。

2014年3月12日，恒晨伟业公司将远洋一品公司诉至北京市第三中级人民法院，要求远洋一品公司赔偿其损失等11 588万元。经法院调解，恒晨伟业公司与远洋一品公司达成调解协议，北京市第三中级人民法院出具（2014）三中民初字第04871号民事调解书，其上载明："一、双方就北京市朝阳区北土城东路惠忠庵住宅项目签订的《联合开发建设惠忠庵住宅项目基本原则协议》《补充协议》解除后的相关事项，协商由被告北京远洋一品房地产开发有限公司给付原告北京恒晨伟业房地产开发有限公司一亿九千九百五十二万元……二、上述第一项的履行分以下几期给付：第一期给付三千万元，于二〇一四年七月八日给付（已履行）；第二期给付二千万元，于二〇一四年七月二十一日前给付；第三期给付八千万元，于被告北京远洋一品房地产开发有限公司取得惠忠庵项目《建筑工程施工许可证》后六十日内给付；第四期给付六千九百五十二万元，于被告北京远洋一品房地产开发有限公司取得惠忠庵项目的《商品房预售许可证》或《商品房销售许可证》后九十日内给付……"

2020年2月7日，恒晨伟业公司作为甲方与乙方远洋一品公司签订《〈民事调解书〉履行还款协议》，双方约定如下："1.以《民事调解书》第二条确定的6 952万元支付义务为基数，乙方自本协议生效之日始，按日万分之八计算违约，至乙方实际支付日止。2.乙方支付上述'1'款项的时间暂定至2020年5月31日之前。遇不可抗力事件，双方再据实协商延缓支付时间。"

同日，恒晨伟业公司作为甲方与乙方远洋一品公司签订了《追加协议》对还款事宜进一步约定："一、远洋一品公司履行还款协议第一条约定本数和违约金时，恒晨伟业公司应出具《民事调解书》确定远洋一品公司应付款总额中8 500万元合资合作款本数之外钱款，以及本协议下列第二、第三条款约定违约金合计钱款总数11 452万元加上633万元，合计12 115万元合格正式发票。二、恒晨伟业公司出具上述'一'正式发票需要缴纳税款计算依据为票面额乘以百分之五点五的总计税率，合计663万元……"

经询，双方均认可远洋一品公司已经向恒晨伟业公司支付了11 705.631万元，付款的金额是按照协议约定退还的转让费和补偿款。远洋一品公司要求恒晨伟业公司开具等额的增值税专用发票，恒晨伟业公司表示涉案11 705.631万元无法开具增值税发票，双方因开具发票问题产生争议，后远洋一品公司向北京市怀柔区人民法院（以下简称一审法院）起诉。一审庭审中，一审法院询问远洋一品公司如恒晨伟业公司无法开具增值税发票其有何意见，远洋一品公司表示其要求开具普通发票。

三、一审法院观点

一审法院认为，远洋一品公司与恒晨伟业公司签订的《追加协议》系双方的真实意思表示，不违反法律法规的强制性规定，应为合法有效，双方均应按照合同约定履行义务。关于远洋一品公司要求恒晨伟业公司为其开具增值税专用发票的请求，根据《中华人民共和国增值税暂行条例》（以下简称《增值税暂行条例》）第一条的规定："在中华人民共和国境内销售货物或者加工、修理修配劳务，销售服务、无形资产、不动产以及进口货物的单位和个人，为增值税的纳税人，应当依照本条例缴纳增值税。"本案中，远洋一品公司向恒晨伟业公司支付了11 705.63万元系对生效民事调解书的履行而非基于销售货物、不动产等原因，不属于《增值税暂行条例》中规定的增值税的应税行为。经法庭询问，远洋一品公司亦表示如无法开具增值税专用发票，要求恒晨伟业开具普通发票。对此，一审法院认为，《追加协议》中明确约定：恒晨伟业公司应当向远洋一品公司出具合计为12 115万元的合格正式发票。《追加协议》签订后，远洋一品公司已经向恒晨伟业公司退还、支付了11 705.63万元转让费和补偿款，恒晨伟业公司应当按照合同约定履行开具发票的义务。一审法院判决：北京恒晨伟业房地产开发有限公司于判决生效后30日内为北京远洋一品房地产开发有限公司开具票面金额为11 705.63万元的发票。

四、二审审理情况

北京市第三中级人民法院（以下简称二审法院）二审期间，远洋一品公司提交以下证据：2023 年 5 月 23 日 12366 税务服务热线录音及文字稿，用以证明补偿金、赔偿金属于价外费用，属于应税行为，恒晨伟业公司应当向远洋一品公司开具发票。二审法院组织当事人进行了证据交换和质证。恒晨伟业公司的质证意见为：认可真实性，不认可关联性，远洋一品公司在电话中对本案的描述以及款项的发生的陈述与事实不符，电话中的简单沟通不足以证明远洋一品公司的证明目的，与本案事实是两个法律关系。恒晨伟业公司没有提交新证据。二审法院认为，结合远洋一品公司在电话中咨询内容，其对于双方之间的经济往来过程的描述较为简单，故上述证据并不足以作为认定本案事实的依据，二审法院不予认定。

经询，远洋一品公司主张：在签订《追加协议》时，是想要恒晨伟业公司开具增值税专用发票，经一审法院释明，如恒晨伟业公司不能开具增值税专用发票，也可以开具增值税普通发票，并且远洋一品公司向恒晨伟业公司支付 11 705.631 万元属于应税行为，一审法院认定不属于应税行为的认定存在笔误。

五、二审法院观点

《增值税暂行条例》第一条规定："在中华人民共和国境内销售货物或者加工、修理修配劳务（以下简称劳务），销售服务、无形资产、不动产以及进口货物的单位和个人，为增值税的纳税人，应当依照本条例缴纳增值税。"《中华人民共和国发票管理办法》（以下简称《发票管理办法》）第三条规定："本办法所称发票，是指在购销商品、提供或者接受服务以及从事其他经营活动中，开具、收取的收付款凭证。"本案中，远洋一品公司依据其与恒晨伟业公司签订的《追加协议》，要求恒晨伟业公司为其开具票面金额为 11 705.631 万元的发票。结合《追加协议》中关于远洋一品公司付款内容的约定以及双方之前诉讼的情况，远洋一品公司向恒晨伟业公司支付 11 705.631 万元系对生效民事调解书的履行，一审法院认定该行为并非基于销售货物、不动产等原因，不属于应税行为，并无不当，二审法院予以维持。鉴于远洋一品公司因履行生效民事调解书而向恒晨伟业公司支付 11 705.63 万元的行为并非属于《增值税暂行条例》规定的应税行为，亦非基于购销商品、提供或者接受服务以及从事其他经营活动，虽然双方《追加协议》中恒晨伟业公司负有开具发票的义务，但该合同义务不符合《增值税暂行条例》以及《发票管理办法》的相关规定，无法实际履行。因此，远洋一品公司于本案中要求恒晨伟业公司依照《追加协议》的约定为其开具票面金额为 11 705.63 万元的发票的诉讼请求，二审法院难以支持。

裁判核心观点

鉴于乙公司因履行生效民事调解书而向甲公司支付若干万元的行为并不属于《增值税暂行条例》规定的应税行为，亦非基于购销商品、提供或者接受服务以及从事其他经营活动，虽然双方《追加协议》中甲公司负有开具发票的义务，但该合同义务不符合《增值税暂行条例》以及《发票管理办法》的相关规定，无法实际履行。因此，乙公司于本案中要求甲公司依照《追加协议》的约定为其开具票面金额为若干万元的发票的诉讼请求，法院难以支持。

第三章 增值税税率实务操作与典型案例分析

第一节 增值税的税率

一、增值税的基本税率

我国自1994年1月1日起正式开征增值税，增值税的基本税率长期维持在17%。自2018年5月1日起，增值税的基本税率调整至16%。自2019年4月1日起，增值税的基本税率调整至13%。纳税人销售货物、加工修理修配服务、有形动产租赁服务，进口货物，除特殊规定外，税率为13%。

二、增值税的中等税率

我国自1994年1月1日起正式开征增值税，增值税的中等税率长期维持在13%。自2017年7月1日起，将13%的税率降低为11%。自2012年1月1日起，我国在上海开展营业税改征增值税试点，新增一档交通运输服务适用的11%的增值税税率。自2018年5月1日起，将11%的税率调整至10%。自2019年4月1日起，将10%的税率调整至9%。

（一）增值税中等税率的适用范围

纳税人销售交通运输、邮政、基础电信、建筑、不动产租赁服务，销售不动产，转让土地使用权，销售或者进口下列货物，除适用零税率的以外，税率为9%：

1. 农产品、食用植物油、食用盐。
2. 自来水、暖气、冷气、热水、煤气、石油液化气、天然气、二甲醚、沼气、居民用煤炭制品。
3. 图书、报纸、杂志、音像制品、电子出版物。

4.饲料、化肥、农药、农机、农膜。

（二）农业产品征税范围

农业产品是指种植业、养殖业、林业、牧业、水产业生产的各种植物、动物的初级产品。农业产品的征税范围如下。

1.植物类。植物类包括人工种植和天然生长的各种植物的初级产品。具体征税范围为：

（1）粮食。粮食是指各种主食食科植物果实的总称。本货物的征税范围包括小麦、稻谷、玉米、高粱、谷子和其他杂粮（如大麦、燕麦等），以及经碾磨、脱壳等工艺加工后的粮食（如：面粉、米、玉米面、渣等）。

切面、饺子皮、馄饨皮、面皮、米粉等粮食复制品，也属于本货物的征税范围。

> **特别提示**
>
> 以粮食为原料加工的速冻食品、方便面、副食品和各种熟食品，不属于本货物的征税范围。

（2）蔬菜。蔬菜是指可作副食的草本、木本植物的总称。本货物的征税范围包括各种蔬菜、菌类植物和少数可作副食的木本植物。

经晾晒、冷藏、冷冻、包装、脱水等工序加工的蔬菜、腌菜、咸菜、酱菜和盐渍蔬菜等，也属于本货物的征税范围。

各种蔬菜罐头（罐头是指以金属罐、玻璃瓶和其他材料包装，经排气密封的各种食品。下同）不属于本货物的征税范围。

（3）烟叶。烟叶是指各种烟草的叶片和经过简单加工的叶片。本货物的征税范围包括晒烟叶、晾烟叶和初烤烟叶。

①晒烟叶，是指利用太阳能露天晒制的烟叶。

②晾烟叶，是指在晾房内自然干燥的烟叶。

③初烤烟叶，是指烟草种植者直接烤制的烟叶，不包括专业复烤厂烤制的复烤烟叶。

（4）茶叶。茶叶是指从茶树上采摘下来的鲜叶和嫩芽（即茶青），以及经吹干、揉拌、发酵、烘干等工序初制的茶。本货物的征收范围包括各种毛茶（如红毛茶、绿毛茶、乌龙毛茶、白毛茶、黑毛茶等）。

精制茶、边销茶及掺兑各种药物的茶和茶饮料，不属于本货物的征税范围。

（5）园艺植物。园艺植物是指可供食用的果实，如水果、果干（如荔枝干、桂圆干、葡萄干等）、干果、果仁、果用瓜（如甜瓜、西瓜、哈密瓜等），以及胡椒、花椒、大料、咖啡豆等。

经冷冻、冷藏、包装等工序加工的园艺植物，也属于本货物的征税范围。

各种水果罐头，果脯，蜜饯，炒制的果仁、坚果，碾磨后的园艺植物（如胡椒粉、花椒粉等），不属于本货物的征税范围。

（6）药用植物。药用植物是指用作中药原药的各种植物的根、茎、皮、叶、花、果实等。

利用上述药用植物加工制成的片、丝、块、段等中药饮片，也属于本货物的征税范围。

中成药不属于本货物的征税范围。

（7）油料植物。油料植物是指主要用作榨取油脂的各种植物的根、茎、叶、果实、花或者胚芽组织等初级产品，如菜籽（包括芥菜籽）、花生、大豆、葵花籽、蓖麻子、芝麻子、胡麻子、茶籽、桐子、橄榄仁、棕榈仁、棉籽等。

提取芳香油的芳香油料植物，也属于本货物的征税范围。

（8）纤维植物。纤维植物是指利用其纤维作纺织、造纸原料或者绳索的植物，如棉（包括籽棉、皮棉、絮棉）、大麻、黄麻、槿麻、苎麻、茼麻、亚麻、罗布麻、蕉麻、剑麻等。

特别提示

棉短绒和麻纤维经脱胶后的精干（洗）麻，也属于本货物的征税范围。

（9）糖料植物。糖料植物是指主要用作制糖的各种植物，如甘蔗、甜菜等。

（10）林业产品。林业产品是指乔木、灌木和竹类植物，以及天然树脂、天然橡胶。林业产品的征税范围包括：

①原木是指将砍伐倒的乔木去其枝芽、梢头或者皮的乔木、灌木，以及锯成一定长度的木段。锯材不属于本货物的征税范围。

②原竹是指将砍倒的竹去其枝、梢或者叶的竹类植物，以及锯成一定长度的竹段。

③天然树脂是指木科植物的分泌物，包括生漆、树脂和树胶，如松脂、

桃胶、樱胶、阿拉伯胶、古巴胶和天然橡胶（包括乳胶和干胶）等。

④其他林业产品是指上述列举林业产品以外的其他各种林业产品，如竹笋、笋干、棕竹、棕榈衣、树枝、树叶、树皮、藤条等。

盐水竹笋也属于本货物的征税范围。

竹笋罐头不属于本货物的征税范围。

（11）其他植物。其他植物是指除上述列举植物以外的其他各种人工种植和野生的植物，如树苗、花卉、植物种子、植物叶子、草、麦秸、豆类、薯类、藻类植物等。

干花、干草、薯干、干制的藻类植物，农业产品的下脚料等，也属于本货物的征税范围。

2.动物类。动物类包括人工养殖和天然生长的各种动物的初级产品。具体征税范围为：

（1）水产品。水产品是指人工放养和人工捕捞的鱼、虾、蟹、鳖、贝类、棘皮类、软体类、腔肠类、海兽类动物。本货物的征税范围包括鱼、虾、蟹、鳖、贝类、棘皮类、软体类、腔肠类、海兽类、鱼苗（卵）、虾苗、蟹苗、贝苗（秧），以及经冷冻、冷藏、盐渍等防腐处理和包装的水产品。

干制的鱼、虾、蟹、贝类、棘皮类、软体类、腔肠类，如干鱼、干虾、干虾仁、干贝等，以及未加工成工艺品的贝壳、珍珠，也属于本货物的征税范围。

熟制的水产品和各类水产品的罐头，不属于本货物的征税范围。

（2）畜牧产品。畜牧产品是指人工饲养、繁殖取得和捕获的各种畜禽。本货物的征税范围包括：

①兽类、禽类和爬行类动物，如牛、马、猪、羊、鸡、鸭等。

②兽类、禽类和爬行类动物的肉产品，包括整块或者分割的鲜肉、冷藏或者冷冻肉、盐渍肉，兽类、禽类和爬行类动物的内脏、头、尾、蹄等组织。

各种兽类、禽类和爬行类动物的肉类生制品，如腊肉、腌肉、熏肉等，也属于本货物的征税范围。

各种肉类罐头、肉类熟制品，不属于本货物的征税范围。

③蛋类产品。蛋类产品是指各种禽类动物和爬行类动物的卵，包括鲜蛋、冷藏蛋。

经加工的咸蛋、松花蛋、腌制的蛋等，也属于本货物的征税范围。

各种蛋类的罐头不属于本货物的征税范围。

④鲜奶。鲜奶是指各种哺乳类动物的乳汁和经净化、杀菌等加工工序生产的乳汁。

> 💡 **特别提示**

用鲜奶加工的各种奶制品，如酸奶、奶酪、奶油等，不属于本货物的征税范围。

（3）动物皮张。动物皮张是指从各种动物（兽类、禽类和爬行类动物）身上直接剥取的，未经鞣制的生皮、生皮张。

将生皮、生皮张用清水、盐水或者防腐药水浸泡、刮里、脱毛、晒干或者熏干，未经鞣制的，也属于本货物的征税范围。

（4）动物毛绒。动物毛绒是指未经洗净的各种动物的毛发、绒毛和羽毛。

> 💡 **特别提示**

洗净毛、洗净绒等不属于本货物的征税范围。

（5）其他动物组织。其他动物组织是指上述列举以外的兽类、禽类、爬行类动物的其他组织，以及昆虫类动物。
①蚕茧，包括鲜茧和干茧，以及茧蛹。
②天然蜂蜜，是指采集的未经加工的天然蜂蜜、鲜蜂王浆等。
③动物树脂，如虫胶等。
④其他动物组织，如动物骨、壳、兽角、动物血液、动物分泌物、蚕种等。

三、增值税的低税率

自2012年1月1日起，我国在上海开展营业税改征增值税试点，新增一档现代服务业服务适用的6%的增值税税率，后续不断扩大营业税改征增值税试点的范围，6%的税率一直沿用至今。

纳税人销售服务、无形资产，除适用13%、9%和零税率的以外，税率为6%。

纳税人通过省级土地行政主管部门设立的交易平台转让补充耕地指标，按照"销售无形资产"缴纳增值税，税率为6%。补充耕地指标，是指根据

《中华人民共和国土地管理法》及国务院土地行政主管部门《耕地占补平衡考核办法》的有关要求，经省级土地行政主管部门确认，用于耕地占补平衡的指标。

四、增值税的零税率

（一）零税率的适用范围

纳税人出口货物，税率为零；国务院另有规定的除外。增值税是由最终消费者负担的可以转嫁的间接税，如果对出口货物征税，相当于对境外消费者征收增值税，这超出了国家的征税权范围，因此，世界各国均规定出口货物税率为零。

境内单位和个人跨境销售国务院规定范围内的服务、无形资产，税率为零。跨境销售服务、无形资产类似出口货物，按照相同的原则，也应当适用零税率。

（二）跨境应税行为适用增值税零税率和免税政策

1.中华人民共和国境内（以下简称境内）的单位和个人销售的下列服务和无形资产，适用增值税零税率：

（1）国际运输服务。国际运输服务，是指在境内载运旅客或者货物出境；在境外载运旅客或者货物入境；在境外载运旅客或者货物。

（2）航天运输服务。

（3）向境外单位提供的完全在境外消费的下列服务：研发服务；合同能源管理服务；设计服务；广播影视节目（作品）的制作和发行服务；软件服务；电路设计及测试服务；信息系统服务；业务流程管理服务；离岸服务外包业务；转让技术。

离岸服务外包业务，包括信息技术外包服务（ITO）、技术性业务流程外包服务（BPO）、技术性知识流程外包服务（KPO），其所涉及的具体业务活动，按照《销售服务、无形资产、不动产注释》相对应的业务活动执行。

（4）财政部和国家税务总局规定的其他服务。

2.境内的单位和个人销售的下列服务和无形资产免征增值税，但财政部和国家税务总局规定适用增值税零税率的除外：

(1) 工程项目在境外的建筑服务；工程项目在境外的工程监理服务；工程、矿产资源在境外的工程勘察勘探服务；会议展览地点在境外的会议展览服务；存储地点在境外的仓储服务；标的物在境外使用的有形动产租赁服务；在境外提供的广播影视节目（作品）的播映服务；在境外提供的文化体育服务、教育医疗服务、旅游服务。

(2) 为出口货物提供的邮政服务、收派服务、保险服务。

特别提示

为出口货物提供的保险服务，包括出口货物保险和出口信用保险。

(3) 向境外单位提供的完全在境外消费的下列服务和无形资产：电信服务；知识产权服务；物流辅助服务（仓储服务、收派服务除外）；鉴证咨询服务；专业技术服务；商务辅助服务；广告投放地在境外的广告服务；无形资产。

(4) 以无运输工具承运方式提供的国际运输服务。

(5) 为境外单位之间的货币资金融通及其他金融业务提供的直接收费金融服务，且该服务与境内的货物、无形资产和不动产无关。

(6) 财政部和国家税务总局规定的其他服务。

3.按照国家有关规定应取得相关资质的国际运输服务项目，纳税人取得相关资质的，适用增值税零税率政策，未取得的，适用增值税免税政策。

境内的单位或个人提供程租服务，如果租赁的交通工具用于国际运输服务和港澳台运输服务，由出租方按规定申请适用增值税零税率。

境内的单位和个人向境内单位或个人提供期租、湿租服务，如果承租方利用租赁的交通工具向其他单位或个人提供国际运输服务和港澳台运输服务，由承租方适用增值税零税率。境内的单位或个人向境外单位或个人提供期租、湿租服务，由出租方适用增值税零税率。

境内单位和个人以无运输工具承运方式提供的国际运输服务，由境内实际承运人适用增值税零税率；无运输工具承运业务的经营者适用增值税免税政策。

4.境内的单位和个人提供适用增值税零税率的服务或者无形资产，如果属于适用简易计税方法的，实行免征增值税办法。如果属于适用增值税一般计税方法的，生产企业实行免抵退税办法，外贸企业外购服务或者无形资产出口实行免退税办法，外贸企业直接将服务或自行研发的无形资产出口，视同生产企业连同其出口货物统一实行免抵退税办法。

服务和无形资产的退税率为其按照《营业税改征增值税试点实施办法》第十五条第（一）至（三）项规定适用的增值税税率。实行退（免）税办法的服务和无形资产，如果主管税务机关认定出口价格偏高的，有权按照核定的出口价格计算退（免）税，核定的出口价格低于外贸企业购进价格的，低于部分对应的进项税额不予退税，转入成本。

5.境内的单位和个人销售适用增值税零税率的服务或无形资产的，可以放弃适用增值税零税率，选择免税或按规定缴纳增值税。放弃适用增值税零税率后，36个月内不得再申请适用增值税零税率。

6.境内的单位和个人销售适用增值税零税率的服务或无形资产，按月向主管退税的税务机关申报办理增值税退（免）税手续。具体管理办法由国家税务总局商财政部另行制定。

7.上述所称完全在境外消费，是指：

（1）服务的实际接受方在境外，且与境内的货物和不动产无关。

（2）无形资产完全在境外使用，且与境内的货物和不动产无关。

（3）财政部和国家税务总局规定的其他情形。

特别提示

我国境内单位和个人发生的与中国香港、澳门、台湾地区有关的应税行为，除另有规定外，参照上述规定执行。

（三）航天发射有关增值税政策

1.境内单位提供航天运输服务适用增值税零税率政策，实行免退税办法。其提供的航天运输服务免征增值税，相应购进航天运输器及相关货物，以及接受发射运行保障服务取得的进项税额予以退还。增值税应退税额按下列公式计算：

增值税应退税额＝购进航天运输器及相关货物的增值税专用发票注明的金额或海关（进口增值税）专用缴款书注明的完税价格×适用的增值税税率或征收率＋接受发射运行保障服务的增值税专用发票注明的金额×适用的增值税税率或征收率

航天运输器及相关货物，包括火箭、航天飞机等航天运输器及其组件、元器件，推进剂等。

发射运行保障服务，包括与发射业务及在轨交付相关的测控、研发、设计、试验、检测、监造、航天系统集成服务，技术转让、技术协调、技术咨询、空间飞行器全寿命周期服务，轨位（频率）申请、咨询、租赁服务，卫星有效载荷的合作、购销、租赁服务，航天产品运输、航天相关培训服务，航天产品设施和技术的展览展示及其他相关服务等。

2.境内单位在轨交付的空间飞行器及相关货物视同出口货物，适用增值税出口退税政策，实行免退税办法。其在轨交付的空间飞行器及相关货物免征增值税，相应购进空间飞行器及相关货物取得的进项税额予以退还。增值税应退税额按下列公式计算：

$$\text{增值税应退税额} = \frac{\text{购进空间飞行器及相关货物的增值税专用发票注明的金额或海关（进口增值税）专用缴款书注明的完税价格}}{} \times \text{适用的增值税税率或征收率}$$

在轨交付，是指将空间飞行器及相关货物发射到预定轨道后再交付给境内、境外单位和个人使用的业务活动。

空间飞行器及相关货物，包括卫星、空间探测器等空间飞行器及其组件、元器件，卫星有效载荷，卫星测控系统设备、软件、设施等。

3.境内单位凭发射合同或在轨交付合同（包括补充合同，下同），发射合同或在轨交付合同对应的项目清单项下购进航天运输器及相关货物和空间飞行器及相关货物的增值税专用发票或海关（进口增值税）专用缴款书、接受发射运行保障服务的增值税专用发票，以及主管税务机关要求出具的其他要件，向主管税务机关申请办理退税手续。为简化退税手续，对于同时提供航天运输服务和在轨交付空间飞行器及相关货物的境内单位，可合并计算其增值税应退税额。

境内单位在发射合同或在轨交付合同注明的发射日期或合同交付日期等合同义务完成前购进或接受上述货物服务取得的进项税额，可向主管税务机关按月申请退税，主管税务机关对境内单位提供的材料审核无误后办理退税。接受空间飞行器全寿命周期服务取得的进项税额按实际发生时间申请退税。

（四）受托对废弃物进行专业化处理适用增值税税率

纳税人受托对垃圾、污泥、污水、废气等废弃物进行专业化处理，即运用填埋、焚烧、净化、制肥等方式，对废弃物进行减量化、资源化和无害化

50

处理处置，按照以下规定适用增值税税率：

1.采取填埋、焚烧等方式进行专业化处理后未产生货物的，受托方属于提供《销售服务、无形资产、不动产注释》（财税〔2016〕36号文件印发）"现代服务"中的"专业技术服务"，其收取的处理费用适用6%的增值税税率。

2.专业化处理后产生货物，且货物归属委托方的，受托方属于提供"加工劳务"，其收取的处理费用适用13%的增值税税率。

3.专业化处理后产生货物，且货物归属受托方的，受托方属于提供"专业技术服务"，其收取的处理费用适用6%的增值税税率。受托方将产生的货物用于销售时，适用货物的增值税税率。

（五）出口退税

纳税人出口货物或者跨境销售服务、无形资产，适用零税率的，应当向主管税务机关申报办理退（免）税。

增值税是由最终消费者负担的，对于出口货物或者跨境销售服务、无形资产的行为而言，如果对其征收增值税，实际上是向境外消费者征收了增值税，因此，出口货物或者跨境销售服务、无形资产通常适用零税率。需要注意的是，适用零税率并不等于免税。免税就是不征收增值税，但也不退还增值税进项税额，也不能抵扣增值税进项税额。因此，免征增值税的纳税人实际上需要负担增值税进项税额。适用零税率的纳税人，其增值税销项税额为零，减去进项税额后，应纳税额变成负值，国家应当将该负值（实际就是增值税进项税额）退还给纳税人。由此，纳税人出口货物或者跨境销售服务、无形资产，适用零税率的，应当向主管税务机关申报办理退（免）税。

五、增值税税率的适用

1.纳税人发生两项以上应税交易涉及不同税率、征收率的，应当分别核算适用不同税率、征收率的销售额；未分别核算的，从高适用税率。

由于增值税有多个税率，从事多种经营的纳税人有可能出现适用两个以上不同税率或者征收率的现象，为防止避税以及公平税负，纳税人应当分别核算适用不同税率、征收率的销售额。如果未分别核算，所有的销售额均按照最高的税率计算缴纳增值税。这一制度设计可以有效激励纳税人分别核算不同项目的销售额，也可以认为是对分别核算不同项目销售额的纳税人的奖励制度。

2.纳税人发生一项应税交易涉及两个以上税率、征收率的，按照应税交易的主要业务适用税率、征收率。

由于增值税有多档税率，纳税人的一项应税交易有可能涉及两个以上税率、征收率，此时由于对一项应税交易无法分别核算，也不宜直接适用较高税率，因为并不涉及需要激励纳税人或者对纳税人进行惩罚的问题，因此，应当按照应税交易的主要业务适用税率、征收率。

实操案例 3-1

甲公司向乙公司销售一批空调并提供安装与两年免费售后服务，一共收取价款20万元，其中销售空调适用13%的税率，安装服务适用9%的税率。由于是一项业务，无法分别核算，只能按照主要业务，即销售空调来确定适用税率。由于该价款是含税销售额，还需要换算为不含税销售额。甲公司该项业务应当缴纳增值税2.3万元[20÷（1+13%）×13%]。

第二节 增值税的征收率

征收率是简易计税方法下计算增值税应纳税额使用的一个比率，应税销售额乘以征收率即等于应纳增值税税额。

一、增值税的基本征收率

我国自1994年1月1日起正式开征增值税，设置了6%、4%和3%多种征收率。自2014年7月1日起，6%和4%的征收率调整为3%。自此以后，我国增值税基本征收率一直保持为3%。

2020年为应对疫情影响，我国将小规模纳税人适用的增值税征收率调整至1%。根据目前有效的政策，在2027年12月31日之前，小规模纳税人适用的增值税征收率仍为1%。

实操案例 3-2

甲公司为增值税小规模纳税人，某季度的不含增值税销售额为100万元，适用增值税征收率为3%，其应当缴纳增值税3万元（100×3%）。

二、特定业务适用增值税征收率政策

1.纳税人提供建筑服务取得预收款，应在收到预收款时，以取得的预收款扣除支付的分包款后的余额，按照规定的预征率预缴增值税。适用一般计税方法计税的项目预征率为2%，适用简易计税方法计税的项目预征率为3%。

2.自2020年5月1日至2023年12月31日，从事二手车经销的纳税人销售其收购的二手车，由原按照简易办法依3%征收率减按2%征收增值税，改为减按0.5%征收增值税。

> 💡 **特别提示**
>
> 上述所称二手车，是指从办理完注册登记手续至达到国家强制报废标准之前进行交易并转移所有权的车辆，具体范围按照国务院商务主管部门出台的二手车流通管理办法执行。

3.2027年12月31日前，从事二手车经销业务的纳税人销售其收购的二手车，按以下规定执行：

（1）纳税人减按0.5%征收率征收增值税，并按下列公式计算销售额：

$$销售额 = 含税销售额 \div (1+0.5\%)$$

（2）纳税人应当开具二手车销售统一发票。购买方索取增值税专用发票的，应当再开具征收率为0.5%的增值税专用发票。

（3）一般纳税人在办理增值税纳税申报时，减按0.5%征收率征收增值税的销售额，应当填写在《增值税纳税申报表附列资料（一）》(本期销售情况明细)"二、简易计税方法计税"中"3%征收率的货物及加工修理修配劳务"相应栏次；对应减征的增值税应纳税额，按销售额的2.5%计算填写在《增值税纳税申报表（一般纳税人适用）》"应纳税额减征额"及《增值税减免税申报明细表》减税项目相应栏次。

小规模纳税人在办理增值税纳税申报时，减按0.5%征收率征收增值税的销售额，应当填写在《增值税纳税申报表（小规模纳税人适用）》"应征增值税不含税销售额（3%征收率）"相应栏次；对应减征的增值税应纳税额，按销售额的2.5%计算填写在《增值税纳税申报表（小规模纳税人适用）》"本期应纳税额减征额"及《增值税减免税申报明细表》减税项目相应栏次。

4.2027年12月31日前，中国邮政储蓄银行纳入"三农金融事业部"改革的各省、自治区、直辖市、计划单列市分行下辖的县域支行，提供农户贷款、农村企业和农村各类组织贷款取得的利息收入，可以选择适用简易计税方法按照 3% 的征收率计算缴纳增值税。

上述所称农户，是指长期（1年以上）居住在乡镇（不包括城关镇）行政管理区域内的住户，还包括长期居住在城关镇所辖行政村范围内的住户和户口不在本地而在本地居住 1 年以上的住户，国有农场的职工和农村个体工商户。位于乡镇（不包括城关镇）行政管理区域内和在城关镇所辖行政村范围内的国有经济的机关、团体、学校、企事业单位的集体户；有本地户口，但举家外出谋生 1 年以上的住户，无论是否保留承包耕地均不属于农户。农户以户为统计单位，既可以从事农业生产经营，也可以从事非农业生产经营。农户贷款的判定应以贷款发放时的借款人是否属于农户为准。

上述所称农村企业和农村各类组织贷款，是指金融机构发放给注册在农村地区的企业及各类组织的贷款。

实操案例 3-3

天津市裕川干粉砂浆有限公司 2015 年 10 月 1 日至 2017 年 9 月 30 日选择按简易计税方法依 3% 征收率计算缴纳增值税的行为，根据《财政部 国家税务总局关于部分货物适用增值税低税率和简易办法征收增值税政策的通知》（财税〔2009〕9 号）第二条第（三）项第六目和《财政部 国家税务总局关于简并增值税征收率政策的通知》（财税〔2014〕57 号）第二条的规定，该公司生产的"砂浆"不应等同于"商品混凝土（仅限于以水泥为原料生产的水泥混凝土）"享受简易计税征收政策，应按一般计税政策申报纳税。

国家税务总局天津市税务局第一稽查局根据《财政部 国家税务总局关于部分货物适用增值税低税率和简易办法征收增值税政策的通知》（财税〔2009〕9 号）第二条第（三）项第六目和《财政部 国家税务总局关于简并增值税征收率政策的通知》（财税〔2014〕57 号）第二条的规定，决定追缴 2015 年 10 月增值税 437 584.21 元，11 月增值税 274 365.65 元，12 月增值税 79 383.12 元；2016 年 1 月增值税 42 117.54 元，2 月增值税 7 393.33 元，3 月增值税 16 673.86 元，4 月增值税 180 735.74 元，5 月增值税 141 862.8 元，6 月增值税 170 386.04 元，7 月增值税 240 806.67 元，8 月增值税 194 531.98 元，9 月增值税 185 162.34 元，10 月增值税 345 415.46 元，11 月增值税 438 225.21 元，12 月增值税 337 978.45 元；2017 年 1 月增值税 258 543.76 元，3 月增值税 301 123.84 元，4 月增值税 85 418.22 元，5 月增值税 36 521.59 元，6 月增值

114 099.9 元，7 月增值税 114 428.6 元，8 月增值税 664 696.39 元，9 月增值税 269 942.41 元，共计 4 937 397.11 元。

根据《中华人民共和国城市维护建设税暂行条例》（国发〔1985〕19 号，以下简称《城市维护建设税暂行条例》）第二条、第三条、第四条第一款的规定，追缴 2015 年 10 月城市维护建设税 30 630.89 元，11 月城市维护建设税 19 205.60 元，12 月城市维护建设税 5 556.82 元；2016 年 1 月城市维护建设税 2 948.23 元，2 月城市维护建设税 517.53 元，3 月城市维护建设税 1 167.17 元，4 月城市维护建设税 12 651.50 元，5 月城市维护建设税 9 930.40 元，6 月城市维护建设税 11 927.02 元，7 月城市维护建设税 16 856.47 元，8 月城市维护建设税 13 617.24 元，9 月城市维护建设税 12 961.36 元，10 月城市维护建设税 24 179.08 元，11 月城市维护建设税 30 675.76 元，12 月城市维护建设税 23 658.49 元；2017 年 1 月城市维护建设税 18 098.06 元，3 月城市维护建设税 21 078.67 元，4 月城市维护建设税 5 979.28 元，5 月城市维护建设税 2 556.51 元，6 月城市维护建设税 7 986.99 元，7 月城市维护建设税 8 010 元，8 月城市维护建设税 46 528.75 元，9 月城市维护建设税 18 895.97 元，共计 345 617.79 元。

根据《征收教育费附加的暂行规定》（国发〔1986〕50 号）第二条、第三条第一款及《国务院关于修改〈征收教育费附加的暂行规定〉的决定》（国务院令〔2005〕448 号）的规定，追缴 2015 年 10 月教育费附加 13 127.53 元，11 月教育费附加 8 230.97 元，12 月教育费附加 2 381.49 元；2016 年 1 月教育费附加 1 263.53 元，2 月教育费附加 221.80 元，3 月教育费附加 500.22 元，4 月教育费附加 5 422.07 元，5 月教育费附加 4 255.88 元，6 月教育费附加 5 111.58 元，7 月教育费附加 7 224.20 元，8 月教育费附加 5 835.96 元，9 月教育费附加 5 554.87 元，10 月教育费附加 10 362.46 元，11 月教育费附加 13 146.76 元，12 月教育费附加 10 139.35 元；2017 年 1 月教育费附加 7 756.31 元，3 月教育费附加 9 033.72 元，4 月教育费附加 2 562.55 元，5 月教育费附加 1 095.65 元，6 月教育费附加 3 423 元，7 月教育费附加 3 432.86 元，8 月教育费附加 19 940.89 元，9 月教育费附加 8 098.27 元，共计 148 121.92 元。

根据《天津市地方教育附加征收使用管理规定》（津政办发〔2016〕11 号）第二条、第三条、第六条的规定，追缴 2015 年 10 月地方教育附加 8 751.68 元，11 月地方教育附加 5 487.31 元，12 月地方教育附加 1 587.66 元；2016 年 1 月地方教育附加 842.35 元，2 月地方教育附加 147.87 元，3 月地方教育附加 333.48 元，4 月地方教育附加 3 614.71 元，5 月地方教育附加

2 837.26元，6月地方教育附加3 407.72元，7月地方教育附加4 816.13元，8月地方教育附加3 890.64元，9月地方教育附加3 703.25元，10月地方教育附加6 908.31元，11月地方教育附加8 764.50元，12月地方教育附加6 759.57元；2017年1月地方教育附加5 170.88元，3月地方教育附加6 022.48元，4月地方教育附加1 708.36元，5月地方教育附加730.43元，6月地方教育附加2 282元，7月地方教育附加2 288.57元，8月地方教育附加13 293.93元，9月地方教育附加5 398.85元，共计98 747.94元。

根据《天津市水利建设基金征收使用办法》第四条、第五条以及《关于对〈天津市水利建设基金征收使用办法〉的补充修改通知》（财预〔1999〕112号）第一条的规定，追缴2015年10月防洪工程维护费4 375.84元，11月防洪工程维护费2 743.66元，12月防洪工程维护费793.83元；2016年1月防洪工程维护费421.18元，2月防洪工程维护费73.93元，3月防洪工程维护费166.74元，4月防洪工程维护费1 807.36元，5月防洪工程维护费1 418.63元，6月防洪工程维护费1 703.86元，7月防洪工程维护费2 408.07元，8月防洪工程维护费1 945.32元，9月防洪工程维护费1 851.62元，10月防洪工程维护费3 454.15元，11月防洪工程维护费4 382.25元，12月防洪工程维护费3 379.78元；2017年1月防洪工程维护费2 585.44元，3月防洪工程维护费3 011.24元，4月防洪工程维护费854.18元，5月防洪工程维护费365.22元，6月防洪工程维护费1 141元，7月防洪工程维护费1 144.29元，8月防洪工程维护费6 646.96元，9月防洪工程维护费2 699.42元，共计49 373.97元。

根据《中华人民共和国税收征收管理法》（以下简称《税收征收管理法》）第三十二条及《关于调整我市财政附加滞纳金征收比率的通知》（津财税政〔2002〕12号）之规定，对追缴的上述税费自滞纳之日起按日加收万分之五的滞纳金。

第三节　增值税税率典型案例分析

一、国家税率变动引起的纠纷案

（一）案例出处

江苏省南京市鼓楼区人民法院（2020）苏0106民初10132号民事判决书。

（二）案例事实

2017年9月，徐州金亚建筑材料制造有限公司（以下简称金亚公司）（乙方、承接方）与被告南京绿地锦峰置业有限公司（以下简称绿地锦峰公司）（甲方、委托方）通过招投标的方式签订了《南京湖南路B、C地块围墙工程合同》，约定甲方将位于南京市湖南路B、C地块围墙工程委托给乙方；工程内容为建筑南京市湖南路B、C地块围墙钢化玻璃、石材、仿铜铝塑板、其他铝塑板、红色亚克力板、真石漆、GRC装饰线条、钢结构、基础及电气安装等工程；工期为30天；技术要求为满足国家及省市有关规定；按招标图纸及方案，B、C地块围墙装饰工程费用为3 283 718元，工程量计价方式为固定单价，结算不调整。综合单价含措施费、税金等所有费用，增加的项目措施费包干，工程量改变不调整费用。结算价=∑工程量×固定单价；围墙工程按月进度每月付至月产值的70%，且不超过合同金额的70%，如实际金额超合同价的10%以上签订补充协议。围墙工程完工后，经过现场监理、发包人确认，且相关资料移交后，在3个月内完成结算并支付至结算总价的95%。余款在质保期（两年）满后次月支付（无息）；乙方按节点完成收取工程款时，向甲方开具增值税专用发票，增值税税率为11%，甲方凭乙方提供的增值税专用发票支付相应工程款，如乙方未按约定提供合法、有效、完整、准确的增值税专用发票，甲方有权迟延支付应付款项直至对方开具合格增值税发票，甲方不承担任何违约责任，乙方的各项合同义务仍应按合同约定履行。乙方须在开具增值税专用发票之日起15天内将增值税专用发票送达甲方，甲方签收增值税专用发票的日期为增值税专用发票的送达或签收日期。乙方开具的增值税专用发票不合格的，应在接到甲方要求后的15天内重新开具合格的增值税专用发票并送达甲方，乙方自行承担相关费用。乙方如果不能提供合法、有效、完整、准确的增值税专用发票，甲方有权拒绝支付工程款；B、C地块围墙工程应由乙方完成，不得委托第三人完成，甲方负责协助乙方工作。质量、现场安全文明标准务必与总包单位合同标准一致（湖南路项目为江苏省文明工地、南京市优质结构、金陵杯优质工程）。施工过程中，相关行政施工许可未办理完成（无证照）的实际情况，应明确反映，主要如无法办理夜间施工许可证、夜间可能无法进行施工等情况。投标单位需承诺除市重点工程外，只要南京市同期本项目周边有开发企业常规项目同条件情况下（如同样施工许可未办理完成等）可正常进行围墙施工的，则本项目围墙工程必须正常施工；湖南路项目B、C地块围墙装饰工程施工期间场内施工用水、用电按照业主及总包单位指定的位置接入。合同价中应包含有施工用电、施工用水价格。同时投标单位需考虑自行解决B、C地块围墙工程施工期间现场照明、车辆进出冲洗（冲洗设备、冲洗台等）以及场内B、C地块围墙工程施工区域及工地大门周边的保洁问题，费用投标单位自行考虑，结算不调整；B、C地块围墙工程投标单位投标前须至现场充分了解场地实际情况后进行投标。中标单位进场围墙工程施工期间，除非外因造成场地及周边道路发生直接影响围墙工程施工的根本性改变，否则中标单位不得以场地条件为理由进行任何工期及经济索赔；投标单位需根据监理或业主提前通知（至少提前一天通知）的围墙工程验收时间委派专人到现场配合做好相关围墙工程验收工作；日完成工程量不得少于合同约定，工期每延迟一天，甲方有权对乙方进行违约罚款3 000元。甲方有权要求乙方赔偿因工期延误而致使不能按期开盘，进而给甲方造成的资金成本等经济损失；合同还就其他事项进行了约定。

上述合同签订后，原告于2017年11月初进场对C地块（以下简称案涉工程）进行施工，并于2017年12月底竣工并交付给被告使用。因开发进度原因，被告未将B地块交付给原告施工，双方均同意对此互不追究违约责任，仅就原告施工的C地块工程造价进行竣工结算。另外，在原告施工过程中，C地块原施工图发生了设计变更。被告已向原告支付工程款1 407 000元，原告已向被告开具制造业增值税专用发票1 600 000元（分批开票，缴税税率分别为17%、16%）。原告称，其于2019年8月20日向被告提交了竣工结算文件，为证明其主张，原告向江苏省南京市鼓楼区人民法院提交了由其单方制作的《工程结算书》（注：落款日期为2018年8月），被告对此不予认可。

审理过程中，原告申请对案涉工程的造价进行司法鉴定，经过相应程序，江苏省南京市鼓楼区人民法院委托南京斯麦尔建设项目管理有限公司进行鉴定。2020年12月25日（落款日期），南京斯麦尔建设项目管理有限公司向江苏省南京市鼓楼区人民法院出具了《工程造价鉴定意见书》，鉴定意见为：工程造价为2 495 229.64元。

原告对该鉴定意见无异议，其表示将根据判决结果依法向被告开具制造业增值税发票。被告对该鉴定意见的鉴定资质和程序无异议，但认为鉴定意见中工程量有一定的偏差，增项部分无详细的明细，建筑安装增值税税率已由合同签订时的11%改为现在的9%，应相应调整固定单价。经江苏省南京市鼓楼区人民法院释明，被告不申请鉴定人出庭接受质询或作出书面解释、说明。被告对鉴定意见的异议主张未提交相应的证据。

另查明，在原告起诉前，案涉工程已取得建设工程规划许可证等规划审批手续。在案涉工程竣工前，原告已取得钢结构工程专业承包三级的建筑业企业资质。

（三）法院观点

建设工程合同是承包人进行工程建设，发包人支付工程价款的合同。建设工程合同包括工程勘察、设计、施工合同。建设工程一般包括（但不限于）土木工程、建筑工程、线路管道和设备安装工程及装修工程等工程。本案中，被告作为建设单位，将内容包括案涉工程在内的措施项目工程直接发包给原告进行施工，不属于《建设工程质量管理条例》第七十八条规定的肢解发包情形。原、被告就案涉工程签订的《南京湖南路B、C地块围墙工程合同》系双方的真实意思表示，内容亦不违反法律、行政法规的效力性、强制性规定，合法有效，双方当事人均应按照上述合同约定全面履行各自的义务。

关于鉴定意见问题。司法鉴定是指在诉讼活动中鉴定人运用科学技术或者专门知识对诉讼涉及的专门性问题进行鉴别和判断并提供鉴定意见的活动。诉讼中，当事人对工程造价等专门性问题有争议的，人民法院认为需要鉴定的，应当向负有举证责任的当事人释明。本案中，根据原告的申请，江苏省南京市鼓楼区人民法院依法委托南京斯麦尔建设项目管理有限公司对案涉工程的造价进行鉴定，南京斯麦尔建设项目管理有限公司具备相应的资质，送检材料已经过当事人的质证，其运用专业的技术知识，依照规定的程序对案涉工程的造价作出的鉴定意见，并无不当，江苏省南京市鼓楼区人民法院予以采纳。对于被告的两点异议，一是认为鉴定机构的计量与现场有偏差，部分增项工程无签证且无明细。对此，江苏省南京市鼓楼区人民法院认为，鉴定机构系根据施工合同、签证单、竣工图并对现场进行了放线测量所得出的数据，计算方法科学、客观，被告亦未举证证明鉴定机构的计量与原告的实际施工范围存在偏差或者部分工程由他人进行施工的事实。被告的第二点异议认为，双方签订合同时的增值税税率为11%，而现在国家将建筑安装工程的增值税税率降为9%，对于差价部分应在工程价款中予以调差、扣减。对此异议，江苏省南京市鼓楼区人民法院认为，案涉工程为钢结构安装工程，钢结构由原告自行制作、加工，根据《财政部　国家税务总局关于全面推开营业税改征增值税试点的通知》（财税〔2016〕36号）及附件2《营业税改征增值税试点有关事项的规定》，纳税人兼有不同税率的销售货物、加工修理修配劳务、服务、无形资产或者不动产，应当分别核算适用不同税率或者征收率的销售额，未分别核算销售额的，从高适用税率（征收率）。原、被告约定的计价方式为包含分部分项工程工程费、措施项目费、其他项目费、规费、税金的全费用固定单价，约定的税率为11%，该税率虽为2016年5月1日至2018年4月30日期间国家规定的建筑安装增值税税率，但合同中并未明确约定具体的税种。因原告未对钢结构销售与安装分别核算，根据规定其以高于建筑安装的制造业增值税税率向被告开具发票，原告在与被告的关联公司前期合作的多个项目中均是以此方式进行的缴税，被告对此亦应明知。且原告的建造成本远高于安装成本，综合比较制造业增值税税率（2016年5月1日至2018年4月30日期间为17%，2018年5月1日至2019年3月30日期间为16%，自2019年4月1日至今为13%）与建筑安装增值税税率（2016年5月1日至2018年4月30日期间为11%，2018年5月1日至2019年3月30日期间为10%，自2019年4月1日至今为9%），原告就工程价款按照制造业进行纳税不仅未损害被告的利益，反而增加了自身的纳税负担。综上，对于被告的异议，江苏省南京市鼓楼区人民法院均不予采纳。

关于工程价款问题。根据法律规定，当事人一方不履行合同义务或者履行合同义务不符合约定的，应当承担继续履行、采取补救措施或者赔偿损失等违约责任。本案中，原告虽未提交案涉工程的竣工验收证明，但在其施工完毕撤场以后，案涉工程已由被告实际投入使用，推定被告已认可原告所承建的案涉工程质量合格，被告应按照合同约定的计价方法和计价标准进行竣工结算并支付剩余工程价款。根据鉴定意见，案涉工程的造价为2 495 229.64元，扣减被告已支付的工程价款1 407 000元，合同约定的质量保证金返还期限亦已届满，故被告应再行向原告支付的工程价款为1 088 229.64元，超出部分，无事实与法律依据，江苏省南京市鼓楼区人民法院不予支持。

关于逾期利息问题。工程款利息为工程价款的法定孳息，在没有约定包括约定无效或者约定不明时，2019年8月20日之前，按照中国人民银行同期同类贷款利率标准计算，自2019年8月20日起，按照同期全国银行间同业拆借中心公布的贷款市场报价利率计算。对于利息起算点问题，根据《最高人民法院关于审理建设工程施工合同纠纷案件适用法律问题的解释》第十八条的规定，利息从应付工程价款之日计付。本案中，原、被告双方约定"围墙工程完工后，经过现场监理、发包人确认，且相关资料移交后，在3个月内完成结算并支付至结算总价的95%。余款在质保期（两年）满后次月支付（无息）"，因原告未举证证明其已依约向被告提交竣工结算文件以及具体日期，在本案审理中，被告同意以司法鉴定的意见作为案涉工程的结算依据，鉴定机构于2020年12月25日向江苏省南京市鼓楼区人民法院出具《工程造价鉴定意见书》，江苏省南京市鼓楼区人民法院于2021年1月6日向被告送达《工程造价鉴定意见书》，故江苏省南京市鼓楼区人民法院酌定工程价款的逾期利息以1 088 229.64元为基数，自2021年1月7日起至实际支付之日止，按同期全国银行间同业拆借中心公布的贷款市场报价利率计算。原告主张的超出部分，江苏省南京市鼓楼区人民法院不予支持。

裁判核心观点

案涉工程为钢结构安装工程，钢结构由原告自行制作、加工，根据《财政部 国家税务总局关于全面推开营业税改征增值税试点的通知》（财税〔2016〕36号）及附件2《营改增试点有关事项的规定》，纳税人兼有不同税率的销售货物、加工修理修配劳务、服务、无形资产或者不动产，应当分别核算适用不同税率或者征收率的销售额，未分别核算销售额的，从高适用税率（征收率）。原、被告约定的计价方式为包含分部分项工程工程费、措施项目费、其他项目费、规费、税金的全费用固定单价，约定的税率为11%，该税率虽为2016年5月1日至2018年4月30日期间国家规定的建筑安装增值税税率，但合同中并未明确约定具体的税种。因原告未对钢结构销售与安装分别核算，根据规定其以高于建筑安装的制造业增值税税率向被告开具发票，原告在与被告的关联公司前期合作的多个项目中均是以此方式进行的缴税，被告对此亦应明知。且原告的建造成本远高于安装成本，综合比较制造业增值税税率，原告就工程价款按照制造业进行纳税不仅未损害被告的利益，反而增加了自身的纳税负担。

二、溢价款增值税适用税率纠纷案

（一）案例出处

江西省高级人民法院（2020）赣民再88号民事判决书。

（二）案例事实

一审法院查明：2017年3月31日，盈科行公司（乙方）、琴湖公司（甲方）签订《广昌县滨江壹号房地产项目包销合同》。约定：甲方采取包销方式委托乙方代理销售滨江壹号房产。包销代理期限：合同起始日期为自合同签字生效后且乙方合同履约保证金首笔款项支付到账之日起，终止日期为本合同包销物业完成95%销售（以签订《商品房买卖合同》为准），乙方人员撤出销售现场之日。底价与溢价：甲、乙双方确定项目底售价格为现行甲方执行的对外销售实际成交价格基础上再下浮2%，由乙方制定房源的底售价格表，甲方审核底售价格确认达到甲乙双方约定价格。结算方式：一次性付款以客户缴付全额购房款签订《商品房买卖合同》作为销售结算的依据，结算代理费以购房客户签订《商品房买卖合同》总金额为决算依据。客户在签订《商品房买卖合同》后一次性结算100%溢价。商贷按揭付款……结算代理费以购房客户签订《商品房买卖合同》后结算溢价的30%，剩余溢价的70%在客户按揭放款后予以结算……公积金按揭付款方式的……结算代理费以购房客户签订《商品房买卖合同》后在客户公积金按揭放款后予以结算100%溢价。在实际销售中超出单位房源销售底价的部分则视为溢价部分，溢价部分归乙方所得，结算方式如下：销售溢价＝售出单位累计合同总金额－售出单位销售底价总金额。结算时间及程序：乙方每月30/31日将已成交房源结算单提供给甲方审算，甲方在3个工作日内将签章确认的结算单交回给乙方；乙方在收回结算单2个工作日内提交溢价发票（增值税专用发票），甲方收到乙方溢价发票（增值税专用发票）后7个工作日内将溢价划转至乙方账号。甲方应及时给乙方结算溢价，甲方若未按时给乙方结算溢价，超期每天按本合同约定应付款项总额的0.5%支付乙方违约金。签订本协议后7个工作日内乙方向甲方支付500 000元保证金，剩余保证金于签订本协议后15个工作日内付清。保证金在乙方销售套数达到可售房源销售总量的95%时甲方一次性全部无息返还。

合同签订后，盈科行公司依约进行销售，并按约向琴湖公司交纳了保证金，琴湖公司也按约向盈科行公司支付了代理费10 722 038元。合同履行期间，因滨江壹号29号楼琴湖公司未取得房屋预售许可证，盈科行公司无法促成买受人与琴湖公司签订《商品房买卖合同》，双方经协商提前终止合同。2018年9月17日，盈科行公司（乙方）与琴湖公司（甲方）签订《滨江壹号项目结案协议》，就包销协议的履行及结案相关事宜作出约定，内容主要为：①截至 2018 年 4 月份乙方销售房源共计 499 套，车库车位储藏间合计 346 个，截至目前为止，乙方虽完成房源的销售，但仍有部分销售的房源未签订《商品房买卖合同》，存在房款未到位情况。②代理费履行情况：在乙方全部履行合同义务后，代理费共计 13 945 141 元，已结算 10 722 038 元，甲方结欠乙方代理费 3 223 103 元，应返还乙方保证金 6 060 579 元，共计 9 283 682 元。③经双方一致决定，剩余应由乙方完成的工作，乙方不再履行，由甲方自行处理，为此，双方按乙方完成的工作量结算，甲方只需支付乙方代理费 1 200 000 元，并返还保证金 6 060 579 元，共计 7 260 579 元，该款甲方在乙方付清所有工作人员佣金后及收到乙方开具 1 200 000 元的专项税务发票后三个工作日内全部付清。④乙方自本协议签署之日起不再继续提供包销协议规定的服务。⑤本协议生效后，双方应本着诚实信用的原则，严格履行本协议约定的各项义务，如甲方未按本协议履行付款义务，应向乙方承担按日万分之五（以未付款总额计算）的违约责任；如乙方未按本协议履行义务，应向甲方承担按日万分之五（以本协议第二条第 2 项总额计算）的违约责任。⑥在履行本协议的过程中发生任何争议，应通过友好协商的方式解决。不能协商解决的，任何一方有权向广昌县人民法院提起诉讼。签订协议后，盈科行公司按约定付清工作人员佣金，并于 2018 年 9 月 19 日向琴湖公司出具增值税专用发票 12 张共计 1 200 000 元，琴湖公司按约定于 2018 年 9 月 17 日退回盈科行公司保证金 6 060 579 元，但仅向盈科行公司支付代理费 439 421 元，剩余代理费 760 579 元至今未支付。

另查明，盈科行公司向琴湖公司出具的江西增值税票据，已按现代服务业征税率 6% 缴纳税款 674 832.34 元。2018 年 10 月 17 日，琴湖公司向税务部门申报盈科行公司代理税款，增值税计税总值为 11 922 038 元，税率为 11%，应纳税额为 1 181 463.23 元，已缴纳 674 832.34 元（系以盈科行公司提供的发票抵扣），尚应缴税 506 630.89 元；城市建设维护税应纳税额为 25 331.54 元、教育附加费应纳税额为 15 198.93 元、地方教育附加应纳税额为 10 132.62 元、企业所得税应纳税额为 244 103.97 元、印花税应纳税额为 4 882.08 元、工会经费应纳税额为 14 306.45 元、土地增值税应纳税额为 292 924.77 元。一审审理期间，一审法院根据盈科行公司申请，依法于 2018 年 11 月 29 日作出裁定，查封、冻结、扣押琴湖公司价值 800 000 元的财产。

（三）一审法院观点

盈科行公司与琴湖公司签订的《广昌县滨江壹号房地产项目包销合同》及《滨江壹号项目结案协议》，系双方的真实意思表示，且不违反法律、行政法规的强制性规定，合法有效，应受法律保护。但因上述包销合同及结案协议未对溢价款的增值税、城市建设维护税、教育附加费、地方教育附加、企业所得税、印花税、工会经费及土地增值税的缴纳事项进行约定，导致双方就琴湖公司向税务部门申报的盈科行公司溢价款的上述税费的缴纳问题产生争议。对此，根据《中华人民共和国合同法》[①]（以下简称《合同法》）第六十一条"合同生效后，当事人就质量、价款或者报酬、履行地点等内容没有约定或者约定不明确的，可以协议补充，不能达成补充协议的，按照合同有关条款或者交易习惯确定"及第五条"当事人应当遵循公平原则确定各方的权利和义务"的规定，上述包销合同及结案协议中遗漏的溢价款的相关税费的缴纳问题，应当遵循公平原则，并结合相关法律规定和琴湖公司、盈科行公司的合同本意、有关条款或者交易习惯确定。

首先，从增值税、城市建设维护税、教育费附加及地方教育附加的性质来看，增值税是以商品在流转过程中产生的增值额作为计税依据而征收的一种流转税，而城市建设维护税、教育费附加及地方教育附加则是增值税的附加税，根据《增值税暂行条例》第一条"在中华人民共和国境内销售货物或者加工、修理修配劳务（以下简称劳务），销售服务、无形资产、不动产以及进口货物的单位和个人，为增值税的纳税人，应当依照本条例缴纳增值税"，其纳税义务人为销售货物、劳务、服务等的单位和个人。本案中，根据琴湖公司与盈科行公司签订的包销合同、结案协议的约定，琴湖公司将其开发的滨江壹号房地产包销给盈科行公司代理销售，盈科行公司是以琴湖公司的名义实施销售行为，并与购房客户签订《购房协议书》《商品房买卖合同》等。故依据《增值税暂行条例实施细则》第四条"单位或者个体工商户的下列行为，视同销售货物：（一）将货物交付给其他单位或者个人代销；（二）销售代销货物……"的规定，琴湖公司、盈科行公司均为滨江壹号房地产的销售单位，均应为其销售行为承担纳税义务。同时，因增值税的应纳税额为销项税额（销售额 × 税率）减去进项税额，故琴湖公司

[①] 2020年5月28日，十三届全国人大三次会议表决通过了《中华人民共和国民法典》，自2021年1月1日起施行，《中华人民共和国合同法》同时废止，后文不再注释。

及盈科行公司应当按照其销售额的分配情况承担各自的纳税义务。根据双方合同约定，滨江壹号房地产的销售额包括销售底价部分及超出底价的溢价部分，销售底价部分归琴湖公司所得，而在实际销售中超出销售底价的部分即溢价款则归盈科行公司所得，故琴湖公司应为其获得的销售底价部分、盈科行公司应为其获得的溢价款部分承担增值税及相关附加税的纳税义务。如仅因琴湖公司与盈科行公司在签订包销合同及结案协议时未对溢价款增值税及附加税的缴纳问题进行约定，而由琴湖公司承担全部销售额增值税及相关附加税的纳税义务，显然有失公允，且与国家对增值税及相关附加税征收的规定不符。现琴湖公司已按全部销售额（含底价款及溢价款）缴纳了增值税，对其要求在支付盈科行公司的代理费中扣除代缴溢价款增值税及相关附加税的抗辩意见，有事实及法律依据，一审法院予以采纳。根据琴湖公司向税务部门申报的盈科行公司代理税款可见，琴湖公司代缴的溢价款增值税、城市建设维护税、教育附加费及地方教育附加数额为557 293.98元（506 630.89+25 331.54+15 198.93+10 132.62）。

其次，根据《中华人民共和国企业所得税法》（以下简称《企业所得税法》）第一条"在中华人民共和国境内，企业和其他取得收入的组织（以下统称企业）为企业所得税的纳税人，依照本法的规定缴纳企业所得税"及第六条"企业以货币形式和非货币形式从各种来源取得的收入，为收入总额。包括：（一）销售货物收入；（二）提供劳务收入……"的规定，企业所得税是对企业和经营单位的生产经营所得和其他所得征收的一种税，其纳税人为所有实行独立经济核算的中华人民共和国境内的内资企业或其他组织，其征税对象为纳税人取得的所得。本案中，盈科行公司作为滨江壹号房地产的代理销售企业，其因销售滨江壹号房地产取得了100%溢价款的收入，亦应承担相应的企业所得税的缴纳义务，根据琴湖公司向税务部门申报的盈科行公司代理税款，琴湖公司代缴的溢价款企业所得税为244 103.97元，该款应当在琴湖公司支付给盈科行公司的代理费中予以扣除，对琴湖公司的抗辩意见，一审法院予以采纳。

最后，从印花税、工会经费及土地增值税的性质来看，印花税是对经济活动中和经济交往中书立、领受具有法律效力的凭证的行为所征收的一种税，表现在本案中即为产权转移书据；工会经费是工会所在企业上缴的专属于工会活动经费；土地增值税则是指转让国有土地使用权、地上的建筑物及其附着物并取得收入的单位和个人，以转让所取得的收入减除增值税后向国家缴纳的一种税。该三种税均属于琴湖公司的专属税，对其要求盈科行公司承担，并在支付给盈科行公司的代理费中予以扣除的抗辩意见，一审法院不予采纳。

综上，盈科行公司作为销售滨江壹号房地产100%溢价款的取得者，应当承担溢价款部分增值税及相关附加税、企业所得税的纳税义务，琴湖公司代盈科行公司缴纳了相关赋税共计801 397.95元（557 293.98+244 103.97），应当在其支付给盈科行公司的代理费中予以扣除，该款数额已超出了琴湖公司还需支付给盈科行公司的代理费760 579元，故琴湖公司无须再支付盈科行公司代理费，对盈科行公司提出的要求琴湖公司支付其剩余代理费760 579元并承担逾期付款违约金的诉讼请求，一审法院不予支持。

（四）二审法院观点：

本案争议焦点为：①双方之间的法律关系；②琴湖公司应否支付剩余代理费。

第一，关于双方之间的法律关系问题。从双方签订的包销合同来看，商品房包销的运作过程，主要由两个部分组成：第一部分，开发商委托包销商，确定包销底价，由包销商为其寻找买主。包销商在一定期限内为开发商寻获买主后，买卖双方签约成交，包销商收取报酬。在这一部分，包销商处于代理人的地位，因为包销商以被代理人的名义为客户寻获买主，符合代理行为的特征。第二部分，若在约定期限届满而房屋仍未售出，开发商按照包销底价将房屋出售给包销商，双方的代理关系终止，并另行成立商品房买卖关系。可见，在包销合同的履行过程中，双方的法律关系存在转变的可能，即双方可能因房屋在一定期限内售出而成立代理关系，也可能因房屋最终出售给包销商而成立商品房买卖关系。本案中，双方于2018年9月17日签订结案协议，协议明确约定剩余应由包销人完成的工作不再履行，由开发商自行处理，并就代理费用进行了结算。此时，双方基于包销合同形成的法律关系依然是代理关系，并未转化为买卖关系。

第二，琴湖公司应否支付剩余代理费。琴湖公司主张依据税法规定，溢价款的增值税及相关附加税等由税务机关向琴湖公司征收，但是溢价款全部由盈科行公司获得，如果因为合同没有约定溢价款的税收负担问题，就将该部分税款由琴湖公司承担，显然不合理，故而应当由盈科行公司承担相应税费，并抵扣代理费。盈科行公司主张溢价款的不动产销售增值税及城市建设维护税、教育费附加、地方教育附加的纳税义务人属于琴湖公司,不应当抵扣代理费;此外琴湖公司需不需要缴纳企业所得税,取决于其应纳税所得额是否为正数。从上述内容可知,琴湖公司对于其属于不动产销售溢价款部分的增值税及城市建设维护税、教育费附加、地方教育附加的法定纳税义务人没有异议。双方争议的内容为:一是溢价款增值税差额及相关附加税应如何分担;二是溢价款之企业所得税应否在代理费中抵扣。

关于溢价款增值税差额及相关附加税的分担问题。本案中,盈科行公司出具给琴湖公司的增值税发票为代理费用的6%,琴湖公司就溢价款应缴纳11%的增值税及相应附加税即城市建设维护税、教育费附加、地方教育附加。就税费差额部分的负担问题,包销合同未作出明确约定。合同条款内容主要有:①开发商依照销售底价收取房屋价款;②包销人代理销售房屋,超出销售底价部分的溢价款全部由包销人获取,未能按照底价销售时由包销人补足价款或者按照底价购买。从合同履行的预期来看,无论销售情况好与坏,开发商仅要求取得销售底价房款,包销人则承担销售风险与收益。当市场行情越好、包销人获取的溢价款越高时,税务机关向开发商征收的相关税费就越多,如果溢价款的税费差额由开发商实际承担,最终导致开发商实际获取的利益低于其预期的销售底价。显然,该合同履行结果与底价销售的本意相悖,双方的权利义务失衡,违背了公平合理原则。故琴湖公司主张抵扣溢价款的增值税差额及相关附加税,二审法院予以支持。

关于溢价款之企业所得税应否抵扣的问题。企业所得税等于企业应纳税所得额乘以税率,而企业应纳税所得额等于收入总额减去不征税收入、免税收入、各项扣除、以前年度亏损。为此,盈科行公司及琴湖公司就溢价款部分最终会否承担企业所得税要综合考量上述各项指标才能确定。此外,依照国家税务总局《房地产开发经营业务企业所得税处理办法》第六条第四项之规定,采取基价(保底价)并实行超基价双方分成方式委托销售开发产品的,企业按规定支付受托方的分成额,不得直接从销售收入中减除。第十二条规定,企业发生的期间费用、已销开发产品计税成本、营业税金及附加、土地增值税准予当期按规定扣除。涉案溢价款即便计入琴湖公司企业所得税的销售收入中,也可以作为代理佣金的支出项目予以扣除。故琴湖公司并未能举证证实溢价款的企业所得税导致了双方的权利义务失衡,琴湖公司主张抵扣该部分企业所得税没有事实和法律依据,二审法院不予支持。

如上所述,琴湖公司能够抵扣的费用为溢价款增值税差额及相应城市建设维护税、教育附加费、地方教育附加,具体数额为 557 293.98 元(506 630.89+25 331.54+15 198.93+10 132.62),其应支付的代理费为 203 285.02(760 579-557 293.98)。经查,琴湖公司于 2018 年 9 月 19 日收到盈科行公司出具的 1 200 000 元的专项税务发票。抵扣后的剩余代理费 203 285.02 元应由琴湖公司在 3 个工作日内付清,2018 年 9 月 22 日、23 日、24 日为周六、周日及中秋节,故琴湖公司最迟应在 2018 年 9 月 25 日之前付清剩余代理费,违约金应按照日万分之五从 2018 年 9 月 26 日起算,截至 2018 年 10 月 21 日,利息计算为 2 540.92 元,剩余违约金计算至所有代理费付清之日止。

(五)再审法院观点

本案的争议焦点是:盈科行公司是否应承担溢价款的增值税差额及相关附加税。

琴湖公司与盈科行公司基于包销合同形成的法律关系是委托代理关系。琴湖公司与盈科行公司签订的《项目包销合同》《项目结案协议》,对溢价款的增值税差额及相关附加税的承担问题均未作出明确约定。根据《增值税暂行条例》的规定,商品房销售的增值税税率是 11%,服务业的税率是 6%。盈科行公司按税率 6% 缴纳了增值税及附加并向琴湖公司出具了增值税票据,琴湖公司已按税率 11% 向税务部门缴纳了增值税及附加。根据《项目包销合同》,不论销售情况如何,琴湖公司只获得销售底价,溢价部分全部由盈科行公司获得。琴湖公司认为溢价部分实际由盈科行公司获得,该部分的增值税及附加就应由盈科行公司负担,琴湖公司为盈科行公司向税务部门缴纳了该部分税款,就应抵扣剩余代理费,盈科行公司对此不予认可,导致双方当事人成诉。

关于溢价款的性质问题。从琴湖公司的角度分析,琴湖公司从购房者获得全部的商品房销售款(包括底价款和溢价款),琴湖公司有一个商品房销售行为,其取得的是商品房销售款。从盈科行公司的角度分析,双方签订的《项目包销合同》《项目结案协议》约定明确,盈科行公司从琴湖公司收取的溢价款的性质即代理费,系盈科行公司为琴湖公司提供商品房销售代理服务所取得的对价。

《增值税暂行条例》针对不同的应纳税行为作了区分,销售不动产的税率是 11%,提供服务的税率是 6%。本案中,琴湖公司是商品房销售公司,其向购房人销售商品房的行为是应税行为,其在收取购房人商品房款项的同时必须依税法的规定，向购房人开具不动产销售发票，税率是11%。盈科行公司是代理服务提供商，其为琴湖公司提供商品房销售代理服务，获得代理费的同时向琴湖公司开具代理服务费发票，税率是6%。前后两者的纳税主体、应税行为、税率均不同，不能混为一谈。

税法上的公平原则也指量能课税原则，是为了保障不同类别的纳税人在经济生活中享有实质上的公平，税法就不同主体、不同行业、不同经济行为规定差异税率的方式进行调节，通过税收法定原则予以体现。民法上的公平原则，是指法律对民事主体的人身利益、财产利益进行分配时，必须以社会公认的公平观念作为基础，维持民事主体之间利益均衡的基本规则。在判决中直接适用民法公平原则须慎重，如税法主体通过合同约定分配了税款的最终负担，此时当事人的意识自治行为就受到了民事法律的约束，民事法律有权对该约定进行评价；如税法主体未就税款的最终负担作出约定，则税款负担问题并未进入民事法律领域，各税法主体只能按照税法的规定承担各自的税款，民事法律无权对其进行评价。本案，琴湖公司与盈科行公司在应税行为、税率方面均是不同的，各自对各自的应税行为承担缴税义务，体现了税收法定及公平原则。二审法院以民法上的公平原则判决由盈科行公司承担根据税法规定应由琴湖公司负担的部分税款，违背了税收法定、税法公平原则，适用法律存在错误。琴湖公司要求盈科行公司承担溢价款的增值税差额及相关附加税的答辩理由，没有法律依据，现审法院不予支持。琴湖公司未按《项目结案协议》的约定支付代理费构成了违约，再审法院对盈科行公司要求琴湖公司支付剩余代理费及违约金的请求予以支持。

根据原审查明，琴湖公司尚欠盈科行公司代理费760 579元，按《项目结案协议》约定，琴湖公司最迟应在2018年9月25日之前付清，违约金应按照日万分之五从2018年9月26日起算，截至2018年10月21日，利息计算为9 507.24元，剩余违约金计算至所有代理费付清之日止。

综上，盈科行公司的再审请求成立，原二审判决适用法律存在错误，应予纠正。

裁判核心观点

《增值税暂行条例》针对不同的应纳税行为作了区分，销售不动产的税率是11%，提供服务的税率是6%。甲公司是商品房销售公司，其向购房人销售商品房的行为是应税行为，其在收取购房人商品房款项的同时必须依税法的规定，向购房人开具不动产销售发票，税率是11%。乙公司是代理服务提供商，其为甲公司提供商品房销售代理服务，获得代理费的同时向甲公司开具代理服务费发票，税率是6%。前后两者的纳税主体、应税行为、税率均不同，不能混为一谈。

  税法上的公平原则也指量能课税原则，是为了保障不同类别的纳税人在经济生活中享有实质上的公平，税法就不同主体、不同行业、不同经济行为规定差异税率的方式进行调节，通过税收法定原则予以体现。民法上的公平原则，是指法律对民事主体的人身利益、财产利益进行分配时，必须以社会公认的公平观念作为基础，维持民事主体之间利益均衡的基本规则。在判决中直接适用民法公平原则须慎重，如税法主体通过合同约定分配了税款的最终负担，此时当事人的意思自治行为就受到了民事法律的约束，民事法律有权对该约定进行评价；如税法主体未就税款的最终负担作出约定，则税款负担问题并未进入民事法律领域，各税法主体只能按照税法的规定承担各自的税款，民事法律无权对其进行评价。甲公司与乙公司在应税行为、税率方面均是不同的，各自对各自的应税行为承担缴税义务，体现了税收法定及公平原则。

第四章　增值税销项税额计算实务操作与典型案例分析

第一节　增值税销项税额的计算

增值税销项税额是指纳税人发生应税交易，按照销售额乘以《增值税法》规定的税率计算的增值税税额。计算公式为：

$$增值税销项税额 = 销售额 \times 适用税率$$

根据上述公式，增值税销项税额的计算应先确定销售额。

一、销售额计算的一般规定

（一）销售额的含义

销售额是指纳税人发生应税交易取得的与之相关的价款，包括货币和非货币形式的经济利益对应的全部价款，不包括按照一般计税方法计算的销项税额和按照简易计税方法计算的应纳税额。

增值税为价外税，应税交易的销售额不包括增值税税额。增值税税额，应当按照国务院的规定在交易凭证上单独列明。实务中，纳税人取得的价款属于价税合计金额，其中既有销售额，也有增值税税额。只有增值税专用发票上记载的"金额"才是销售额。

价外税和价内税的划分是以计税基础或者计税依据中是否含本税税款为依据对税种的划分，目前，我国只有增值税为价外税。在计算增值税时，需要将价款中所含的增值税税款（如果含有的话）排除在计税依据之外，即使用不含增值税的销售额乘以增值税税率。

实操案例 4-1

甲公司将一批货物以不含增值税 100 万元、含增值税 113 万元的价格销售给乙公司，该批货物适用的增值税税率为13%，在计算甲公司销售该批货物应当缴纳的增值税税额时，应当以100万元作为计税依据，即：甲公司应纳税额=100×13%=13（万元）。

甲公司给乙公司开具的增值税专用发票上显示：金额100万元、税率13%、税额13万元、价税合计113万元。

> 💡 **特别提示**

增值税作为价外税，原则上不能成为其他任何税种的计税依据。

（1）计征契税的成交价格不含增值税。

（2）房产出租的，计征房产税的租金收入不含增值税。

（3）土地增值税纳税人转让房地产取得的收入为不含增值税收入。《中华人民共和国土地增值税暂行条例》等规定的土地增值税扣除项目涉及的增值税进项税额，允许在销项税额中计算抵扣的，不计入扣除项目，不允许在销项税额中计算抵扣的，可以计入扣除项目。

（4）个人转让房屋的个人所得税应税收入不含增值税，其取得房屋时所支付价款中包含的增值税计入财产原值，计算转让所得时可扣除的税费不包括本次转让缴纳的增值税。个人出租房屋的个人所得税应税收入不含增值税，计算房屋出租所得可扣除的税费不包括本次出租缴纳的增值税。个人转租房屋的，其向房屋出租方支付的租金及增值税额，在计算转租所得时予以扣除。

（5）免征增值税的，确定计税依据时，成交价格、租金收入、转让房地产取得的收入不扣减增值税额。

（6）在计征上述税种时，税务机关核定的计税价格或收入不含增值税。

（二）价外费用

增值税的销售额为纳税人发生应税销售行为收取的全部价款和价外费用，但是不包括收取的销项税额。

价外费用包括价外向购买方收取的手续费、补贴、基金、集资费、返还利润、奖励费、违约金、滞纳金、延期付款利息、赔偿金、代收款项、代垫款项、包装费、包装物租金、储备费、优质费、运输装卸费以及其他各种性质的价外收费。但下列项目不包括在内：

1. 受托加工应征消费税的消费品所代收代缴的消费税。

2. 同时符合以下条件的代垫运输费用：

（1）承运部门的运输费用发票开具给购买方的。

（2）纳税人将该项发票转交给购买方的。

3.同时符合以下条件代为收取的政府性基金或者行政事业性收费：

（1）由国务院或者财政部批准设立的政府性基金，由国务院或者省级人民政府及其财政、价格主管部门批准设立的行政事业性收费。

（2）收取时开具省级以上财政部门印制的财政票据。

（3）所收款项全额上缴财政。

4.销售货物的同时代办保险等而向购买方收取的保险费，以及向购买方收取的代购买方缴纳的车辆购置税、车辆牌照费。

（三）计算销售额的货币单位

销售额以人民币计算。纳税人以人民币以外的货币结算销售额的，应当折合成人民币计算。

人民币是我国的法定货币，因此，销售额以人民币计算。对于从事外贸的企业而言，其有权以人民币以外的货币结算销售额，此时应当按照一定的方法折合成人民币计算。其销售额的人民币折合率可以选择销售额发生的当天或者当月1日的人民币汇率中间价。纳税人应在事先确定采用何种折合率，确定后1年内不得变更。

（四）视同应税交易的销售额

发生《增值税法》第五条规定的视同应税交易以及销售额为非货币形式的，纳税人应当按照市场价格确定销售额。

在2026年1月1日之前，纳税人有《增值税暂行条例》第七条所称价格明显偏低并无正当理由或者有《增值税暂行条例实施细则》第四条所列视同销售货物行为而无销售额者，按下列顺序确定销售额：

1.按纳税人最近时期同类货物的平均销售价格确定。

2.按其他纳税人最近时期同类货物的平均销售价格确定。

3.按组成计税价格确定。组成计税价格的公式为：

$$组成计税价格 = 成本 \times （1+ 成本利润率）$$

其中，销售自产货物的成本为实际生产成本，销售外购货物的成本为实际采购成本；成本利润率由国家税务总局确定。属于应征消费税的货物，其组成计税价格中应加计消费税额。

> 💡 **特别提示**

纳税人因销售价格明显偏低或无销售价格等原因，按规定需组成计税价格确定销售额的，其组成计税价格公式中的成本利润率为10%。但属于应从价定率征收消费税的货物，其组成计税价格公式中的成本利润率，为《消费税若干具体问题的规定》中规定的成本利润率。

（五）核定销售额

销售额明显偏低或者偏高且无正当理由的，税务机关可以依照《税收征收管理法》和有关行政法规的规定核定销售额。

税务机关征收税款，原则上以纳税人实际发生并通过发票、账簿等展示的金额为准，为防止纳税人偷逃税款。如果纳税人的销售额明显偏低或者明显偏高且无正当理由，税务机关有权核定纳税人的销售额。这里的"正当理由"是指在市场经济环境下通常会影响商品价格的因素，如产品临近保质期可以低价促销，产品有特殊品质可以提高售价。

二、差额计算增值税销售额

（一）境外航段机票代理服务

自2018年1月1日起，航空运输销售代理企业提供境外航段机票代理服务，以取得的全部价款和价外费用，扣除向客户收取并支付给其他单位或者个人的境外航段机票结算款和相关费用后的余额为销售额。其中，支付给境内单位或者个人的款项，以发票或行程单为合法有效凭证；支付给境外单位或者个人的款项，以签收单据为合法有效凭证，税务机关对签收单据有疑义的，可以要求其提供境外公证机构的确认证明。

> 💡 **特别提示**

航空运输销售代理企业，是指根据《航空运输销售代理资质认可办法》取得中国航空运输协会颁发的"航空运输销售代理业务资质认可证书"，接受中国航空运输企业或通航中国的外国航空运输企业委托，依照双方签订的《委托销售代理合同》提供代理服务的企业。

（二）境内机票代理服务

自 2018 年 7 月 25 日起，航空运输销售代理企业提供境内机票代理服务，以取得的全部价款和价外费用，扣除向客户收取并支付给航空运输企业或其他航空运输销售代理企业的境内机票净结算款和相关费用后的余额为销售额。其中，支付给航空运输企业的款项，以国际航空运输协会（IATA）开账与结算计划（BSP）对账单或航空运输企业的签收单据为合法有效凭证；支付给其他航空运输销售代理企业的款项，以代理企业间的签收单据为合法有效凭证。航空运输销售代理企业就取得的全部价款和价外费用，向购买方开具行程单，或开具增值税普通发票。

（三）处置抵债不动产

2023 年 8 月 1 日至 2027 年 12 月 31 日，银行业金融机构、金融资产管理公司中的增值税一般纳税人处置抵债不动产，可选择以取得的全部价款和价外费用扣除取得该抵债不动产时的作价为销售额，适用 9% 税率计算缴纳增值税。

按照上述规定从全部价款和价外费用中扣除抵债不动产的作价，应当取得人民法院、仲裁机构生效的法律文书。

选择上述办法计算销售额的银行业金融机构、金融资产管理公司，接收抵债不动产取得增值税专用发票的，其进项税额不得从销项税额中抵扣；处置抵债不动产时，抵债不动产作价的部分不得向购买方开具增值税专用发票。

特别提示

1. 上述所称抵债不动产、抵债资产，是指经人民法院判决裁定或仲裁机构仲裁的抵债不动产、抵债资产。其中，金融资产管理公司的抵债不动产、抵债资产，限于其承接银行业金融机构不良债权涉及的抵债不动产、抵债资产。

2. 所称银行业金融机构，是指在中华人民共和国境内设立的商业银行、农村合作银行、农村信用社、村镇银行、农村资金互助社以及政策性银行；所称金融资产管理公司，是指持有国务院银行业监督管理机构及其派出机构颁发的《金融许可证》的资产管理公司。

(四)金融商品转让

金融商品转让按照卖出价扣除买入价后的余额为销售额。转让金融商品出现的正负差,按盈亏相抵后的余额为销售额。若相抵后出现负差,可结转下一纳税期与下期转让金融商品销售额相抵,但年末时仍出现负差的,不得转入下一个会计年度。

> **特别提示**
>
> 1. 金融商品的买入价,可以选择按照加权平均法或者移动加权平均法进行核算,选择后36个月内不得变更。
>
> 2. 金融商品转让,不得开具增值税专用发票。

(五)限售股转让

单位将其持有的限售股在解禁流通后对外转让的,按照以下规定确定买入价:

1. 上市公司实施股权分置改革时,在股票复牌之前形成的原非流通股股份,以及股票复牌首日至解禁日期间由上述股份孳生的送、转股,以该上市公司完成股权分置改革后股票复牌首日的开盘价为买入价。

2. 公司首次公开发行股票并上市形成的限售股,以及上市首日至解禁日期间由上述股份孳生的送、转股,以该上市公司股票首次公开发行(IPO)的发行价为买入价。

3. 因上市公司实施重大资产重组形成的限售股,以及股票复牌首日至解禁日期间由上述股份孳生的送、转股,以该上市公司因重大资产重组股票停牌前一交易日的收盘价为买入价。

4. 上市公司因实施重大资产重组形成的限售股,以及股票复牌首日至解禁日期间由上述股份孳生的送、转股,因重大资产重组停牌的,按照上述第(3)项的规定确定买入价;在重大资产重组前已经暂停上市的,以上市公司完成资产重组后股票恢复上市首日的开盘价为买入价。

> **特别提示**
>
> 单位将其持有的限售股在解禁流通后对外转让,按照上述规定确定的买入价,低于该单位取得限售股的实际成本价的,以实际成本价为买入价计算缴纳增值税。

（六）经纪代理服务

经纪代理服务以取得的全部价款和价外费用，扣除向委托方收取并代为支付的政府性基金或者行政事业性收费后的余额为销售额。向委托方收取的政府性基金或者行政事业性收费，不得开具增值税专用发票。

（七）融资租赁和融资性售后回租业务

1. 经人民银行、金融监管总局或者商务部批准从事融资租赁业务的试点纳税人，提供融资租赁服务，以取得的全部价款和价外费用，扣除支付的借款利息（包括外汇借款和人民币借款利息）、发行债券利息和车辆购置税后的余额为销售额。

2. 经人民银行、金融监管总局或者商务部批准从事融资租赁业务的试点纳税人，提供融资性售后回租服务，以取得的全部价款和价外费用（不含本金），扣除对外支付的借款利息（包括外汇借款和人民币借款利息）、发行债券利息后的余额作为销售额。

特别提示

上述所称"人民银行、金融监管总局或者商务部批准""商务部授权的省级商务主管部门和国家经济技术开发区批准"从事融资租赁业务（含融资性售后回租业务）的试点纳税人（含试点纳税人中的一般纳税人），包括经上述部门备案从事融资租赁业务的试点纳税人。

3. 试点纳税人根据2016年4月30日前签订的有形动产融资性售后回租合同，在合同到期前提供的有形动产融资性售后回租服务，可继续按照有形动产融资租赁服务缴纳增值税。

继续按照有形动产融资租赁服务缴纳增值税的试点纳税人，经人民银行、金融监管总局或者商务部批准从事融资租赁业务的，根据2016年4月30日前签订的有形动产融资性售后回租合同，在合同到期前提供的有形动产融资性售后回租服务，可以选择以下方法之一计算销售额：

（1）以向承租方收取的全部价款和价外费用，扣除向承租方收取的价款本金，以及对外支付的借款利息（包括外汇借款和人民币借款利息）、发行债券利息后的余额为销售额。

纳税人提供有形动产融资性售后回租服务，计算当期销售额时可以扣除的价款本金，为书面合同约定的当期应当收取的本金。无书面合同或者书面合同没有约定的，为当期实际收取的本金。

试点纳税人提供有形动产融资性售后回租服务，向承租方收取的有形动产价款本金，不得开具增值税专用发票，可以开具普通发票。

（2）以向承租方收取的全部价款和价外费用，扣除支付的借款利息（包括外汇借款和人民币借款利息）、发行债券利息后的余额为销售额。

4. 经商务部授权的省级商务主管部门和国家经济技术开发区批准的从事融资租赁业务的试点纳税人，2016年5月1日后实收资本达到1.7亿元的，从达到标准的当月起按照上述第1、第2、第3点规定执行；2016年5月1日后实收资本未达到1.7亿元但注册资本达到1.7亿元的，在2016年7月31日前仍可按照上述第1、第2、第3点规定执行，2016年8月1日后开展的融资租赁业务和融资性售后回租业务不得按照上述第1、第2、第3点规定执行。

（八）航空运输企业销售额

航空运输企业的销售额不包括代收的机场建设费和代售其他航空运输企业客票而代收转付的价款。

（九）客运场站服务

试点纳税人中的一般纳税人提供客运场站服务，以其取得的全部价款和价外费用，扣除支付给承运方运费后的余额为销售额。

（十）旅游服务

试点纳税人提供旅游服务，可以选择以取得的全部价款和价外费用，扣除向旅游服务购买方收取并支付给其他单位或者个人的住宿费、餐饮费、交通费、签证费、门票费和支付给其他接团旅游企业的旅游费用后的余额为销售额。

疑难问题解答

问：我公司为旅游公司，选择差额计算销售额，我公司向单位客户收取的费用是否可以开具增值税专用发票？

答：选择上述办法计算销售额的试点纳税人，向旅游服务购买方收取并支付的上述费用，不得开具增值税专用发票，可以开具普通发票。

（十一）适用简易计税方法的建筑服务

试点纳税人提供建筑服务适用简易计税方法的，以取得的全部价款和价外费用扣除支付的分包款后的余额为销售额。

（十二）销售房地产项目

房地产开发企业中的一般纳税人销售其开发的房地产项目（选择简易计税方法的房地产老项目除外），以取得的全部价款和价外费用，扣除受让土地时向政府部门支付的土地价款后的余额为销售额。上述企业在取得土地时向其他单位或个人支付的拆迁补偿费用也允许在计算销售额时扣除。纳税人按上述规定扣除拆迁补偿费用时，应提供拆迁协议、拆迁双方支付和取得拆迁补偿费用凭证等能够证明拆迁补偿费用真实性的材料。

上述房地产老项目是指《建筑工程施工许可证》注明的合同开工日期在2016年4月30日前的房地产项目。

房地产开发企业（包括多个房地产开发企业组成的联合体）受让土地向政府部门支付土地价款后，设立项目公司对该受让土地进行开发，同时符合下列条件的，可由项目公司按规定扣除房地产开发企业向政府部门支付的土地价款。

1. 房地产开发企业、项目公司、政府部门三方签订变更协议或补充合同，将土地受让人变更为项目公司。

2. 政府部门出让土地的用途、规划等条件不变的情况下，签署变更协议或补充合同时，土地价款总额不变。

3. 项目公司的全部股权由受让土地的房地产开发企业持有。

特别提示

上述"向政府部门支付的土地价款"，包括土地受让人向政府部门支付的征地和拆迁补偿费用、土地前期开发费用和土地出让收益等。

试点纳税人按照上述第（六）项至第（十二）项的规定从全部价款和价外费用中扣除的价款，应当取得符合法律、行政法规和国家税务总局规定的有效凭证；否则，不得扣除。

上述所称的有效凭证是指：

1. 支付给境内单位或者个人的款项，以发票为合法有效凭证。

79

2. 支付给境外单位或者个人的款项，以该单位或者个人的签收单据为合法有效凭证，税务机关对签收单据有疑义的，可以要求其提供境外公证机构的确认证明。

3. 缴纳的税款，以完税凭证为合法有效凭证。

4. 扣除的政府性基金、行政事业性收费或者向政府支付的土地价款，以省级以上（含省级）财政部门监（印）制的财政票据为合法有效凭证。

5. 国家税务总局规定的其他凭证。

纳税人取得的上述凭证属于增值税扣税凭证的，其进项税额不得从销项税额中抵扣。

（十三）建筑服务预收款

纳税人提供建筑服务取得预收款，应在收到预收款时，以取得的预收款扣除支付的分包款后的余额，按照规定的预征率预缴增值税。

三、纳税人转让不动产缴纳增值税差额扣除

1. 纳税人转让不动产，按照有关规定差额缴纳增值税的，如因丢失等原因无法提供取得不动产时的发票，可向税务机关提供其他能证明契税计税金额的完税凭证等资料，进行差额扣除。

2. 纳税人以契税计税金额进行差额扣除的，按照下列公式计算增值税应纳税额：

2016 年 4 月 30 日及以前缴纳契税的：

$$\text{增值税应纳税额} = \left[\text{全部交易价格（含增值税）} - \text{契税计税金额（含营业税）} \right] \div (1+5\%) \times 5\%$$

2016 年 5 月 1 日及以后缴纳契税的：

$$\text{增值税应纳税额} = \left[\text{全部交易价格（含增值税）} \div (1+5\%) - \text{契税计税金额（不含增值税）} \right] \times 5\%$$

纳税人同时保留取得不动产时的发票和其他能证明契税计税金额的完税凭证等资料的，应当凭发票进行差额扣除。

四、增值税销售额计算的特殊规定

1. 一般纳税人销售其 2016 年 4 月 30 日前取得的不动产（不含自建），

适用一般计税方法计税的,以取得的全部价款和价外费用为销售额计算应纳税额。

上述纳税人应以取得的全部价款和价外费用减去该项不动产购置原价或者取得不动产时的作价后的余额,按照5%的预征率在不动产所在地预缴税款后,向机构所在地主管税务机关进行纳税申报。

房地产开发企业中的一般纳税人销售房地产项目,以及一般纳税人出租其2016年4月30日前取得的不动产,适用一般计税方法计税的,应以取得的全部价款和价外费用,按照3%的预征率在不动产所在地预缴税款后,向机构所在地主管税务机关进行纳税申报。

一般纳税人销售其2016年4月30日前自建的不动产,适用一般计税方法计税的,应以取得的全部价款和价外费用为销售额计算应纳税额。纳税人应以取得的全部价款和价外费用,按照5%的预征率在不动产所在地预缴税款后,向机构所在地主管税务机关进行纳税申报。

2.自2018年1月1日起,资管产品管理人运营资管产品提供的贷款服务、发生的部分金融商品转让业务,按照以下规定确定销售额:

(1)提供贷款服务,以2018年1月1日起产生的利息及利息性质的收入为销售额。

(2)转让2017年12月31日前取得的股票(不包括限售股)、债券、基金、非货物期货,可以选择按照实际买入价计算销售额,或者以2017年最后一个交易日的股票收盘价(2017年最后一个交易日处于停牌期间的股票,为停牌前最后一个交易日收盘价)、债券估值(中债金融估值中心有限公司或中证指数有限公司提供的债券估值)、基金份额净值、非货物期货结算价格作为买入价计算销售额。

3.贷款服务,以提供贷款服务取得的全部利息及利息性质的收入为销售额。

4.直接收费金融服务,以提供直接收费金融服务收取的手续费、佣金、酬金、管理费、服务费、经手费、开户费、过户费、结算费、转托管费等各类费用为销售额。

5.纳税人为销售货物而出租出借包装物收取的押金,单独记账核算的,不并入销售额征税。但对因逾期未收回包装物不再退还的押金,应按所包装货物的适用税率征收增值税。

6.纳税人采取折扣方式销售货物,如果销售额和折扣额在同一张发票上分别注明的，可按折扣后的销售额征收增值税；如果将折扣额另开发票，不论其在财务上如何处理，均不得从销售额中减除折扣额。

> **特别提示**
>
> 纳税人采取折扣方式销售货物，销售额和折扣额在同一张发票上分别注明是指销售额和折扣额在同一张发票上的"金额"栏分别注明的，可按折扣后的销售额征收增值税。未在同一张发票"金额"栏注明折扣额，而仅在发票的"备注"栏注明折扣额的，折扣额不得从销售额中减除。

7. 纳税人采取以旧换新方式销售货物，应按新货物的同期销售价格确定销售额。

8. 纳税人采取还本销售方式销售货物，不得从销售额中减除还本支出。

9. 直销企业先将货物销售给直销员，直销员再将货物销售给消费者的，直销企业的销售额为其向直销员收取的全部价款和价外费用。直销员将货物销售给消费者时，应按照现行规定缴纳增值税。直销企业通过直销员向消费者销售货物，直接向消费者收取货款，直销企业的销售额为其向消费者收取的全部价款和价外费用。

10. 自 2018 年 1 月 1 日起，金融机构开展贴现、转贴现业务，以其实际持有票据期间取得的利息收入作为贷款服务销售额计算缴纳增值税。此前贴现机构已就贴现利息收入全额缴纳增值税的票据，转贴现机构转贴现利息收入继续免征增值税。

> **实操案例 4-2**

经国家税务总局南通市税务局第二稽查局（以下简称稽查局）于 2021 年 10 月 12 日至 2023 年 1 月 31 日对南通甲贸易有限公司（以下简称甲公司）2018 年 1 月 1 日至 2020 年 12 月 31 日举报事项的情况进行检查，甲公司存在违法事实及处罚决定如下：

一、违法事实及证据

甲公司 2018 年少申报销售收入 3 618 562.24 元，少申报缴纳增值税 578 969.97 元、少申报缴纳城市维护建设税 28 948.50 元，少申报缴纳企业所得税 1 085.57 元，少申报缴纳印花税（购销合同）542.90 元。

甲公司 2019 年少申报销售收入 45 515 937.16 元，少申报缴纳增值税 6 215 480.72 元，少申报缴纳城市维护建设税 310 774.03 元，少申报缴纳企业所得税 10 241.09 元，少申报缴纳印花税（购销合同）6 827.30 元。

甲公司 2020 年少申报销售收入 78 100 864.27 元，少申报缴纳增值税 10 153 112.34 元，少申报缴纳城市维护建设税 507 655.63 元，少申报缴纳企业所得税 15 620.17 元，少申报缴纳印花税（购销合同）11 716.70 元。

上述违法事实，主要有以下证据证明：

"浙江天猫网络有限公司"提供的交易资料、2018—2020 年网店退款明细资料、银行查询资料、系统申报数据等。

二、处罚决定

根据《税收征收管理法》第六十三条的规定，决定对上述少申报缴纳的税款处 50% 的罚款合计 8 920 487.61 元。

以上应缴款项共计 8 920 487.61 元。限甲公司自决定书送达之日起 15 日内到国家税务总局如皋市税务局缴纳入库。到期不缴纳罚款，稽查局可依照《中华人民共和国行政处罚法》（以下简称《行政处罚法》）第七十二条第一款第（一）项规定，每日按罚款数额的 3% 加处罚款。

甲公司如对本决定不服，可以自收到本决定书之日起 60 日内依法向国家税务总局南通市税务局申请行政复议，或者自收到本决定书之日起 6 个月内依法向人民法院起诉。如对处罚决定逾期不申请复议也不向人民法院起诉、又不履行的，稽查局有权采取《税收征收管理法》第四十条规定的强制执行措施，或者申请人民法院强制执行。

第二节　增值税销项税额计算典型案例分析

一、销售额不扣除销项税额案

（一）案例出处

江苏省南京市中级人民法院（2020）苏 01 民终 11613 号民事判决书。

（二）案例事实

一审法院认定事实：昆仑公司原法定代表人为董某，于 2018 年 4 月 23 日变更为董某。东方资产公司原企业名称为中国东方资产管理公司南京办事处，原企业负责人为于某钦，于2016年11月3日变更企业名称为中国东方资产管理有限公司江苏省分公司，变更负责人为赵某标。

2015年4月24日，东方资产公司与昆仑公司签订《联合管理双方约定》，约定："1.双方共同管理期间，保证悠山醉月项目和仙林项目正常经营资金的支付。2.用印必须经双方同时签字确认，任何一方单位的签字盖章不予认可。具体要求如下：使用公章须经昆仑公司许颂尧和东方资产公司人员（罗某红或吴某）共同签字确认，使用财务章须经昆仑公司尤某安和东方资产公司人员（罗某红或吴某）共同签字确认。3.印章、证照监管人员原则上保证上班时间内所保管的印章、证照的正常使用，下班时间可存放于指定保险柜，原则上周末、节假日不使用印章、证照，如遇特殊情况，电话联系后，满足第2条证章使用要求后予以使用"，落款处由吴某、罗某红、尤某安等人签名。2015年4月24日，昆仑公司将公章、财务专用章、法定代表人名章、发票专用章、营业执照、税务登记证、开户许可证、房地产开发企业资质证书、房地产开发建设项目立项批复、国有土地使用证等交付东方资产公司。2015年5月17日昆仑公司将合同专用章交付东方资产公司。2015年5月27日，南京昆仑沃华置业有限公司栖霞分公司（以下简称昆仑栖霞分公司）将公章、财务专用章、营业执照、税务登记证、组织机构代码证、开户许可证、网银U盾等交付东方资产公司。

2015年8月，昆仑公司（甲方、委托方）与绿城公司（乙方、受托方）、东方资产公司（丙方、见证方）签订《房地产项目委托开发管理合同书》，约定："鉴于：1.甲方已取得位于南京市栖霞区迈皋桥高丽汽配厂南侧南京国土公告地块编号为NO.2013G32和NO.2013G33的A、B地块（以下简称目标项目）的国有土地使用权，依法进行房地产开发建设。2.乙方为负责房地产项目委托开发管理的公司，依托绿城房地产集团多年的房地产开发经验，逐步建立起完善的品牌管理与维护体系、质量控制体系以及房地产延伸价值服务体系等，并储备了大量的优秀管理人才，在房地产开发建设各阶段、各环节均具有较强的专业技术支持力量。乙方有意通过输出专业的管理及技术，为委托方创造更高的效益，为社会建设更多高品质的建筑产品。3.丙方是中国东方资产管理公司的分支机构，为甲方的债权人，并对甲方的目标项目实施托管。4.甲方、丙方充分认可乙方在房地产开发建设领域的管理能力和经验，同意委托乙方全面负责上述地块项目开发建设的管理工作，乙方也同意接受该项委托。第一部分，协议书。第一条，项目基本情况：1.项目地点和

第四章 增值税销项税额计算实务操作与典型案例分析

土地四至：宗地位于南京市栖霞区迈皋桥高丽汽配城南侧，北至迈化路，东至规划道路，南至壹城家园小区，西至经五路，城北迈皋桥片区。2. 项目名称和用地性质：项目名称为悠山醉月，用地性质为R2二类居住用地。3. 土地使用权获取方式为出让……。第二条，委托管理基本原则：1. 甲方作为项目的开发建设单位，负责筹措项目开发建设所需的全部资金，拥有项目开发中的投资和合同约定的决策权，甲方依法享有项目的投资收益，承担项目投资风险。2. 甲方负责解决目标项目商品房预售合同房管部门鉴证和按揭贷款等相关事宜，确保目标项目销售正常进行，客户按揭贷款可正常办理。3. 甲方需妥善处理外部债权人关系及目标项目除本合同开发建设管理工作之外的经济纠纷，确保目标项目不存在被查封、扣押等司法处置风险，丙方予以协助、管理……。5. 乙方根据本合同的约定履行委托管理职责和义务，组建项目管理团队，对甲方负责，在本合同的约定或甲方的特别授权许可范围内代表甲方行使项目日常经营管理权，努力实现项目管理目标，获得合同约定的收益。6. 项目建设活动实行合同制管理，项目开发建设过程中的各类合同以甲方名义签订，由乙方进行合同履行的全过程管理。7. 项目收入优先用于支付项目开发建设成本、乙方委托管理服务费、利息等，剩余收入用于偿还外部融资借款等。……第五条，委托管理服务相关费用：1. 甲方应按本合同约定的标准和收取方式向乙方支付委托管理服务费用，具体标准及收取方式详见附件三，项目委托管理服务费由甲方支付给乙方，乙方向甲方开具合法有效的服务业发票。……3. 乙方按本条约定收取的服务费用，不包含项目开发建设过程中实际发生的应由甲方承担并支付给相关第三方的费用，以上第三方费用包括但不限于土地使用权出让金、契税、前期工程费、报建费、市政配套费和其他政府规费及行政收费、各类规划设计费、各类工程价款、材料设备款、材料测试费、招标代理费、监理费、财务费用、工程保险费用、各类营销费用、各类评奖费用和工程造价、财务审计、法律服务、物业服务等各类中介咨询费等。"第一部分落款处甲方加盖昆仑公司公章及法定代表人董某签名，乙方处加盖绿城公司公章及法定代表人张某云签名，丙方处加盖东方资产公司公章及负责人于某钦签名。"第二部分，合同条件。……第二条，项目管理团队：1. 甲方委派人员、乙方委派人员和社会招聘人员在乙方统一管理下，组成项目管理团队，对甲方董事会负责。2. 甲方委派1名人员，该人员由丙方指定，作为本项目的甲方代表，负责项目开发资金筹措管理，按项目月度资金计划、项目年度资金计划审定项目开发所需款项并批准项目公司拨付。第三条，项目管理制度：1.甲乙双方同意以各项管理制度作为项目开发建设管理的基础依据。2.财务管理制度、资金审批及支付、合同印章管理制度、费用报销制度，按照甲方既有制度执行，或由乙方提供建议方案后报甲方审批确定。第四条，甲乙双方代表：1.甲乙双方均需指定专人为本合同履行过程中双方的代表，甲方代表的人选由甲方通过工作联系单与乙方确认，乙方代表即为其委派的项目负责人。……3.为提高工作效率，确保本合同的顺利履行，甲方授权甲方代表行使下列职权：（1）代表甲方审核、接受乙方提出的项目开发计划；（2）对乙方管理中的相关行为进行鉴证；（3）代表甲方签收乙方的管理工作报告；……（7）代表甲方检查财务账簿和凭证；（8）代表甲方审批应当由甲方批准的费用。第五条，人力资源管理。……3.薪酬福利：（1）甲方委派人员：由甲方自行承担，不另行在项目公司中列支；（2）乙方委派人员和社会招聘人员：由乙方指定薪酬福利标准，由项目公司承担，根据乙方提供的薪酬水平按时发放，并按国家规定代扣代缴相关个人所得税及五险一金。乙方同意，乙方委派人员和社会招聘人员薪酬总体预算不超过360万元/年，超出部分由乙方补贴。第六条，合同和印章管理：1.项目开发建设过程中所涉及的各类合同由乙方负责拟定，根据附件五《项目管理权限审批表》规定的权限完成审批后，甲方作为合同主体进行签订。……3.甲方公章和财务印鉴章由丙方指定专人进行保管，并确保能及时配合项目需要，为便于商品房销售和按揭办理，甲方同意刻制销售合同专用章以专门使用。各类印章具体的使用办法，按照相应的管理制度执行。第七条，财务和资金管理：1.项目开发建设资金全部由甲方负责解决。2.项目开发过程中，由项目公司财务人员根据项目建设需要编制项目年度资金使用计划，经甲方代表审定后执行。……9.甲方因为目标项目设置独立账套，并交由乙方使用和管理，乙方按月向甲方提供目标项目的财务报表。……第十六条，乙方所提交的所有报告及按约定因经甲方审批的其他申请文件，均由甲方代表负责签收，对于需要甲方审议的专项工作报告或批准的其他申请文件，乙方应在报告中提出答复期限，甲方如无异议，则应在要求的期限内予以书面答复，甲方怠于答复给项目开发造成影响的，其责任和后果由甲方承担。……第三十三条，甲方未能按约定向乙方支付的任何服务费用，逾期在60天内，每迟延1天，应按照未付金额承担千分之一的违约金，逾期超过60天的，每迟延1天，应按照未付金额承担千分之二的违约金……第三部分，合同附件。……附件二，名词定义和解释：……9.'预估销售额'是指甲乙双方作为项目委托开发管理费支付依据而事先约定的项目预计销售总额。10.'销售额'是指乙方完成的实际销售额，包括房屋、地下车位的销售额以及甲方保留物业但按照双方约定方法计算的销售额。11.'甲方保留物业'是指在可合法销售的物业范围内甲方自留不对外公开销售的物业，可销售物业以预售许可证中记载的为准。附件三，委托管理服务费用标准和支付方式：一、基本管理服务费用。（一）定金，为确保整个委托项目的履行，甲方同意向乙方支付500万元作为合同定金，并于合同签订后5个工作日内一次性支付。乙方同意，甲方依据《迈皋桥项目合作前期服务协议》支付给乙方的前期顾问服务费可在定金中予以扣除。（二）对外销售物业的委托管理服务费。1.基本管理服务费用按照销售额的3%支付，本项目对外销售物业销售额预估具体如下，预估基本管理服务费约为5 113万元，其中住宅预估可售面积为38 986平方米，预估销售均价为19 996元/平方米，预估销售额为137 947万元，……合计预估销售额为170 443万元。2.基本管理服务费用按照月费方式支付，具体节点及比例如下：（1）合同生效后，每月5日之前，支付120万元，该月费支付至项目销售管理工作完成；（2）项目开盘后，每年12月31日进行结算，双方将所有合同销售回款金额（包括住宅、商业、车位等）所对应的基本管理服务费用与乙方累计已收取的月费总额进行抵扣，若抵扣后销售回款额对应基本管理服务费用存在剩余部分，则于次年1月份甲方将销售回款额对应基本管理服务费用剩余部分足额支付乙方；（3）项目销售管理工作完成且项目竣工验收后，按照实际销售额清算剩余基本管理服务费用，若存在差额，留待至次年12月31日进行结算。二、业绩奖励服务费用。为激励乙方及项目管理团队实现本项目最大化的经济效益，根据项目所实现的经营绩效水平，甲方应按照如下约定向乙方支付业绩奖励服务费。1.取费标准当项目住宅物业销售均价2万元/平方米时，收取该部分销售额超额部分的30%作为乙方项目团队的业绩奖励服务费用。当项目商业物业销售均价超过3.5万元/平方米时，收取该部分销售额超额部分的30%作为乙方项目团队的业绩奖励服务费用。2.支付方式，如项目分成多期开发，业绩奖励服务费的支付以项目分期为单位每季度支付一次（1）当当季物业销售均价超过上述约定的价格时，下一季度初（每年1月5日、4月5日、7月5日、10月5日之前）即可根据当季各类物业实际销售额超额额度支付该季度业绩奖励服务费的80%。附件五项目管理审批权限表。其中管理制度的报审内容包括财务管理制度、合同印章管理制度，审核人为项目负责人，审批人为甲方代表……"

2015年8月28日，昆仑公司（甲方）与东方资产公司（乙方）签订《托管协议》，约定："经双方协商一致，甲方与乙方就甲方经营的迈皋桥悠山醉月项目交由乙方托管事宜自愿达成协议如下：……第二条，托管权利义务。2.1甲方权利义务：负责就企业托管之行为取得有关部门批准，组织成立企业留守工作组，于本协议签署之日起三日内向乙方移交企业法人营业执照、公章及其他印鉴（包括在企业各开户银行备案的私人印鉴）、管理文件、人事档案、业务档案、技术资料、财务账册（包括审计机构出具的《审计报告》），同时提供留守工作组成员名单及简历；2.2乙方权利义务：全面负责迈皋桥悠山醉月项目经营管理，拥有对该项目经营管理的独立决策权；保管企业法人营业执照、公章及其他印鉴（包括在企业各开户银行备案的私人印鉴），文书档案资料（包括管理文件、业务档案、人事档案、技术资料、财务账册等）。第三条，……3.3甲方保证对乙方就托管标的的经营管理行为在不损害甲方利益的前提下不加任何干涉，对乙方就托管标的的所有经营管理行为予以全面认可……"落款处甲方加盖昆仑公司公章及法定代表人董某签名，乙方处加盖东方资产公司公章及负责人于某钦签名。

绿城公司在案涉项目开发建设管理期间，具体产生的不动产销售情况如下：住宅一期签约金额为348 768 360.68元、销售面积为19 484.30平方米；二期签约金额为622 198 758.43元、销售面积为25 085.82平方米；三期签约金额为514 727 965.37元、销售面积为19 317.92平方米，即住宅部分签约总金额为1 485 695 084.48元、销售面积为63 888.04平方米。商铺签约金额为97 252 754.27元、车库签约金额为45 990 000元、储藏室的签约金额为8 862 080元。原告昆仑公司已向被告支付管理服务费的金额为110 878 398.53元。

2019年底前绿城公司完成案涉项目90%销售率，2020年3月30日，绿城公司向昆仑公司交接了会计账簿，2020年4月9日，绿城公司向昆仑公司交接了会计凭证和纳税申报表、空白发票等材料。

（三）一审法院观点

昆仑公司与绿城公司、东方资产公司签订的《房地产项目开发管理合同书》，昆仑公司与东方资产公司签订的《托管协议》上均加盖各方的公章及法定代表人或负责人签名，系各方当事人的真实意思表示，依法成立并生效。昆仑公司委托绿城公司全面负责案涉地块项目的开发建设管理，向绿城公司支付管理服务费。昆仑公司将案涉项目的经营管理交由东方资产公司托管，托管期限至项目终止时,并向东方资产公司交付营业执照、公章、印鉴、财务账册等材料,东方资产公司对案涉项目具有独立决策权。在绿城公司受委托开发建设过程中,昆仑公司应委派代表1名,该代表由东方资产公司指定,故东方资产公司出具授权委托书指派吴某作为昆仑公司代表,负责审批应由昆仑公司审批的费用、审批昆仑公司用印、财务报销等。根据绿城公司举证的费用支付申请表可知案涉管理服务费的支付已经过吴某审批,昆仑公司不认可吴某审批权限,与合同约定不符,一审法院不予采纳。

昆仑公司举证《往来账项询证函》,昆仑公司及富邦会计师事务所均认为该《往来账项询证函》上载明的应付委托管理服务费的金额为绿城公司提供,不予认可。而绿城公司则认为此金额系富邦会计师事务所根据财务账册记载的销售金额与合同约定计算所得,结合绿城公司在本案中认可的应付委托管理服务费金额与此金额并不相符的事实,一审法院对于《往来账项询证函》上载明的应付委托管理服务费的金额不予认可。昆仑公司和绿城公司对于《往来账项询证函》上载明的累计已支付委托管理服务费 110 878 398.53 元均无异议,一审法院予以确认。

昆仑公司还举证由富邦会计师事务所对《房地产项目开发管理合同书》所作的审计报告,该审计报告载明系受昆仑公司委托,用途为仅供昆仑公司管理层评估合同执行情况使用,结合庭审中双方当事人对审计机构相关人员的询问,故一审法院认为绿城公司及东方资产公司对该审计报告所依据材料提交的完整性及相关事实认定的准确性提出的异议,存在合理之处。另昆仑公司自身对于该审计报告中关于管理服务费的部分计算方式也不予认可,故一审法院对该审计报告载明的管理服务费的审计结论不予采信。东方资产公司陈述吴某仅系对管理服务费的进度支付进行了审批,但并未最终结算,绿城公司亦未举证双方关于管理服务费的最终结算材料,故应根据合同约定对管理服务费的金额进行综合核算。

昆仑公司和绿城公司对于管理服务费的计算主要存在如下争议焦点:一是合同约定的销售额是否包含销项税额。二是基本管理服务费的计算是以2万元/平方米乘以销售面积再乘以3%,还是以销售额乘以3%。对于第一个争议焦点,昆仑公司认为应当适用《增值税暂行条例》第六条中销售额的概念,即不包括销项税额,绿城公司抗辩该条例是关于缴纳增值税的相关规定,是某一领域的单行法律,该条款旨在计算销项税额时销售额的具体确定方式,并非系对任何合同中有关销售额的通行解释,且合同签订时不动产销售领域并不收取增值税，不适用增值税相关条例，一审法院认为签订合同时不动产领域尚未施行"营改增"，不收取增值税，在此情况下昆仑公司引用增值税的相关法律条文来认定合同约定的销售额概念，无事实和法律依据，一审法院对于绿城公司的该抗辩意见予以采纳。双方在订立合同时，并未在合同中明确约定参照增值税相关条例或者营业税相关条例中有关"销售额"或者"营业额"的规定，来确定合同中"销售额"的概念，也未明确合同中的"销售额"需扣除销项税额，由此可见双方在订立合同时并未考虑相关税法上的"销售额"的概念，故对合同条款的解释也不应当参照税法上的概念，而应当联系合同上下文对合同中"销售额"的概念进行解释。合同附件二名词定义和解释中约定预估销售额是指甲乙双方作为项目委托开发管理费支付而事先约定的项目预计销售总额，销售额是指乙方完成的实际销售额，包括房屋、地下车位的销售额以及甲方保留物业但按照双方约定方法计算的销售额，而附件三中关于预估销售额的计算方式明确为预估可售面积乘以预估销售均价；基本管理服务费用具体节点及比例计算部分约定每年12月31日进行结算，双方将所有合同销售回款金额所对应的基本管理服务费用与乙方累计已收取的月费总额进行抵扣；业绩奖励服务费部分明确剩余业绩奖励服务费用＝（实际合同销售额－合同销售面积×上一点费用标准中所约定的价格水平）×0.3－已收取的业绩奖励服务费。从上述合同约定的"合同销售回款金额""实际合同销售额"以及预估销售额的计算方式等可知，"销售额"应指买方支付的所有价款总额即签约金额，也就是昆仑公司对外销售不动产所获取价款的总额，即发票的票面总金额。东方资产公司亦陈述吴某在审批管理服务费时所认定的销售额未扣除销项税额，东方资产公司对昆仑公司托管期间，具有独立决策权，东方资产公司委派吴某对管理服务费的审批对昆仑公司产生法律效力，故一审法院综合上述认定合同中的销售额是指销售发票的票面总额即合同的签约金额，无需扣除销项税额。关于第2个争议焦点，合同约定基本管理服务费系按照销售额的3%支付，并非约定按照销售目标2万元/平方米乘以销售面积再乘以3%计算支付，合同中还约定每年12月31日双方将所有合同销售回款金额所对应的基本管理服务费与已累计收取的月费总额进行抵扣，剩余部分次年1月份支付，可见基本管理服务费系按照合同销售回款的金额结算分期支付，基本管理服务费的计算与合同销售金额有关，并非固定按照2万元/平方米计算。在车库、商铺、储藏室未超过销售目标3.5万元/平方米的情况下，昆仑公司则认为应按照销售额来计算基本管理服务费,故昆仑公司计算的车库、商铺、储藏室部分的基本管理服务费与住宅部分的基本管理服务费的计算标准不统一,而合同中对于基本管理服务费的计算标准只有一个,并未区分达到销售目标和未达到销售目标的计算标准,故昆仑公司的该计算方式与合同约定不符,一审法院不予采信。同样,东方资产公司在审批支付基本管理服务费时,亦按照销售额的3%计算,东方资产公司委派吴某对已支付管理服务费的审批对昆仑公司产生法律效力,故一审法院确认基本管理服务费应按照销售额的3%计算。对于昆仑公司提出的委托绿城公司销售前的48套房产应当计入业绩提成奖励费的计算基数和已支付绿城公司管理服务费调减704 198.98元部分,与昆仑公司的诉讼请求不一致,且昆仑公司陈述其提出该意见的理由仅为证明绿城公司收取的管理服务费已超标,故一审法院对与诉讼请求不一致的事实不予理涉。

综上,基本管理服务费的金额计算如下:(1)住宅部分,(一期签约金额348 768 360.68元+二期签约金额622 198 758.43元+三期签约金额514 727 965.37元)×3%=44 570 852.53元;(2)商铺、车库、储藏室部分,(商铺签约金额97 252 754.27元+车库签约金额45 990 000元+储藏室签约金额8 862 080元)×3%=4 563 145.03元。业绩奖励服务费的金额为:签约总金额(1 485 695 084.48元 –20 000元/平方米×63 888.04平方米)×30%=62 380 285.34元。综上,管理服务费的总金额为111 514 282.90元(44 570 852.53+4 563 145.03+62 380 285.34),扣除昆仑公司已支付绿城公司110 878 398.53元,昆仑公司尚欠绿城公司管理服务费金额为635 884.37元。绿城公司还主张昆仑公司支付违约金,昆仑公司应于2020年1月1日前向绿城公司付清全部管理服务费,其逾期支付已构成违约,故绿城公司主张昆仑公司支付自2020年1月1日起至实际付清之日止的违约金,有事实和法律依据,但按照未付金额每日千分之二的标准约定过高,一审法院调整为按照全国银行间同业拆借中心公布的市场报价利率的1.5倍计算。

(四)二审法院观点

依法成立的合同,对当事人具有法律约束力。昆仑公司与绿城公司于2015年8月签订《房地产项目委托开发管理合同书》,系双方当事人真实意思表示,并不违反法律、行政法规等强制性规定,应属合法有效。双方应当按照约定全面履行自己的义务。本案中,双方合同明确约定绿城公司收取委托管理服务费用与业绩奖励服务费用的标准及收取方式,并对"销售额"进行定义与解释。"销售额"是指乙方（绿城公司）完成的实际销售额，包括房屋、地下车位的销售额以及甲方保留物业但按照双方约定方法计算的销售额。而双方订立合同时，并未在合同中约定需参照《增值税暂行条例》中有关"销售额"的规定，也未明确合同中的"销售额"需扣除销项税额。因此，一审法院结合合同文本、实际支付服务费用情况以及双方当事人的真实意思等综合考量，认定合同中的"销售额"是指昆仑公司对外销售不动产所获取价款的总额，即销售发票的票面总额，无须扣除销项税额，来计算绿城公司应收取的管理服务费及业绩奖励费用，具有事实与法律依据，二审法院予以支持。上诉人昆仑公司要求合同中的"销售额"应剔除销项税额的上诉主张，不能成立，二审法院不予支持。

关于上诉人昆仑公司主张扣除行政罚款问题，因该主张属二审中增加的诉讼请求，经释明双方调解不成，本案不予理涉，上诉人可另行起诉。关于上诉人要求将已付款调增 704 198.98 元问题，因双方在一审中对已支付委托管理服务费 110 878 398.53 元均表示无异议，且其该项主张缺乏足够的证据予以证明，亦与其一审诉请相左，故一审法院对该主张不予采纳，并无不当。

昆仑公司上诉要求对整个项目进行审计，再根据审计结果与盈亏情况结算相关费用，此项主张与本案的诉讼请求不一致，亦不属于本案处理范畴，对其该上诉请求，二审法院不予支持。

裁判核心观点

依法成立的合同，对当事人具有法律约束力。甲公司与乙公司于2015年8月签订《房地产项目委托开发管理合同书》，系双方当事人真实意思表示，并不违反法律、行政法规等强制性规定，应属合法有效。双方应当按照约定全面履行自己的义务。双方合同明确约定乙公司收取委托管理服务费与业绩奖励服务费用的标准及收取方式，并对"销售额"进行定义与解释，即"销售额"是指乙公司完成的实际销售额，包括房屋、地下车位的销售额及甲公司保留物业但按照双方约定方法计算的销售额。而双方订立合同时，并未在合同中约定需参照《增值税暂行条例》中有关"销售额"的规定，也未明确合同中的"销售额"需扣除销项税额。因此，法院结合合同文本、实际支付服务费用情况以及双方当事人的真实意思等综合考量，认定合同中的"销售额"是指甲公司对外销售不动产所获取价款的总额，即销售发票的票面总额，无须扣除销项税额，来计算乙公司应收取的管理服务费及业绩奖励费用，具有事实与法律依据。

二、违约金应计入销售额纠纷案

（一）案例出处

湖北省高级人民法院（2020）鄂民终96号民事判决书。

（二）案例事实

一审法院查明：湖北美盛置业有限公司（以下简称美盛公司）和湖北美豪置业有限公司（以下简称美豪公司）竞拍获得湖北省十堰市上海路北片区地块，土地使用权性质为商住，土地用途为居住、商业金融业、文化娱乐，土地面积为698 327.21平方米（合1 047.49亩），使用期限为居住70年、商服（商业金融业、娱乐）40年、文化50年。2010年7月，美盛公司和美豪公司为对该地块进行房地产开发，与上海华垫房地产开发有限公司（以下简称华垫公司）签订《运营委托合同》一份，约定如下："一、项目概况（如前述，略……）。二、委托事项、期限。1.美盛公司和美豪公司成立非独立法人项目部对该项目进行全权开发。2.项目管理事项：甲方（美盛公司和美豪公司）全权委托乙方（华垫公司）对项目部进行经营管理，负责该项目的开发、建设、销售、售后及项目部的日常运营等相关事宜。3.管理期限：自本协议生效之日起至该项目结束止。三、项目管理。（一）项目部的管理模式。1.项目部设立由董事会领导的监督委员会，负责实施项目部各部门的审计工作；监督委员会由甲、乙双方人员共同组成，其中甲方指定两名人员、乙方指定一名人员；监督委员会形成任何决议需监督委员会全体成员一致通过，若不能通过，应报董事会批准。2.乙方负责项目部的管理团队的组建并配备相关的人员，甲方向项目部指派一名副总经理、一名财务经理、一名出纳人员及双方协商的其他员工。3.甲方的公章、合同专用章由甲方指派至项目部的人员保管，上述印章的使用方法纳入项目部的管理体系。（二）项目（委托）管理费。1.项目（委托）管理费总金额为该项目房产销售总额的2.5%（不含税价）。2.项目（委托）管理费为项目部管理团队的费用，包括人员的工资、奖金、社会福利金、保险金、房租、培训费、团队建设费、固定资产的投入（包括办公室装修费、办公硬件投入费）、日常办公费用（包括汽油费、办公用品)、差旅费、技术考察费、IT自动化管理软件费用以及每年不超过60万元的交际费等；项目部管理团队费用之外的费用由甲方承担，包括支付给第三方公司/个人的费用［包括但不限于市场调研费、工程设计费、工程建设费、监理费、营销（委托）费、广告费、法律服务费、超额交际费、各种补偿款、赔偿款、罚金等］。3.鉴于乙方代甲方进行运营管理，作为给乙方的报酬，甲方同意将该项目5%的股权收益转让给乙方。4.项目（委托）管理费支付与使用：（1）本合同签订后，甲方即向乙方支付2010年度的项目（委托）管理费600万元；（2）自2011年起，甲方按每年1 500万元的标准支付给乙方定额项目（委托）管理费，每6个月支付一次，每次支付750万元，于前一年的12月支付当年上半年的定额项目（委托）管理费，于当年6月支付当年下半年的定额项目（委托）管理费；（3）乙方在收到项目（委托）管理费后，按项目管理进度逐步向项目部汇入项目管理（成本）费［注：为区别美盛公司向华堃公司支付项目管理费和华堃公司应承担项目管理费，该判决书将美盛公司支付费用称为'项目（委托）管理费'，将华堃公司应承担费用称为'项目管理（成本）费'，营销费与此同］，项目部收到款项后，以甲方的名义向乙方出具收款凭证；（4）该项目结束后，甲乙双方对项目（委托）管理费进行一次性结算，若甲方已实际支付的项目（委托）管理费高于该项目房产销售总额的2.5%的，乙方退还甲方超额支付的金额；若甲方已实际支付的项目（委托）管理费低于该项目房产销售总额的2.5%的，甲方需向乙方补足应付的金额。5.该项目部不论任何原因提前或正常结束，双方同意以评估的方式来确定该项目所有的未销房产（包括住宅、会所用房、商业用房）的金额，并将双方认可的评估价格计入该项目房产的销售总额。四、合同终止。1.未经双方一致同意，任何一方不得擅自解除合同。2.鉴于甲方知晓每年支付乙方的定额项目（委托）管理费1 500万元全部用于项目部管理团队的费用，故不论任何原因导致合同提前终止的，乙方不必返还已收取的定额管理费。五、违约条款。……2.甲方擅自解除合同的，甲方按年定额管理费的两倍金额即人民币3 000万元和该项目5%的可得利润向乙方支付违约金。3.乙方擅自解除合同的，乙方按年定额管理费的两倍金额即人民币3 000万元向甲方支付违约金，并放弃该项目5%的可得利润。"

同年7月20日，美盛公司和美豪公司与华堃公司签订《营销委托合同》一份，委托华堃公司负责该项目的营销代理、项目招商运营等相关事宜。具体约定如下："……二、委托事项、期限。1.项目营销事项：甲方（美盛公司、湖北美豪置业有限公司）全权委托乙方（华垫公司）做该项目的营销工作，负责该项目的销售策划、销售实施、广告设计、制作及发布；乙方可以委托第三方进行上述营销工作。期限：本协议生效之日起至该项目销售完毕止。2. 项目招商、经营事项：甲方全权委托乙方对该项目进行招商、对未销售房产进行经营，乙方可以委托第三方进行上述招商、经营工作。乙方进行上述招商、经营工作的收益，双方另行约定。……四、项目营销（委托）费。1. 项目营销（委托）费为该项目房产销售总额的3%（含税）。2. 项目营销（委托）费包括广告创意费、广告设计费、广告制作费、广告媒体发布费、营销策划费、营销活动费、营销人员费用（包括工资、奖金、各项福利等）、样板房及售楼处内部装修费，不包括市场调研费、样板房、售楼处的建造费与外部装修费。3. 支付：（1）自本合同签署之日起至该项目实现销售收入止，乙方将在该项目房产的售前营销（委托）费的总额上报甲方，由甲方先行支付；在该项目实现销售收入后，从营销代理费中抵扣。售前营销（委托）费的总额根据乙方与第三方发生的与营销有关的业务往来中，第三方向乙方开具的所有发票、收款凭证等的总金额确定。（2）自该项目实现销售收入当月开始至该项目房产销售结束为止，甲方每月向乙方支付当月该项目房产销售额的3%的月项目营销（委托）费。（3）自该项目实现销售收入的当月开始，每月从当月的月项目营销（委托）费中抵扣一定金额的售前营销（委托）费，直至售前营销（委托）费抵扣完为止。每月抵扣的金额为当月项目营销（委托）费的1/3。五、合同终止。1. 未经双方一致同意，任何一方不得擅自解除合同。2. 鉴于甲方知晓支付乙方的项目营销（委托）费包括前期营销（委托）费系用于广告创意费、广告设计费、广告制作费、广告媒体发布费、营销策划费、营销活动费、营销人员费用（包括工资、奖金、各项福利等）、样板房及售楼处内部装修费，故不论任何原因导致合同提前终止的，乙方不必返还已收取的营销代理费。六、违约条款。任何一方违反本合同的约定，均构成违约。违约方应向守约方赔偿因其违约行为给守约方造成的包括可得利益在内的所有损失。擅自解除合同的，违约方向守约方支付1 000万元违约金。"

2011年12月7日，美盛公司作出鄂美盛〔2011〕31号《任命书》，任命李某科为美盛公司执行总裁。李某科为华垫公司的股东。

2012年，美盛公司与华垫公司签订《运营管理合同》一份。约定如下："一、项目概况（同《运营委托合同》）。二、委托事项、期限。美盛公司全权委托华堃公司对项目进行经营管理，负责该项目的开发、建设、销售、售后及项目部的日常运营等相关事宜。委托期限自2012年7月1日起至该项目结束止。三、项目委托管理。（一）项目委托管理的基本原则。1.甲方作为项目的开发建设单位，负责筹措项目开发建设所需的全部资金，拥有项目开发中的投资决策权、知情权、建议权和监督权。甲方依法享有项目的投资收益，承担项目投资风险。2.乙方根据本合同的约定履行委托管理职责和义务，获得合同约定的收益。3.乙方组建项目管理团队，对甲方负责，根据项目开发的需要代表甲方行使项目日常经营管理权，完成董事会确定的年度经营目标。（二）项目委托的管理模式。1.董事会根据本项目开发进度制定公司年度目标（年度目标责任书附件另定），管理团队负责执行、完成董事会确定的年度经营目标，董事会对管理团队的年度执行情况进行年度考核。2.监事委员会：董事会设立董事会领导下的监事委员会，负责实施项目管理团队各部门的审计工作及日常监督工作，监事委员会由甲方组建。3.乙方负责项目管理团队中除甲方指派以外的，包括但不限于总经理在内所有的管理团队的组建并配备相关的人员，甲方向项目管理团队指派一名副总经理（负责协助管理团队进行该项目的前期工作及政府部门的联络协调工作）、一名财务经理、一名出纳人员及双方协商的其他员工。4.项目公司在十堰当地发生的管理费用年度总预算额由乙方制定，经甲方董事会审批后执行，由甲方承担支出。5.甲方的公章、合同专用章由甲方指派至项目管理团队的人员保管，上述印章的使用方法纳入项目部的管理体系，将另行制定《印章管理办法》。四、项目管理的固定管理费用。1.甲方愿意向乙方支付每年固定管理费人民币600万元，该固定管理费指乙方指派的为本项目进行管理支持、技术支持的在上海工作的团队人员的开支，包括但不限于所有薪酬、通信费、办公费、差旅费、车辆使用费、设备维修费、租赁费、水电费等费用的开支。2.固定管理费支付时间：自2012年7月1日起，甲方于每年1月10日前支付300万元，于每年7月10日前支付300万元，由甲方支付给乙方或乙方指定单位，乙方负责由收款单位向甲方开具合法有效的发票。……七、违约条款。单方面或擅自解除本合同的，按本合同约定的年度固定管理费600万元的双倍金额的标准支付赔偿金。"

2012年5月，美盛公司与华堃公司签订《〈营销委托合同〉之补充合同》一份：将《营销委托合同》中的甲方变更为美盛公司；确认《营销委托合同》中的乙方"上海华堃投资有限公司"与华堃公司系同一主体。补充合同对营销（委托）费的组成和支付方式作出如下变更："一、营销（委托）费用的组成。1. 基本营销（委托）费：该项目房产销售总额的3%。未销房产（包括住宅、商业用房）的金额，双方同意以评估的方式来确定，并将双方认可的评估价格计入该项目房产的销售总额。2. 营销溢价分成：销售底价以上部分（溢价）的20%为甲方（美盛公司）应支付给乙方（华埜公司）的溢价分成。二、项目管理的营销（委托）费用的支付时间：1. 售前营销（委托）费：指在该项目实现销售前的营销（委托）费支出，该售前营销（委托）费包含在上述3%的基本营销（委托）费中。自本合同签署之日起至该项目实现销售收入止，乙方将该项目的售前营销（委托）费上报甲方，由甲方先行按阶段预付给乙方，乙方负责具体执行。自该项目实现销售收入的当月开始，每月从当月的营销（委托）费中抵扣一定金额的售前营销（委托）费，直至售前营销（委托）费抵扣完为止，每月抵扣的金额为当月实际收到的月营销（委托）费的1/3。2. 基本营销（委托）费支付时间：自该项目实现销售收入之日开始至该项目房产销售结束为止，每一个自然月为一个结算周期，由乙方在每月5号前将前月的实际销售报表提交甲方审核，甲方于当月10号前将乙方应得的前月基本营销（委托）费（前月实际到账房屋销售款×3%）支付给乙方。3. 营销溢价分成支付时间：自该项目实现销售收入之日开始至该项目房产销售结束为止，每一个自然季度为一个结算周期，由乙方在每季度首个月5号前将前一季度的实际销售报表提交甲方审核，甲方于当月10号前将乙方应得的前一季度营销溢价分成的60%支付给乙方。4. 基于本项目分期开发，当乙方完成某一期可销售部分建筑面积95%的销售任务（不含车库销售），即视作乙方完成该期销售任务。并在此后一个月内，双方对该期基本营销（委托）费和溢价分成总额进行结算，未销房产（包括住宅、商业用房）的金额，以双方认可的价格来确定并计入该期的销售总额，以此销售总额作为计算营销基本费用和溢价分成的依据。三、对于各分期的销售方案（含销售价格、销售利润率、清盘时间等）约定，报董事会确认后，以备忘录的形式另行签订，具备法律效力。"

同年，双方又签署《备忘录》一份，内容为："一、下文所称'大一期'指的是本项目首期开发的房屋，面积约60万平方米；'小一期'指的是'大一期'中最先开发的房屋，面积约12万平方米。二、本项目大一期所发生的财务费用中，小一期按120元/平方米固定额计算财务费用，余额按实际发生、经审计后分摊至大一期后续建设成本中。三、甲方（美盛公司）在

2012年6月30日前发生并付出的管理费用（总额2 850万元）按建筑面积分摊至本项目大一期中。四、由于本项目建设周期较长，当前所建造的样板房和售楼处将不仅仅服务于大一期的销售，故甲方同意由甲方先行支付的按约定由乙方（华堃公司）所承担的前述样板房和售楼处内部装修费，按建筑面积的比例平均分摊到本项目中100万平方米的建筑面积上，大一期的分摊比例为大一期的建筑面积（约60万平方米）/100万平方米，小一期分摊比例为小一期的建筑面积（约12万平方米）/100万平方米。五、本备忘录一式二份，双方各执一份，其有同等法律效力。"

2012年10月31日，双方签订《关于〈美盛会〉的备忘录》一份，约定：甲方（美盛公司）全权委托乙方（华堃公司）负责"大美盛城"项目的营销工作，本项目即将开盘销售，为提升公司及项目形象，促进销售，双方同意成立美盛会，达成如下一致意见："一、双方同意美盛会以甲方名义对外，是为更好地服务面向大美盛城业主和甲方的社会各界朋友，提供房产顾问和生活助理方面的服务，是连接大美盛城业主和社会各界与美盛地产的纽带和桥梁，是完全非经营的机构，由甲方承担日常运营费用、乙方全权进行日常运营（详见美盛会章程等书面文件）。二、美盛会用于'大美盛城'小一期'香谢丽花园'的运营费用不超过500万元，其中400万元用于让利于客户的各项促销费用，100万元用于办公费用，包括人员开支、推广费用、办公用品等。本备忘录一式二份，双方各执一份，具有同等法律效力。"

美盛公司于2013年8月28日形成《股东会决议》，依据该协议华堃公司持有美盛公司4.08%的股份，并指定方某为美盛公司董事。

2013年11月26日，美盛公司在武汉市光明万丽酒店三楼商务中心会议室召开由董事李某、杨某、朱某峰、方某、王某伟参加的董事会，因协作事项杨某与方某发生矛盾。

2013年12月2日，美盛公司向方某发出《召开董事会通知》：决定2013年12月18日9：00在美盛公司大会议室开董事会，解决资金短缺问题及决定公司的管理模式及营销管理等事宜。同日，美盛公司以同样事由向华堃公司发出《召开股东会通知》：决定2013年12月18日14:00在美盛公司大会议室开股东会。2013年12月13日，美盛公司派人持落款日期为2013年11月27日的《股东会决议》《美盛公司章程》向十堰市工商局申请工商变更登记，将华堃公司持有美盛公司4.08%的股权转让给王某伟，免去方某董事职务，免去赵某监事职务，解除李某科总裁职务。

第四章 增值税销项税额计算实务操作与典型案例分析

2014年1月7日，美盛公司作出鄂美盛董字〔2014〕01号《关于对李某科先生的任免通知》，内容为：免去李某科总裁职务。

2014年1月20日，华堃公司通知美盛公司：定于2014年1月24日至2014年2月14日为员工休息日，休息期间将在美盛公司售楼中心所有办公区域贴上封条。并于2014年1月20日、1月26日两次发函美盛公司，要求美盛公司将可以正常使用的合同密钥交付给华堃公司销售团队的负责人。

2014年2月15日，华堃公司工作人员与美盛公司工作人员在销售现场发生纠纷，十堰市茅箭区人民路派出所出警。因纠纷未得到解决，后华堃公司未再继续进行销售工作。

2014年2月14日，美盛公司诉至湖北省十堰市中级人民法院（以下简称一审法院），依据落款时间为2013年11月26日的《股东会会议记录》、终止履行《运营管理合同》的《协议书》、终止履行《营销委托合同》及《〈营销委托合同〉之补充合同》的《协议书》、关于华堃公司退出美盛公司管理及销售以及股权转让给王某伟的四方结算《协议书》及附件，共四份证据（以下统称四份协议），要求华堃公司支付美盛公司欠款3 825 389.73元，返还相关营销资料，并赔偿经营损失200万元。华堃公司在该次诉讼中提起反诉，主张美盛公司伪造证据，擅自解除合同，要求华堃公司支付赔偿金1 200万元。一审法院经审理，于2015年5月29日作出（2014）鄂十堰中民二初字第00016号民事判决，认定经西南政法大学司法鉴定中心鉴定，美盛公司提交的四份证据的印文均形成于2013年6月28日之前，并非形成于2013年11月26日期间，美盛公司利用2013年6月28日以前加盖有华堃公司印文的纸张单方制作落款日期为2013年11月26日的系列《股东会会议记录》及《协议书》，拒绝履行合同，属于单方擅自解除合同，并据此判决：1.驳回美盛公司的诉讼请求；2.美盛公司支付华堃公司违约赔偿金1 200万元。美盛公司不服该判决，向湖北省高级人民法院提起上诉。湖北省高级人民法院经审理，于2015年12月4日作出（2015）鄂民二终字第00215号民事判决，认定2013年11月26日的《股东会会议记录》和三份《协议书》未有形成合同各方当事人的合意，对华堃公司不具有法律约束力；美盛公司依据其单方制作的上述《股东会会议记录》和三份《协议书》，采取系列妨害华堃公司经营的行为，华堃公司已被动实际退出经营，致使华堃公司的合同目的无法实现，美盛公司单方解除合同的行为构成根本违约，应承担违约赔偿责任，并据此判决：驳回上诉，维持原判。该案已执行完毕，美盛公司以名下21套房产折价抵偿支付华堃公司违约金1 200万元。

2015年10月30日，美盛公司寄给华堃公司《对账函》一份，内容为："贵司在全面负责美盛公司经营活动期间，即自2010年7月1日至2013年12月31日，美盛公司共计支付给贵司往来款91 325 283.93元，收到贵司退回美盛公司往来款16 000 000元，收到贵司返还给美盛公司代付营销（委托）费16 571 134.90元，收到贵司提供给美盛公司咨询费发票金额为8 000 000元。请贵司对上述事项、金额予以确认。如情况属实，请尽快将剩余往来款项共计67 325 283.93元归还我司。"华堃公司未予回复。

再查明，"四份协议"由李某签名、王某伟签名，有美豪公司、华堃公司印文。西南政法大学司法鉴定中心接受湖北省十堰市中级人民法院委托，于2014年11月11日出具〔2014〕司鉴文字第2398号司法鉴定意见书，鉴定意见：1.送检的3份《协议书》及1份《股东会会议记录》上加盖的"华堃公司"印文与送检《营销委托合同》之补充合同、《运营管理合同》上的同名样本印文系同一枚印章盖印形成。2.送检的3份《协议书》上加盖的"华堃公司"印文形成于同部位打印字迹之前，送检的《股东会会议记录》上加盖的"华堃公司"印文与同部位打印字迹不具备形成先后顺序的鉴定条件。3.送检的3份《协议书》及1份《股东会会议记录》上加盖的"华堃公司"印文与标注日期"2013年6月28日"及以后的同名样本印文存在明显的特征差异，而与之前的同名样本印文特征相同。

2014年12月11日，华堃公司向上海市闵行区公安分局报案，认为美盛公司在华堃公司不知情的情况下，非法取得华堃公司印章、伪造协议，终止双方签订的《运营管理合同》《营销委托合同》，非法转让其持有的美盛公司4.08%股权。次日，上海市闵行区公安分局以股权被盗窃案立案侦查。

2014年12月22日，美盛公司股东、法定代表人李某接受上海警方讯问时称：自己只是美盛公司挂名法人，实际是其妻子杨某在操作，华堃的引进也是杨某操作的。2013年11月26日在武汉市光明万丽酒店召开的董事会，由于不欢而散，没有达成协议。过了两三天杨某告诉李某"华堃公司已经不想做了"，说她自己去找华堃公司谈。过了几天时间，杨某告诉李某，说华堃公司同意退出，但没有在落款日期为2013年11月26日的《股东会会议记录》《协议书》上签字。

2014年12月16日，美盛公司总经理王某伟接受上海警方讯问时称：2013年11月26日晚上，杨某认为华堃公司管理经营不善与方某发生争吵。

次日下午3点左右，杨某给王某伟看了落款日期为2013年11月26日的《股东会会议记录》、3份《协议书》，让王某伟接受华堃公司在美盛公司享有的4.08%股权，然后把该股份分别再转让给杨某的丈夫李某和美豪公司。当时杨某出示了相关资料，而且有相关公司的公章，王某伟认为是真实的，就同意并签名，王某伟不是该《股东会会议记录》的记录人。

2014年12月20日，美盛公司董事、美豪公司实际控制人朱某峰接受上海警方讯问时称：2013年11月26日，因杨某对华堃公司的经营管理不满与方某发生矛盾，会议没有开下去。董事会没有讨论和解决什么问题，当天没有开过股东会，也没有谈及华堃公司股权转让问题。过了一段时间，杨某给其打电话称方某同意把华堃公司在美盛公司的股份退还给李某和美豪公司，并终止《营销委托合同》《运营管理合同》。她决定先把股份转给王某伟，再由王某伟转给美豪公司和李某。

2017年10月23日，美盛公司原实际控制人杨某接受上海警方讯问时称：2013年7月，美盛公司召开股东大会，书面确认如果中信信托10个亿贷款办好，就给华堃公司贷款总额3%的融资顾问费和按股权比例的借款。2013年9月初，方某找到杨某，说中信信托的贷款是他一个人搞定的，与华堃公司其他人没有关系，方某想把华堃公司所持4.08%的股份转掉，把华堃公司和美盛公司签订的营运合同终止，一个人拿融资顾问费和借款，杨某同意了。2013年11月，美盛公司在武汉市光明万丽酒店召开管报会，华堃公司方某和赵某参加。第二天一早赵某先走了，方某上午在光明万丽酒店和杨某碰头，谈起转股的事情，并把转股需要的《股权转让协议》《四方协议》《原有股东放弃优先转让的声明》等材料给杨某。给杨某的时候协议上已经盖好了华堃公司的公章。事后通过鉴定才知道公章是之前盖的，但当时通过肉眼是看不出差别的。

上海市闵行区公安分局于2015年1月7日决定对杨某拘留，2017年10月22日执行拘留，10月23日决定取保候审，2018年2月24日解除取保候审。解除取保候审的理由和依据：涉案3份《协议书》及1份《股东会会议记录》中华堃公司的公章，经鉴定是在签订日前加盖。但杨某辩称系方某为避开华堃公司独自获取向中信信托贷款的3%顾问费，将上述材料提供给杨某。方某对此予以否认，经查飞机当天的航班记录，与方某证词有矛盾，双方各执一词。现有证据无法排除杨某的辩解，本案证据未达到起诉标准。

受一审法院委托，十堰车城会计师事务有限公司于2016年11月29日出具十车审字〔2016〕118号审计鉴定报告。确认：1.2010年7月至2013年12月，美盛公司共支付华堃公司资金91 425 283.93元。2.华堃公司共支付给美盛公司资金32 571 134.90元，待法院认定汇入金额1 000 000元（从上海华岳投资有限公司转入美盛公司）。3.华堃公司累计为美盛公司开具发票金额8 100 000元（含单独开具的咨询费发票100 000元）。4.2010年7月20日至2013年12月31日，华堃公司应承担费用合计42 517 563.96元，其中，项目（成本）管理费13 576 158.90元，营销（成本）费用（含售楼处内部装修支出）28 941 295.06元。5.需要进一步认定归属的费用7 770 261元。6.需要进一步确认真实性的工程款支出1 600 000元。7.需要进一步认定的美盛会员积分抵款。8.美盛公司应付华堃公司款项：（1）2010年7月至2013年12月应付项目（委托）管理费37 500 000元；（2）应支付项目营销（委托）费（需由法院另行认定）；（3）华堃公司收取的咨询费100 000元（需双方认定后确认）。9.美盛公司与华堃公司的往来计算=付款金额91 425 283.93元-收款金额32 571 134.90元+应收费用42 517 563.96元-应付项目（委托）管理费37 500 000元-应付营销（委托）费（待确认）+需进一步认定的费用及往来。

受十堰市公安局茅箭分局委托，十堰车城会计师事务有限公司于2018年7月31日出具十车审字〔2018〕20号审计鉴定报告。确认：1.2010年7月至2013年12月，美盛公司累计支付给华堃公司资金107 445 452.53元。其中：通过美盛公司单位账户直接汇款给华堃公司建行31×××34户85 425 283.93元；经华堃公司授权汇款给上海华岳投资有限公司6 000 000元；通过美盛公司出纳邢某菡、许某平、刘某珍个人账户转入（或存入）华堃公司赵某、贾某、梅某勇等个人账户的资金15 250 375.60元。2.华堃公司累计支付给美盛公司资金33 571 134.90元。3.华堃公司累计为美盛公司开具咨询费发票金额8 100 000.00元（含单独开具的咨询费发票100 000.00元）。4.美盛公司应付上海华堃房地产有限公司款项66 817 493.40元，其中：（1）2010年7月至2013年12月应付项目（委托）管理费37 500 000.00元；（2）应支付项目营销（委托）费29 217 493.40（根据十堰市中级人民法院一审判决书确认）；（3）华堃公司收取的咨询费100 000.00元（根据十堰市中级人民法院一审判决书确认）。5.2010年7月20日至2013年12月31日，华堃公司应承担的费用合计43 079 721.66元。其中：（1）项目（成本）管理费13 529 439.12元；（2）营销（成本）费用（含售楼处内部装修支出）29 550 282.54元。6.需要进一步认定归属的费用7 020 261.00元。7.需进一步确认真实性的工程款支出

1 600 000.00 元。8. 美盛公司与华堃公司的资金往来计算＝已付款金额（含个人账户付款）107 445 452.53 元－华堃公司转款金额 33 571 134.90 元＋上海华堃应承担费用 43 079 721.66 元－应付项目（委托）管理费 37 500 000.00 元－应付营销（委托）费 29 217 493.40 元－应付咨询费 100 000.00 元＝50 136 545.89 元（美盛公司实际应收回资金数额，需要在十堰市公安局茅箭分局进一步核查相关问题后确定）。

十堰车城会计师事务有限公司针对两份审计鉴定报告进行了特别说明：通过审核十堰市公安局茅箭分局移交的审计资料，特别是银行流水明细单，并比对美盛公司提供的财务凭证，发现 2016 年 10 月我公司进行审计鉴定时，美盛公司及华堃公司均未提供各自公司财务人员（或工作人员）之间的资金收付银行流水账目（该资金收付业务实际为两公司之间的资金往来），导致我公司出具的十车审字〔2016〕118 号审计鉴定书并未全部反映两公司之间的全部资金往来，出现了鉴定漏项，本次审计鉴定应予以补充。

根据十堰市公安局茅箭分局调取的美盛公司邢某菡、刘某珍及华堃公司赵某、贾某个人银行账户的流水单，将交易明细与美盛置业有限公司财务资料进行了逐笔核对，核对结果为：2011 年 1 月至 2013 年 12 月期间，美盛公司通过财务人员邢某菡、刘某珍、许某平转账（或直接存款）给华堃公司赵某、贾某等人资金 16 020 168.60 元，这些资金在美盛公司财务账面均显示有取款记录，且付款日期与收款日期、收款金额相同，因此认定：这些资金应为美盛公司与华堃公司之间发生的单位资金往来。

通过审计鉴定发现的问题：2010 年至 2013 年，美盛公司支付给华堃公司项目（委托）管理费 37 500 000.00 元，而华堃公司开具给美盛公司的发票为 8 000 000.00 元，少开发票 29 500 000.00 元。美盛公司已支付华堃公司营销（委托）费 15 050 000.00 元，上海华堃公司也未出具发票。合计少开发票 44 550 000.00 元。

一审审理中，双方对审计鉴定报告确认的以下金额无异议：华堃公司直接收款 91 425 283.93 元、华堃公司转回美盛公司 33 571 134.90 元、应收运营（委托）管理费 3 750 万元、应承担运营（成本）费 13 576 158.90 元。华堃公司对美盛公司主张的其他事项或金额均有异议。

（三）一审法院观点

综合美盛公司诉讼请求及华堃公司的答辩意见，双方同意本案争议焦点为：1. 美盛公司向华堃公司支付款项的数额，是否存在超付的问题；2. 华堃公司现在是否有开具发票的义务或者赔偿税款；3. 经营管理损失 150 万元和李某科（华堃公司派出人员，美盛公司任命的执行总裁）审批的 672 万元，共 823 余万元是否应由华堃公司赔偿。

对上述争议焦点，一审法院结合全案证据综合评判如下：

关于争议焦点 1，美盛公司是否向华堃公司超付款项。

1. 关于报销费用 15 250 375.60 元

华堃公司对以报销费用方式获得款项的金额和事实无异议，但认为该款是从其转回的 33 571 134.90 元中报销。

美盛公司认为，报销款项如果从转回的 33 571 134.90 元中列支，则转回款应当减少，如果不从 33 571 134.90 元中列支，则应当作为华堃公司收款增加的总收款额。

一审法院认为，审计鉴定报告确定，2011 年 1 月至 2013 年 12 月期间，美盛公司通过财务人员邢某菡、刘某珍、许某平转账（或直接存款）给华堃公司赵某、贾某等人资金 16 020 168.60 元，这些资金在美盛公司财务账面均显示有取款记录，且付款日期与收款日期、收款金额相同，这些资金应为美盛公司与华堃公司之间发生的单位资金往来。由于华堃公司转回款 33 571 134.90 元已经计入美盛公司收款额，华堃公司主张该款从 33 571 134.90 元列支不能成立，应当计入其收款总额。

2. 关于华堃公司应承担的营销（成本）费

美盛公司依据〔2016〕118 号审计报告主张华堃公司应承担营销（成本）费 28 941 295.06 元。

华堃公司认为，依据 2012 年签署的《备忘录》，华堃公司对于样板房及售楼处内部装修费用 8 924 412.00 元只承担 12% 比例，其应承担的营销（成本）费为 21 087 812.50 元。

一审法院认为，《备忘录》系双方自愿签署，应当遵守，依据该备忘录约定，华堃公司对于样板房及售楼处内部装修费用 8 924 412.00 元承担 12% 比例，扣减美盛公司应当承担的 7 853 482.56 元后，华堃公司应承担的营销（成本）费为 21 087 812.50 元。

3. 关于 2013 年 4 月 12 日 29 459 800 元及 8 月 6 日 8 666 475.93 元款项的性质

华堃公司认为，这两笔款项在收款当天就转给了美盛公司原法定代表人、大股东、实际控制人李某一人控制的众友和公司，此行为在商业上属于代为转账。

美盛公司认为，该款的性质系美盛公司与华堃公司之间的资金往来，华堃公司主张系代转账，但未提交证据证明，客观上不成立，主观上违背合同义务和管理职责，不能得到支持。

一审法院认为，依据谁主张谁举证原则，美盛公司向一审法院提交了转款凭证，转款凭证载明付款事由为营销费、往来款，且付款审批人为华堃公司委派的执行总裁李某科，美盛公司就其向华堃公司支付此两笔款项已完成举证责任。华堃公司主张该款系代转账，应提交受委托证据予以证明。众友和公司与李某之间的关系不能证明代转账关系成立。华堃公司未提交受委托转账证据，没有排除其向众友和转账不是华堃公司与李某之间的经济往来，更不能证明该行为符合合同约定的管理义务，该两笔款项应当计入华堃公司的收款总额。

4. 关于审计报告待定事项 4 285 880 元

〔2016〕118 号审计鉴定报告将总额为 770 余万元共计十项费用，是否应由华堃公司承担列为待定事项由法院裁定。美盛公司自认承担其中七项共计 350 万元，其余三项共计 4 285 880 元应由华堃公司承担，理由为：美盛公司与上海缙曙公司、上海冬进公司、上海弼录公司、天津法奥公司的合同及其他资料均为虚假，是华堃公司"营销倒现金"，套取资金的方式。

华堃公司认为付款清单上"营销倒现金"系美盛公司自行注明，经手和复核都是美盛公司财务，李某科（华堃公司股东，美盛公司任命的执行总裁）仅仅是进行核准、批准。因此认为该款项与华堃公司没有任何关联，操办经办人非华堃公司，是否发生交易华堃公司无法确定。

一审法院认为，美盛公司并未提供证据证实其与上海缙曙公司、上海冬进公司、上海弼录公司、天津法奥公司的合同及其他资料均为虚假，是华堃公司"营销倒现金"，套取资金的方式。美盛公司认为 4 285 880 元应由华堃公司承担并无事实依据，对此不予支持。

综上，美盛公司与华堃公司资金往来情况计算时分两步骤，第一是计算美盛公司向华堃公司的实际转款金额（以及已由美盛公司承担的）；第二是扣减相应的数额。

美盛公司已向华堃公司支付款项为：（1）审计鉴定报告确定的美盛公司向华堃公司转款 91 425 283.93 元；（2）华堃公司通过报销获取的款项 15 250 375.60 元；（3）应由华堃公司承担的管理成本费 13 567 158.90 元、营销成本费 21 087 812.50 元；三项共计 141 330 630.93 元。

扣减美盛公司应当支付的项目管理费 3 750 万元、营销费 15 050 000 元（本案本应直接扣减 27 421 065.80 元，考虑到另一案诉讼请求及诉讼费承担问题，另一案已扣除已支付的营销费 15 050 000 元，为避免重复计算，本案对该营销费 15 050 000 元也应予扣除），同时扣减华堃公司向美盛公司的转款 33 571 134.90 元，美盛公司实际多支付 55 209 496.03 元。

关于争议焦点 2，华堃公司开具发票的义务或者赔偿税款的问题。

美盛公司依据〔2018〕020 号审计报告确认华堃公司少开发票金额为 44 550 000 元，加上前已叙述已执行的另案违约金 12 000 000 元亦未开具发票，华堃公司少开发票会造成土地增值税负担、增值税抵扣损失及企业所得税损失。

华堃公司认为该项目至今双方未结算，如何开票以及开票金额多少均不确定，同时认为〔2018〕020 号审计报告合法性和真实性均未确定。

一审法院认为，参照最高人民法院八民会议纪要第 34 条：承包人不履行配合工程档案备案、开具发票等协作义务的，人民法院视违约情节，可以依据《合同法》第六十条、第一百零七条规定，判令承包人限期履行、赔偿损失等。本案审计报告确认华堃公司少开发票金额为 44 550 000 元，美盛公司支付了另案的违约金 12 000 000 元，共计 56 550 000 元，华堃公司应当开具 56 550 000 元的增值税发票。如不履行该义务，则以税务部门确定的税款，华堃支付相应的税款。

关于争议焦点 3，经营管理损失 150 余万元和李某科（华堃公司配出，美盛公司认定的执行总裁）审批的 672 万余元，共 823 万余元是否应由华堃公司赔偿。

美盛公司认为，华堃公司超越管理职权增加与上海信安幕墙合同结算金额。李某科管理美盛公司期间，审批借支 6 722 438.53 元，无经手人、无借支用途，且有 200 万元直接转入华堃公司赵某、贾某浩账户。

华堃公司认为，信安幕墙合同结算协议上有美盛公司公章，公章根据管理合同约定由美盛公司自行负责保管，盖章行为应由美盛公司自行承担。关于财务借支，记账凭证系美盛公司单方面制作，真实性无法判断，且美盛公司财务由其自行控制，李某科仅仅是履行核准手续，并未进行相关借款，李某科及华堃公司无需承担返还责任。

一审法院认为，美盛公司诉称的经营管理损失 1 509 600 元，实为该公司退还上海海安幕墙简装装饰有限公司工程质保金 1 500 000 元,以及其承担的案件受理费 9 600 元。该案件已执行完毕,是该公司与上海海安幕墙简装装饰有限公司之间的建设工程施工合同纠纷,相关事实已经生效判决所确认,美盛公司认为该款项应由华堃公司承担无事实依据。李某科于 2011 年 12 月 7 日被美盛公司任命为执行总裁,若其在任期间审批借支 6 722 438.53 元违反公司财务制度或者违反公司法的相关规定,可依法追究李某科的相关责任。美盛公司并未提供证据证实李某科相关行为代表的是华堃公司,其要求华堃公司承担经营管理损失 6 722 438.53 元也无事实依据。

(四)二审法院观点

二审审理查明,一审认定的事实除应由华堃公司承担的管理成本费及依此为据计算的结果错误外,其余的属实,应予以确认。

根据双方当事人的诉辩意见,本案的争议焦点为:1.一审的证据举证程序和审理程序是否违法;2.美盛公司向华堃公司支付的 3 800 余万元如何定性;3.涉及的报销费用 15 250 375.60 元是否存在重复计算;4.华堃公司是否应承担开具发票的义务。

1. 关于一审的证据举证程序和审理程序是否违法的问题

湖北省高级人民法院(以下简称二审法院)认为,经庭审询问,华堃公司上诉认为一审法院采信的非法证据即为十车审字〔2018〕20 号审计鉴定报告。该审计鉴定报告是由十堰市公安局茅箭区分局基于刑事侦查的需要,委托具有鉴定资质的十堰车城会计师事务所有限公司制作。美盛公司提交的十堰市公安局茅箭分局对该公司发出的《鉴定意见通知书》的真实性、合法性应予认定,通知书记载的内容表明公安机关在委托审计鉴定之后告知美盛公司如对鉴定意见有异议的,美盛公司可以申请补充审计鉴定或者重新审计鉴定,由此可知,美盛公司系通过合法渠道获取的该份审计鉴定报告,其向一审法院提交该份具有合法来源的证据在程序上具有合法性。对于是否应当追加众友和公司为第三人的问题。二审法院在 2018 年 6 月 25 日作出的(2018)鄂民终 445 号民事裁决中明确:基于华堃公司在收到该款后又将款项转入美盛公司原法定代表人、大股东、实际控制人李某一人控制的众友和公司的事实,本案应通知该公司作为第三人参加诉讼。一审法院在重审本案之时,没有据此追加众友和公司为本案第三人进行审理。从本案所涉法律关系看,众友和公司对当事人双方的诉讼标的没有独立的请求权,其不属于《中华人民共和国民事诉讼法》(2017年修改,以下简称《民事诉讼法》)第五十六条第一款关于"对当事人双方的诉讼标的,第三人认为有独立请求权的,有权提起诉讼"的规定所界定的有独立请求权的第三人。虽然本案对3 800余万元给付性质的认定可能影响众友和公司与双方当事人之间的义务负担,即本案的处理结果与其具有法律上的利害关系,但根据《民事诉讼法》第五十六条第二款关于"对当事人双方的诉讼标的,第三人虽然没有独立请求权,但案件处理结果同他有法律上的利害关系的,可以申请参加诉讼,或者由人民法院通知他参加诉讼"的规定,结合美盛公司未对众友和公司提出诉讼请求的事实,其仍不属于必须参加本案诉讼的当事人。鉴于众友和公司既不属于有独立请求权的第三人,也不属于必须参加本案诉讼的当事人,一审法院未按二审法院裁定追加众友和公司为第三人参加诉讼,虽有不当,但不属于《最高人民法院关于适用〈中华人民共和国民事诉讼法〉的解释》(法释〔2015〕5号)第三百二十七条关于"必须参加诉讼的当事人或者有独立请求权的第三人,在第一审程序中未参加诉讼,第二审人民法院可以根据当事人自愿的原则予以调解;调解不成的,发回重审"规定的程序严重违法,具备发回重审的情形。另外,根据《民事诉讼法》第一百七十条第二款关于"原审人民法院对发回重审的案件作出判决后,当事人提起上诉的,第二审人民法院不得再次发回重审"规定,对于华垫公司关于本案一审审理程序违法的主张,二审法院无法通过程序救济予以处理,仍应对华垫公司所主张的实体权利进行审理。

2.关于美盛公司向华垫公司支付的3 800余万元如何定性的问题

二审法院认为,就2013年4月12日发生的款项29 459 800元以及同年8月6日发生的款项8 666 475.93元均已从美盛公司账户转至华垫公司账户的这一事实,美盛公司提交的两份《电汇凭证》可以予以证实,华垫公司提交的《补发入账证明申请书》以及《电子汇划收款回单》亦能印证。双方当事人就该项事实均无异议,二审法院予以认定。

但就上述两笔款项支付的性质问题,双方提出不同的主张。美盛公司认为,上述3 800余万元的款项与2010年7月至2013年12月之间从美盛公司账户转至华垫公司账户的其他笔款项一样,属于美盛公司与华垫公司之间的商业往来款。

华垫公司认为,上述3 800余万元的款项不属于美盛公司已向华垫公司支付的款项,而是代转款。就此可以确定的基本事实有二:其一,美盛公司已经将上述款项给付华垫公司;其二,华垫公司提交的2013年4月15日的《付款凭证》、2013年4月12日的《支票申请领用单》《中国建设银行网上银行电子回单》及当日的流水账记载显示，华堃公司自收到29 459 800元款项的当天即另行给付众友和公司；同样，华堃公司提交的2013年8月5日的《支票申请领用单》、2013年8月6日的《付款凭证》《回单》及当日的流水账记载显示，华堃公司收到8 666 475.93元款项的当天即另行给付众友和公司。华堃公司认为应当将这两项事实联系起来看待，即华堃公司系受到美盛公司的委托收受上述款项，再将上述款项转至众友和公司。由此可见，华堃公司就其主张还需要证明的事实在于，双方之间是否设立了相应的委托支付关系，并据此推翻美盛公司所主张的事实。

本案审理过程中，华堃公司提供了如下证据：

其一，关于案涉款项转账的情况说明。该份证据系华堃公司以美盛公司的名义所拟定的两份电子文档，其内容主要在于对上述两笔款项属于美盛公司委托华堃公司代为向众友和公司进行支付做出说明。同时，华堃公司就这两个电子文档的创建时间也提交了相应的证据，用以证实其所述的上述以电子文档形式存在的情况说明乃是当时华堃公司受美盛公司委托依其意思所拟定的情形。二审法院认为，该份证据形式上虽然能够与华堃公司所主张的代转账事实相印证，与待证事实具有形式上的关联性，但由于电子文档的创建时间存在被修改的可能，故在缺乏其他相关证据佐证的情况下，该份电子数据的创建时间仍不能确定。依照《最高人民法院关于民事诉讼证据的若干规定》第九十条的规定，上述电子数据因存有疑点，不能单独作为认定案件事实的证据。另外从该证据的证明内容看，该电子文档是由华堃公司单方面拟成且并未经美盛公司以任何形式确认，未能体现双方当事人的合意，不能证明美盛公司委托华堃公司支付涉案款项的事实。

其二，关于证人贾某的证人证言。其主要说明上述电子文档的形成经过并证明其真实性。经审查贾某的身份，其原系华堃公司的财务人员，现系无锡春星房地产有限公司监事，该公司同华堃公司皆为上海华岳投资有限公司控股的子公司。因此，贾某同华堃公司之间存在法律上的利害关系，其证言的证明效力较低，依据《最高人民法院关于民事诉讼证据的若干规定》第九十条的规定，该证人证言亦属于无法单独作为认定案件事实的证据。同时，庭审中二审法院针对该证人证言的主要内容，即美盛公司经理刘某刚与贾某联系委托代转款的事实，以及贾某转款当天将"情况说明"通过QQ发给刘某刚的事实，要求贾某提交相关证据予以证明，但贾某至终审判决时仍未向二审法院提交。综上，因上述证言没有其他证据佐证，不能完整地证明美盛公司委托华堃公司付款的事实，故二审法院不予采信。

其三，关于 29 459 800 元和 8 666 475.93 元往来款的收款凭证、付款凭证、补发入账证明申请书、支票申请领用单、网上银行电子回单、日记账记录。经审查，涉及 29 459 800 元款项的相关书证中，将款项用途标注为代转款性质的包括 2013 年 4 月 15 日华堃公司开具的《付款凭证》标注为"代付武汉众友和"、2013 年 4 月 12 日华堃公司开具的《支票申请领用单》标注为"代付"、华堃公司方面提供的账簿上 2013 年 4 月 12 日转给众友和公司的款项标注为"代付武汉众友和"。因为上述标注均为华堃公司单方作出，并不能体现美盛公司的意思，故不能证明华堃公司与美盛公司就代转款事项达成的合意。

涉及 29 459 800 元款项的书证，对于来源于第三方的书证，2015 年 10 月 12 日中国建设银行上海市分行出具的《补发入账证明申请书》将从美盛公司转往华堃公司的该笔款项标注为"营销费用"、2013 年 4 月 12 日生成的《中国建设银行网上银行电子回单》将从华堃公司转往众友和公司的款项标注为"还款"，则与上述标注为代转款性质的书证内容互为冲突。

涉及 8 666 475.93 元款项的书证，2013 年 8 月 6 日华堃公司开具的《付款凭证》标注为"代美盛还款武汉众友和"、2013 年 8 月 5 日华堃公司开具的《支票申请领用单》标注为"代付"、华堃公司方面提供的账簿中 2013 年 8 月 6 日转给众友和公司的款项标注为"代美盛还款武汉众友和"，亦皆为华堃公司单方形成，不能体现美盛公司的意思表示，同样也不能体现华堃公司与美盛公司就代转款事项达成的合意。对于来源于第三方的书证，2013 年 8 月 6 日生成的中国建设银行《电子汇划收款回单》将从美盛公司转往华堃公司的该笔款项标注为"往来款"、2013 年 8 月 6 日生成的中国建设银行《回单》将从华堃公司转往众友和公司的该笔款项标注为"还款"，与上述标注为代转款性质的书证内容互为冲突。

二审法院认为，上述三组证据作为间接证据，无法互相印证，没有形成完整的证据链条，不能高度盖然地证明华堃公司主张的事实成立。就此，华堃公司所主张的代转款事实仍处于真伪不明的状态，根据《最高人民法院关于适用〈中华人民共和国民事诉讼法〉的解释》第九十条关于"当事人对自己提出的诉讼请求所依据的事实或者反驳对方诉讼请求所依据的事实，应当提供证据加以证明，但法律另有规定的除外。在作出判决前，当事人未能提供证据或者证据不足以证明其事实主张的，由负有举证证明责任的当事人承担不利的后果"的规定，应由华堃公司承担相应的不利后果。因此，就华堃公司所主张的 3 800 余万元的款项定性为代转款的事实，二审法院不予认定。

综上所述，2013 年 8 月 5 日生成的《电汇凭证》以及次日生成的《电子汇划收款回单》将 8 666 475.93 元这笔款项用途标注为"往来款"，2013 年 4 月 12 日生成的《电汇凭证》以及 2015 年 10 月 12 日补开的《补发入账证明申请书》将 29 459 800 元这笔款项用途标注为"营销费用"。美盛公司提交的两份《付款申请表》亦分别将上述两笔款项的用途标注为"往来款""营销费用"。而作此用途记载的《付款申请表》均经过了时任美盛公司执行总裁李某科的签字核准，而李某科又是自华堃公司委派而来，可见，华堃公司对于涉案款项的性质是明知也是认同的。根据上述证据，美盛公司已高度盖然性地证明了其主张的事实，二审法院对此予以采信。而华堃公司则并未就其主张的代转款事实尽到相应的证明责任。就此 3 800 余万元的款项性质认定，二审法院认为应视为双方当事人的商业往来款，纳入美盛公司已向华堃公司支付的款项中进行计算。

3. 关于涉及的报销费用 15 250 375.60 元是否存在重复计算的问题

二审法院认为，十堰车城会计师事务有限公司根据十堰市中级人民法院于 2016 年 8 月 22 日作出的〔2016〕十中法鉴字第 121 号鉴定委托书的要求，出具了十车审字〔2016〕118 号审计鉴定书，但该份鉴定书并未反映两公司之间的全部资金往来，出现了鉴定漏项，故经十堰市公安局茅箭分局的委托，十堰车城会计师事务有限公司又出具了〔2018〕20 号审计鉴定书，对前一份审计鉴定书予以补充。补充内容主要为：2011 年 1 月至 2013 年 12 月期间美盛公司通过财务人员刑某菡、刘某珍、许某平转账（或直接存款）给华堃公司赵某、贾某等人的资金 16 020 168.60 元。鉴定程序合法，内容客观，一审法院对此予以认定，符合证据规则的规定。一审法院在审理过程中，认定 2012 年 10 月 15 日由刑某菡转给陈某庆的 600 000 元款项及 2012 年 12 月 19 日由刑某菡转给梅某勇的 169 793 元款项不属于双方公司之间的公务往来，并对此予以扣减，并对由此得出的 15 250 375.60 元的款项纳入美盛公司已向华堃公司支付的款项进行计算，符合财务规范。

同时根据鉴定机构在二审法院向其询问时提供的意见，上述 15 250 375.60 元从性质上看属于华堃公司从美盛公司处所得的报销款项，但该报销款所涉项目费用实际应当由华堃公司承担，且已经由华堃公司向美盛公司返还，即由华堃公司向美盛公司的转款 33571134.90 元当中实际包含上述 15 250 375.60 元报销款项。故一审判决所最终体现的计算方式，并未就 15 250 375.60 元的这笔款项进行重复计算。

4. 关于华堃公司是否承担开具发票义务的问题

二审法院认为，依据《增值税暂行条例》第五条关于"纳税人发生应税销售行为，按照销售额和本条例第二条规定的税率计算收取的增值税额，为销项税额"的规定，第六条关于"销售额为纳税人发生应税销售行为收取的全部价款和价外费用，但是不包括收取的销项税额"的规定，以及《增值税暂行条例实施细则》第十二条关于"条例第六条第一款所称价外费用，包括价外向购买方收取的手续费、补贴、基金、集资费、返还利润、奖励费、违约金……"的规定，违约金包含在价外费用中，属于销售额的一部分，应当纳入计算增值税额。因此，对于（2015）鄂民二终字第00215号民事判决确定的由美盛公司给付给华堃公司1 200万元的违约金，华堃公司应当承担开具发票的义务。

裁判核心观点

依据《增值税暂行条例》第五条关于"纳税人发生应税销售行为，按照销售额和本条例第二条规定的税率计算收取的增值税额，为销项税额"的规定，第六条关于"销售额为纳税人发生应税销售行为收取的全部价款和价外费用，但是不包括收取的销项税额"的规定，以及《增值税暂行条例实施细则》第十二条关于"条例第六条第一款所称价外费用，包括价外向购买方收取的手续费、补贴、基金、集资费、返还利润、奖励费、违约金……"的规定，违约金包含在价外费用中，属于销售额的一部分，应当纳入计算增值税额。因此，对于（2015）鄂民二终字第00215号民事判决确定的由甲公司给付给乙公司1 200万元的违约金，乙公司应当承担开具发票的义务。

第五章　增值税进项税额计算实务操作与典型案例分析

第一节　允许抵扣的增值税进项税额

增值税进项税额是指纳税人购进货物、服务、无形资产、不动产支付或者负担的增值税税额。需要注意的是，在用销项税额抵扣进项税额时，《增值税法》并不要求该进项税额必须与该销项税额相关。只有一般纳税人采取一般计税方法才存在销项税额和进项税额，销项税额是向下一家收取的增值税税额，进项税额是向上一家支付的增值税税额。

实操案例 5-1

甲公司从乙公司采购一批原材料，取得的增值税专用发票上显示：金额 100 万元、税额 13 万元、价税合计 113 万元。甲公司委托丙公司运输该批原材料，取得的增值税专用发票上显示：金额 1 万元、税额 0.09 万元、价税合计 1.09 万元。甲公司将该批原材料加工成产品后销售给丁公司，开具的增值税专用发票上显示：金额 200 万元、税额 26 万元、价税合计 226 万元。

对于甲公司而言，其向乙公司支付的 13 万元税额是其进项税额，其向丙公司支付的 0.09 万元税额是其进项税额，其向丁公司收取的 26 万元是其销项税额。

对于乙公司而言，其向甲公司收取的 13 万元税额是其销项税额。对于丙公司而言，其向甲公司收取的 0.09 万元税额是其销项税额。对于丁公司而言，其向甲公司支付的 26 万元税额是其进项税额。

一、允许抵扣的增值税进项税额的一般规定

（一）增值税扣税凭证

纳税人应当凭法律、行政法规或者国务院规定的增值税扣税凭证从销项

税额中抵扣进项税额。我国目前的主要增值税扣税凭证包括增值税专用发票（含税控机动车销售统一发票）、海关进口增值税专用缴款书、农产品收购发票或者销售发票等。

下列进项税额准予从销项税额中抵扣：

1. 从销售方取得的增值税专用发票（含税控机动车销售统一发票，下同）上注明的增值税额。

2. 从海关取得的海关进口增值税专用缴款书上注明的增值税额。

3. 购进农产品，除取得增值税专用发票或者海关进口增值税专用缴款书外，按照农产品收购发票或者销售发票上注明的农产品买价和10%（或者9%）的扣除率计算的进项税额，国务院另有规定的除外。进项税额计算公式：

$$进项税额 = 买价 \times 扣除率$$

4. 自境外单位或者个人购进劳务、服务、无形资产或者境内的不动产，从税务机关或者扣缴义务人取得的代扣代缴税款的完税凭证上注明的增值税额。

特别提示

（1）买价，是指纳税人购进农产品在农产品收购发票或者销售发票上注明的价款和按照规定缴纳的烟叶税。

（2）购进农产品，按照《农产品增值税进项税额核定扣除试点实施办法》抵扣进项税额的除外。

（二）逾期增值税扣税凭证抵扣问题

1. 增值税一般纳税人发生真实交易但由于客观原因造成，增值税扣税凭证（包括增值税专用发票、海关进口增值税专用缴款书和机动车销售统一发票）未能按照规定期限办理认证、确认或者稽核比对的，经主管税务机关核实，逐级上报，由省税务局认证并稽核比对后，对比对相符的增值税扣税凭证，允许纳税人继续抵扣其进项税额。

特别提示

增值税一般纳税人由于除这里规定以外的其他原因造成增值税扣税凭证逾期的，仍应按照增值税扣税凭证抵扣期限有关规定执行。

客观原因包括如下类型：

（1）自然灾害、社会突发事件等不可抗力因素造成增值税扣税凭证逾期。

（2）增值税扣税凭证被盗、抢，或者邮寄丢失、误递导致逾期。

（3）有关司法、行政机关在办理业务或者检查中，扣押增值税扣税凭证，纳税人不能正常履行申报义务，或者税务机关信息系统、网络故障，未能及时处理纳税人网上认证数据等导致增值税扣税凭证逾期。

（4）买卖双方因经济纠纷，未能及时传递增值税扣税凭证，或者纳税人变更纳税地点，注销旧户和重新办理税务登记的时间过长，导致增值税扣税凭证逾期。

（5）由于企业办税人员伤亡、突发危重疾病或者擅自离职，未能办理交接手续，导致增值税扣税凭证逾期。

（6）国家税务总局规定的其他情形。

2.增值税一般纳税人发生真实交易但由于客观原因造成增值税扣税凭证逾期的，可向主管税务机关申请办理逾期抵扣。

纳税人申请办理逾期抵扣时，应报送如下资料：

（1）《逾期增值税扣税凭证抵扣申请单》。

（2）增值税扣税凭证逾期情况说明。纳税人应详细说明未能按期办理认证或者申请稽核比对的原因，并加盖企业公章。其中，对客观原因不涉及第三方的，纳税人应说明的情况具体为：发生自然灾害、社会突发事件等不可抗力原因的，纳税人应详细说明自然灾害或者社会突发事件发生的时间、影响地区、对纳税人生产经营的实际影响等；纳税人变更纳税地点，注销旧户和重新办理税务登记的时间过长，导致增值税扣税凭证逾期的，纳税人应详细说明办理搬迁时间、注销旧户和注册新户的时间、搬出及搬入地点等；企业办税人员擅自离职，未办理交接手续的，纳税人应详细说明事情经过、办税人员姓名、离职时间等，并提供解除劳动关系合同及企业内部相关处理决定。

（3）客观原因涉及第三方的，应提供第三方证明或说明。具体为：企业办税人员伤亡或者突发危重疾病的，应提供公安机关、交通管理部门或者医院证明；有关司法、行政机关在办理业务或者检查中，扣押增值税扣税凭证，导致纳税人不能正常履行申报义务的，应提供相关司法、行政机关证明；增值税扣税凭证被盗、抢的，应提供公安机关证明；买卖双方因经济纠纷，未能及时传递增值税扣税凭证的，应提供卖方出具的情况说明；邮寄丢失或者误递导致增值税扣税凭证逾期的，应提供邮政单位出具的说明。

（4）逾期增值税扣税凭证电子信息。

（5）逾期增值税扣税凭证复印件（复印件必须整洁、清晰，在凭证备注栏注明"与原件一致"并加盖企业公章，增值税专用发票复印件必须裁剪成与原票大小一致）。

3.由于税务机关自身原因造成纳税人增值税扣税凭证逾期的，主管税务机关应在上报文件中说明相关情况。具体为，税务机关信息系统或者网络故障，未能及时处理纳税人网上认证数据的，主管税务机关应详细说明信息系统或网络故障出现、持续的时间，故障原因及表现等。

4.主管税务机关应认真审核纳税人所报资料，重点审核纳税人所报送资料是否齐全、交易是否真实发生、造成增值税扣税凭证逾期的原因是否属于客观原因，第三方证明或说明所述时间是否具有逻辑性、资料信息是否一致、增值税扣税凭证复印件与原件是否一致等。

主管税务机关核实无误后，应向上级税务机关上报，并将增值税扣税凭证逾期情况说明、第三方证明或说明、逾期增值税扣税凭证电子信息、逾期增值税扣税凭证复印件逐级上报至省税务局。

5.省税务局对上报的资料进行案头复核，并对逾期增值税扣税凭证信息进行认证、稽核比对，对资料符合条件、稽核比对结果相符的，允许纳税人继续抵扣逾期增值税扣税凭证上所注明或计算的税额。

6.主管税务机关可定期或者不定期对已抵扣逾期增值税扣税凭证进项税额的纳税人进行复查，发现纳税人提供虚假信息，存在弄虚作假行为的，应责令纳税人将已抵扣进项税额转出，并按《税收征收管理法》的有关规定进行处罚。

二、通行费进项税额的抵扣

自2018年1月1日起，纳税人支付的道路、桥、闸通行费，按照以下规定抵扣进项税额：

1.纳税人支付的道路通行费，按照收费公路通行费增值税电子普通发票上注明的增值税额抵扣进项税额。

2018年1月1日至6月30日，纳税人支付的高速公路通行费，如暂未能取得收费公路通行费增值税电子普通发票，可凭取得的通行费发票（不含财政票据，下同）上注明的收费金额按照下列公式计算可抵扣的进项税额：

$$\text{高速公路通行费可抵扣进项税额} = \text{高速公路通行费发票上注明的金额} \div (1+3\%) \times 3\%$$

2018年1月1日至12月31日，纳税人支付的一级、二级公路通行费，如暂未能取得收费公路通行费增值税电子普通发票，可凭取得的通行费发票上注明的收费金额按照下列公式计算可抵扣进项税额：

$$\text{一级、二级公路通行费可抵扣进项税额} = \text{一级、二级公路通行费发票上注明的金额} \div (1+5\%) \times 5\%$$

2. 纳税人支付的桥、闸通行费，暂凭取得的通行费发票上注明的收费金额按照下列公式计算可抵扣的进项税额：

$$\text{桥、闸通行费可抵扣进项税额} = \text{桥、闸通行费发票上注明的金额} \div (1+5\%) \times 5\%$$

3. 上述所称通行费，是指有关单位依法或者依规设立并收取的过路、过桥和过闸费用。

三、国内旅客运输服务进项税额的抵扣

纳税人购进国内旅客运输服务，其进项税额允许从销项税额中抵扣。

纳税人未取得增值税专用发票的，暂按照以下规定确定进项税额：

1. 取得增值税电子普通发票的，为发票上注明的税额。

2. 取得注明旅客身份信息的航空运输电子客票行程单的，按照下列公式计算进项税额：

$$\text{航空旅客运输进项税额} = (\text{票价} + \text{燃油附加费}) \div (1+9\%) \times 9\%$$

3. 取得注明旅客身份信息的铁路车票的，按照下列公式计算进项税额：

$$\text{铁路旅客运输进项税额} = \text{票面金额} \div (1+9\%) \times 9\%$$

4. 取得注明旅客身份信息的公路、水路等其他客票的，按照下列公式计算进项税额：

$$\text{公路、水路等其他旅客运输进项税额} = \text{票面金额} \div (1+3\%) \times 3\%$$

四、集成电路企业增值税加计抵减政策

1. 自2023年1月1日至2027年12月31日，允许集成电路设计、生产、封测、装备、材料企业（以下简称集成电路企业），按照当期可抵扣进项税额加计15%抵减应纳增值税税额（以下简称加计抵减政策）。

对适用加计抵减政策的集成电路企业采取清单管理，具体适用条件、管理方式和企业清单由工业和信息化部会同国家发展改革委、财政部、国家税务总局等部门制定。

2.集成电路企业按照当期可抵扣进项税额的15%计提当期加计抵减额。企业外购芯片对应的进项税额，以及按照现行规定不得从销项税额中抵扣的进项税额，不得计提加计抵减额；已计提加计抵减额的进项税额，按规定作进项税额转出的，应在进项税额转出当期，相应调减加计抵减额。

3.集成电路企业按照现行规定计算一般计税方法下的应纳税额（以下简称抵减前的应纳税额）后，区分以下情形加计抵减：

（1）抵减前的应纳税额等于零的，当期可抵减加计抵减额全部结转下期抵减。

（2）抵减前的应纳税额大于零，且大于当期可抵减加计抵减额的，当期可抵减加计抵减额全额从抵减前的应纳税额中抵减。

（3）抵减前的应纳税额大于零，且小于或等于当期可抵减加计抵减额的，以当期可抵减加计抵减额抵减应纳税额至零。未抵减完的当期可抵减加计抵减额，结转下期继续抵减。

4.集成电路企业可计提但未计提的加计抵减额，可在确定适用加计抵减政策当期一并计提。

5.集成电路企业出口货物劳务、发生跨境应税行为不适用加计抵减政策，其对应的进项税额不得计提加计抵减额。

集成电路企业兼营出口货物劳务、发生跨境应税行为且无法划分不得计提加计抵减额的进项税额，按照以下公式计算：

$$\text{不得计提加计抵减额的进项税额} = \text{当期无法划分全部进项税额} \times \text{当期出口货物劳务和发生跨境应税行为的销售额} \div \text{当期全部销售额}$$

> **特别提示**
>
> 集成电路企业应单独核算加计抵减额的计提、抵减、调减、结余等变动情况。骗取适用加计抵减政策或虚增加计抵减额的，按照《税收征收管理法》等有关规定处理。

6.集成电路企业同时符合多项增值税加计抵减政策的，可以择优选择适用，但在同一期间不得叠加适用。

五、先进制造业企业增值税加计抵减政策

1. 自 2023 年 1 月 1 日至 2027 年 12 月 31 日，允许先进制造业企业按照当期可抵扣进项税额加计 5% 抵减应纳增值税税额（以下简称加计抵减政策）。

上述所称先进制造业企业是指高新技术企业（含所属的非法人分支机构）中的制造业一般纳税人，高新技术企业是指按照《科技部 财政部 国家税务总局关于修订印发〈高新技术企业认定管理办法〉的通知》（国科发火〔2016〕32 号）规定认定的高新技术企业。先进制造业企业具体名单，由各省、自治区、直辖市、计划单列市工业和信息化部门会同同级科技、财政、税务部门确定。

2. 先进制造业企业按照当期可抵扣进项税额的 5% 计提当期加计抵减额。按照现行规定不得从销项税额中抵扣的进项税额，不得计提加计抵减额；已计提加计抵减额的进项税额，按规定作进项税额转出的，应在进项税额转出当期，相应调减加计抵减额。

3. 先进制造业企业按照现行规定计算一般计税方法下的应纳税额（以下简称抵减前的应纳税额）后，区分以下情形加计抵减：

（1）抵减前的应纳税额等于零的，当期可抵减加计抵减额全部结转下期抵减。

（2）抵减前的应纳税额大于零，且大于当期可抵减加计抵减额的，当期可抵减加计抵减额全额从抵减前的应纳税额中抵减。

（3）抵减前的应纳税额大于零，且小于或等于当期可抵减加计抵减额的，以当期可抵减加计抵减额抵减应纳税额至零；未抵减完的当期可抵减加计抵减额，结转下期继续抵减。

4. 先进制造业企业可计提但未计提的加计抵减额，可在确定适用加计抵减政策当期一并计提。

5. 先进制造业企业出口货物劳务、发生跨境应税行为不适用加计抵减政策，其对应的进项税额不得计提加计抵减额。

先进制造业企业兼营出口货物劳务、发生跨境应税行为且无法划分不得计提加计抵减额的进项税额，按照以下公式计算：

不得计提加计抵减额的进项税额 = 当期无法划分的全部进项税额 × 当期出口货物劳务和发生跨境应税行为的销售额 ÷ 当期全部销售额

6.先进制造业企业应单独核算加计抵减额的计提、抵减、调减、结余等变动情况。骗取适用加计抵减政策或虚增加计抵减额的，按照《税收征收管理法》等有关规定处理。

7.先进制造业企业同时符合多项增值税加计抵减政策的，可以择优选择适用，但在同一期间不得叠加适用。

六、农产品增值税进项税额核定扣除

1.自2012年7月1日起，以购进农产品为原料生产销售液体乳及乳制品、酒及酒精、植物油的增值税一般纳税人，纳入农产品增值税进项税额核定扣除试点范围，其购进农产品无论是否用于生产上述产品，增值税进项税额均按照《农产品增值税进项税额核定扣除试点实施办法》的规定抵扣。农产品是指列入《农业产品征税范围注释》（财税字〔1995〕52号）的初级农业产品。

特别提示

（1）"液体乳及乳制品"的行业范围按《国民经济行业分类》（GB/T 4754—2017）中"乳制品制造"类别（代码C1440）执行；

（2）"酒及酒精"的行业范围按《国民经济行业分类》（GB/T 4754—2017）中"酒的制造"类别（代码C151）执行；

（3）"植物油"的行业范围按《国民经济行业分类》（GB/T 4754—2017）中"植物油加工"类别（代码C133）执行。

（4）增值税一般纳税人委托其他单位和个人加工液体乳及乳制品、酒及酒精、植物油，其购进的农产品均适用《农产品增值税进项税额核定扣除试点实施办法》的有关规定。

2.试点纳税人购进农产品不再凭增值税扣税凭证抵扣增值税进项税额，购进除农产品以外的货物、应税劳务和应税服务，增值税进项税额仍按现行有关规定抵扣。

3.农产品增值税进项税额核定方法。

（1）试点纳税人以购进农产品为原料生产货物的，农产品增值税进项税额可按照以下方法核定：

①投入产出法：参照国家标准、行业标准（包括行业公认标准和行业平均耗用值）确定销售单位数量货物耗用外购农产品的数量（以下简称农产品

第五章　增值税进项税额计算实务操作与典型案例分析

单耗数量）。

当期允许抵扣农产品增值税进项税额依据农产品单耗数量、当期销售货物数量、农产品平均购买单价（含税，下同）和农产品增值税进项税额扣除率（以下简称扣除率）计算。公式为：

$$当期允许抵扣农产品增值税进项税额 = 当期农产品耗用数量 \times 农产品平均购买单价 \times 扣除率 \div (1+扣除率)$$

$$当期农产品耗用数量 = 当期销售货物数量（不含采购除农产品以外的半成品生产的货物数量）\times 农产品单耗数量$$

对以单一农产品原料生产多种货物或者多种农产品原料生产多种货物的，在核算当期农产品耗用数量和平均购买单价时，应依据合理的方法归集和分配。

平均购买单价是指购买农产品期末平均买价，不包括买价之外单独支付的运费和入库前的整理费用。期末平均买价计算公式为：

$$期末平均买价 = \frac{期初库存农产品数量 \times 期初平均买价 + 当期购进农产品数量 \times 当期买价}{期初库存农产品数量 + 当期购进农产品数量}$$

💡 特别提示

纳入试点范围的增值税一般纳税人（以下简称试点纳税人）按照"投入产出法"的有关规定核定农产品增值税进项税额时，如果期初没有库存农产品，当期也未购进农产品的，农产品"期末平均买价"以该农产品上期期末平均买价计算；上期期末仍无农产品买价的依此类推。

②成本法：依据试点纳税人年度会计核算资料，计算确定耗用农产品的外购金额占生产成本的比例（以下简称农产品耗用率）。当期允许抵扣农产品增值税进项税额依据当期主营业务成本、农产品耗用率以及扣除率计算。公式为：

$$当期允许抵扣农产品增值税进项税额 = 当期主营业务成本 \times 农产品耗用率 \times 扣除率 \div (1+扣除率)$$

　　农产品耗用率 = 上年投入生产的农产品外购金额 ÷ 上年生产成本

农产品外购金额（含税）不包括不构成货物实体的农产品（包括包装物、辅助材料、燃料、低值易耗品等）和在购进农产品之外单独支付的运

121

费、入库前的整理费用。

对以单一农产品原料生产多种货物或者多种农产品原料生产多种货物的，在核算当期主营业务成本以及核定农产品耗用率时，试点纳税人应依据合理的方法进行归集和分配。

农产品耗用率由试点纳税人向主管税务机关申请核定。

年度终了，主管税务机关应根据试点纳税人本年实际对当年已抵扣的农产品增值税进项税额进行纳税调整，重新核定当年的农产品耗用率，并作为下一年度的农产品耗用率。

> **特别提示**
>
> 按照"成本法"的有关规定核定试点纳税人农产品增值税进项税额时，"主营业务成本""生产成本"中不包括其未耗用农产品的产品的成本。

③参照法：新办的试点纳税人或者试点纳税人新增产品的，试点纳税人可参照所属行业或者生产结构相近的其他试点纳税人确定农产品单耗数量或者农产品耗用率。次年，试点纳税人向主管税务机关申请核定当期的农产品单耗数量或者农产品耗用率，并据此计算确定当年允许抵扣的农产品增值税进项税额，同时对上一年增值税进项税额进行调整。核定的进项税额超过实际抵扣增值税进项税额的，其差额部分可以结转下期继续抵扣；核定的进项税额低于实际抵扣增值税进项税额的，其差额部分应按现行增值税的有关规定将进项税额做转出处理。

（2）试点纳税人购进农产品直接销售的，农产品增值税进项税额按照以下方法核定扣除：

$$\text{当期允许抵扣农产品增值税进项税额} = \text{当期销售农产品数量} \div (1-\text{损耗率}) \times \text{农产品平均购买单价} \times 9\% \div (1+9\%)$$

$$\text{损耗率} = \text{损耗数量} \div \text{购进数量}$$

（3）试点纳税人购进农产品用于生产经营且不构成货物实体的（包括包装物、辅助材料、燃料、低值易耗品等），增值税进项税额按照以下方法核定扣除：

$$\text{当期允许抵扣农产品增值税进项税额} = \text{当期耗用农产品数量} \times \text{农产品平均购买单价} \times 9\% \div (1+9\%)$$

农产品单耗数量、农产品耗用率和损耗率统称农产品增值税进项税额扣除标准（以下简称扣除标准）。

4. 试点纳税人销售货物，应合并计算当期允许抵扣农产品增值税进项税额。

5. 试点纳税人购进农产品取得的农产品增值税专用发票和海关进口增值税专用缴款书，按照注明的金额及增值税额一并计入成本科目；自行开具的农产品收购发票和取得的农产品销售发票，按照注明的买价直接计入成本。

6. 上述扣除率为销售货物的适用税率。

7. 省级（包括计划单列市，下同）税务机关应根据上述核定方法顺序，确定试点纳税人适用的农产品增值税进项税额核定扣除方法。

8. 试点纳税人应当按照上述规定准确计算当期允许抵扣农产品增值税进项税额，并从相关科目转入"应交税费——应交增值税（进项税额）"科目。未能准确计算的，由主管税务机关核定。

9. 试点纳税人购进的农产品价格明显偏高或偏低，且不具有合理商业目的的，由主管税务机关核定。

10. 试点纳税人在计算农产品增值税进项税额时，应按照下列顺序确定适用的扣除标准：

（1）财政部和国家税务总局不定期公布的全国统一的扣除标准。

（2）省级税务机关商同级财政机关根据本地区实际情况，报经财政部和国家税务总局备案后公布的适用于本地区的扣除标准。

（3）省级税务机关依据试点纳税人申请，按照规定的核定程序审定的仅适用于该试点纳税人的扣除标准。

11. 试点纳税人扣除标准核定程序。

（1）试点纳税人以农产品为原料生产货物的扣除标准核定程序：

①申请核定。以农产品为原料生产货物的试点纳税人应于当年1月15日前（2012年为7月15日前）或者投产之日起30日内，向主管税务机关提出扣除标准核定申请并提供有关资料。申请资料的范围和要求由省级税务机关确定。

②审定。主管税务机关应对试点纳税人的申请资料进行审核，并逐级上报给省级税务机关。

省级税务机关应由货物和劳务税处牵头，会同政策法规处等相关部门组成扣除标准核定小组，核定结果应由省级税务机关下达，主管税务机关通过网站、报刊等多种方式及时向社会公告核定结果。未经公告的扣除标准无效。

省级税务机关尚未下达核定结果前，试点纳税人可按上年确定的核定扣除标准计算申报农产品进项税额。

（2）试点纳税人购进农产品直接销售、购进农产品用于生产经营且不构成货物实体扣除标准的核定采取备案制，抵扣农产品增值税进项税额的试点纳税人应在申报缴纳税款时向主管税务机关备案。备案资料的范围和要求由省级税务机关确定。

12. 试点纳税人对税务机关核定的扣除标准有疑义或者生产经营情况发生变化的，可以自税务机关发布公告或者收到主管税务机关《税务事项通知书》之日起30日内，向主管税务机关提出重新核定扣除标准申请，并提供说明其生产、经营真实情况的证据，主管税务机关应当自接到申请之日起30日内书面答复。

13. 试点纳税人在申报期内，除向主管税务机关报送《增值税一般纳税人纳税申报办法》规定的纳税申报资料外，还应报送《农产品核定扣除增值税进项税额计算表》。

14. 各级税务机关应加强对试点纳税人农产品增值税进项税额计算扣除情况的监管，防范和打击虚开发票行为，定期进行纳税评估，及时发现申报纳税中存在的问题。

七、煤炭采掘企业增值税进项税额抵扣

1. 自2015年11月1日起，煤炭采掘企业购进的下列项目，其进项税额允许从销项税额中抵扣：

（1）巷道附属设备及其相关的应税货物、劳务和服务。

（2）用于除开拓巷道以外的其他巷道建设和掘进，或者用于巷道回填、露天煤矿生态恢复的应税货物、劳务和服务。

2. 上述所称的巷道，是指为采矿提升、运输、通风、排水、动力供应、瓦斯治理等而掘进的通道，包括开拓巷道和其他巷道。其中，开拓巷道，是指为整个矿井或一个开采水平（阶段）服务的巷道。所称的巷道附属设备，是指以巷道为载体的给排水、采暖、降温、卫生、通风、照明、通讯、消防、电梯、电气、瓦斯抽排等设备。

八、外贸企业使用增值税专用发票办理出口退税

1. 外贸企业可使用经税务机关审核允许纳税人抵扣其进项税额的增值税专用发票作为出口退税申报凭证向主管税务机关申报出口退税。

2.外贸企业办理出口退税提供经税务机关审核允许纳税人抵扣其进项税额的增值税专用发票，分别按以下对应要求申报并提供相应资料：

（1）《国家税务总局关于修订〈增值税专用发票使用规定〉的通知》（国税发〔2006〕156号）第二十八条规定的允许抵扣的丢失抵扣联的已开具增值税专用发票：①外贸企业丢失已开具增值税专用发票发票联和抵扣联的，在增值税专用发票认证相符后，可凭增值税专用发票记账联复印件及销售方所在地主管税务机关出具的《丢失增值税专用发票已报税证明单》，经购买方主管税务机关审核同意后，向主管出口退税的税务机关申报出口退税；②外贸企业丢失已开具增值税专用发票抵扣联的，在增值税专用发票认证相符后，可凭增值税专用发票发票联复印件向主管出口退税的税务机关申报出口退税。

（2）《国家税务总局关于印发〈增值税专用发票审核检查操作规程（试行）〉的通知》（国税发〔2008〕33号）第十八条第一款规定的允许抵扣的稽核比对结果属于异常的增值税专用发票：外贸企业可凭增值税专用发票向主管出口退税的税务机关申报出口退税。

（3）《国家税务总局关于逾期增值税扣税凭证抵扣问题的公告》（2011年第50号）规定的允许抵扣的增值税专用发票：外贸企业可凭增值税专用发票（原件丢失的，可凭增值税专用发票复印件）向主管出口退税的税务机关申报出口退税。

3.对外贸企业在申报出口退税时提供上述经税务机关审核允许纳税人抵扣其进项税额的增值税专用发票的，各地税务机关审核时要认真审核增值税专用发票并核对税务机关内部允许抵扣资料，在出口退税审核系统中比对增值税专用发票稽核比对信息、审核检查信息和协查信息，在增值税专用发票信息比对无误的情况下，按现行出口退税规定办理出口退税。

九、海关进口增值税专用缴款书联网核查

1.直属海关关税部门是关区海关进口增值税专用缴款书联网核查（以下简称进口增值税联网核查）工作的职能管理部门，负责监督、指导、协调本关区进口增值税联网核查工作。

2.直属海关财务部门负责按照有关规定对进口增值税及时核销，并对未核销入库的数据，协调相关部门及时查明原因后进行补核销。

3.直属海关技术部门负责对进口增值税联网核查系统的更新、技术故障处理工作。

4. 现场海关负责按照本规程要求，开展海关进口增值税专用缴款书（以下简称海关缴款书）相关信息的核查，并向税务机关回复核查结果。

5. 本着方便纳税义务人操作的原则，各直属海关可以结合本关区实际，制定操作细则，采取集中到一个业务现场办理或由各业务现场分别办理的方式。

6. 现场海关经办科领导在海关综合业务管理平台收到税务机关发出的《海关缴款书委托核查函》（以下简称《核查函》）后，转科内经办关员办理。经办关员对H2010系统海关缴款书入库电子数据的缴款书号码、缴款单位名称、填发日期、税款额等信息进行核查比对，并将核查结果于30日内通过海关综合业务管理平台，以《海关缴款书核查回复函》（以下简称《回复函》）形式，转科领导审核同意后反馈税务机关。

7. 对于《核查函》涉及多个现场海关的，现场海关仅需核查本单位开具的海关缴款书，并在《回复函》中注明办理情况及核查结果。

8. 税务机关发出的《核查函》填写不规范或其附件资料不能满足对海关缴款书的核查要求的，现场海关可在《回复函》中注明相关意见后反馈税务机关。

9. 现场海关在办理企业申请退税时，需要税务机关协助核查进口增值税是否已抵扣的，现场海关经办关员应在海关综合业务管理平台制发《进口增值税抵扣信息委托核查函》，并填写被核查纳税人识别号、海关缴款书号码、缴款单位名称、填发日期、税款额、联系人及联系方式等内容，经现场海关科领导审核同意后发送税务机关。

10. 需核查进口增值税抵扣情况的海关缴款书中"缴款单位名称"栏包含2家企业名称的，应根据纳税人识别号，在《进口增值税抵扣信息委托核查函》中分两行填写。

11. 因填写不规范等原因被税务机关退回的《进口增值税抵扣信息委托核查函》，现场海关经办关员在办结原核查函后补充有关数据，制发新的《进口增值税抵扣信息委托核查函》再次发送税务机关。

12. 现场海关经办科领导在海关综合业务管理平台收到《进口增值税抵扣信息核查回复函》后，转经办关员办理。经办关员根据税务机关回复信息办结。

13. 直属海关关税部门应加强监督检查，定期通过海关综合业务管理平台对进口增值税联网核查工作相关数据进行监控、统计和分析。对于监控中发现重大税收风险的，应及时进行整改并报告总署（关税司）；发现执法风险、廉政风险的，移交相关部门处理。

14. 在进口增值税联网核查工作中，现场海关如发现已缴款未核销入库，应及时联系财务部门核查解决，并将有关情况抄报直属海关关税部门。

15. 在进口增值税联网核查工作中，现场海关发现系统故障无法使用的，应及时联系技术部门处理。

16. 进口增值税联网核查系统的人员授权工作，由各海关综合业务管理平台系统管理员负责。

17. 税务机关发出的《核查函》涉及海关缴款书数据大幅增加且大部分为"缺联"情况的，现场海关应及时将情况上报直属海关关税部门，直属海关关税部门应联系财务部门、技术部门协助核查数据交换是否存在异常情况。

十、允许抵扣增值税进项税额的其他规定

1. 项目运营方利用信托资金融资进行项目建设开发是指项目运营方与经批准成立的信托公司合作进行项目建设开发，信托公司负责筹集资金并设立信托计划，项目运营方负责项目建设与运营，项目建设完成后，项目资产归项目运营方所有。该经营模式下项目运营方在项目建设期内取得的增值税专用发票和其他抵扣凭证，允许其按现行增值税有关规定予以抵扣。

2. 自 2018 年 1 月 1 日起，纳税人租入固定资产、不动产，既用于一般计税方法计税项目，又用于简易计税方法计税项目、免征增值税项目、集体福利或者个人消费的，其进项税额准予从销项税额中全额抵扣。

实操案例 5-2

新疆伊犁喀什河尼勒克一级水电站跨尼勒克沟输水管道虽运用"倒吸虹"原理输送水源，但该输水管道仍属于《固定资产分类与代码》（GB/T 14885—1994）[①] 中的"输水管道（代码 099101）"，根据《增值税暂行条例》《增值税暂行条例实施细则》和《财政部 国家税务总局关于固定资产进项税额抵扣问题的通知》（财税〔2009〕113 号）的有关规定，其增值税进项税额可在销项税额中抵扣。

[①] 已废止，现更新为《固定资产等资产基础分类与代码》（GB/T 14885—2022）。

第二节 不得抵扣的增值税进项税额

一、不得抵扣增值税进项税额的一般规定

1.纳税人的下列进项税额不得从其销项税额中抵扣：

（1）适用简易计税方法计税项目对应的进项税额。简易计税方法本身就是不允许抵扣进项税额的。需要注意的是，增值税一般纳税人有可能部分项目适用简易计税方法，该部分项目对应的进项税额不允许抵扣，但其他适用一般计税方法的项目对应的进项税额，可以抵扣。

（2）免征增值税项目对应的进项税额。增值税免税不同于其他税种的免税，增值税的免税仅仅是免于缴纳增值税，其对应的进项税额不允许抵扣。免增值税的纳税人需要负担增值税进项税额。其他税种的免税相当于增值税的零税率。

（3）非正常损失项目对应的进项税额。非正常损失是人为原因导致的，为督促纳税人积极履行管理职责，妥善保管各项资产，对于非正常损失项目对应的进项税额不允许抵扣。

> **特别提示**
>
> 非正常损失，是指因管理不善造成货物被盗、丢失、霉烂变质，以及因违反法律法规造成货物或者不动产被依法没收、销毁、拆除的情形。

（4）购进并用于集体福利或者个人消费的货物、服务、无形资产、不动产对应的进项税额。增值税是由最终消费者负担的税种，如果纳税人将购进的货物、服务、无形资产、不动产用于集体福利或者个人消费，实际上就已经进入了最终消费领域，其对应的进项税额不允许抵扣。需要注意的是，这种情况下，纳税人不需要将上述行为视同销售。如果纳税人将自产或者委托加工的货物用于集体福利或者个人消费，应当视同销售，其对应的进项税额也允许抵扣。

> **特别提示**
>
> 个人消费包括纳税人的交际应酬消费。

第五章 增值税进项税额计算实务操作与典型案例分析

（5）购进并直接用于消费的餐饮服务、居民日常服务和娱乐服务对应的进项税额。餐饮服务、居民日常服务和娱乐服务均属于最终消费领域，消费者应当承担增值税，其对应的进项税额不允许抵扣。

（6）国务院规定的其他进项税额。

2.纳税人取得的增值税扣税凭证不符合法律、行政法规或者国家税务总局有关规定的，其进项税额不得从销项税额中抵扣。增值税扣税凭证，是指增值税专用发票、海关进口增值税专用缴款书、农产品收购发票、农产品销售发票和完税凭证。纳税人凭完税凭证抵扣进项税额的，应当具备书面合同、付款证明和境外单位的对账单或者发票。资料不全的，其进项税额不得从销项税额中抵扣。

实操案例 5-3

国家税务总局广州市税务局第二稽查局（以下简称稽查局）于 2021 年 1 月 8 日至 2022 年 6 月 9 日对广州甲服装有限公司（以下简称甲公司）2017 年 1 月 1 日至 2019 年 12 月 31 日税费申报缴纳情况进行了检查，违法事实及处理决定如下：

一、违法事实

甲公司于 2017 年至 2019 年经营期间取得广州来成服装有限公司、新沂市锦之绣纺织品有限公司、巢湖市瑞裕昌纺织有限公司、巢湖市捷裕纺织有限公司虚开的增值税专用发票 38 份，金额合计 3 295 151.98 元，税额合计 540 577.52 元，价税合计 3 799 413.90 元，货物名称：服装加工费、棉布。上述发票甲公司已于 2017 年 4 月（税款所属期）向税务机关申报抵扣税款 5 276.63 元、2017 年 9 月（税款所属期）向税务机关申报抵扣税款 174 216.12 元、2017 年 10 月（税款所属期）向税务机关申报抵扣税款 47 512.38 元、2018 年 9 月（税款所属期）向税务机关申报抵扣税款 148 055.16 元、2019 年 3 月（税款所属期）向税务机关申报抵扣税款 165 517.23 元，未作进项税额转出处理，未按规定缴纳城市维护建设税、教育费附加及地方教育附加。

甲公司凭借上述虚开发票分别在 2017 年、2018 年、2019 年企业所得税纳税申报中作税前扣除 1 335 324.37 元、925 344.84 元、1 034 482.77 元，至稽查局进场检查之日止未作纳税调整。稽查局对甲公司发出《税务事项通知书》（穗税二稽税通〔2021〕2696 号），甲公司无法在限期内补开、换开发票或完整提供证实支出真实性的相关资料。

经查，甲公司在未与广州来成服装有限公司、新沂市锦之绣纺织品有限公司、巢湖市瑞裕昌纺织有限公司、巢湖市捷裕纺织有限公司发生业务往来的情况下，利用其虚开的增值税专用发票，虚抵增值税进项税额及虚列企业所得税成本。

上述违法事实，主要有以下证据证明：

（1）甲公司主管税务机关认定甲公司为非正常户的相关资料，证实甲公司已失踪走逃。

（2）甲公司增值税纳税申报表、企业所得税纳税申报表等纳税申报资料，证实上述发票的进项税额已抵扣，发票金额已作税前扣除。

（3）甲公司相关银行账户资金交易资料，证实上述发票涉及的业务的货款支付方式。

（4）相关税务机关出具的《已证实虚开通知单》及清单，证实上述发票已被税务机关证实为虚开的增值税专用发票。

二、处理决定及依据

（一）根据《税收征收管理法》第六十三条第一款"纳税人伪造、变造、隐匿、擅自销毁账簿、记账凭证，或者在账簿上多列支出或者不列、少列收入，或者经税务机关通知申报而拒不申报或者进行虚假的纳税申报，不缴或者少缴应纳税款的，是偷税"的规定，甲公司凭上述广州来成服装有限公司等4家公司虚开的增值税专用发票，向税务机关申报抵扣税款及企业所得税前扣除，进行虚假纳税申报，造成少缴增值税、城市维护建设税及企业所得税的行为，是偷税。

（二）根据《增值税暂行条例》第一条、《增值税暂行条例实施细则》第十九条、《国家税务总局关于纳税人虚开增值税专用发票征补税款问题的公告》（国家税务总局公告2012年第33号）"纳税人取得虚开的增值税专用发票，不得作为增值税合法有效的扣税凭证抵扣其进项税额"的规定，甲公司取得虚开的增值税专用发票，其进项税额不予抵扣，应补缴增值税540 577.52元。

（三）根据2011年修订的《城市维护建设税暂行条例》第二条、第三条、第四条的规定，以上述追缴甲公司增值税为计税依据，按7%税率计算，应补缴城市维护建设税37 840.43元。

（四）根据2011年修订的《征收教育费附加的暂行规定》第二条、第三条的规定，以上述追缴甲公司增值税为计征依据，按3%费率计算，应补缴教育费附加 16 217.32 元。

（五）根据《关于贯彻落实广东省地方教育附加征收使用管理暂行办法的意见》（粤财综〔2011〕58 号）和《广东省地方教育附加征收使用管理暂行办法》第六条、第十条的规定，以上述追缴甲公司增值税为计征依据，按 2% 费率计算，应补缴地方教育附加 10 811.54 元。

（六）根据《税收征收管理法》第十九条、《发票管理办法》第二十一条和《关于发布〈企业所得税税前扣除凭证管理办法〉的公告》（国家税务总局公告 2018 年第 28 号）第十二条、第十四条、第十五条、第十六条的规定，甲公司取得虚开的增值税发票，不得作为税前扣除凭证，应分别调增甲公司 2017 年、2018 年、2019 年度应纳税所得额 1 335 324.37 元、925 344.84 元、1 034 482.77 元。

根据《企业所得税法》第八条和《中华人民共和国企业所得税法实施条例》（以下简称《企业所得税法实施条例》）第三十一条的规定，对上述追缴的城市维护建设税、教育费附加、地方教育附加等税费，准予在计算应纳税所得额时扣除，应分别调减 2017 年、2018 年、2019 年应纳税所得额 27 240.61 元、17 766.61 元、19 862.07 元。

根据《企业所得税法》第一条第一款、第二条第二款、第三条第一款、第四条第一款、第五条、第二十二条、第二十八条，以及《企业所得税法实施条例》第七十六条、第九十二条、《财政部、税务总局关于实施小微企业普惠性税收减免政策的通知》（财税〔2019〕13 号）的规定，甲公司申报 2017 年应纳税所得额 57 783.56 元，稽查局已通过《税务处理决定书》（穗税二稽处〔2020〕51 号）调增甲公司 2017 年应纳税所得额共 261 637.99 元，本次检查调整后应纳税所得额为 1 627 505.31 元，按 25% 的税率计算应纳企业所得税为 406 876.33 元，已申报应纳企业所得税 31 942.16 元，应补缴 2017 年企业所得税 374 934.17 元；申报 2018 年应纳税所得额 158 085.26 元，调整后应纳税所得额 1 065 663.49 元，按 25% 的税率计算应纳企业所得税为 266 415.87 元，已申报应纳企业所得税 15 808.53 元，应补缴 2018 年企业所得税 250 607.34 元；申报 2019 年应纳税所得额 105 784.45 元，调整后应纳税所得额 1 120 405.15 元，其中 1 000 000.00 元按 25% 计入应纳税所得额再按 20% 的税率计算、120 405.15 元按 50% 计入应纳税所得额再按 20% 的税率计算，应纳企业所得税为 62 040.52 元，已申报应纳企业所得税 5 289.22 元，应补缴 2019 年企业所得税 56 751.30 元。

（七）根据《税收征收管理法》第三十二条、《中华人民共和国税收征收管理法实施细则》（以下简称《税收征收管理法实施细则》）第七十五条的规定，对甲公司上述少缴增值税、城市维护建设税、企业所得税从税款滞纳之日起至实际缴纳之日止按日加收万分之五的滞纳金。

综上所述，甲公司应补缴税（费）合计 1 287 739.62 元（不含滞纳金）。限甲公司自收到决定书之日起 15 日内到国家税务总局广州市番禺区税务局将上述税款及滞纳金缴纳入库，并按照规定进行相关账务调整。逾期未缴清的，将依照《税收征收管理法》第四十条的规定强制执行。

甲公司若同稽查局在纳税上有争议，必须先依照稽查局决定的期限缴纳税款及滞纳金或者提供相应的担保，然后可上述款项缴清或者提供相应担保被税务机关确认之日起 60 日内依法向国家税务总局广州市税务局申请行政复议。

二、异常增值税扣税凭证管理

（一）走逃（失联）企业的判定

走逃（失联）企业，是指不履行税收义务并脱离税务机关监管的企业。

根据税务登记管理有关规定，税务机关通过实地调查、电话查询、涉税事项办理核查以及其他征管手段，仍对企业和企业相关人员查无下落的，或虽然可以联系到企业代理记账、报税人员等，但其并不知情也不能联系到企业实际控制人的，可以判定该企业为走逃（失联）企业。

（二）异常凭证的范围

1. 符合下列情形之一的增值税专用发票，列入异常凭证范围：

（1）纳税人丢失、被盗税控专用设备中未开具或已开具未上传的增值税专用发票。

（2）非正常户纳税人未向税务机关申报或未按规定缴纳税款的增值税专用发票。

（3）增值税发票管理系统稽核比对发现"比对不符""缺联""作废"的增值税专用发票。

（4）经国家税务总局、省税务局大数据分析发现，纳税人开具的增值税专用发票存在涉嫌虚开、未按规定缴纳消费税等情形的。

（5）商贸企业购进、销售货物名称严重背离的；生产企业无实际生产加工能力且无委托加工，或生产能耗与销售情况严重不符，或购进货物并不能直接生产其销售的货物且无委托加工的。

（6）直接走逃失踪不纳税申报，或虽然申报但通过填列增值税纳税申报表相关栏次，规避税务机关审核比对，进行虚假申报的。

2.增值税一般纳税人申报抵扣异常凭证，同时符合下列情形的，其对应开具的增值税专用发票列入异常凭证范围：

（1）异常凭证进项税额累计占同期全部增值税专用发票进项税额70%（含）以上的。

（2）异常凭证进项税额累计超过5万元的。

> **特别提示**
>
> 纳税人尚未申报抵扣、尚未申报出口退税或已作进项税额转出的异常凭证，其涉及的进项税额不计入异常凭证进项税额的计算。

（三）异常凭证的处理

增值税一般纳税人取得的增值税专用发票列入异常凭证范围的，应按照以下规定处理：

1.尚未申报抵扣增值税进项税额的，暂不允许抵扣。已经申报抵扣增值税进项税额的，除另有规定外，一律作进项税额转出处理。

2.尚未申报出口退税或者已申报但尚未办理出口退税的，除另有规定外，暂不允许办理出口退税。适用增值税免抵退税办法的纳税人已经办理出口退税的，应根据列入异常凭证范围的增值税专用发票上注明的增值税额作进项税额转出处理；适用增值税免退税办法的纳税人已经办理出口退税的，税务机关应按照现行规定对列入异常凭证范围的增值税专用发票对应的已退税款追回。

> **特别提示**
>
> 纳税人因骗取出口退税停止出口退（免）税期间取得的增值税专用发票列入异常凭证范围的，按照上述第1项规定执行。

3.消费税纳税人以外购或委托加工收回的已税消费品为原料连续生产应税消费品，尚未申报扣除原料已纳消费税税款的，暂不允许抵扣；已经申报抵扣的，冲减当期允许抵扣的消费税税款，当期不足冲减的应当补缴税款。

4.纳税信用A级纳税人取得异常凭证且已经申报抵扣增值税、办理出口退税或抵扣消费税的,可以自接到税务机关通知之日起10个工作日内,向主管税务机关提出核实申请。经税务机关核实,符合现行增值税进项税额抵扣、出口退税或消费税抵扣相关规定的,可不作进项税额转出、追回已退税款、冲减当期允许抵扣的消费税税款等处理。纳税人逾期未提出核实申请的,应于期满后按照上述第1项、第2项、第3项规定作相关处理。

5.纳税人对税务机关认定的异常凭证存有异议,可以向主管税务机关提出核实申请。经税务机关核实,符合现行增值税进项税额抵扣或出口退税相关规定的,纳税人可继续申报抵扣或者重新申报出口退税;符合消费税抵扣规定且已缴纳消费税税款的,纳税人可继续申报抵扣消费税税款。

(四)其他规定

1.经国家税务总局、省税务局大数据分析发现存在涉税风险的纳税人,不得离线开具发票,其开票人员在使用开票软件时,应当按照税务机关指定的方式进行人员身份信息实名验证。

2.新办理增值税一般纳税人登记的纳税人,自首次开票之日起3个月内不得离线开具发票,按照有关规定不使用网络办税或不具备风险条件的特定纳税人除外。

三、海关进口增值税专用缴款书"先比对后抵扣"管理

1.各级税务机关、各级海关要加强协作配合,共同做好"异常"海关缴款书的核查工作。

(1)各海关应按照有关规定对海关缴款书入库数据及时进行核销,保障纳税人及时抵扣税款。

(2)各主管税务机关应于每月纳税申报期内,向纳税人提供上月海关缴款书稽核比对结果信息。纳税人上月稽核比对结果中无"滞留"的,稽核系统每月1日自动导出稽核比对结果信息;纳税人上月稽核比对结果中有"滞留"的,稽核系统于纳税申报期结束前2日自动导出稽核比对结果信息。

(3)对稽核比对结果为不符、缺联的海关缴款书,如纳税人有异议,应提交《"异常"海关缴款书数据核对申请书》申请数据核对,同时附海关缴款书原件。主管税务机关会同海关进行核查。核查流程是:主管税务机关在收到纳税人数据核对申请书的15日内,向税款入库地直属海关发出《海关缴款书委托核查函》(全国各海关联系方式可自海关总署网站 http://www.customs.

gov.cn 或拨打 12360 查询），同时附海关缴款书复印件；税款入库地海关收到委托核查函后，在 30 日内以《海关缴款书核查回复函》回复发函税务机关。对海关回函结果为"有一致的入库信息"的海关缴款书，主管税务机关应及时以《海关缴款书核查结果通知书》通知纳税人申报抵扣税款。

《海关缴款书委托核查函》编号为 20 位，第 1 至 11 位为主管税务机关代码，第 12 位为"发"，第 13 至 16 位为年份，第 17 至 20 位为顺序号。

对于稽核比对结果为重号的海关缴款书，由主管税务机关进行核查，不需向海关发函核查。

2. 海关需要对海关缴款书涉及的进口增值税申报抵扣情况进行核查确认的，可向纳税人主管税务机关发出《进口增值税抵扣信息委托核查函》。主管税务机关收到委托核查函后，在 30 日内以《进口增值税抵扣信息核查回复函》回复发函海关。

《进口增值税抵扣信息核查回复函》编号为 20 位，第 1 至 11 位为主管税务机关代码，第 12 位为"复"，第 13 至 16 位为年份，第 17 至 20 位为顺序号。

3. 实行海关缴款书"先比对后抵扣"管理办法，是加强税收征管、堵塞税收漏洞的重要举措，各级税务机关应做好纳税服务工作，保障海关缴款书"先比对后抵扣"管理办法顺利实施。

（1）实行海关缴款书"先比对后抵扣"管理办法涉及纳税人申报纳税程序的调整，税务机关要做好税收政策宣传和纳税辅导工作，帮助纳税人及时掌握新办法申报流程，告知纳税人在取得海关缴款书的当月向税务机关报送海关缴款书数据，以免因纳税人仍然在取得海关缴款书的次月申报期报送数据而影响税款及时抵扣。

（2）创新服务手段，充分应用现代信息技术，做好网络报送海关缴款书电子数据等配套工作，方便纳税人按时准确办理纳税申报。

第三节　增值税进项税额计算典型案例分析

一、进项税额是否允许抵扣纠纷案

（一）案例出处

天津市滨海新区人民法院（2015）滨功民初字第 393 号民事判决书。

（二）案例事实

经审理查明，2012年7月，原告天津顶益食品有限公司（甲方，以下简称顶益公司）与被告山东力诺物流有限公司（乙方，以下简称力诺公司）签订《公路汽运货物运输合同》，运输货物精料产品，合同有效期2012年7月1日至2014年6月30日。双方约定，乙方在运输过程中应保证货物安全完好，运输途中货物的任何缺失、缺少、变质、损坏、污染、误期，乙方均应承担违约责任并赔偿甲方损失。

2013年8月15日9时50分许，案外人南京浩宇物流有限公司实际承运顶益公司指派力诺公司运输至南京的精料产品32.892吨（1663袋），车辆行驶至G25长深高速公路山东沾化路段时，发生火灾，致使车载康师傅调味料受损。沾化县公安消防大队出具火灾事故认定书，载明"因火灾现场已被清理破坏，无法调查火灾事故原因，故该起火灾事故原因不明"。

随后，原、被告就货损确定呈讼。天津市滨海新区人民法院于2014年10月27日作出（2014）滨功民初字第378号民事判决，认定受损精料损失范围31 108千克、货值806 063.04元（不含17%增值税），另5个批次精料（1 784千克），因超过保质期而失去价值，不能认定系由火灾事故造成损失。

上述判决生效后，被告赔偿原告货损806 063.04元。

另查，2014年11月，原告进行税务处理，涉及进项税额转出非正常损失金额124 846.51元。原告已据此实际纳税。

原告主张上述124 846.51元，系因涉案精料受损产生的税务损失，损失构成为精料成本844 127.84元[（数量32 892千克）×0.87×0.17]。

上述事实有运输合同、判决书、增值税发票及销货清单、财务收据、审计报告、会计凭证及当事人庭审陈述予以证实。

（三）法院观点

《增值税暂行条例》第十条规定，"下列项目的进项税额不得从销项税额中抵扣：……（二）非正常损失的购进货物及相关的应税劳务；（三）非正常损失的在产品、产成品所耗用的购进货物或者应税劳务……"《增值税暂行条例实施细则》第二十四条规定："条例第十条第（二）项所称非正常损失，是指因管理不善造成被盗、丢失、霉烂变质的损失。"本案中，涉案精料系因火灾事故受损，并非原告管理不善，货物未实现销售目的，原告不具有可归责性，亦无须就此转出进项税额，原告因税务政策理解失当，产生的相关损失，不应由被告承担。天津市滨海新区人民法院作出的（2014）滨功民初字第378号民事判决，针对原告顶益公司的货损诉请，除17%税额外支持了原告的剩余请求，被告亦进行了赔偿，原告之损失已得到补偿。另需说明的是，生效判决认定涉案精料未税损失806 063.04元，原告计算的货物成本达844 127.84元，其未能就此给予合理解释，天津市滨海新区人民法院就原告主张成本构成，不予采信。

裁判核心观点

《增值税暂行条例》第十条第二项规定，"下列项目的进项税额不得从销项税额中抵扣：……（二）非正常损失的购进货物及相关的应税劳务；（三）非正常损失的在产品、产成品所耗用的购进货物或者应税劳务"，《增值税暂行条例实施细则》第二十四条规定，"条例第十条第（二）项所称非正常损失，是指因管理不善造成被盗、丢失、霉烂变质的损失"。本案中，涉案精料系因火灾事故受损，并非原告管理不善，货物未实现销售目的，原告不具有可归责性，亦无须就此转出进项税额，原告因税务政策理解失当，产生的相关损失，不应由被告承担。

二、理赔金额扣除增值税额纠纷案

（一）案例出处

北京市顺义区人民法院（2023）京0113民初20570号民事判决书。

（二）案例事实

某供应链科技有限公司在某财产保险有限公司北京分公司投保货物运输险，保险期间自2022年1月1日0时起至2022年12月31日24时止。保险标的包含手机及手机配件。其中约定，责任限额6 000万元/次运输保险金额。

2022年4月，武汉某物流有限公司在某财产保险股份有限公司某分公司投保公路货物保险。被保险人为武汉某物流有限公司，保险期间为2022年4月21日0时起至2023年4月20日24时止。运输货物为普通货物。

2022年6月2日，某供应链科技有限公司委托武汉某物流有限公司运输650台所有权为中国某分公司的手机，由武汉运往重庆。某供应链科技有限公司（甲方）与武汉某物流有限公司（乙方）签订《物流服务委托合同》，约定："1.1 本物流服务委托合同涉及货物为3C类电子产品。……2.1.7 如非因甲方原因发生服务事故（错发、漏发、丢货、出险等），甲方有权不予承担此单运费并要求乙方赔偿甲方由此造成的损失。……2.2.19 如发生运输事故，乙方有义务将受损货物赔偿金（无论乙方是否为货物运输购买保险及是否已经获得了赔偿）全额赔偿给甲方，赔偿金包含货物发票价值及由此事故带来的其他损失金额。……4.3 对货物在装卸、运输过程中由于丢失、损坏、被盗、被抢等任何原因造成的货物灭失、短少、变质、污染、损坏等任何损失，由乙方按货物价格的110%予以赔偿。……7.1 本合同自2022年6月2日起至2023年6月1日内有效。"

此后，武汉某物流有限公司委托某物流公司，由司机甘某运输。装车清单载明：发车日期为2022年12月10日，发货人为鑫某杰，收货人为王某，货物名称为手机，件数为65。甘某驾驶川××/川×挂车辆，路途中发生交通事故。

2022年12月10日，湖北省公安厅高速公路警察总队一支队汉川大队出具的道路交通事故证明载明：2022年12月10日，甘某驾驶川××/川×挂重型半挂货车沿沪蓉高速公路由东向西行驶，03时54分许行驶至沪蓉向868千米500米处，川××/川×挂重型集装箱半挂车右后轮起火，造成路产、川××/川×挂重型集装箱半挂车及车上运载货物受损的道路交通事故。

武汉某物流有限公司于2023年7月20日出具情况说明载明：2022年12月8日，我司受某供应链科技有限公司委托，将某通信服务有限公司/中国某分公司的650台Hinova108GB＋256GB手机自武汉运往重庆。同日，我司安排员工宋某风到某供应链科技有限公司仓库，将前述650台Hinova108GB+256GB手机提回了我司仓库。2022年12月10日，我司委托某物流公司和甘某通过"川××/川×挂"车辆将前述650台Hinova108GB+256GB手机自我司仓库运往重庆收货人处。"川××/川×挂"车辆沿沪蓉高速公路由东向西行驶，行驶至沪蓉向868公里500米处，川××/川×挂重型集装箱半挂车右后轮起火，火灾事故导致车内106台手机被完全烧毁，544台手机不同程度受损。

2022年12月29日，中国某分公司向某供应链科技有限公司申请索赔，索赔函载明，损失金额为1 659 450元，请贵公司于2022年12月31日前确认。

2023年1月17日，某供应链科技有限公司向中国某分公司给付1 659 450元。

随后，某供应链科技有限公司委托北京鉴中鉴拍卖有限公司对残损手机进行公开拍卖，案外人江某以647 200元拍得残损手机，并已向某供应链科技有限公司支付该款。

2023年10月16日，上海某公估有限公司对涉诉货损定损并出具公估报告，公估报告载明，本次事故合理损失金额为：完好货物价格1 659 450元 – 货物残值647 200元=1 012 250元。保险协议约定每次事故绝对免赔额1 000元。本案理算金额为1 011 250元。

2023年10月23日，某财产保险有限公司向某供应链科技有限公司转账1 011 250元。

某供应链科技有限公司出具的理赔收据及权益转让书载明："某财产保险有限公司北京分公司，货物650台Hinova10手机，兹证实收到贵公司上述保单（凭证）项下的全部赔款，总计1 011 250元。鉴于收到上述赔款，我公司同意将上述保单项下已取得保险赔款部分保险标的的一切权益转让给贵公司，并授权贵公司以我公司或贵公司自己名义向责任方追偿或诉讼，我公司将提供充分的协助。"

武汉某物流有限公司称，索赔金额应当剔除13%的增值税，涉诉货物承保了运输险，故应当由某财产保险股份有限公司某分公司承担。涉诉物流由某物流公司运输，事故应当由某物流公司承担。

某财产保险有限公司北京分公司称，涉诉650台手机是中国某分公司自某通信服务有限公司处采购的，后某通信服务有限公司委托某供应链科技有限公司运输。采购价格为1 659 450元，中国某分公司已支付货款，某通信服务有限公司已为中国某分公司开具发票，其中税费为190 910.16元，但由于该批货物是非正常损失，根据《增值税暂行条例》第十条的规定，非正常损失的购进货物，不得从销项税额中抵扣。故中国某分公司就涉诉货物的190 910.16元税额已经办理了进项税额转出，未进行增值税抵扣。该部分是某供应链科技有限公司的损失，应由武汉某物流有限公司承担。同时提交发票公证书、中国某分公司的中邮网上交易平台的系统截图予以佐证。截图显示，进项税额转出190 910.16元。

某财产保险有限公司北京分公司称，其诉讼请求是基于某供应链科技有限公司与武汉某物流有限公司的合同进行代位追偿，根据合同相对性武汉某物流有限公司应对涉诉货损承担责任。武汉某物流有限公司的损失能否通过某财产保险股份有限公司某分公司得到弥补，是案外审查的内容，并非成为武汉某物流有限公司不承担责任的理由。

诉讼中，北京市顺义区人民法院依某财产保险有限公司北京分公司之申请裁定对武汉某物流有限公司名下价值 1 023 201 元财产采取保全措施，某财产保险有限公司北京分公司交纳保全费 5 000 元。

（三）法院观点

《最高人民法院关于适用〈中华人民共和国保险法〉若干问题的解释（四）》第七条规定："保险人依照保险法第六十条的规定，主张代位行使被保险人因第三者侵权或者违约等享有的请求赔偿的权利的，人民法院应予支持。"某供应链科技有限公司与武汉某物流有限公司签订《物流服务委托合同》，双方均应遵照合同约定内容，严格履行义务。武汉某物流有限公司委托某物流公司，由甘某运输，运输途中由于重型集装箱半挂车右后轮起火，造成货损。武汉某物流有限公司未能按照运输合同约定履行安全运输货物的义务，应对此承担相应的违约赔偿责任。武汉某物流有限公司认可 650 台手机存在不同程度受损，上海某公估有限公司作出的公估报告显示事故理算金额为 1 011 250 元，北京市顺义区人民法院对此予以采信。某财产保险有限公司北京分公司作为保险人，已就事故造成的损失向某供应链科技有限公司赔付，故其行使代位求偿权的条件已经满足。

《中华人民共和国保险法》第六十条第一款规定："因第三者对保险标的的损害而造成保险事故的，保险人自向被保险人赔偿保险金之日起，在赔偿金额范围内代位行使被保险人对第三者请求赔偿的权利。"某财产保险有限公司北京分公司代位求偿应以其赔偿金额为限，即 1 011 250 元。对于某财产保险有限公司北京分公司超出上述范围内的诉讼请求，北京市顺义区人民法院不予支持。

关于武汉某物流有限公司主张理赔金额应当扣除增值税额，北京市顺义区人民法院认为，根据《增值税暂行条例》第十条规定："下列项目的进项税额不得从销项税额中抵扣：（一）用于简易计税方法计税项目、免征增值税项目、集体福利或者个人消费的购进货物、劳务、服务、无形资产和不动产；（二）非正常损失的购进货物，以及相关的劳务和交通运输服务；（三）非正常损失的在产品、产成品所耗用的购进货物（不包括固定资产）、劳务和交通运输服务；（四）国务院规定的其他项目。"某财产保险有限公司北京分公司提交的证据可以证明，涉诉手机的买受人即中国某分公司已就涉诉货物的增

第五章　增值税进项税额计算实务操作与典型案例分析

值税进行了进项税额转出，未进行增值税的抵扣，即中国某分公司、某供应链科技有限公司的实际损失包含增值税。同时，根据某供应链科技有限公司与武汉某物流有限公司的合同约定"赔偿金包含货物发票价值"，故武汉某物流有限公司对于该部分的损失应予赔偿，北京市顺义区人民法院对武汉某物流有限公司的辩解不予采纳。

裁判核心观点

《增值税暂行条例》第十条规定："下列项目的进项税额不得从销项税额中抵扣：（一）用于简易计税方法计税项目、免征增值税项目、集体福利或者个人消费的购进货物、劳务、服务、无形资产和不动产；（二）非正常损失的购进货物，以及相关的劳务和交通运输服务；（三）非正常损失的在产品、产成品所耗用的购进货物（不包括固定资产）、劳务和交通运输服务；（四）国务院规定的其他项目。"某财产保险有限公司北京分公司提交的证据可以证明，涉诉手机的买受人即中国某分公司已就涉诉货物的增值税进行了进项税额转出，未进行增值税的抵扣，即中国某分公司、某供应链科技有限公司的实际损失包含增值税。同时，根据某供应链科技有限公司与武汉某物流有限公司的合同约定"赔偿金包含货物发票价值"，故武汉某物流有限公司对于该部分的损失应予赔偿。

第六章　增值税应纳税额计算及留抵退税实务操作与典型案例分析

第一节　增值税应纳税额的计算

一、一般纳税人选择一般计税方法

1.一般纳税人发生应税交易，选择一般计税方法的，通过销项税额抵扣进项税额计算应纳税额的方式，计算缴纳增值税；《增值税法》另有规定的除外。一般计税方法的计算公式为：

增值税当期应纳税额 = 当期销项税额 - 当期进项税额

实操案例 6-1

甲公司是增值税一般纳税人，采用一般计税方法计算缴纳增值税。2025年2月购进原材料取得进项税额15万元，当月销售货物取得销项税额25万元。

甲公司2025年2月应当缴纳增值税10万元（25-15）。

2.当期进项税额大于当期销项税额的部分，纳税人可以按照国务院的规定选择结转下期继续抵扣或者申请退还。

在特定的时期内，如果纳税人的销售额比较小，而购进货物比较多，就可能出现进项税额大于销项税额的情形。此时，纳税人有两种方法可供选择，一是多余的部分结转下期继续抵扣，二是申请退还多余的部分。

我国自2019年4月1日起已经开始试行增值税期末留抵税额退税制度。为避免纳税人本期申请退还留抵税额，下期需要缴纳增值税的现象，纳税人申请增值税期末留抵税额退税需要具备一定的条件。主要条件就是纳税人在一定时期连续出现进项税额大于当期销项税额的情形，而且在短期内无法抵扣完该多余的部分，此时，增值税期末留抵税额退税制度就可以减轻纳税人的税收负担且不增加不必要的效率损失。

3. 对纳税人因销项税额小于进项税额而产生期末留抵税额的，应以期末留抵税额抵减增值税欠税。

> **特别提示**
>
> 纳税人发生用进项留抵税额抵减增值税欠税时，按以下方法进行会计处理：
>
> （1）增值税欠税税额大于期末留抵税额，按期末留抵税额红字借记"应交税费——应交增值税（进项税额）"科目，贷记"应交税费——未交增值税"科目。
>
> （2）若增值税欠税税额小于期末留抵税额，按增值税欠税税额红字借记"应交税费——应交增值税（进项税额）"科目，贷记"应交税费——未交增值税"科目。

二、一般纳税人选择简易计税方法

（一）药品经营企业销售生物制品选择简易计税方法

属于增值税一般纳税人的药品经营企业销售生物制品，可以选择简易办法按照生物制品销售额和3%的征收率计算缴纳增值税。药品经营企业是指取得（食品）药品监督管理部门颁发的《药品经营许可证》，获准从事生物制品经营的药品批发企业和药品零售企业。

属于增值税一般纳税人的药品经营企业销售生物制品，选择简易办法计算缴纳增值税的，36个月内不得变更计税方法。

（二）兽用药品经营企业销售兽用生物制品选择简易计税方法

属于增值税一般纳税人的兽用药品经营企业销售兽用生物制品，可以选择简易办法按照兽用生物制品销售额和3%的征收率计算缴纳增值税。兽用药品经营企业，是指取得兽医行政管理部门颁发的《兽药经营许可证》，获准从事兽用生物制品经营的兽用药品批发和零售企业。

属于增值税一般纳税人的兽用药品经营企业销售兽用生物制品，选择简易办法计算缴纳增值税的，36个月内不得变更计税方法。

(三)从事再生资源回收的一般纳税人选择简易计税方法

从事再生资源回收的增值税一般纳税人销售其收购的再生资源,可以选择适用简易计税方法依照3%征收率计算缴纳增值税,或适用一般计税方法计算缴纳增值税。

上述所称再生资源,是指在社会生产和生活消费过程中产生的,已经失去原有全部或部分使用价值,经过回收、加工处理,能够使其重新获得使用价值的各种废弃物。其中,加工处理仅限于清洗、挑选、破碎、切割、拆解、打包等改变再生资源密度、湿度、长度、粗细、软硬等物理性状的简单加工。

纳税人选择适用简易计税方法,应符合下列条件之一:

1. 从事危险废物收集的纳税人,应符合国家危险废物经营许可证管理办法的要求,取得危险废物经营许可证。

2. 从事报废机动车回收的纳税人,应符合国家商务主管部门出台的报废机动车回收管理办法要求,取得报废机动车回收拆解企业资质认定证书。

3. 除危险废物、报废机动车外,其他再生资源回收纳税人应符合国家商务主管部门出台的再生资源回收管理办法要求,进行市场主体登记,并在商务部门完成再生资源回收经营者备案。

各级财政、主管部门及其工作人员,存在违法违规给予从事再生资源回收业务的纳税人财政返还、奖补行为的,依法追究相应责任。

(四)物业管理服务中收取的自来水水费选择简易计税方法

提供物业管理服务的纳税人,向服务接受方收取的自来水水费,以扣除其对外支付的自来水水费后的余额为销售额,按照简易计税方法以3%的征收率计算缴纳增值税。

(五)资管产品选择简易计税方法

1. 资管产品管理人(以下简称管理人)运营资管产品过程中发生的增值税应税行为(以下简称资管产品运营业务),暂适用简易计税方法,按照3%的征收率缴纳增值税。

资管产品管理人包括银行、信托公司、公募基金管理公司及其子公司、证券公司及其子公司、期货公司及其子公司、私募基金管理人、保险资产管理公司、专业保险资产管理机构、养老保险公司以及财政部和国家税务总局规定的其他资管产品管理人。

资管产品包括银行理财产品、资金信托（包括集合资金信托、单一资金信托）、财产权信托、公开募集证券投资基金、特定客户资产管理计划、集合资产管理计划、定向资产管理计划、私募投资基金、债权投资计划、股权投资计划、股债结合型投资计划、资产支持计划、组合类保险资产管理产品、养老保障管理产品以及财政部和国家税务总局规定的其他资管产品。

2. 管理人接受投资者委托或信托对受托资产提供的管理服务以及管理人发生的除上述规定的其他增值税应税行为（以下简称其他业务），按照现行规定缴纳增值税。

3. 管理人应分别核算资管产品运营业务和其他业务的销售额和增值税应纳税额。未分别核算的，资管产品运营业务不得适用上述规定。

4. 管理人可选择分别或汇总核算资管产品运营业务销售额和增值税应纳税额。

5. 管理人应按照规定的纳税期限，汇总申报缴纳资管产品运营业务和其他业务增值税。

（六）抗癌药品选择简易计税方法

1. 自 2018 年 5 月 1 日起，增值税一般纳税人生产销售和批发、零售抗癌药品，可选择按照简易办法依照 3% 征收率计算缴纳增值税。上述纳税人选择简易办法计算缴纳增值税后，36 个月内不得变更。

2. 自 2018 年 5 月 1 日起，对进口抗癌药品，减按 3% 征收进口环节增值税。

💡 **特别提示**

纳税人应单独核算抗癌药品的销售额。未单独核算的，不得适用上述规定的简易征收政策。

3. 上述所称抗癌药品，是指经国家药品监督管理部门批准注册的抗癌制剂及原料药。抗癌药品范围实行动态调整，由财政部、海关总署、税务总局、国家药品监督管理局根据变化情况适时明确。

（七）罕见病药品选择简易计税方法

1. 自 2019 年 3 月 1 日起，增值税一般纳税人生产销售和批发、零售罕见病药品，可选择按照简易办法依照3%征收率计算缴纳增值税。上述纳税人选择简易办法计算缴纳增值税后，36个月内不得变更。

2. 自2019年3月1日起，对进口罕见病药品，减按3%征收进口环节增值税。

> 💡 **特别提示**

纳税人应单独核算罕见病药品的销售额。未单独核算的，不得适用上述简易征收政策。

3. 上述所称罕见病药品，是指经国家药品监督管理部门批准注册的罕见病药品制剂及原料药。罕见病药品范围实行动态调整，由财政部、海关总署、税务总局、药监局根据变化情况适时明确。

（八）营改增纳税人选择简易计税方法

2026年1月1日之前，一般纳税人发生下列应税行为可以选择适用简易计税方法计税：

1. 公共交通运输服务。公共交通运输服务，包括轮客渡、公交客运、地铁、城市轻轨、出租车、长途客运、班车。班车，是指按固定路线、固定时间运营并在固定站点停靠的运送旅客的"陆路运输服务"。

2. 经认定的动漫企业为开发动漫产品提供的动漫脚本编撰、形象设计、背景设计、动画设计、分镜、动画制作、摄制、描线、上色、画面合成、配音、配乐、音效合成、剪辑、字幕制作、压缩转码（面向网络动漫、手机动漫格式适配）服务，以及在境内转让动漫版权（包括动漫品牌、形象或者内容的授权及再授权）。动漫企业和自主开发、生产动漫产品的认定标准和认定程序，按照《文化部[①] 财政部 国家税务总局关于印发〈动漫企业认定管理办法（试行）〉的通知》（文市发〔2008〕51号）的规定执行。

3. 电影放映服务、仓储服务、装卸搬运服务、收派服务和文化体育服务。

4. 以纳入营改增试点之日前取得的有形动产为标的物提供的经营租赁服务。

5. 在纳入营改增试点之日前签订的尚未执行完毕的有形动产租赁合同。

6. 建筑工程总承包单位为房屋建筑的地基与基础、主体结构提供工程服务，建设单位自行采购全部或部分钢材、混凝土、砌体材料、预制构件的，

---

① 2018年改为文化和旅游部。

适用简易计税方法计税。

> **特别提示**
>
> 地基与基础、主体结构的范围，按照《建筑工程施工质量验收统一标准》(GB 50300—2013)附录B《建筑工程的分部工程、分项工程划分》中的"地基与基础""主体结构"分部工程的范围执行。

(九)建筑服务选择简易计税方法

1. 一般纳税人以清包工方式提供的建筑服务，可以选择适用简易计税方法计税。

以清包工方式提供建筑服务，是指施工方不采购建筑工程所需的材料或只采购辅助材料，并收取人工费、管理费或者其他费用的建筑服务。

2. 一般纳税人为甲供工程提供的建筑服务，可以选择适用简易计税方法计税。

甲供工程是指全部或部分设备、材料、动力由工程发包方自行采购的建筑工程。

3. 一般纳税人为建筑工程老项目提供的建筑服务，可以选择适用简易计税方法计税。

建筑工程老项目是指：①《建筑工程施工许可证》注明的合同开工日期在2016年4月30日前的建筑工程项目；②未取得《建筑工程施工许可证》的，建筑工程承包合同注明的开工日期在2016年4月30日前的建筑工程项目。

4. 一般纳税人跨县(市)提供建筑服务，适用一般计税方法计税的，应以取得的全部价款和价外费用为销售额计算应纳税额。纳税人应以取得的全部价款和价外费用扣除支付的分包款后的余额，按照2%的预征率在建筑服务发生地预缴税款后，向机构所在地主管税务机关进行纳税申报。

5. 一般纳税人跨县(市)提供建筑服务，选择适用简易计税方法计税的，应以取得的全部价款和价外费用扣除支付的分包款后的余额为销售额，按照3%的征收率计算应纳税额。纳税人应按照上述计税方法在建筑服务发生地预缴税款后，向机构所在地主管税务机关进行纳税申报。

6. 试点纳税人中的小规模纳税人(以下简称小规模纳税人)跨县(市)提供建筑服务，应以取得的全部价款和价外费用扣除支付的分包款后的余额为销售额，按照3%的征收率计算应纳税额。纳税人应按照上述计税方法在建筑服务发生地预缴税款后，向机构所在地主管税务机关进行纳税申报。

（十）销售不动产选择简易计税方法

1. 一般纳税人销售其 2016 年 4 月 30 日前取得（不含自建）的不动产，可以选择适用简易计税方法，以取得的全部价款和价外费用减去该项不动产购置原价或者取得不动产时的作价后的余额为销售额，按照 5% 的征收率计算应纳税额。纳税人应按照上述计税方法在不动产所在地预缴税款后，向机构所在地主管税务机关进行纳税申报。

2. 一般纳税人销售其 2016 年 4 月 30 日前自建的不动产，可以选择适用简易计税方法，以取得的全部价款和价外费用为销售额，按照 5% 的征收率计算应纳税额。纳税人应按照上述计税方法在不动产所在地预缴税款后，向机构所在地主管税务机关进行纳税申报。

3. 一般纳税人销售其 2016 年 5 月 1 日后取得（不含自建）的不动产，应适用一般计税方法，以取得的全部价款和价外费用为销售额计算应纳税额。纳税人应以取得的全部价款和价外费用减去该项不动产购置原价或者取得不动产时的作价后的余额，按照 5% 的预征率在不动产所在地预缴税款后，向机构所在地主管税务机关进行纳税申报。

4. 一般纳税人销售其 2016 年 5 月 1 日后自建的不动产，应适用一般计税方法，以取得的全部价款和价外费用为销售额计算应纳税额。纳税人应以取得的全部价款和价外费用，按照 5% 的预征率在不动产所在地预缴税款后，向机构所在地主管税务机关进行纳税申报。

5. 小规模纳税人销售其取得（不含自建）的不动产（不含个体工商户销售购买的住房和其他个人销售不动产），应以取得的全部价款和价外费用减去该项不动产购置原价或者取得不动产时的作价后的余额为销售额，按照 5% 的征收率计算应纳税额。纳税人应按照上述计税方法在不动产所在地预缴税款后，向机构所在地主管税务机关进行纳税申报。

6. 小规模纳税人销售其自建的不动产，应以取得的全部价款和价外费用为销售额，按照 5% 的征收率计算应纳税额。纳税人应按照上述计税方法在不动产所在地预缴税款后，向机构所在地主管税务机关进行纳税申报。

7. 房地产开发企业中的一般纳税人，销售自行开发的房地产老项目，可以选择适用简易计税方法按照 5% 的征收率计税。

8. 房地产开发企业中的小规模纳税人，销售自行开发的房地产项目，按照 5%的征收率计税。

9. 房地产开发企业采取预收款方式销售所开发的房地产项目，在收到预收款时按照 3%的预征率预缴增值税。

10. 个体工商户销售购买的住房，应按照《营业税改征增值税试点过渡政策的规定》第五条的规定征免增值税。纳税人应按照上述计税方法在不动产所在地预缴税款后，向机构所在地主管税务机关进行纳税申报。

11. 其他个人销售其取得（不含自建）的不动产（不含其购买的住房），应以取得的全部价款和价外费用减去该项不动产购置原价或者取得不动产时的作价后的余额为销售额，按照 5%的征收率计算应纳税额。

（十一）不动产经营租赁服务选择简易计税方法

1. 一般纳税人出租其 2016 年 4 月 30 日前取得的不动产，可以选择适用简易计税方法按照 5%的征收率计算应纳税额。纳税人出租其 2016 年 4 月 30 日前取得的与机构所在地不在同一县（市）的不动产，应按照上述计税方法在不动产所在地预缴税款后，向机构所在地主管税务机关进行纳税申报。

2. 公路经营企业中的一般纳税人收取试点前开工的高速公路的车辆通行费，可以选择适用简易计税方法，减按 3%的征收率计算应纳税额。

试点前开工的高速公路，是指相关施工许可证明上注明的合同开工日期在 2016 年 4 月 30 日前的高速公路。

3. 一般纳税人出租其 2016 年 5 月 1 日后取得的、与机构所在地不在同一县（市）的不动产，应按照 3%的预征率在不动产所在地预缴税款后，向机构所在地主管税务机关进行纳税申报。

4. 小规模纳税人出租其取得的不动产（不含个人出租住房），应按照 5%的征收率计算应纳税额。纳税人出租与机构所在地不在同一县（市）的不动产，应按照上述计税方法在不动产所在地预缴税款后，向机构所在地主管税务机关进行纳税申报。

5. 其他个人出租其取得的不动产（不含住房），应按照 5%的征收率计算应纳税额。

6. 个人出租住房，应按照 5%的征收率减按 1.5%计算应纳税额。

（十二）其他纳税人选择简易计税方法

2026 年 1 月 1 日之前，增值税一般纳税人可以按照以下规定选择简易计税方法计算缴纳增值税：

1. 非企业性单位中的一般纳税人提供的研发和技术服务、信息技术服务、鉴证咨询服务，以及销售技术、著作权等无形资产，可以选择简易计税方法按照3%征收率计算缴纳增值税。

2. 非企业性单位中的一般纳税人提供《营业税改征增值税试点过渡政策的规定》（财税〔2016〕36号）第一条第（二十六）项中的"技术转让、技术开发和与之相关的技术咨询、技术服务"，可以参照上述规定，选择简易计税方法按照3%征收率计算缴纳增值税。

3. 一般纳税人提供教育辅助服务，可以选择简易计税方法按照3%征收率计算缴纳增值税。

三、小规模纳税人增值税的计算方法

1. 小规模纳税人可以按照销售额和征收率计算应纳税额的简易计税方法，计算缴纳增值税。

2. 按照简易计税方法计算缴纳增值税的，应纳税额为当期销售额乘以征收率。

3. 简易计税方法是针对小规模纳税人适用的简易计算增值税的方法，计算公式为：

$$增值税 = 不含税销售额 \times 征收率$$

实操案例 6-2

乙公司是增值税小规模纳税人，采用简易计税方法计算缴纳增值税，适用征收率为1%。2025年第一季度销售货物取得含税销售额80万元，乙公司该季度应当缴纳增值税0.79万元〔80÷（1+1%）×1%〕。

四、进口货物增值税应纳税额的计算

进口货物按照《增值税法》规定的组成计税价格乘以适用税率计算缴纳增值税。组成计税价格为关税计税价格加上关税和消费税，国务院另有规定的，从其规定。

进口货物增值税应纳税额的计算公式如下：

$$增值税应纳税额 = 组成计税价格 \times 税率$$
$$= （关税计税价格 + 关税 + 消费税） \times 税率$$

实操案例6-3

丙公司进口一批货物，关税计税价格为100万元，缴纳关税10万元，缴纳消费税20万元，增值税适用税率为13%。

丙公司应当缴纳增值税16.90万元[（100+10+20）×13%]。

第二节 留抵退税的标准与计算

一、退还集成电路企业采购设备增值税期末留抵税额

1. 自2011年11月1日起，对国家批准的集成电路重大项目企业因购进设备形成的增值税期末留抵税额（以下简称购进设备留抵税额）准予退还。购进的设备应属于《增值税暂行条例实施细则》第二十一条第二款规定的固定资产范围。

2. 准予退还的购进设备留抵税额的计算。企业当期购进设备进项税额大于当期增值税纳税申报表"期末留抵税额"的，当期准予退还的购进设备留抵税额为期末留抵税额；企业当期购进设备进项税额小于当期增值税纳税申报表"期末留抵税额"的，当期予退还的购进设备留抵税额为当期购进设备进项税额。

当期购进设备进项税额，是指企业取得的按照现行规定允许在当期抵扣的增值税专用发票或海关进口增值税专用缴款书（限于2009年1月1日及以后开具的）上注明的增值税额。

3. 退还购进设备留抵税额的申请和审批。

（1）企业应于每月申报期结束后10个工作日内向主管税务机关申请退还购进设备留抵税额。

主管税务机关接到企业申请后，应审核企业提供的增值税专用发票或海关进口增值税专用缴款书是否符合现行政策规定，其注明的设备名称与企业实际购进的设备是否一致，申请退还的购进设备留抵税额是否正确。审核无误后，由县（区、市）级主管税务机关审批。

（2）企业收到退税款项的当月，应将退税额从增值税进项税额中转出。未转出的，按照《税收征收管理法》有关规定承担相应法律责任。

（3）企业首次申请退还购进设备留抵税额时，可将2009年以来形成的购

进设备留抵税额，按照上述规定一次性申请退还。

4.退还的购进设备留抵税额由中央和地方按照现行增值税分享比例共同负担。

二、增值税进项留抵税额会计核算

1.纳税人发生用进项留抵税额抵减增值税欠税时，按以下方法进行会计处理：

（1）增值税欠税税额大于期末留抵税额，按期末留抵税额红字借记"应交税费——应交增值税（进项税额）"科目，贷记"应交税费——未交增值税"科目。

（2）若增值税欠税税额小于期末留抵税额，按增值税欠税税额红字借记"应交税费——应交增值税（进项税额）"科目，贷记"应交税费——未交增值税"科目。

2.《增值税纳税申报表》（主表）相关栏次的填报口径作如下调整：

（1）第13项"上期留抵税额"栏数据，为纳税人前一申报期的"期末留抵税额"减去抵减欠税额后的余额数，该数据应与"应交税费——应交增值税"明细科目借方月初余额一致。

（2）第25项"期初未缴税额（多缴为负数）"栏数据，为纳税人前一申报期的"期末未缴税额（多缴为负数）"减去抵减欠税额后的余额数。

三、试行增值税期末留抵税额退税制度

1.自2019年4月1日起，试行增值税期末留抵税额退税制度。同时符合以下条件的纳税人，可以向主管税务机关申请退还增量留抵税额：

（1）自2019年4月税款所属期起，连续6个月（按季纳税的，连续两个季度）增量留抵税额均大于零，且第6个月增量留抵税额不低于50万元。

（2）纳税信用等级为A级或者B级。

（3）申请退税前36个月未发生骗取留抵退税、出口退税或虚开增值税专用发票情形的。

（4）申请退税前36个月未因偷税被税务机关处罚两次及以上的。

（5）自2019年4月1日起未享受即征即退、先征后返（退）政策的。

2.上述所称增量留抵税额，是指与2019年3月底相比新增加的期末留抵税额。

3.纳税人应在增值税纳税申报期内,向主管税务机关申请退还留抵税额。

4.纳税人出口货物劳务、发生跨境应税行为,适用免抵退税办法的,办理免抵退税后,仍符合上述条件的,可以申请退还留抵税额;适用免退税办法的,相关进项税额不得用于退还留抵税额。

5.纳税人取得退还的留抵税额后,应相应调减当期留抵税额。按照上述规定再次满足退税条件的,可以继续向主管税务机关申请退还留抵税额,但上述规定的连续期间,不得重复计算。

6.纳税人以虚增进项、虚假申报或其他欺骗手段,骗取留抵退税款的,由税务机关追缴其骗取的退税款,并按照《税收征收管理法》等有关规定处理。

四、进一步加大增值税期末留抵退税政策实施力度

1.自2022年4月1日,加大小微企业增值税期末留抵退税政策力度,将先进制造业按月全额退还增值税增量留抵税额政策范围扩大至符合条件的小微企业(含个体工商户,下同),并一次性退还小微企业存量留抵税额。

(1)符合条件的小微企业,可以自2022年4月纳税申报期起向主管税务机关申请退还增量留抵税额。在2022年12月31日前,退税条件按照下述第3项的规定执行。

(2)符合条件的微型企业,可以自2022年4月纳税申报期起向主管税务机关申请一次性退还存量留抵税额;符合条件的小型企业,可以自2022年5月纳税申报期起向主管税务机关申请一次性退还存量留抵税额。

2.加大"制造业""科学研究和技术服务业""电力、热力、燃气及水生产和供应业""软件和信息技术服务业""生态保护和环境治理业"和"交通运输、仓储和邮政业"(以下简称制造业等行业)增值税期末留抵退税政策力度,将先进制造业按月全额退还增值税增量留抵税额政策范围扩大至符合条件的制造业等行业企业(含个体工商户,下同),并一次性退还制造业等行业企业存量留抵税额。

(1)符合条件的制造业等行业企业,可以自2022年4月纳税申报期起向主管税务机关申请退还增量留抵税额。

(2)符合条件的制造业等行业中型企业,可以自2022年7月纳税申报期起向主管税务机关申请一次性退还存量留抵税额;符合条件的制造业等行业大型企业,可以自2022年10月纳税申报期起向主管税务机关申请一次性退

还存量留抵税额。

3. 适用上述政策的纳税人需同时符合以下条件：

（1）纳税信用等级为A级或者B级。

（2）申请退税前36个月未发生骗取留抵退税、骗取出口退税或虚开增值税专用发票情形。

（3）申请退税前36个月未因偷税被税务机关处罚两次及以上。

（4）2019年4月1日起未享受即征即退、先征后返（退）政策。

4. 上述所称增量留抵税额，区分以下情形确定：

（1）纳税人获得一次性存量留抵退税前，增量留抵税额为当期期末留抵税额与2019年3月31日相比新增加的留抵税额。

（2）纳税人获得一次性存量留抵退税后，增量留抵税额为当期期末留抵税额。

5. 上述所称存量留抵税额，区分以下情形确定：

（1）纳税人获得一次性存量留抵退税前，当期期末留抵税额大于或等于2019年3月31日期末留抵税额的，存量留抵税额为2019年3月31日期末留抵税额；当期期末留抵税额小于2019年3月31日期末留抵税额的，存量留抵税额为当期期末留抵税额。

（2）纳税人获得一次性存量留抵退税后，存量留抵税额为零。

6. 上述所称中型企业、小型企业和微型企业，按照《中小企业划型标准规定》（工信部联企业〔2011〕300号）和《金融业企业划型标准规定》（银发〔2015〕309号）中的营业收入指标、资产总额指标确定。其中，资产总额指标按照纳税人上一会计年度年末值确定。营业收入指标按照纳税人上一会计年度增值税销售额确定；不满一个会计年度的，按照以下公式计算：

$$\frac{增值税}{销售额（年）} = \frac{上一会计年度企业实际存续期间增值税销售额}{企业实际存续月数} \times 12$$

上述所称增值税销售额，包括纳税申报销售额、稽查查补销售额、纳税评估调整销售额。适用增值税差额征税政策的，以差额后的销售额确定。

对于工信部联企业〔2011〕300号和银发〔2015〕309号文件所列行业以外的纳税人，以及工信部联企业〔2011〕300号文件所列行业但未采用营业收入指标或资产总额指标划型确定的纳税人，微型企业标准为增值税销售额（年）100万元以下（不含100万元）；小型企业标准为增值税销售额（年）2 000万元以下（不含2 000万元）；中型企业标准为增值税销售额（年）1亿元以下（不含1亿元）。

上述所称大型企业，是指除上述中型企业、小型企业和微型企业外的其他企业。

7.上述所称制造业等行业企业，是指从事《国民经济行业分类》中"制造业""科学研究和技术服务业""电力、热力、燃气及水生产和供应业""软件和信息技术服务业""生态保护和环境治理业"和"交通运输、仓储和邮政业"业务相应发生的增值税销售额占全部增值税销售额的比重超过50%的纳税人。

上述销售额比重根据纳税人申请退税前连续12个月的销售额计算确定；申请退税前经营期不满12个月但满3个月的，按照实际经营期的销售额计算确定。

8.适用上述政策的纳税人，按照以下公式计算允许退还的留抵税额：

允许退还的增量留抵税额＝增量留抵税额 × 进项构成比例 ×100%

允许退还的存量留抵税额＝存量留抵税额 × 进项构成比例 ×100%

进项构成比例，为2019年4月至申请退税前一税款所属期已抵扣的增值税专用发票（含带有"增值税专用发票"字样全面数字化的电子发票、税控机动车销售统一发票）、收费公路通行费增值税电子普通发票、海关进口增值税专用缴款书、解缴税款完税凭证注明的增值税额占同期全部已抵扣进项税额的比重。

9.纳税人出口货物劳务、发生跨境应税行为，适用免抵退税办法的，应先办理免抵退税。免抵退税办理完毕后，仍符合上述规定条件的，可以申请退还留抵税额；适用免退税办法的，相关进项税额不得用于退还留抵税额。

10.纳税人自2019年4月1日起已取得留抵退税款的，不得再申请享受增值税即征即退、先征后返（退）政策。纳税人可以在2022年10月31日前一次性将已取得的留抵退税款全部缴回后，按规定申请享受增值税即征即退、先征后返（退）政策。

纳税人自2019年4月1日起已享受增值税即征即退、先征后返（退）政策的，可以在2022年10月31日前一次性将已退还的增值税即征即退、先征后返（退）税款全部缴回后，按规定申请退还留抵税额。

11.纳税人可以选择向主管税务机关申请留抵退税，也可以选择结转下期继续抵扣。纳税人应在纳税申报期内，完成当期增值税纳税申报后申请留抵退税。2022年4月至6月的留抵退税申请时间，延长至每月最后一个工作日。

纳税人可以在规定期限内同时申请增量留抵退税和存量留抵退税。同时符合上述相关留抵退税政策的纳税人，可任意选择申请适用上述留抵退税政策。

12. 纳税人取得退还的留抵税额后，应相应调减当期留抵税额。

如果发现纳税人存在留抵退税政策适用有误的情形，纳税人应在下个纳税申报期结束前缴回相关留抵退税款。

> **特别提示**
>
> 以虚增进项、虚假申报或其他欺骗手段，骗取留抵退税款的，由税务机关追缴其骗取的退税款，并按照《税收征收管理法》等有关规定处理。

13. 适用上述留抵退税政策的纳税人办理留抵退税的税收管理事项，继续按照现行规定执行。

14. 除上述纳税人以外的其他纳税人申请退还增量留抵税额的规定，继续按照《财政部、税务总局 海关总署关于深化增值税改革有关政策的公告》（财政部 税务总局 海关总署公告 2019 年第 39 号）执行，其中，第八条第三款关于"进项构成比例"的相关规定，按照上述规定执行。

五、扩大全额退还增值税留抵税额政策行业范围

1. 自 2022 年 7 月 1 日起，扩大全额退还增值税留抵税额政策行业范围，将《财政部 税务总局关于进一步加大增值税期末留抵退税政策实施力度的公告》（财政部 税务总局公告 2022 年第 14 号，以下简称 2022 年第 14 号公告）第二条规定的制造业等行业按月全额退还增值税增量留抵税额、一次性退还存量留抵税额的政策范围，扩大至"批发和零售业""农、林、牧、渔业""住宿和餐饮业""居民服务、修理和其他服务业""教育""卫生和社会工作"和"文化、体育和娱乐业"（以下简称批发零售业等行业）企业（含个体工商户，下同）。

（1）符合条件的批发零售业等行业企业，可以自 2022 年 7 月纳税申报期起向主管税务机关申请退还增量留抵税额。

（2）符合条件的批发零售业等行业企业，可以自 2022 年 7 月纳税申报期起向主管税务机关申请一次性退还存量留抵税额。

2. 2022 年第 14 号公告和上述所称制造业、批发零售业等行业企业，是指从事《国民经济行业分类》中"批发和零售业""农、林、牧、渔业""住宿

和餐饮业""居民服务、修理和其他服务业""教育""卫生和社会工作""文化、体育和娱乐业""制造业""科学研究和技术服务业""电力、热力、燃气及水生产和供应业""软件和信息技术服务业""生态保护和环境治理业"和"交通运输、仓储和邮政业"业务相应发生的增值税销售额占全部增值税销售额的比重超过50%的纳税人。

上述销售额比重根据纳税人申请退税前连续12个月的销售额计算确定；申请退税前经营期不满12个月但满3个月的，按照实际经营期的销售额计算确定。

3.按照2022年第14号公告第六条规定适用《中小企业划型标准规定》（工信部联企业〔2011〕300号）和《金融业企业划型标准规定》（银发〔2015〕309号）时，纳税人的行业归属，根据《国民经济行业分类》关于以主要经济活动确定行业归属的原则，以上一会计年度从事《国民经济行业分类》对应业务增值税销售额占全部增值税销售额比重最高的行业确定。

4.制造业、批发零售业等行业企业申请留抵退税的其他规定，继续按照2022年第14号公告等有关规定执行。

六、民用航空发动机和民用飞机增值税期末留抵税额政策

2027年12月31日前，民用航空发动机（包括大型民用客机发动机和中大功率民用涡轴涡桨发动机）和民用飞机适用以下增值税期末留抵税额政策：

1.对纳税人从事大型民用客机发动机、中大功率民用涡轴涡桨发动机研制项目而形成的增值税期末留抵税额予以退还。

2.对纳税人生产销售新支线飞机和空载重量大于25吨的民用喷气式飞机暂减按5%征收增值税，并对其因生产销售新支线飞机和空载重量大于25吨的民用喷气式飞机而形成的增值税期末留抵税额予以退还。

3.对纳税人从事空载重量大于45吨的民用客机研制项目而形成的增值税期末留抵税额予以退还。

4.上述所称大型民用客机发动机、中大功率民用涡轴涡桨发动机和新支线飞机，指上述发动机、民用飞机的整机，具体标准如下：

（1）大型民用客机发动机是指：①单通道干线客机发动机，起飞推力12 000~16 000kgf；②双通道干线客机发动机，起飞推力28 000~35 000kgf。

（2）中大功率民用涡轴涡桨发动机是指：①中等功率民用涡轴发动机，起飞功率1 000~3 000kW；②大功率民用涡桨发动机，起飞功率3 000kW以上。

（3）新支线飞机是指空载重量大于25吨且小于45吨、座位数量少于130个的民用客机。

5.纳税人符合本公告规定的增值税期末留抵税额，可在初次申请退税时予以一次性退还。纳税人收到退税款项的当月，应将退税额从增值税进项税额中转出。未按规定转出的，按《中华人民共和国税收征收管理法》有关规定承担相应法律责任。退还的增值税税额由中央和地方按照现行增值税分享比例共同负担。

第三节 出口退税制度与实务

一、适用增值税退（免）税政策的出口货物劳务

对下列出口货物劳务，除适用下述第六项和第七项规定以外，实行免征和退还增值税［以下简称增值税退（免）税］政策。

（一）出口企业出口货物

出口企业是指依法办理工商登记、税务登记、对外贸易经营者备案登记，自营或委托出口货物的单位或个体工商户，以及依法办理工商登记、税务登记但未办理对外贸易经营者备案登记，委托出口货物的生产企业。

出口货物是指向海关报关后实际离境并销售给境外单位或个人的货物，分为自营出口货物和委托出口货物两类。

疑难问题解答

问：从事生产的个体工商户是否属于具备出口退税资格的生产企业？

答：生产企业，是指具有生产能力（包括加工修理修配能力）的单位或个体工商户。

（二）出口企业或其他单位视同出口货物

出口企业或其他单位视同出口货物具体是指以下货物：

1.出口企业对外援助、对外承包、境外投资的出口货物。

2.出口企业经海关报关进入国家批准的出口加工区、保税物流园区、保税港区、综合保税区、珠澳跨境工业区（珠海园区）、中哈霍尔果斯国际边境

合作中心（中方配套区域）、保税物流中心（B型）（以下统称特殊区域）并销售给特殊区域内单位或境外单位、个人的货物。

3.免税品经营企业销售的货物［国家规定不允许经营和限制出口的货物、卷烟和超出免税品经营企业《企业法人营业执照》规定经营范围的货物除外］。具体是指：

（1）中国免税品（集团）有限责任公司向海关报关运入海关监管仓库，专供其经国家批准设立的统一经营、统一组织进货、统一制定零售价格、统一管理的免税店销售的货物。

（2）国家批准的除中国免税品（集团）有限责任公司外的免税品经营企业，向海关报关运入海关监管仓库，专供其所属的首都机场口岸海关隔离区内的免税店销售的货物。

（3）国家批准的除中国免税品（集团）有限责任公司外的免税品经营企业所属的上海虹桥、浦东机场海关隔离区内的免税店销售的货物。

4.出口企业或其他单位销售给用于国际金融组织或外国政府贷款国际招标建设项目的中标机电产品（以下简称中标机电产品）。上述中标机电产品，包括外国企业中标再分包给出口企业或其他单位的机电产品。

5.生产企业向海上石油天然气开采企业销售的自产的海洋工程结构物。

6.出口企业或其他单位销售给国际运输企业用于国际运输工具上的货物。上述规定暂仅适用于外轮供应公司、远洋运输供应公司销售给外轮、远洋国轮的货物，国内航空供应公司生产销售给国内和国外航空公司国际航班的航空食品。

7.出口企业或其他单位销售给特殊区域内生产企业生产耗用且不向海关报关而输入特殊区域的水（包括蒸汽）、电力、燃气（以下简称输入特殊区域的水电气）。

> **特别提示**
>
> 除另有规定外，视同出口货物适用出口货物的各项规定。

（三）出口企业对外提供加工修理修配劳务

对外提供加工修理修配劳务，是指对进境复出口货物或从事国际运输的运输工具进行的加工修理修配。

二、增值税退（免）税办法

适用增值税退（免）税政策的出口货物劳务，按照下列规定实行增值税免抵退税或免退税办法。

（一）免抵退税办法

生产企业出口自产货物和视同自产货物及对外提供加工修理修配劳务，以及列明生产企业出口非自产货物，免征增值税，相应的进项税额抵减应纳增值税额（不包括适用增值税即征即退、先征后退政策的应纳增值税额），未抵减完的部分予以退还。

（二）免退税办法

不具有生产能力的出口企业（以下简称外贸企业）或其他单位出口货物劳务，免征增值税，相应的进项税额予以退还。

三、增值税出口退税率

（一）退税率为适用税率

除财政部和国家税务总局根据国务院决定而明确的增值税出口退税率（以下简称退税率）外，出口货物的退税率为其适用税率。国家税务总局根据上述规定将退税率通过出口货物劳务退税率文库予以发布，供征纳双方执行。退税率有调整的，除另有规定外，其执行时间以货物（包括被加工修理修配的货物）出口货物报关单（出口退税专用）上注明的出口日期为准。

（二）退税率的特殊规定

1. 外贸企业购进按简易办法征税的出口货物、从小规模纳税人购进的出口货物，其退税率分别为简易办法实际执行的征收率、小规模纳税人征收率。上述出口货物取得增值税专用发票的，退税率按照增值税专用发票上的税率和出口货物退税率孰低的原则确定。

2. 出口企业委托加工修理修配货物，其加工修理修配费用的退税率，为出口货物的退税率。

3. 中标机电产品、出口企业向海关报关进入特殊区域销售给特殊区域内生产企业生产耗用的列名原材料（以下简称列名原材料）、输入特殊区域的水电气，其退税率为适用税率。如果国家调整列名原材料的退税率，列名原材料应当自调整之日起按调整后的退税率执行。

4.海洋工程结构物退税率的适用，根据相关规定执行。

（三）不同退税率的适用

适用不同退税率的货物劳务，应分开报关、核算并申报退（免）税，未分开报关、核算或划分不清的，从低适用退税率。

四、增值税退（免）税的计税依据

出口货物劳务的增值税退（免）税的计税依据，按出口货物劳务的出口发票（外销发票）、其他普通发票或购进出口货物劳务的增值税专用发票、海关进口增值税专用缴款书确定。具体标准如下：

1.生产企业出口货物劳务（进料加工复出口货物除外）增值税退（免）税的计税依据，为出口货物劳务的实际离岸价（FOB）。实际离岸价应以出口发票上的离岸价为准，但如果出口发票不能反映实际离岸价，主管税务机关有权予以核定。

2.生产企业进料加工复出口货物增值税退（免）税的计税依据，按出口货物的离岸价（FOB）扣除出口货物所含的海关保税进口料件的金额后确定。

> **特别提示**
>
> 海关保税进口料件，是指海关以进料加工贸易方式监管的出口企业从境外和特殊区域等进口的料件。它包括出口企业从境外单位或个人购买并从海关保税仓库提取且办理海关进料加工手续的料件，以及保税区外的出口企业从保税区内的企业购进并办理海关进料加工手续的进口料件。

3.生产企业国内购进无进项税额且不计提进项税额的免税原材料加工后出口的货物的计税依据，按出口货物的离岸价（FOB）扣除出口货物所含的国内购进免税原材料的金额后确定。

4.外贸企业出口货物（委托加工修理修配货物除外）增值税退（免）税的计税依据，为购进出口货物的增值税专用发票注明的金额或海关进口增值税专用缴款书注明的完税价格。

5.外贸企业出口委托加工修理修配货物增值税退（免）税的计税依据，

为加工修理修配费用增值税专用发票注明的金额。外贸企业应将加工修理修配使用的原材料（进料加工海关保税进口料件除外）作价销售给受托加工修理修配的生产企业，受托加工修理修配的生产企业应将原材料成本并入加工修理修配费用开具发票。

6. 出口进项税额未计算抵扣的已使用过的设备增值税退（免）税的计税依据，按下列公式确定：

$$\text{退（免）税计税依据} = \text{增值税专用发票上的金额或海关进口增值税专用缴款书注明的完税价格} \times \frac{\text{已使用过的设备固定资产净值}}{\text{已使用过的设备原值}}$$

$$\text{已使用过的设备固定资产净值} = \text{已使用过的设备原值} - \text{已使用过的设备已提累计折旧}$$

> **特别提示**
>
> 上述所称已使用过的设备，是指出口企业根据财务会计制度已经计提折旧的固定资产。

7. 免税品经营企业销售的货物增值税退（免）税的计税依据，为购进货物的增值税专用发票注明的金额或海关进口增值税专用缴款书注明的完税价格。

8. 中标机电产品增值税退（免）税的计税依据，生产企业为销售机电产品的普通发票注明的金额，外贸企业为购进货物的增值税专用发票注明的金额或海关进口增值税专用缴款书注明的完税价格。

9. 生产企业向海上石油天然气开采企业销售的自产的海洋工程结构物增值税退（免）税的计税依据，为销售海洋工程结构物的普通发票注明的金额。

10. 输入特殊区域的水电气增值税退（免）税的计税依据，为作为购买方的特殊区域内生产企业购进水（包括蒸汽）、电力、燃气的增值税专用发票注明的金额。

五、增值税免抵退税和免退税的计算

（一）生产企业出口货物劳务增值税免抵退税

（1）当期应纳税额的计算：

当期应纳税额 = 当期销项税额 −（当期进项税额 − 当期不得免征和抵扣税额）

第六章 增值税应纳税额计算及留抵退税实务操作与典型案例分析

$$\text{退(免)税计税依据} = \text{当期出口货物离岸价} \times \text{外汇人民币折合率} \times (\text{出口货物适用税率} - \text{出口货物退税率}) - \text{当期不得免征和抵扣税额抵减额}$$

$$\text{当期不得免征和抵扣税额抵减额} = \text{当期免税购进原材料价格} \times (\text{出口货物适用税率} - \text{出口货物退税率})$$

（2）当期免抵退税额的计算：

$$\text{当期免抵退税额} = \text{当期出口货物离岸价} \times \text{外汇人民币折合率} \times \text{出口货物退税率} - \text{当期免抵退税额抵减额}$$

当期免抵退税额抵减额 = 当期免税购进原材料价格 × 出口货物退税率

（3）当期应退税额和免抵税额的计算：

若当期期末留抵税额 ≤ 当期免抵退税额，则：

$$\text{当期应退税额} = \text{当期期末留抵税额}$$

$$\text{当期免抵税额} = \text{当期免抵退税额} - \text{当期应退税额}$$

若当期期末留抵税额 > 当期免抵退税额，则：

$$\text{当期应退税额} = \text{当期免抵退税额}$$

$$\text{当期免抵税额} = 0$$

当期期末留抵税额为当期增值税纳税申报表中"期末留抵税额"。

（4）当期免税购进原材料价格包括当期国内购进的无进项税额且不计提进项税额的免税原材料的价格和当期进料加工保税进口料件的价格，其中当期进料加工保税进口料件的价格为组成计税价格。其计算公式为：

$$\text{当期进料加工保税进口料件的组成计税价格} = \text{当期进口料件到岸价格} + \text{海关实征关税} + \text{海关实征消费税}$$

①采用"实耗法"的，当期进料加工保税进口料件的组成计税价格为当期进料加工出口货物耗用的进口料件组成计税价格。其计算公式为：

$$\text{当期进料加工保税进口料件的组成计税价格} = \text{当期进料加工出口货物离岸价} \times \text{外汇人民币折合率} \times \text{计划分配率}$$

$$\text{计划分配率} = \text{计划进口总值} \div \text{计划出口总值} \times 100\%$$

实行纸质手册和电子化手册的生产企业，应根据海关签发的加工贸易手册或加工贸易电子化纸质单证所列的计划进出口总值计算计划分配率。

实行电子账册的生产企业，计划分配率按前一期已核销的实际分配率确定；新启用电子账册的，计划分配率按前一期已核销的纸质手册或电子化手册的实际分配率确定。

②采用"购进法"的,当期进料加工保税进口料件的组成计税价格为当期实际购进的进料加工进口料件的组成计税价格。

若当期实际不得免征和抵扣税额抵减额＞当期出口货物离岸价×外汇人民币折合率×(出口货物适用税率－出口货物退税率)的,则:

$$当期不得免征和抵扣税额抵减额 = 当期出口货物离岸价 \times 外汇人民币折合率 \times (出口货物适用税率 - 出口货物退税率)$$

(二)外贸企业出口货物劳务增值税免退税

(1)外贸企业出口委托加工修理修配货物以外的货物,其增值税应退税额按下列公式计算:

$$增值税应退税额 = 增值税退(免)税计税依据 \times 出口货物退税率$$

(2)外贸企业出口委托加工修理修配货物,其增值税应退税额按下列公式计算:

$$增值税应退税额 = 委托加工修理修配的增值税退(免)税计税依据 \times 出口货物退税率$$

> **特别提示**
>
> 退税率低于适用税率的,相应计算出的差额部分的税款计入出口货物劳务成本。

(三)多项优惠政策下的政策适用

出口企业既有适用增值税免抵退项目,也有增值税即征即退、先征后退项目的,增值税即征即退和先征后退项目不参与出口项目免抵退税计算。出口企业应分别核算增值税免抵退项目和增值税即征即退、先征后退项目,并分别申请享受增值税即征即退、先征后退和免抵退税政策。

用于增值税即征即退或者先征后退项目的进项税额无法划分的,按照下列公式计算:

$$\begin{array}{l}无法划分进项税额中\\用于增值税即征即退或者\\先征后退项目的部分\end{array} = 当月无法划分的全部进项税额 \times \frac{当月增值税即征即退或者先征后退项目销售额}{当月全部销售额、营业额合计}$$

六、适用增值税免税政策的出口货物劳务

对符合下列条件的出口货物劳务,除适用第七项规定外,按下列规定实行免征增值税(以下简称增值税免税)政策。

(一)适用范围

适用增值税免税政策的出口货物劳务,是指:

1. 出口企业或其他单位出口规定的货物,具体包括:

(1)增值税小规模纳税人出口的货物。

(2)避孕药品和用具,古旧图书。

(3)软件产品。其具体范围是指海关税则号前四位为"9803"的货物。

(4)含黄金、铂金成分的货物,钻石及其饰品。

(5)国家计划内出口的卷烟。

(6)已使用过的设备。

> **特别提示**
>
> 已使用过的设备,其具体范围是指购进时未取得增值税专用发票、海关进口增值税专用缴款书但其他相关单证齐全的已使用过的设备。

(7)非出口企业委托出口的货物。

(8)非列名生产企业出口的非视同自产货物。

(9)农业生产者自产农产品〔农产品的具体范围按照《农业产品征税范围注释》(财税〔1995〕52号)的规定执行〕。

(10)油画、花生果仁、黑大豆等财政部和国家税务总局规定的出口免税的货物。

(11)外贸企业取得普通发票、废旧物资收购凭证、农产品收购发票、政府非税收入票据的货物。

(12)来料加工复出口的货物。

(13)特殊区域内的企业出口的特殊区域内的货物。

(14)以人民币现金作为结算方式的边境地区出口企业从所在省(自治区)的边境口岸出口到接壤国家的一般贸易和边境小额贸易出口货物。

(15)以旅游购物贸易方式报关出口的货物。

2. 出口企业或其他单位视同出口的下列货物劳务:

（1）国家批准设立的免税店销售的免税货物［包括进口免税货物和已实现退（免）税的货物］。

（2）特殊区域内的企业为境外的单位或个人提供加工修理修配劳务。

（3）同一特殊区域、不同特殊区域内的企业之间销售特殊区域内的货物。

疑难问题解答

问：我公司出口一批货物，因相关人员工作变动导致未能在规定期限内申报出口退税，我公司是否还可以继续申请办理出口退税？

答：纳税人出口货物劳务、发生跨境应税行为，未在规定期限内申报出口退（免）税或者开具《代理出口货物证明》的，在收齐退（免）税凭证及相关电子信息后，即可申报办理出口退（免）税；未在规定期限内收汇或者办理不能收汇手续的，在收汇或者办理不能收汇手续后，即可申报办理退（免）税。

（二）进项税额的处理计算

1.适用增值税免税政策的出口货物劳务，其进项税额不得抵扣和退税，应当转入成本。

2.出口卷烟，依下列公式计算：

$$不得抵扣的进项税额 = 出口卷烟含消费税金额 \div (出口卷烟含消费税金额 + 内销卷烟销售额) \times 当期全部进项税额$$

（1）当生产企业销售的出口卷烟在国内有同类产品销售价格时：

$$出口卷烟含消费税金额 = 出口销售数量 \times 销售价格$$

"销售价格"为同类产品生产企业国内实际调拨价格。如实际调拨价格低于税务机关公示的计税价格的，"销售价格"为税务机关公示的计税价格；高于公示计税价格的，销售价格为实际调拨价格。

（2）当生产企业销售的出口卷烟在国内没有同类产品销售价格时：

$$出口卷烟含税金额 = \left(出口销售额 + 出口销售数量 \times 消费税定额税率\right) \div \left(1 - 消费税比例税率\right)$$

"出口销售额"以出口发票上的离岸价为准。若出口发票不能如实反映离岸价，生产企业应按实际离岸价计算，否则，税务机关有权按照有关规定予以核定调整。

3.除出口卷烟外，适用增值税免税政策的其他出口货物劳务的计算，按照增值税免税政策的统一规定执行。其中，如果涉及销售额，除来料加工复出口货物为其加工费收入外，其他均为出口离岸价或销售额。

七、适用增值税征税政策的出口货物劳务

下列出口货物劳务，不适用增值税退（免）税和免税政策，按下列规定及视同内销货物征税的其他规定征收增值税（以下简称增值税征税）。

（一）适用范围

适用增值税征税政策的出口货物劳务，是指：

1.出口企业出口或视同出口财政部和国家税务总局根据国务院决定明确的取消出口退（免）税的货物（不包括来料加工复出口货物、中标机电产品、列名原材料、输入特殊区域的水电气、海洋工程结构物）。

2.出口企业或其他单位销售给特殊区域内的生活消费用品和交通运输工具。

3.出口企业或其他单位因骗取出口退税被税务机关停止办理增值税退（免）税期间出口的货物。

4.出口企业或其他单位提供虚假备案单证的货物。

5.出口企业或其他单位增值税退（免）税凭证有伪造或内容不实的货物。

6.出口企业或其他单位具有以下情形之一的出口货物劳务。

（1）将空白的出口货物报关单、出口收汇核销单等退（免）税凭证交由除签有委托合同的货代公司、报关行，或由境外进口方指定的货代公司（提供合同约定或者其他相关证明）以外的其他单位或个人使用的。

（2）以自营名义出口，其出口业务实质上是由本企业及其投资的企业以外的单位或个人借该出口企业名义操作完成的。

（3）以自营名义出口，其出口的同一批货物既签订购货合同，又签订代理出口合同（或协议）的。

（4）出口货物在海关验放后，自己或委托货代承运人对该笔货物的海运提单或其他运输单据等上的品名、规格等进行修改，造成出口货物报关单与海运提单或其他运输单据有关内容不符的。

（5）以自营名义出口，但不承担出口货物的质量、收款或退税风险之一的，即出口货物发生质量问题不承担购买方的索赔责任（合同中有约定质量责任承担者除外）；不承担未按期收款导致不能核销的责任（合同中有约定收款责任承担者除外）；不承担因申报出口退（免）税的资料、单证等出现问题

造成不退税责任的。

（6）未实质参与出口经营活动、接受并从事由中间人介绍的其他出口业务，但仍以自营名义出口的。

（二）应纳增值税的计算

（1）一般纳税人适用增值税征税政策的出口货物劳务，其应纳增值税按下列办法计算：

$$销项税额 = \left(出口货物离岸价 - 出口货物耗用的进料加工保税进口料件金额\right) \div \left(1 + 适用税率\right) \times 适用税率$$

出口货物若已按征退税率之差计算不得免征和抵扣税额并已经转入成本的，相应的税额应转回进项税额。

$$出口货物耗用的进料加工保税进口料件金额 = 主营业务成本 \times \left(投入的保税进口料件金额 \div 生产成本\right)$$

主营业务成本、生产成本均为不予退（免）税的进料加工出口货物的主营业务成本、生产成本。当耗用的保税进口料件金额大于不予退（免）税的进料加工出口货物金额时，耗用的保税进口料件金额为不予退（免）税的进料加工出口货物金额。

出口企业应分别核算内销货物和增值税征税的出口货物的生产成本、主营业务成本。未分别核算的，其相应的生产成本、主营业务成本由主管税务机关核定。

进料加工手册海关核销后，出口企业应对出口货物耗用的保税进口料件金额进行清算。清算公式为：

$$清算耗用的保税进口料件总额 = 实际保税进口料件总额 - 退（免）税出口货物耗用的保税进口料件总额 - 进料加工副产品耗用的保税进口料件总额$$

若耗用的保税进口料件总额与各纳税期扣减的保税进口料件金额之和存在差额时，应在清算的当期相应调整销项税额。当耗用的保税进口料件总额大于出口货物离岸金额时，其差额部分不得扣减其他出口货物金额。

（2）小规模纳税人适用增值税征税政策的出口货物劳务，其应纳增值税按下列办法计算：

$$应纳税额 = 出口货物离岸价 \div (1 + 征收率) \times 征收率$$

八、出口货物劳务增值税和消费税政策的其他规定

（一）认定和申报

1. 适用上述规定的增值税退（免）税或免税、消费税退（免）税或免税政策的出口企业或其他单位，应办理退（免）税认定。

2. 经过认定的出口企业及其他单位，应在规定的增值税纳税申报期内向主管税务机关申报增值税退（免）税和免税、消费税退（免）税和免税。委托出口的货物，由委托方申报增值税退（免）税和免税、消费税退（免）税和免税。输入特殊区域的水电气，由作为购买方的特殊区域内生产企业申报退税。

3. 出口企业或其他单位骗取国家出口退税款的，经省级以上税务机关批准可以停止其退（免）税资格。

（二）若干征、退（免）税规定

1. 出口企业或其他单位退（免）税认定之前的出口货物劳务，在办理退（免）税认定后，可按规定适用增值税退（免）税或免税及消费税退（免）税政策。

2. 开展进料加工业务的出口企业若发生未经海关批准将海关保税进口料件作价销售给其他企业加工的，应按规定征收增值税、消费税。

3. 卷烟出口企业经主管税务机关批准按国家批准的免税出口卷烟计划购进的卷烟免征增值税、消费税。

4. 发生增值税、消费税不应退税或免税但已实际退税或免税的，出口企业和其他单位应当补缴已退或已免税款。

5. 出口企业和其他单位出口的货物，如果其原材料成本80%以上为《财政部　国家税务总局关于以贵金属和宝石为主要原材料的货物出口退税政策的通知》（财税〔2014〕98号）附件所列原材料的，应按照成本占比最高的原材料的增值税、消费税政策执行。原材料的增值税、消费税政策是指该附件所列该原材料对应的商品编码在出口退税率文库中适用的增值税、消费税政策。

6. 国家批准的免税品经营企业销售给免税店的进口免税货物免征增值税。

（三）外贸企业核算要求

外贸企业应单独设账核算出口货物的购进金额和进项税额，若购进货物时不能确定是用于出口的，先记入出口库存账，用于其他用途时应从出口库存账转出。

（四）交通运输工具和机器设备免抵退税

符合条件的生产企业已签订出口合同的交通运输工具和机器设备，在其退税凭证尚未收集齐全的情况下，可凭出口合同、销售明细账等，向主管税务机关申报免抵退税。在货物向海关报关出口后，应按规定申报退（免）税，并办理已退（免）税的核销手续。多退（免）的税款，应予追回。生产企业申请时应同时满足以下条件：

1. 已取得增值税一般纳税人资格。
2. 已持续经营2年及2年以上。
3. 生产的交通运输工具和机器设备生产周期在1年及1年以上。
4. 上一年度净资产大于同期出口货物增值税、消费税退税额之和的3倍。
5. 持续经营以来从未发生逃税、骗取出口退税、虚开增值税专用发票或农产品收购发票、接受虚开增值税专用发票（善意取得虚开增值税专用发票除外）行为。

九、适用增值税零税率应税服务退（免）税管理办法

（一）适用范围

1. 境内的增值税一般纳税人提供适用增值税零税率的应税服务，实行增值税退（免）税办法。

2. 上述所称的增值税零税率应税服务提供者是指，提供适用增值税零税率应税服务，且认定为增值税一般纳税人，实行增值税一般计税方法的境内单位和个人。属于汇总缴纳增值税的，为经财政部和国家税务总局批准的汇总缴纳增值税的总机构。

3. 增值税零税率应税服务适用范围按财政部、国家税务总局的规定执行。起点或终点在境外的运单、提单或客票所对应的各航段或路段的运输服务，属于国际运输服务。

第六章　增值税应纳税额计算及留抵退税实务操作与典型案例分析

起点或终点在港澳台的运单、提单或客票所对应的各航段或路段的运输服务，属于港澳台运输服务。

从境内载运旅客或货物至国内海关特殊监管区域及场所、从国内海关特殊监管区域及场所载运旅客或货物至国内其他地区或者国内海关特殊监管区域及场所，以及向国内海关特殊监管区域及场所内单位提供的研发服务、设计服务，不属于增值税零税率应税服务适用范围。

适用增值税零税率应税服务的广播影视节目（作品）的制作和发行服务、技术转让服务、软件服务、电路设计及测试服务、信息系统服务、业务流程管理服务，以及合同标的物在境外的合同能源管理服务的范围，按照《营业税改征增值税试点实施办法》（财税〔2013〕106号文件印发）所附的《应税服务范围注释》对应的应税服务范围执行；适用增值税零税率应税服务的离岸服务外包业务的范围，按照《离岸服务外包业务》对应的适用范围执行。以上适用增值税零税率的应税服务，以下称为新纳入零税率范围的应税服务。

特别提示

境内单位和个人向国内海关特殊监管区域及场所内的单位或个人提供的应税服务，不属于增值税零税率应税服务适用范围。

（二）退（免）税办法及退税率

1. 增值税零税率应税服务退（免）税办法包括免抵退税办法和免退税办法，具体办法及计算公式按《财政部　国家税务总局关于出口货物劳务增值税和消费税政策的通知》（财税〔2012〕39号）有关出口货物劳务退（免）税的规定执行。

实行免抵退税办法的增值税零税率应税服务提供者如果同时出口货物劳务且未分别核算的，应一并计算免抵退税。税务机关在审批时，应按照增值税零税率应税服务、出口货物劳务免抵退税额的比例划分其退税额和免抵税额。

特别提示

向境外单位提供新纳入零税率范围的应税服务的，增值税零税率应税服务提供者申报退（免）税时，应按规定办理出口退（免）税备案。

171

2.增值税零税率应税服务的退税率为对应服务提供给境内单位适用的增值税税率。

(三)增值税零税率应税服务的退(免)税计税依据

1.增值税零税率应税服务的退(免)税计税依据,按照下列规定确定:

(1)以铁路运输方式载运旅客的,为按照铁路合作组织清算规则清算后的实际运输收入。

(2)以铁路运输方式载运货物的,为按照铁路运输进款清算办法,对"发站"或"到站(局)"名称包含"境"字的货票上注明的运输费用以及直接相关的国际联运杂费清算后的实际运输收入。

(3)以航空运输方式载运货物或旅客的,如果国际运输或港澳台运输各航段由多个承运人承运的,为中国航空结算有限责任公司清算后的实际收入;如果国际运输或港澳台运输各航段由一个承运人承运的,为提供航空运输服务取得的收入。

(4)其他实行免抵退税办法的增值税零税率应税服务,为提供增值税零税率应税服务取得的收入。

2.实行免退税办法的退(免)税计税依据为购进应税服务的增值税专用发票或解缴税款的中华人民共和国税收缴款凭证上注明的金额。

(四)发票开具及资格认定

1.实行增值税退(免)税办法的增值税零税率应税服务不得开具增值税专用发票。

2.增值税零税率应税服务提供者办理出口退(免)税资格认定后,方可申报增值税零税率应税服务退(免)税。如果提供的适用增值税零税率应税服务发生在办理出口退(免)税资格认定前,在办理出口退(免)税资格认定后,可按规定申报退(免)税。

3.增值税零税率应税服务提供者应按照下列要求,向主管税务机关申请办理出口退(免)税资格认定。

(1)填报《出口退(免)税资格认定申请表》及电子数据。《出口退(免)税资格认定申请表》中的"退税开户银行账号",必须填写办理税务登记时向主管税务机关报备的银行账号之一。

(2)根据所提供的适用增值税零税率应税服务,提供以下对应资料的原件及复印件：

①提供国际运输服务。以水路运输方式的，应提供《国际船舶运输经营许可证》；以航空运输方式的，应提供经营范围包括"国际航空客货邮运输业务"的《公共航空运输企业经营许可证》或经营范围包括"公务飞行"的《通用航空经营许可证》；以公路运输方式的，应提供经营范围包括"国际运输"的《道路运输经营许可证》和《国际汽车运输行车许可证》；以铁路运输方式的，应提供经营范围包括"许可经营项目：铁路客货运输"的《企业法人营业执照》或其他具有提供铁路客货运输服务资质的证明材料；提供航天运输服务的，应提供经营范围包括"商业卫星发射服务"的《企业法人营业执照》或其他具有提供商业卫星发射服务资质的证明材料。

> 💡 **特别提示**
>
> 其他具有提供商业卫星发射服务资质的证明材料，包括国家国防科技工业局颁发的《民用航天发射项目许可证》。

②提供港澳台运输服务。以公路运输方式提供内地往返香港、澳门的交通运输服务的，应提供《道路运输经营许可证》及持《道路运输证》的直通港澳运输车辆的物权证明；以水路运输方式提供内地往返香港、澳门交通运输服务的，应提供获得港澳线路运营许可船舶的物权证明；以水路运输方式提供大陆往返台湾交通运输服务的，应提供《台湾海峡两岸间水路运输许可证》及持《台湾海峡两岸间船舶营运证》船舶的物权证明；以航空运输方式提供港澳台运输服务的，应提供经营范围包括"国际、国内（含港澳）航空客货邮运输业务"的《公共航空运输企业经营许可证》或者经营范围包括"公务飞行"的《通用航空经营许可证》；以铁路运输方式提供内地往返香港的交通运输服务的，应提供经营范围包括"许可经营项目：铁路客货运输"的《企业法人营业执照》或其他具有提供铁路客货运输服务资质的证明材料（包括国家国防科技工业局颁发的《民用航天发射项目许可证》）。

③采用程租、期租和湿租方式租赁交通运输工具用于国际运输服务和港澳台运输服务的，应提供程租、期租和湿租合同或协议。

④对外提供研发服务或设计服务的，应提供《技术出口合同登记证》。

（3）增值税零税率应税服务提供者出口货物劳务，且未办理过出口退（免）税资格认定的，除提供上述资料外，还应提供加盖备案登记专用章的《对外贸易经营者备案登记表》和《中华人民共和国海关进出口货物收发货人报关注册登记证书》的原件及复印件。

4.已办理过出口退（免）税资格认定的出口企业，提供增值税零税率应税服务的，应填报《出口退（免）税资格认定变更申请表》及电子数据，提供上述所列的增值税零税率应税服务对应的资料，向主管税务机关申请办理出口退（免）税资格认定变更。

（五）纳税申报

1.增值税零税率应税服务提供者按规定需变更增值税退（免）税办法的，主管税务机关应按照现行规定进行退（免）税清算，在结清税款后方可办理变更。

2.增值税零税率应税服务提供者提供增值税零税率应税服务，应在财务作销售收入次月（按季度进行增值税纳税申报的为次季度首月，下同）的增值税纳税申报期内，向主管税务机关办理增值税纳税和退（免）税相关申报。

增值税零税率应税服务提供者收齐有关凭证后，可在财务作销售收入次月起至次年4月30日前的各增值税纳税申报期内向主管国税机关申报退（免）税；逾期申报的，不再按退（免）税申报，改按免税申报；未按规定申报免税的，应按规定缴纳增值税。

3.实行免抵退税办法的增值税零税率应税服务提供者应按照下列要求向主管税务机关办理增值税免抵退税申报：

（1）填报《免抵退税申报汇总表》。

（2）提供免抵退税正式申报电子数据。

（3）提供增值税零税率应税服务所开具的发票（经主管税务机关认可，可只提供电子数据，原始凭证留存备查）。

（4）根据所提供的适用增值税零税率应税服务，提供以下对应资料凭证：

提供国际运输服务、港澳台运输服务的，需填报《国际运输（港澳台运输）免抵退税申报明细表》，并提供下列原始凭证的原件及复印件：

①以水路运输、航空运输、公路运输方式的，提供增值税零税率应税服务的载货、载客舱单或其他能够反映收入原始构成的单据凭证。以航空运输方式且国际运输和港澳台运输各航段由多个承运人承运的，还需提供《航空国际运输收入清算账单申报明细表》。

②采用程租、期租、湿租服务方式租赁交通运输工具从事国际运输服务

第六章　增值税应纳税额计算及留抵退税实务操作与典型案例分析

和港澳台运输服务的，还应提供程租、期租、湿租的合同或协议复印件。向境外单位和个人提供期租、湿租服务，按规定由出租方申报退（免）税的，可不提供上述第①项的原始凭证。

上述第①项中的原始凭证（不包括《航空国际运输收入清算账单申报明细表》），经主管税务机关批准，增值税零税率应税服务提供者可只提供电子数据，原始凭证留存备查。

4.实行免抵退办法的增值税零税率应税服务提供者，向境外单位提供研发服务、设计服务、新纳入零税率范围的应税服务的，应在申报免抵退税时，向主管税务机关提供以下申报资料。

（1）《跨境应税行为免抵退税申报明细表》。

（2）《跨境应税行为收讫营业款明细清单》。

（3）《免抵退税申报汇总表》。

（4）免抵退税正式申报电子数据。

（5）下列资料及原始凭证的原件及复印件：

①提供增值税零税率应税服务所开具的发票（经主管国税机关认可，可只提供电子数据，原始凭证留存备查）。

②与境外单位签订的提供增值税零税率应税服务的合同。

> 💡 **特别提示**
>
> 提供软件服务、电路设计及测试服务、信息系统服务、业务流程管理服务，以及离岸服务外包业务的，同时提供合同已在商务部"服务外包及软件出口管理信息系统"中登记并审核通过，由该系统出具的证明文件；提供广播影视节目（作品）的制作和发行服务的，同时提供合同已在商务部"文化贸易管理系统"中登记并审核通过，由该系统出具的证明文件。

③提供电影、电视剧的制作服务的，应提供行业主管部门出具的在有效期内的影视制作许可证明；提供电影、电视剧的发行服务的，应提供行业主管部门出具的在有效期内的发行版权证明、发行许可证明。

④提供研发服务、设计服务、技术转让服务的，应提供与提供增值税零税率应税服务收入相对应的《技术出口合同登记证》及其数据表。

⑤从与之签订提供增值税零税率应税服务合同的境外单位取得收入的收款凭证。

> 💡 **特别提示**
>
> 跨国公司经外汇管理部门批准实行外汇资金集中运营管理或经中国人民银行批准实行经常项下跨境人民币集中收付管理的，其成员公司在批准的有效期内，可凭银行出具给跨国公司资金集中运营（收付）公司符合下列规定的收款凭证，向主管税务机关申报退（免）税：
>
> （1）收款凭证上的付款单位须是与成员公司签订提供增值税零税率应税服务合同的境外单位或合同约定的跨国公司的境外成员企业。
>
> （2）收款凭证上的收款单位或附言的实际收款人须载明有成员公司的名称。

（6）主管税务机关要求提供的其他资料及凭证。

5.实行免退税办法的增值税零税率应税服务提供者，应在申报免退税时，向主管国税机关提供以下申报资料：

（1）《跨境应税行为免退税申报明细表》。

（2）免退税正式申报电子数据。

（3）从境内单位或者个人购进增值税零税率应税服务出口的，提供应税服务提供方开具的增值税专用发票；从境外单位或者个人购进增值税零税率应税服务出口的，提供取得的解缴税款的中华人民共和国税收缴款凭证。

（4）上述第5点第（5）项所列资料及原始凭证的原件及复印件。

（六）税务机关的审核

1.主管税务机关受理增值税零税率应税服务退（免）税申报后，应对下列内容人工审核无误后，使用出口退税审核系统进行审核。对属于实行免退税办法的增值税零税率应税服务的进项一律使用交叉稽核、协查信息审核出口退税。如果在审核中有疑问的，可对企业进项增值税专用发票进行发函调查或核查。

提供国际运输、港澳台运输的，应从增值税零税率应税服务提供者申报中抽取若干申报记录审核以下内容：

（1）所申报的国际运输、港澳台运输服务是否符合适用增值税零税率应税服务的规定。

（2）所抽取申报记录申报应税服务收入是否小于或等于该申报记录所对应的载货或载客舱单上记载的国际运输、港澳台运输服务收入。

（3）采用期租、程租和湿租方式租赁交通运输工具用于国际运输服务和

第六章　增值税应纳税额计算及留抵退税实务操作与典型案例分析

港澳台运输服务的，重点审核期租、程租和湿租的合同或协议，审核申报退（免）税的企业是否符合适用增值税零税率应税服务的规定。

2. 主管税务机关受理增值税零税率应税服务退（免）税申报后，应按规定进行审核，经审核符合规定的，应及时办理退（免）税；不符合规定的，不予办理，按有关规定处理；存在其他审核疑点的，对应的退（免）税暂缓办理，待排除疑点后，方可办理。

3. 主管税务机关对申报的对外提供研发、设计服务以及新纳入零税率范围的应税服务退（免）税，应审核以下内容：

（1）申报的增值税零税率应税服务应符合适用增值税零税率应税服务规定。

（2）增值税零税率应税服务合同签订的对方应为境外单位。

（3）增值税零税率应税服务收入的支付方应为与之签订增值税零税率应税服务合同的境外单位。对跨国公司的成员公司申报退（免）税时提供的收款凭证是银行出具给跨国公司资金集中运营（收付）公司的，应要求企业补充提供中国人民银行或国家外汇管理局的批准文件，且企业提供的收款凭证应符合本公告的规定。

（4）申报的增值税零税率应税服务收入应小于或等于从与之签订增值税零税率应税服务合同的境外单位取得的收款金额；大于收款金额的，应要求企业补充提供书面说明材料及相应的证明材料。

（5）外贸企业外购应税服务出口的，除应符合上述规定外，其申报退税的进项税额还应与增值税零税率应税服务对应。

4. 因出口自己开发的研发服务或设计服务，退（免）税办法由免退税改为免抵退税办法的外贸企业，如果申报的退（免）税异常增长，出口货物劳务及服务有非正常情况的，主管税务机关可要求外贸企业报送出口货物劳务及服务所对应的进项凭证，并按规定进行审核。主管税务机关如果审核发现外贸企业提供的进货凭证有伪造或内容不实的，按照《财政部 国家税务总局关于出口货物劳务增值税和消费税政策通知》（财税〔2012〕39号）等有关规定处理。

5. 主管税务机关认为增值税零税率应税服务提供者提供的研发服务或设计服务出口价格偏高的，应按照《财政部 国家税务总局关于防范税收风险若干增值税政策的通知》（财税〔2013〕112号）第五条的规定处理。

6. 经主管税务机关审核，增值税零税率应税服务提供者申报的退（免）

税，如果凭证资料齐全、符合退（免）税规定的，主管税务机关应及时予以审核通过，办理退税和免抵调库，退税资金由中央金库统一支付。

7.增值税零税率应税服务提供者骗取国家出口退税款的，税务机关应按《国家税务总局关于停止为骗取出口退税企业办理出口退税有关问题的通知》（国税发〔2008〕32号）和《财政部 国家税务总局关于防范税收风险若干增值税政策的通知》（财税〔2013〕112号）的规定处理。增值税零税率应税服务提供者在停止退税期间发生的增值税零税率应税服务，不得申报退（免）税，应按规定缴纳增值税。

8.增值税零税率应税服务提供者提供适用增值税零税率的应税服务，如果放弃适用增值税零税率，选择免税或按规定缴纳增值税的，应向主管税务机关报送《放弃适用增值税零税率声明》，办理备案手续。自备案次月1日起36个月内，该企业提供的增值税零税率应税服务，不得申报增值税退（免）税。

9.主管税务机关应对增值税零税率应税服务提供者适用增值税零税率的退（免）税加强分析监控。

10.上述要求增值税零税率应税服务提供者向主管税务机关报送的申报表电子数据应均通过出口退（免）税申报系统生成、报送。在出口退（免）税申报系统信息生成、报送功能升级完成前，涉及需报送的电子数据，可暂报送纸质资料。出口退（免）税申报系统可从国家税务总局网站免费下载或由主管税务机关免费提供。

11.上述要求增值税零税率应税服务提供者向主管税务机关同时提供原件和复印件的资料，增值税零税率应税服务提供者提供的复印件上应注明"与原件相符"字样，并加盖企业公章。主管税务机关在核对复印件与原件相符后，将原件退回，留存复印件。

十、便利企业办理出口退（免）税

1.出口企业或其他单位办理出口退（免）税备案时，《出口退（免）税备案表》中的"退税开户银行账号"从税务登记的银行账号中选择一个填报，不再向主管国税机关提供银行开户许可证。

2.生产企业办理进料加工业务核销，按规定向主管国税机关报送《已核销手（账）册海关数据调整报告表（进口报关单/出口报关单）》时，不再提供向报关海关查询情况的书面说明。

3.委托出口的货物，除国家取消出口退税的货物外，委托方不再向主管国税机关报送《委托出口货物证明》，此前未报送《委托出口货物证明》的不再报送；受托方申请开具《代理出口货物证明》时，不再提供委托方主管国税机关签章的《委托出口货物证明》。

4.企业在申报铁路运输服务免抵退税时，属于客运的，应当提供《国际客运（含香港直通车）旅客、行李包裹运输清算函件明细表》；属于货运的，应当提供《中国铁路总公司国际货物运输明细表》，或者提供列明本企业清算后的国际联运运输收入的《清算资金通知清单》。

申报铁路运输服务免抵退税的企业，应当将以下原始凭证留存企业备查。主管国税机关对留存企业备查的原始凭证应当定期进行抽查。

（1）属于客运的，留存以下原始凭证：①国际客运联运票据（入境除外）；②铁路合作组织清算函件；③香港直通车售出直通客票月报。

（2）属于货运的，留存以下原始凭证：①运输收入会计报表；②货运联运运单；③"发站"或"到站（局）"名称包含"境"字的货票。

企业自2014年1月1日起，提供的适用增值税零税率的铁路运输服务，按上述规定申报免抵退税。

5.出口企业从事来料加工委托加工业务的，应当在海关办结核销手续的次年5月15日前，办理来料加工出口货物免税核销手续。未按规定办理来料加工出口货物免税核销手续或者不符合办理免税核销规定的，委托方应按规定补缴增值税、消费税。

6.以双委托方式（生产企业进口料件、出口成品均委托出口企业办理）从事的进料加工出口业务，委托方在申报免抵退税前，应按代理进口、出口协议及进料加工贸易手册载明的计划进口总值和计划出口总值，向主管税务机关报送《进料加工企业计划分配率备案表》及其电子数据。

7.出口企业不再填报《出口企业预计出口情况报告表》。

8.从事对外承包工程的企业在上一年度内，累计6个月以上未申报退税的，其出口退（免）税企业分类管理类别可不评定为三类。

十一、加强出口退（免）税事中事后管理

1.自2016年1月7日起，集团公司需要按收购视同自产货物申报免抵退税的，集团公司总部或其控股的生产企业向主管国税机关备案时，不再提供集团公司总部及其控股的生产企业的《出口退（免）税备案表》（或《出口退（免）税资格认定表》）复印件。

2.出口企业或其他单位办理撤回出口退（免）税备案事项时，如果向主管国税机关声明放弃未申报或已申报但尚未办理的出口退（免）税并按规定申报免税的，视同已结清出口退税款。

因合并、分立、改制重组等原因撤回出口退（免）税备案的出口企业或其他单位（以下简称撤回备案企业），可向主管国税机关提供以下资料，经主管国税机关核对无误后，视同已结清出口退（免）税款：

（1）企业撤回出口退（免）税备案未结清退（免）税确认书。

（2）合并、分立、改制重组企业决议、章程及相关部门批件。

（3）承继撤回备案企业权利和义务的企业（以下简称承继企业）在撤回备案企业所在地的开户银行名称及账号。

撤回备案事项办结后，主管国税机关将撤回备案企业的应退税款退还至承继企业账户，如发生需要追缴多退税款的，向承继企业追缴。

3.外贸企业进口货物复出口的，申报退（免）税时不再提供进口货物报关单。

十二、出口退（免）税申报有关问题

1.出口企业或其他单位办理出口退（免）税备案手续时，应按规定向主管税务机关填报修改后的《出口退（免）税备案表》。

2.出口企业和其他单位申报出口退（免）税时，不再进行退（免）税预申报。主管税务机关确认申报凭证的内容与对应的管理部门电子信息无误后方可受理出口退（免）税申报。

3.实行免抵退税办法的出口企业或其他单位在申报办理出口退（免）税时，不再报送当期《增值税纳税申报表》。

4.出口企业按规定申请开具代理进口货物证明时，不再提供进口货物报关单（加工贸易专用）。

5.外贸企业购进货物需分批申报退（免）税的以及生产企业购进非自产应税消费品需分批申报消费税退税的，出口企业不再向主管税务机关填报《出口退税进货分批申报单》，由主管税务机关通过出口税收管理系统对进货凭证进行核对。

6.生产企业应于每年4月20日前，按以下规定向主管税务机关申请办理上年度海关已核销的进料加工手册（账册）项下的进料加工业务核销手续。4月20日前未进行核销的，对该企业的出口退（免）税业务，主管税务机关

第六章　增值税应纳税额计算及留抵退税实务操作与典型案例分析

暂不办理，在其进行核销后再办理。

（1）生产企业申请核销前，应从主管税务机关获取海关联网监管加工贸易电子数据中的进料加工"电子账册（电子化手册）核销数据"以及进料加工业务的进口和出口货物报关单数据。

生产企业将获取的反馈数据与进料加工手册（账册）实际发生的进口和出口情况核对后，填报《生产企业进料加工业务免抵退税核销表》向主管税务机关申请核销。如果核对发现，实际业务与反馈数据不一致的，生产企业还应填写《已核销手册（账册）海关数据调整表》连同电子数据和证明材料一并报送主管税务机关。

（2）主管税务机关应将企业报送的电子数据读入出口退税审核系统，对《生产企业进料加工业务免抵退税核销表》和《已核销手册（账册）海关数据调整表》及证明资料进行审核。

（3）主管税务机关确认核销后，生产企业应以《生产企业进料加工业务免抵退税核销表》中的"已核销手册（账册）综合实际分配率"，作为当年度进料加工计划分配率；应在确认核销后的首次免抵退税申报时，根据《生产企业进料加工业务免抵退税核销表》确认的调整免抵退税额申报调整当期免抵退税额。

（4）生产企业发现核销数据有误的，应在发现次月按照上述第一项至第三项的有关规定向主管税务机关重新办理核销手续。

7. 出口企业因纳税信用级别、海关企业信用管理类别、外汇管理的分类管理等级等发生变化，或者对分类管理类别评定结果有异议的，可以书面向负责评定出口企业管理类别的税务机关提出重新评定管理类别。有关税务机关应按照《国家税务总局关于发布修订后的〈出口退（免）税企业分类管理办法〉的公告》（国家税务总局公告 2016 年第 46 号）的规定，自收到企业复评资料之日起 20 个工作日内完成评定工作。

8. 境内单位提供航天运输服务或在轨交付空间飞行器及相关货物，在进行出口退（免）税申报时，应填报《航天发射业务出口退税申报明细表》，并提供下列资料及原始凭证的复印件：

（1）签订的发射合同或在轨交付合同。

（2）发射合同或在轨交付合同对应的项目清单项下购进航天运输器及相关货物和空间飞行器及相关货物的增值税专用发票或海关进口增值税专用缴款书、接受发射运行保障服务的增值税专用发票。

（3）从与之签订航天运输服务合同的单位取得收入的收款凭证。

十三、优化整合出口退税信息系统，更好服务纳税人

（一）取消部分出口退（免）税申报事项

1. 纳税人因申报出口退（免）税的出口报关单、代理出口货物证明、委托出口货物证明、增值税进货凭证没有电子信息或凭证内容与电子信息不符，无法在规定期限内申报出口退（免）税或者开具《代理出口货物证明》的，取消出口退（免）税凭证无相关电子信息申报，停止报送《出口退（免）税凭证无相关电子信息申报表》。待收齐退（免）税凭证及相关电子信息后，即可申报办理退（免）税。

2. 纳税人因未收齐出口退（免）税相关单证，无法在规定期限内申报出口退（免）税或者开具《代理出口货物证明》的，取消出口退（免）税延期申报，停止报送《出口退（免）税延期申报申请表》及相关举证资料。待收齐退（免）税凭证及相关电子信息后，即可申报办理退（免）税。

（二）简化出口退（免）税报送资料

1. 纳税人办理出口退（免）税备案时，停止报送《对外贸易经营者备案登记表》《中华人民共和国外商投资企业批准证书》《中华人民共和国海关报关单位注册登记证书》。

2. 纳税人办理出口退（免）税备案变更时，在《出口退（免）税备案表》中仅需填报变更的内容。该备案表由《国家税务总局关于出口退（免）税申报有关问题的公告》（国家税务总局公告 2018 年第 16 号）发布。

3. 生产企业办理增值税免抵退税申报时，报送简并优化后的《免抵退税申报汇总表》和《生产企业出口货物劳务免抵退税申报明细表》，停止报送《免抵退税申报汇总表附表》《免抵退税申报资料情况表》《生产企业出口货物扣除国内免税原材料申请表》；办理消费税退税申报时，报送简并优化后的《生产企业出口非自产货物消费税退税申报表》。

4. 生产企业办理年度进料加工业务核销时，报送简并优化后的《生产企业进料加工业务免抵退税核销表》。企业获取的主管税务机关反馈数据与实际业务不一致的，报送简并优化后的《已核销手册（账册）海关数据调整

表》。主管税务机关确认核销后，生产企业应根据《生产企业进料加工业务免抵退税核销表》确认的应调整不得免征和抵扣税额在首次纳税申报时申报调整。

5.外贸企业以及横琴、平潭（以下简称区内）购买企业办理出口退（免）税申报时，报送简并优化后的《外贸企业出口退税进货明细申报表》和《外贸企业出口退税出口明细申报表》，停止报送《外贸企业出口退税汇总申报表》《区内企业退税进货明细申报表》《区内企业退税入区货物明细申报表》《区内企业退税汇总申报表》。

6.纳税人办理已使用过且未计算抵扣进项税额设备的出口退（免）税申报时，报送简并优化后的《出口已使用过的设备退税申报表》，停止报送《出口已使用过的设备折旧情况确认表》。

7.纳税人办理购买水电气、采购国产设备退税时，报送简并优化后的《购进自用货物退税申报表》，停止报送《购进水电气退税申报表》。

8.纳税人办理跨境应税行为免抵退税申报时，报送简并优化后的《免抵退税申报汇总表》，停止报送《免抵退税申报汇总表附表》。其中，办理国际运输（港澳台运输）免抵退税申报时，报送简并优化后的《国际运输（港澳台运输）免抵退税申报明细表》；办理其他跨境应税行为免抵退税申报时，报送简并优化后的《跨境应税行为免抵退税申报明细表》和《跨境应税行为收讫营业款明细清单》。

9.纳税人办理航天运输服务或在轨交付空间飞行器及相关货物免退税申报时，报送简并优化后的《航天发射业务免退税申报明细表》；办理其他跨境应税行为免退税申报时，报送简并优化后的《跨境应税行为免退税申报明细表》，停止报送《外贸企业外购应税服务出口明细申报表》《外贸企业出口退税进货明细申报表》《外贸企业出口退税汇总申报表》。

（三）优化出口退（免）税办税程序

1.纳税人办理出口退（免）税申报时，根据现行规定应在申报表中填写业务类型的，按照优化后的《业务类型代码表》填写。

2.纳税人发现已申报、但尚未经主管税务机关核准的出口退（免）税申报数据有误的，应报送《企业撤回退（免）税申报申请表》，主管税务机关未发现存在不予退税情形的，即可撤回该批次（所属期）申报数据。

> **特别提示**

纳税人自愿放弃已申报、但尚未经主管税务机关核准的出口退（免）税的，应报送《企业撤回退（免）税申报申请表》，主管税务机关未发现存在不予退税情形或者因涉嫌骗取出口退税被税务机关稽查部门立案查处未结案的，即可撤回该笔申报数据。已撤回申报数据涉及的相关单证，不得重新用于办理出口退（免）税申报。

3. 国家计划内出口的免税卷烟，因指定口岸海关职能变化不办理报关出口业务，而由其下属海关办理卷烟报关出口业务的，自海关职能变化之日起，下属海关视为指定口岸海关。从上述下属海关出口的免税卷烟，可按规定办理免税核销手续。

已实施通关一体化的地区，自本地区通关一体化实施之日起，从任意海关报关出口的免税卷烟，均可按规定办理免税核销手续。

（四）简化出口退（免）税证明开具

1. 纳税人申请开具《代理出口货物证明》时，报送简并优化后的《代理出口货物证明申请表》，停止报送纸质的《委托出口货物证明》。

2. 纳税人发生退运或者需要修改、撤销出口货物报关单时，报送简并优化后的《出口货物已补税/未退税证明》，停止报送《退运已补税（未退税）证明申请表》。主管税务机关按照下列规定在《出口货物已补税/未退税证明》上填写核实结果并反馈纳税人。

（1）出口货物未申报出口退（免）税的，核实结果填写"未退税"。

（2）已申报但尚未办理退（免）税的出口货物，适用免抵退税方式的，待纳税人撤销免抵退税申报后，或者向纳税人出具《税务事项通知书》，要求其在本月或次月申报免抵退税时以负数冲减原申报数据后，核实结果分别填写"未退税""已补税"；适用免退税方式的，待纳税人撤销出口退（免）税申报后，核实结果填写"未退税"。

（3）已办理退（免）税的出口货物，适用免抵退税方式的，待向纳税人出具《税务事项通知书》，要求其在本月或次月申报免抵退税时以负数冲减原申报数据后，核实结果填写"已补税"；适用免退税方式的，待纳税人补缴已退税款后，核实结果填写"已补税"。

纳税人委托出口货物发生退运或者需要修改、撤销出口货物报关单时，应由委托方向主管税务机关申请开具《出口货物已补税/未退税证明》转交受托方，受托方凭该证明向主管税务机关申请开具《出口货物已补税/未退税证明》。

> **特别提示**
>
> 纳税人未按规定负数冲减原免抵退税申报数据的，在冲减数据前不得再次申报退（免）税。

3.纳税人需要作废出口退（免）税相关证明的，应向主管税务机关提出申请，并交回原出具的纸质证明。

（五）完善出口退（免）税分类管理

1.将《出口退（免）税企业分类管理办法》（国家税务总局公告2016年第46号发布，2018年第31号修改）第六条中"评定时纳税信用级别为C级，或尚未评价纳税信用级别"调整为"评定时纳税信用级别为C级、M级或尚未评价纳税信用级别"。

2.年度评定结果于评定完成后的次月1日起生效，动态调整和复评于评定完成后的次日起生效。新的管理类别生效前，已申报的出口退（免）税，仍按原类别办理。

3.《出口退（免）税企业分类管理办法》中的"外贸综合服务业务"，应符合《国家税务总局关于调整完善外贸综合服务企业办理出口货物退（免）税有关事项的公告》（国家税务总局公告2017年第35号）中关于代办退税业务的规定。

（六）增加出口退（免）税便捷服务

1.为便于纳税人申报办理出口退（免）税事项，本次系统整合提供了电子税务局、标准版国际贸易"单一窗口"、出口退税离线申报工具三种免费申报渠道，供纳税人选用。

2.为便于纳税人办理下列出口退（免）税事项，上述三种免费申报渠道中增加了便捷服务功能，纳税人可通过上述申报渠道，提出相关申请。

（1）出口退（免）税备案撤回。

（2）已办结退税的出口货物免退税申报，发现申报数据有误而作申报调整。

（3）将申请出口退税的增值税专用发票、海关进口增值税专用缴款书用途改为申报抵扣。

（4）出口退（免）税相关证明作废。

（5）进料加工计划分配率调整。

十四、进一步便利出口退税办理，促进外贸平稳发展

（一）完善出口退（免）税企业分类管理

出口企业管理类别年度评定工作应于企业纳税信用级别评价结果确定后1个月内完成。

纳税人发生纳税信用修复情形的，可以书面向税务机关提出重新评定管理类别。因纳税信用修复原因重新评定的纳税人，不受《出口退（免）税企业分类管理办法》（国家税务总局公告2016年第46号发布，2018年第31号修改）第十四条中"四类出口企业自评定之日起，12个月内不得评定为其他管理类别"规定限制。

（二）优化出口退（免）税备案单证管理

1.纳税人应在申报出口退（免）税后15日内，将下列备案单证妥善留存，并按照申报退（免）税的时间顺序，制作出口退（免）税备案单证目录，注明单证存放方式，以备税务机关核查。

（1）出口企业的购销合同（包括出口合同、外贸综合服务合同、外贸企业购货合同、生产企业收购非自产货物出口的购货合同等）。

（2）出口货物的运输单据（包括海运提单、航空运单、铁路运单、货物承运单据、邮政收据等承运人出具的货物单据，出口企业承付运费的国内运输发票，出口企业承付费用的国际货物运输代理服务费发票等）。

（3）出口企业委托其他单位报关的单据（包括委托报关协议、受托报关单位为其开具的代理报关服务费发票等）。

> **特别提示**
>
> 纳税人无法取得上述单证的，可用具有相似内容或作用的其他资料进行单证备案。除另有规定外，备案单证由出口企业存放和保管，不得擅自损毁，保存期为5年。
>
> 纳税人发生零税率跨境应税行为不实行备案单证管理。

2.纳税人可以自行选择纸质化、影像化或者数字化方式，留存保管上述备案单证。选择纸质化方式的，还需在出口退（免）税备案单证目录中注明备案单证的存放地点。

3.税务机关按规定查验备案单证时，纳税人按要求将影像化或者数字化备案单证转换为纸质化备案单证以供查验的，应在纸质化单证上加盖企业印章并签字声明与原数据一致。

（三）完善加工贸易出口退税政策

实行免抵退税办法的进料加工出口企业，在国家实行出口产品征退税率一致政策后，因前期征退税率不一致等原因，结转未能抵减的免抵退税"不得免征和抵扣税额抵减额"，企业进行核对确认后，可调转为相应数额的增值税进项税额。

（四）精简出口退（免）税报送资料

1.纳税人办理委托出口货物退（免）税申报时，停止报送代理出口协议副本、复印件。

2.纳税人办理融资租赁货物出口退（免）税备案和申报时，停止报送融资租赁合同原件，改为报送融资租赁合同复印件（复印件上应注明"与原件一致"并加盖企业印章）。

3.纳税人办理来料加工委托加工出口货物的免税核销手续时，停止报送加工企业开具的加工费普通发票原件及复印件。

4.纳税人申请开具《代理出口货物证明》时，停止报送代理出口协议原件。

5.纳税人申请开具《代理进口货物证明》时，停止报送加工贸易手册原件、代理进口协议原件。

6.纳税人申请开具《来料加工免税证明》时，停止报送加工费普通发票原件、进口货物报关单原件。

7.纳税人申请开具《出口货物转内销证明》时，停止报送《出口货物已补税/未退税证明》原件及复印件。

> **特别提示**
>
> 对于上述停止报送的资料原件，纳税人应当妥善留存备查。

(五)拓展出口退(免)税提醒服务

为便于纳税人及时了解出口退(免)税政策及管理要求的更新情况、出口退(免)税业务申报办理进度,税务机关为纳税人免费提供出口退(免)税政策更新、出口退税率文库升级、尚有未用于退(免)税申报的出口货物报关单、已办结出口退(免)税等提醒服务。纳税人可自行选择订阅提醒服务内容。

(六)简化出口退(免)税办理流程

1.简化外贸综合服务企业代办退税备案流程。

外贸综合服务企业在生产企业办理委托代办退税备案后,留存以下资料,即可为该生产企业申报代办退税,无须报送《代办退税情况备案表》(国家税务总局公告2017年第35号发布)和企业代办退税风险管控制度。

(1)与生产企业签订的外贸综合服务合同(协议)。

(2)每户委托代办退税生产企业的《代办退税情况备案表》。

(3)外贸综合服务企业代办退税风险管控制度、内部风险管控信息系统建设及应用情况。

特别提示

生产企业办理委托代办退税备案变更后,外贸综合服务企业将变更后的《代办退税情况备案表》留存备查即可,无须重新报送该表。

2.推行出口退(免)税实地核查"容缺办理"。

(1)对于纳税人按照现行规定须实地核查通过方可办理的首次申报的出口退(免)税以及变更退(免)税办法后首次申报的出口退(免)税,税务机关经审核未发现涉嫌骗税等疑点或者已排除涉嫌骗税等疑点的,应按照"容缺办理"的原则办理退(免)税:在该纳税人累计申报的应退(免)税额未超过限额前,可先行按规定审核办理退(免)税再进行实地核查;在该纳税人累计申报的应退(免)税额超过限额后,超过限额的部分需待实地核查通过后再行办理退(免)税。

上述须经实地核查通过方可审核办理的首次申报的出口退(免)税包括:外贸企业首次申报出口退税(含外贸综合服务企业首次申报自营出口业务退税),生产企业首次申报出口退(免)税(含生产企业首次委托外贸综合服务企业申报代办退税），外贸综合服务企业首次申报代办退税。

上述按照"容缺办理"的原则办理退（免）税，包括纳税人出口货物、视同出口货物、对外提供加工修理修配劳务、发生零税率跨境应税行为涉及的出口退（免）税。

上述累计申报应退（免）税额的限额标准为：外贸企业（含外贸综合服务企业自营出口业务）100万元；生产企业（含生产企业委托代办退税业务）200万元；代办退税的外贸综合服务企业100万元。

（2）税务机关经实地核查发现纳税人已办理退（免）税的业务属于按规定不予办理退（免）税情形的，应追回已退（免）税款。因纳税人拒不配合而无法开展实地核查的，税务机关应按照实地核查不通过处理相关业务，并追回已退（免）税款，对于该纳税人申报的退（免）税业务，不适用"容缺办理"原则。

（3）纳税人申请变更退（免）税方法、变更出口退（免）税主管税务机关、撤回出口退（免）税备案时，存在已"容缺办理"但尚未实地核查的退（免）税业务的，税务机关应当先行开展实地核查。经实地核查通过的，按规定办理相关变更、撤回事项；经实地核查发现属于按规定不予办理退（免）税情形的，应追回已退（免）税款后，再行办理相关变更、撤回事项。

（七）简便出口退（免）税办理方式

1. 推广出口退（免）税证明电子化开具和使用。

纳税人申请开具《代理出口货物证明》《代理进口货物证明》《委托出口货物证明》《出口货物转内销证明》《中标证明通知书》《来料加工免税证明》的，税务机关为其开具电子证明，并通过电子税务局、国际贸易"单一窗口"等网上渠道（以下简称网上渠道）向纳税人反馈。纳税人申报办理出口退（免）税相关涉税事项时，仅需填报上述电子证明编号等信息，无须另行报送证明的纸质件和电子件。其中，纳税人申请开具《中标证明通知书》时，无须再报送中标企业所在地主管税务机关的名称、地址、邮政编码。

纳税人需要作废上述出口退（免）税电子证明的，应先行确认证明使用情况，已用于申报出口退（免）税相关事项的，不得作废证明；未用于申报出口退（免）税相关事项的，应向税务机关提出作废证明申请，税务机关核对无误后，予以作废。

2. 推广出口退（免）税事项"非接触"办理。

纳税人申请办理出口退（免）税备案、证明开具及退（免）税申报等事项时，按照现行规定需要现场报送的纸质表单资料，可选择通过网上渠道，以影像化或者数字化方式提交。纳税人通过网上渠道提交相关电子数据、影像化或者数字化表单资料后，即可完成相关出口退（免）税事项的申请。原需报送的纸质表单资料，以及通过网上渠道提交的影像化或者数字化表单资料，纳税人应妥善留存备查。

税务机关受理上述申请后，按照现行规定为纳税人办理相关事项，并通过网上渠道反馈办理结果。纳税人确需税务机关出具纸质文书的，税务机关应当为纳税人出具。

（八）完善出口退（免）税收汇管理

纳税人适用出口退（免）税政策的出口货物，有关收汇事项应按照以下规定执行。

1. 纳税人申报退（免）税的出口货物，应当在出口退（免）税申报期截止之日前收汇。未在规定期限内收汇，但符合《视同收汇原因及举证材料清单》所列原因的，纳税人留存《出口货物收汇情况表》及举证材料，即可视同收汇；因出口合同约定全部收汇最终日期在退（免）税申报期截止之日后的，应当在合同约定收汇日期前完成收汇。

2. 出口退（免）税管理类别为四类的纳税人，在申报出口退（免）税时，应当向税务机关报送收汇材料。

纳税人在退（免）税申报期截止之日后申报出口货物退（免）税的，应当在申报退（免）税时报送收汇材料。

纳税人被税务机关发现收汇材料为虚假或冒用的，应自税务机关出具书面通知之日起 24 个月内，在申报出口退（免）税时报送收汇材料。

除上述情形外，纳税人申报出口退（免）税时，无须报送收汇材料，留存举证材料备查即可。税务机关按规定需要查验收汇情况的，纳税人应当按照税务机关要求报送收汇材料。

3. 纳税人申报退（免）税的出口货物，具有下列情形之一，税务机关未办出口退（免）税的，不得办理出口退（免）税；已办出口退（免）税的，应在发生相关情形的次月用负数申报冲减原退（免）税申报数据，当期退（免）税额不足冲减的，应补缴差额部分的税款。

（1）因出口合同约定全部收汇最终日期在退（免）税申报期截止之日后

的，未在合同约定收汇日期前完成收汇。

（2）未在规定期限内收汇，且不符合视同收汇规定。

（3）未按上述规定留存收汇材料。

（4）纳税人确实无法收汇且不符合视同收汇规定的出口货物，适用增值税免税政策。

（5）税务机关发现纳税人申报退（免）税的出口货物收汇材料为虚假或者冒用的，应当按照《税收征收管理法》有关规定进行处理，相应的出口货物适用增值税征税政策。

> **特别提示**
>
> 1.上述收汇材料是指《出口货物收汇情况表》及举证材料。对于已收汇的出口货物，举证材料为银行收汇凭证或者结汇水单等凭证；出口货物为跨境贸易人民币结算、委托出口并由受托方代为收汇，或者委托代办退税并由外贸综合服务企业代为收汇的，可提供收取人民币的收款凭证；对于视同收汇的出口货物，举证材料按照《视同收汇原因及举证材料清单》确定。
>
> 2.上述出口货物，不包括《财政部、国家税务总局关于出口货物劳务增值税和消费税政策的通知》（财税〔2012〕39号）第一条第二项（第2目除外）所列的视同出口货物，以及易货贸易出口货物、边境小额贸易出口货物。

第四节　增值税应纳税额计算及留抵退税典型案例分析

一、选择简易计税方法计算增值税

（一）案例出处

江苏省金湖县人民法院（2022）苏0831民初2709号民事判决书。

（二）案例事实

1.2011年5月7日至2012年6月28日期间，原告工农村村委会将位于金湖县（原黎城镇）工农村的××××交易市场水泥场地及配套设施工程通过招投标和直接发包的形式交由被告承建，2011年9月案涉工程全部完成，具体协议如下：2011年5月7日水塘平整协议、2011年6月28日水泥场地铺设协议、2011年8月30日隐蔽工程协议、2011年12月8日协议（土方）、2011年12月8日补充协议（附属设施工程）。

2.2013年5月30日，案涉工程经金湖县审计局审计并出具金审结报〔2013〕22号审计报告，审计价为2 604 885元。

3.截至2015年8月16日，被告陈某富共领取工程款2 623 300元。对此原、被告均无异议，但被告辩称原告未将逾期给付工程款产生的利息219 244.09元计算在内，并提交2015年9月6日领条一份予以佐证。

4.被告陈某富已开具4张金额累计为1 105 000元的增值税发票及21张累计金额为1 491 590元的材料发票交付原告。其中，增值税发票抬头均已加盖原告的财务审核章，材料发票中有4张已由时任工农村村委会主任及村委会其他工作人员在当时签字予以证明。

5.被告陈某富现为公司法定代表人，其开票行为受到监管，无法开具工程款增值税发票。

（三）法院观点

本案争议焦点如下：

1.原告诉请被告陈某富开具相应金额的工程款专用增值税发票是否属于人民法院民事案件受案范围。

2.被告陈某富应开具给原告工农村村委会工程款专用增值税发票的金额是多少；在被告陈某富客观上无法履行开票义务的情况下，原告诉请其承担相应税金是否应予支持。

3.被告陈某富应返还原告工程款金额是多少。

江苏省金湖县人民法院认为，关于第一个争议焦点，原告诉请被告陈某富开具工程款专用增值税发票属于人民法院民事案件审理范围。

《税收征收管理法》第二十一条第一款规定"税务机关是发票的主管机关，负责发票印制、领购、开具、取得、保管、缴销的管理和监督。单位、个人在购销商品、提供或者接受经营服务以及从事其他经营活动中，应当按照规定开具、使用、取得发票"；《发票管理办法》第十九条规定"销售商品、提供服务以及从事其他经营活动的单位和个人，对外发生经营业务收取款项，收款方应当向付款方开具发票；特殊情况下，由付款方向收款方开具

第六章　增值税应纳税额计算及留抵退税实务操作与典型案例分析

发票"。根据上述法律法规规定，收取工程款开具工程款发票是承包方税法上的义务，承包人应当依据税法的相关规定向发包人开具发票。本案中，原告要求被告开具发票并非指由税务机关提供发票，而是指在给付工程款时需由承包方向发包人给付税务机关开具的发票，当事人之间就一方自主申请开具发票与另一方取得发票的关系，属于民事法律关系范畴，属于民事案件的审理范围。

关于第二个争议焦点，被告陈某富应开具税价合计金额为 1 499 885 元的工程款专用增值税发票给原告，因其客观上无法履行开票义务，故对原告工农村村委会要求其承担相应税金的诉讼请求予以支持。经核实，被告陈某富应承担税金为 43 685.97 元。

被告陈某富于 2014 年 6 月 30 日至 2014 年 11 月 3 日已开具了 4 张累计金额为 1 105 000 元的增值税发票给原告，上述发票上均已加盖原告财务会审专用章，现有证据可以证明其已实际交付上述税票，原告未能及时入账责任不在被告，故该 1 105 000 元金额应视为被告陈某富已履行开票义务。

被告陈某富提交了金额累计为 1 499 885 元的材料票，上述材料票的受票方为金湖县工农村村民委员会，但开票方并非被告陈某富而系其他材料供应商，原告如同意接受上述材料发票就属违法（实际并未入账）。开具上述材料票本质上属于"替代开票"行为，上述行为违反建筑行业税收制度和发票管理办法的强制性规定，故不能视为被告陈某富已履行开具下余 1 499 885 元工程款专用增值税发票义务，其仍应开具价税金额合计 1 499 885 元的工程款专用增值税发票交付原告。

江苏省金湖县人民法院查明，被告陈某富名下有公司，其作为法定代表人开票行为受监管，客观上无法开具 1 499 885 元的工程款专用增值税发票。在此情形下，如人民法院径行判令其开具价税金额为 1 499 885 元工程款专用增值税发票给原告，则明知其履行不能而下判。江苏省金湖县人民法院已向原告法律释明，原告表示如被告陈某富确开票不能，则要求其承担相应金额工程款专用增值税发票所对应的税金，对此江苏省金湖县人民法院认为应予以支持。

案涉工程系 2016 年 4 月 30 日前的建筑工程老项目，《营业税改征增值税试点实施办法》第十八条规定："一般纳税人发生应税行为适用一般计税方法计税。一般纳税人发生财政部和国家税务总局规定的特定应税行为，可以选择适用简易计税方法计税，但一经选择，36 个月内不得变更。"根据上述规定，一般纳税人原则上应适用一般计税方法计税，在发生特定应税行为时，可以选择简易计税方法计税，但一经选择，在备案期36个月内不得变更。《营业税改征增值税试点有关事项的规定》（财税〔2016〕36号附件2）第一条第七项第3目规定："一般纳税人为建筑工程老项目提供的建筑服务，可以选择适用简易计税方法计税。……"本案被告承建的案涉工程系建筑工程老项目，根据该条规定，可以选择适用简易计税方法计税。

价税合计金额1 499 885元的工程款专用增值税发票对应的税金按照"营改增"前简易计税的3%税率计算应为43 685.97元。

关于第三个争议焦点，江苏省金湖县人民法院认为被告陈某富应返还原告工程款18 415元。

2013年5月30日，案涉工程经金湖县审计局审计并出具金审结报〔2013〕22号审计报告，审计价为2 604 885元，而被告陈某共领取工程款2 623 300元，对此原、被告均无异议，故被告陈某富应返还原告工程款18 415元。

被告陈某富辩称原告未将逾期给付工程款产生的利息219 244.09元计算在内，并提交2015年9月6日领条一份予以佐证。江苏省金湖县人民法院已当庭告知被告陈某富其抗辩原告尚欠其219 244.09元工程款的证据是一份领条，需结合其他证据才能判断原告是否确应给付其相应款项，被告陈某富称其将另案主张，对此江苏省金湖县人民法院予以尊重，不再要求其在本案中补充证据，对其上述抗辩江苏省金湖县人民法院亦暂不予理涉。

裁判核心观点

《税收征收管理法》第二十一条第一款规定"税务机关是发票的主管机关，负责发票印制、领购、开具、取得、保管、缴销的管理和监督。单位、个人在购销商品、提供或者接受经营服务以及从事其他经营活动中，应当按照规定开具、使用、取得发票"；《发票管理办法》第十九条规定"销售商品、提供服务以及从事其他经营活动的单位和个人，对外发生经营业务收取款项，收款方应当向付款方开具发票；特殊情况下，由付款方向收款方开具发票"。根据上述法律法规规定，收取工程款开具工程款发票是承包方税法上的义务，承包人应当依据税法的相关规定向发包人开具发票。本案中，原告要求被告开具发票并非指由税务机关提供发票，而是指在给付工程款时需由承包方向发包人给付税务机关开具的发票，当事人之间就一方自主申请开具发票与另一方取得发票的关系，属于民事法律关系范畴，属于民事案件的审

第六章　增值税应纳税额计算及留抵退税实务操作与典型案例分析

理范围。

二、一般计税方法下增值税应纳税额的计算

（一）案例出处

中华人民共和国最高人民法院（2019）最高法民申 6325 号民事裁定书。

（二）案例事实

上海上实国际贸易（集团）有限公司（以下简称上实国贸）申请再审称：

1. 上海市高级人民法院（以下简称二审法院）对上实国贸提交的证据未组织当事人进行质证，影响案件的公正裁判。二审法院于 2017 年 11 月 8 日组织庭审，对上实国贸当庭提交的十三组证据原件未安排质证。二审法院在 2018 年 9 月 20 日组织双方当事人进行谈话，仅对其中第十三组证据原件进行了质证，未对第一至第十二组证据原件进行质证，却在判决书中表述为上实国贸仅提供了第一至第十二组证据的复印件，剥夺了上实国贸出示证据原件质证的权利。在对证据原件未作核对的情况下，二审法院以当事人仅提供证据复印件为由否定第一至十二组证据的效力，属于程序违法，而该十二组证据证明上实国贸所主张的在案涉货物进口业务中产生的巨额损失以及转卖货物的原因。

2. 本案为因《进口镍矿港口代理协议》（以下简称《港口代理协议》）引起的合同纠纷，二审法院却置《合同法》和《港口代理协议》的明确约定于不顾，偷换和混淆"增值税抵扣"之概念，错误适用增值税管理方面的行政法规《增值税暂行条例》的规定判案，从而导致案件的事实查明和法律适用均存在明显错误。二审判决错误认定上实国贸成为支付案涉货物增值税的义务主体。案涉货物进口业务中上实国贸系进口方和进口增值税的法定对外缴纳主体，其对货物的处置系根据《港口代理协议》约定的其对货物的控制权（及所有权）采取的减少损失的物权救济措施，因此，货物被处置转卖并不改变和影响江苏同益国际物流股份有限公司（以下简称同益物流）在《港口代理协议》中承诺的最终承担进口增值税义务的履行。二审判决对案涉业务的进口方及增值税缴纳主体等本案的交易各方角色和权利义务等基本事实的认定明显错误。

3. 二审判决错误引用 2017 年 11 月 19 日已被修订的《增值税暂行条例》

第四条和第八条,判决结果不可能正确。

4.本案并非应由谁向国家税务机关支付进口增值税税款的税法纠纷,而是该等税款对外缴付之后根据《港口代理协议》判定由谁最终承担的问题,即同益物流是否有对上实国贸的补偿义务。而二审法院不顾该纠纷的实质,置《港口代理协议》条款及《合同法》的基本原则和规定于不顾,适用增值税缴纳方面的行政管理规定判定本案的合同纠纷,偷换税法上的增值税抵扣与《合同法》上的损失补偿的概念,认定上实国贸在本案中不存在增值税税款损失,适用法律错误。

(1)二审判决混淆了增值税的基本概念,将货物两个流转过程(即进口环节及销售环节)所产生的增值税混为一谈。根据《增值税暂行条例》第一条规定,相关方进口货物和销售货物均应缴纳增值税。在案涉货物进口时,按照增值税条例规定,上实国贸作为进口方向国家税务机关承担缴纳增值税义务;由于货物转卖,上实国贸作为销售方,也是销售环节增值税纳税的义务人,也须缴纳相应增值税。无论货物在销售环节是否进行了增值税的抵扣,在进口环节缴纳的增值税都已由上实国贸实际支出,产生了实际的费用和损失。

(2)上实国贸在本案中诉请的"增值税损失"是指在同益物流履行《港口代理协议》的情况下本不应由上实国贸承担,却因同益物流的违约而产生的进口增值税税款的额外费用损失,这与二审判决认为的货物转卖时的增值税应纳税额完全是两个概念。根据《合同法》第一百一十三条的规定,损害赔偿应遵循完全赔偿原则,违约方应赔偿受害人的实际费用的支出和可得利益的损失,以达到恢复合同履行时的状态。上实国贸是否有增值税损失,应当根据《港口代理协议》履行时其承担的税费和成本来判断。案涉货物进口增值税为5 547 148.11元,根据《港口代理协议》第四条第5款约定,该笔费用本应由同益物流最终承担,但其仅支付350万元,尚有2 047 148.11元未支付,从而增加了上实国贸在《港口代理协议》履行状态下本不应当承担的成本和费用,构成上实国贸的损失。这一部分税款的缴纳是实际发生的,不存在任何扣减,更与二审判决认定的在货物销售环节销售方的应纳税额没有关联。本案中上实国贸诉请的费用和损失的补偿关系是由于同益物流未履行《港口代理协议》第四条第5款约定的义务,从而造成该部分进口增值税税款成了上实国贸为进口货物而额外支出的一部分费用,该部分费用当然应视为上实国贸的损失,而且该损失为同益物流的违约行为所直接造成,应由同益

第六章 增值税应纳税额计算及留抵退税实务操作与典型案例分析

物流向上实国贸进行补偿和支付。

（3）增值税条例关于缴纳主体的规定并不排除当事人自行约定增值税承担主体的自由。根据最高人民法院审理的（2007）民一终字第62号、（2014）民提字第23号案例，当事人有权自由约定包括增值税在内的各项流转税的承担主体，只要约定的税费实际产生，该承担主体就应当承担支付义务。综上，请求依据《民事诉讼法》第二百条第二项、第四项、第六项规定，再审本案。

同益物流提交意见称：

1. 二审法院庭审中已组织当事人对上实国贸提交的第一至十二组证据进行了质证，对上述证据不予认定并非仅因为上实国贸提供的是复印件，更是因为与其主张的增值税税款损失无关联性，二审程序合法。

2. 二审判决不存在事实认定错误的情形，不存在认定的事实缺乏证据证明、认定事实的主要证据是伪造的、认定事实的主要证据未经质证的情况。案涉《港口代理协议》服务且派生于上实国贸与浙江嘉善新天地矿业投资有限公司（以下简称嘉善新天地）之间交易的一份协议，其中增值税由嘉善新天地最终承担的约定也是建立在案涉货物的货权最终由嘉善新天地拥有的基础上。上实国贸将案涉货物转卖的事实实际上已经改变了其与嘉善新天地之间关于货权最终转予嘉善新天地的约定。因此，上实国贸的转卖行为已经让其地位从原来单纯的进口代理转变为进口销售，根据法律规定，进口环节和流转环节产生的增值税均应由实际进口和销售货物的上实国贸自行承担，其无权要求同益物流先行垫付剩余增值税税款；相反，同益物流依法保留向上实国贸主张返还已垫付的350万元增值税税款的权利。因上实国贸转卖案涉货物从而改变了《港口代理协议》继续履行的基础，二审判决对嘉善新天地与上实国贸的法律地位以及案涉货物增值税义务主体的认定符合案件真实情况。

3. 二审判决不存在适用法律错误的情形。虽然二审判决所引用的增值税条例确已修改，但其修订部分与本案争议无关，不影响案件审理及判决结果。

4. 对案涉增值税义务主体的认定是本案关键事实，二审判决依据本案交易背景及《港口代理协议》内容，结合增值税法律规定对争议焦点以及对上实国贸是否存在增值税损失的认定合法合理。即便上实国贸与嘉善新天地交易合同履行完毕，案涉货物转售给嘉善新天地，进口增值税转嫁到嘉善新天地，无须上实国贸承担，上实国贸亦不存在增值税损失。港口代理协议中关于进口增值税由嘉善新天地负担的约定系增值税税款支付时间的约定，而非最终由谁负担的约定。综上，请求驳回上实国贸的再审申请。

（三）法院观点

中华人民共和国最高人民法院经审查认为，本案系海上货运代理合同纠纷。根据上实国贸的再审申请，本案主要审查原审判决认定事实的主要证据是否未经质证，以及认定案件基本事实是否缺乏证据证明，适用法律是否错误。

1. 关于原审判决认定事实的主要证据是否未经质证的问题。经查，上实国贸在原审法院2017年11月8日庭审中陈述，"由于上诉人（同益物流）在上诉中提出了原告新的观点，即处置案涉货物的损失。围绕该点，我们补充提供我们处置案涉货物的相关依据。由于时间问题，我们提供的证据材料中有部分财务资料的原件今天无法提供，因为入账了。（向法庭及上诉人提供证据材料）"。上实国贸所提交的十三组证据的主要内容为：费用清单、上实国贸支付的货款、海运费、进口货物运输保险费、进口增值税、港口费用、商检费、开证费、律师费、诉讼费、同益物流支付的部分税款、嘉善新天地支付的保证金以及上实国贸收到的货款等相关材料。原审法院于2018年9月20日组织双方当事人对上实国贸提交的十三组证据进行了质证。同益物流发表的质证意见为："被上诉人（上实国贸）当庭提交了十三份证据，我们认为前十二份证据与本案争议的增值税损失无关，只有第十三份与本案有关。首先，在对真实性持有保留意见的前提下，我们认为被上诉人已将案涉货物进行了转卖，而转卖时的税率是17%，进口货物的增值税税率是13%（注：后更正为17%），故我们认为从被上诉人角度来说，进项税的税额是低于销项税的税额，故被上诉人不存在增值税的损失。"可见，原审法院对上实国贸提交的证据均组织双方当事人进行了质证，认为"对于证据一至十二，由于上实国贸提供的仅是复印件，同益物流对关联性也不予认可，与案涉上实国贸主张的增值税税款损失无关联性"，故未予采纳。原审判决不存在《民事诉讼法》第二百条第四项规定的情形，上实国贸的此项再审申请理由不能成立。

2. 关于原审判决认定案件基本事实是否缺乏证据证明，适用法律是否错误的问题。根据原审查明的事实，上实国贸、嘉善新天地、同益物流于2014年8月25日签订案涉《港口代理协议》约定，进口增值税由嘉善新天

第六章 增值税应纳税额计算及留抵退税实务操作与典型案例分析

地承担,"进口货物的增值税,由丙方(同益物流)代乙方(嘉善新天地)支付给甲方(上实国贸)(或直接支付给海关),于完税后 2 个工作日内将税单原件[税单上经营单位和收货单位均为上海上实国际贸易(集团)有限公司]交给甲方,并将报关单寄给甲方。丙方垫付增值税的行为属乙方与丙方之间的借贷关系,不影响甲方的实际控货权利"。另据上实国贸原审中提交的其与嘉善新天地签订的《委托代理协议书》内容,双方约定嘉善新天地委托上实国贸进口案涉货物,进口增值税由嘉善新天地自行交付给海关或者由货代支付到上实国贸指定账户,由货代代嘉善新天地向海关缴纳。《增值税暂行条例》第一条规定:"在中华人民共和国境内销售货物或者加工、修理修配劳务(以下简称劳务),销售服务、无形资产、不动产以及进口货物的单位和个人,为增值税的纳税人,应当依照本条例缴纳增值税。"上述协议约定由嘉善新天地承担案涉货物的进口增值税,以及由同益物流代嘉善新天地支付进口增值税,系基于嘉善新天地为案涉货物的委托进口方。而原审查明,因嘉善新天地没有按《委托代理协议书》约定履行相关义务,2016 年 11 月 25 日,上实国贸作为卖方与案外人上海兆航金属材料有限公司(以下简称兆航公司)作为需方签订购销合同,将案涉进口镍矿转卖给兆航公司。基于上述事实,原审判决认定嘉善新天地未按代理协议办理案涉货物所有权转移的相关手续,最终案涉货物被上实国贸提走并进行转卖,《港口代理协议》的履行发生重大变化,上实国贸为支付案涉货物进口增值税的义务主体,具有事实和法律依据。

根据《港口代理协议》约定,同益物流负有代嘉善新天地支付案涉增值税的义务,如果因嘉善新天地的违约行为,致使上实国贸实际遭受了增值税损失,同益物流依法应承担相应的赔偿责任。增值税是以商品(含应税劳务)在流转过程中产生的增值额作为计税依据而征收的一种流转税。根据《增值税暂行条例》第四条规定,"纳税人销售货物、劳务、服务、无形资产、不动产(以下统称应税销售行为),应纳税额为当期销项税额抵扣当期进项税额后的余额","当期销项税额小于当期进项税额不足抵扣时,其不足部分可以结转下期继续抵扣",增值税计算公式为:应纳税额 = 销项税额 − 进项税额。根据原审查明的事实,案涉货物运抵连云港后,连云港海关于 2014 年 11 月 17 日向上实国贸出具增值税额为 5 547 148.11 元的海关进口增值税专用缴款书。2014 年 12 月 2 日,同益物流向上实国贸支付增值税税款 350 万元。同日，上实国贸向连云港海关缴付 5 547 148.11 元增值税税款（进项税额），其中 2 047 148.11 元由上实国贸承担。上实国贸虽然承担了一部分本不应由其支付的增值税，但其从兆航公司收取的货款 28 518 875 元中，包含 4 143 768.16 元增值税（销项税额）。而且，案涉货物进口增值税 5 547 148.11 元中，同益物流已经支付 350 万元。原审基于上述事实，依据增值税条例关于应纳税额及其计算公式的相关规定，认定上实国贸在本案中不存在增值税税款损失，对上实国贸关于 2 047 148.11 元为其实际遭受的增值税损失的主张未予支持，并不缺乏证据证明，适用法律亦无不当。

至于上实国贸主张原审判决引用修订前的《增值税暂行条例》相关条款，适用法律错误的问题。2017 年修订的《增值税暂行条例》第四条将"纳税人销售货物或者提供应税劳务"修订为"纳税人销售货物、劳务、服务、无形资产、不动产"，第八条将"纳税人购进货物或者接受应税劳务"修订为"纳税人购进货物、劳务、服务、无形资产、不动产"，原审判决引用修订前的内容确有瑕疵，但并不因此导致本案处理结果错误，不属于因适用法律错误而应予再审的情形。

裁判核心观点

根据《港口代理协议》约定，甲公司负有代乙公司支付案涉增值税的义务，如果因乙公司的违约行为，致使丙公司实际遭受了增值税损失，甲公司依法应承担相应的赔偿责任。增值税是以商品（含应税劳务）在流转过程中产生的增值额作为计税依据而征收的一种流转税。根据《增值税暂行条例》第四条规定，"纳税人销售货物、劳务、服务、无形资产、不动产（以下统称应税销售行为），应纳税额为当期销项税额抵扣当期进项税额后的余额"，"当期销项税额小于当期进项税额不足抵扣时，其不足部分可以结转下期继续抵扣"，增值税计算公式为：应纳税额 = 销项税额 − 进项税额。根据原审查明的事实，案涉货物运抵连云港后，连云港海关于 2014 年 11 月 17 日向丙公司出具增值税额为 5 547 148.11 元的海关进口增值税专用缴款书。2014 年 12 月 2 日，甲公司向丙公司支付增值税税款 350 万元。同日，丙公司向连云港海关缴付 5 547 148.11 元增值税税款（进项税额），其中 2 047 148.11 元由丙公司承担。丙公司虽然承担了一部分本不应由其支付的增值税，但其从丁公司收取的货款 28 518 875 元中，包含 4 143 768.16 元增值税（销项税额）。而且，案涉货物进口增值税 5 547 148.11 元中，甲公司已经支付 350 万元。原审基于

第六章　增值税应纳税额计算及留抵退税实务操作与典型案例分析

上述事实，依据增值税条例关于应纳税额及其计算公式的相关规定，认定丙公司在本案中不存在增值税税款损失，对丙公司关于 2 047 148.11 元为其实际遭受的增值税损失的主张未予支持，并不缺乏证据证明，适用法律亦无不当。

三、骗取出口退税纠纷案

（一）案例出处

江苏省高级人民法院（2020）苏行申 770 号行政裁定书。

（二）案例事实

再审申请人扬州国泰贸易有限公司（以下简称国泰公司）因诉国家税务总局扬州市邗江区税务局（以下简称邗江区税务局）、国家税务总局扬州市税务局（以下简称扬州市税务局）行政处理及行政复议一案，不服江苏省扬州市中级人民法院（2017）苏 10 行终 184 号行政判决，向江苏省高级人民法院申请再审。

国泰公司申请再审称：

1. 国税发〔2005〕199 号文件《国家税务总局关于出口货物退（免）税实行有关单证备案管理制度（暂行）的通知》（以下简称 199 号《通知》）第六条已于 2012 年废止，邗江区税务局于 2016 年适用 199 号《通知》作出扬邗国税处〔2016〕2 号《税务处理决定书》（以下简称 2 号《税务处理决定书》），适用法律错误。

2. 邗江区税务局作出 2 号《税务处理决定书》认定事实不清。

（三）法院观点

本案的被诉行政行为系邗江区税务局作出的 2 号《税务处理决定书》及扬州市税务局作出的扬国税复决〔2016〕3 号《行政复议决定书》（以下简称 3 号《行政复议决定书》）。2 号《税务处理决定书》内容如下：①针对国泰公司以假报出口手段，虚构已税货物出口事实，骗取出口退税款的 5 单违法行为，追缴已退出口退税款 1 004 940 元；②针对国泰公司提供虚假备案单证的 40 单违法行为，追回出口退税款 7 883 406.53 元。

1. 关于 2 号《税务处理决定书》追缴已退出口退税款 1 004 940 元是否合

法的问题。

《税收征收管理法》第六十六条第一款规定，以假报出口或者其他欺骗手段，骗取国家出口退税款的，由税务机关追缴其骗取的退税款，并处骗取税款一倍以上五倍以下的罚款；构成犯罪的，依法追究刑事责任。本案中，被申请人邗江区税务局提供的邗江法院（2014）扬邗刑初字第0084刑事判决书、公安机关对相应集装箱号的真货主所作笔录、开票企业相关人员的供述笔录、国泰公司已退税明细表、涉案相关人庄某山、段某武、詹某峰等人的笔录等证据可以证明，国泰公司在2010年1月至2012年5月期间，有5单出口业务存在以假报出口手段，虚构已税货物出口事实，骗取出口退税款的税收违法行为，并实际骗取出口退税款1 004 940元。邗江区税务局作出2号《税务处理决定书》追缴国泰公司已退出口退税款1 004 940元认定事实清楚。

因扬州市邗江区人民法院作出的刑事判决书已经判决案外人庄某山退回涉案5单业务所骗取的出口退税款1 004 940元并上缴国库，且庄某山已实际退回相应税款。邗江区税务局作出2号《税务处理决定书》再向国泰公司追缴涉案5单业务所骗取的出口退税款存有不当。原审判决撤销该项决定内容正确，国泰公司对于该项判决内容并无异议。

2. 关于2号《税务处理决定书》追回40单虚假备案单证所涉出口退税款7 883 406.53元是否合法的问题。

（1）邗江区税务局适用199号《通知》第六条的规定正确。《增值税暂行条例》第二十五条规定，纳税人出口货物适用退（免）税规定的，应当向海关办理出口手续，凭出口报关单有关凭证，在规定的出口退（免）税申报期限内按月向主管税务机关申报办理出口货物的退（免）税。具体办法由国务院财政、税务主管部门制定。199号《通知》第六条规定，出口企业提供虚假备案单证、不如实反映情况，或者不能提供备案单证的，税务机关除按照《税收征收管理法》第六十四条、第七十条的规定处罚外，应及时追回已退（免）税款，未办理退（免）税的，不再办理退（免）税，并视同内销货物征税。本案中，邗江区税务局认定国泰公司存在备案单证违法的出口业务发生于2010年1月至2012年5月期间。199号《通知》第六条虽于2012年7月被国税总局〔2012〕24号《出口货物劳务增值税和消费税管理办法》（以下简称24号《办法》）废止，但因涉案备案单证违法行为发生于199号《通知》第六条废止前，故邗江区税务局适用199号《通知》第六条的规定并无不当。

第六章 增值税应纳税额计算及留抵退税实务操作与典型案例分析

关于国泰公司适用 24 号《办法》等规范性文件可以更好保护其权利的主张，原《税收规范性文件制定管理法》第十三条规定，税收规范性文件不得溯及既往，但为了更好地保护税务行政相对人的权力和利益而作的特别规定除外。本案中，虽然 199 号《通知》第六条被 24 号《办法》废止，但该办法第十三条第三项规定，出口企业提供虚假备案单证的，主管税务机关应按照《税收征收管理法》第七十条的规定处罚。且根据的《财政部 国家税务总局关于出口货物劳务增值税和消费税政策的通知》（财税〔2012〕39 号，以下简称 39 号《通知》）第七条第一款第一项第 4 目和第九条第二项第 5 目的规定，出口企业或其他单位提供虚假备案单证的货物，不适用增值税退（免）税和免税政策；发生增值税、消费税不应退税或免税但已实际退税或免税的，出口企业和其他单位应当补缴已退或已免税款。根据上述两文件的规定，出口企业提供虚假备案单证的，仍要补缴已退税款。国泰公司该项主张，依法不能成立，江苏省高级人民法院不予支持。

（2）邗江区税务局决定追回 40 单虚假备案单证所涉出口退税款 7 883 406.53 元正确。199 号《通知》第一条规定，企业备案资料需要提供购货合同、出口货物装货单、出口货物运输单据（包括海运单、航空提单等）。第六条规定，出口企业提供虚假备案单证、不如实反映情况，或者不能提供备案单证的，税务机关除按照《税收征收管理法》第六十四条、第七十条的规定处罚外，应及时追回已退（免）税款，未办理退（免）税的，不再办理退（免）税，并视同内销货物征税。本案中，邗江区税务局提供的深圳怡联国际船务代理有限公司、中国厦门外轮代理有限公司、太平船务（中国）有限公司深圳分公司、深圳富裕国际货运代理有限公司、美集物流运输（中国）有限公司厦门分公司等公司就国泰公司用于备案的出口运输单据的真假情况所出具的《核查说明》等证据证明，国泰公司提供的 2010 年 1 月至 2012 年 5 月期间发生出口业务的备案单证中，有 40 单存在出口货物运输单据（海运提单）或装货单（场站收据）虚假。就国泰公司申报退税货物所涉及的集装箱，邗江区税务局亦提交了相应集装箱所对应的真实货物运输单据，部分业务邗江区税务局还提供了公安机关对庄某山、段某武等人的询问笔录，均进一步证明涉案货物运输单据虚假的事实。故邗江区税务局认定，国泰公司有 40 单出口业务提供的备案单证中存在出口货物运输单据（海运提单）或装货单（场站收据）虚假等违法事实，已申报办理退税 7 883 406.53 元，决定追回出口退税款 7 883 406.53 元并无不当。

3. 关于邗江区税务局作出的 2 号《税务处理决定》行政程序是否合法的问题。

邗江区税务局提供的《税务稽查任务通知书》、《税务稽查立案审批表》、《税务检查通知书》及送达回证、《延长税收违法行为检查时限审批表》、《税务稽查案件稽查所属期间变更审批表》、《扬州市邗江区国家税务局重大税务案件审理委员会审理意见书》（邗国税重申决字〔2015〕1 号）等证据可以证明，邗江区税务局经立案、调查、收取国泰公司补正资料及相关情况说明后，并经提请该局重大税务案件审理委员会审理，作出 2 号《税务处理决定》，行政程序合法。

4. 关于扬州市税务局作出的 3 号《行政复议决定书》是否合法的问题。

国泰公司因不服邗江区税务局作出的 2 号《税务处理决定》与扬邗国税罚〔2016〕2 号《税务行政处罚决定书》（以下简称 2 号《税务行政处罚决定》）分别向扬州市税务局申请行政复议。扬州市税务局应分别受理，分别作出行政复议决定，其一并对上述两个行政行为进行复议，作出 3 号《行政复议决定书》错误。2 号《税务处理决定》第一项关于追缴国泰公司骗取出口退税款 1 004 940 元的决定不当，应予撤销，邗江区税务局作出 3 号《行政复议决定书》维持 2 号《税务处理决定》错误。邗江区税务局在 3 号《行政复议决定书》中未对上述两个行政行为分项作出决定，原审法院无法判决部分撤销，故原审判决撤销 3 号《行政复议决定书》并无不当。

裁判核心观点

《增值税暂行条例》第二十五条规定，纳税人出口货物适用退（免）税规定的，应当向海关办理出口手续，凭出口报关单有关凭证，在规定的出口退（免）税申报期限内按月向主管税务机关申报办理出口货物的退（免）税。具体办法由国务院财政、税务主管部门制定。《国家税务总局关于出口货物退（免）税实行有关单证备案管理制度（暂行）的通知》（国税发〔2005〕199 号，以下简称 199 号《通知》）第六条规定，出口企业提供虚假备案单证、不如实反映情况，或者不能提供备案单证的，税务机关除按照《税收征收管理法》第六十四条、第七十条的规定处罚外，应及时追回已退（免）税款，未办理退（免）税的，不再办理退（免）税，并视同内销货物征税。本

第六章 增值税应纳税额计算及留抵退税实务操作与典型案例分析

案中,邗江区税务局认定甲公司存在备案单证违法的出口业务发于2010年1月至2012年5月期间。199号《通知》第六条虽于2012年7月被国税总局〔2012〕24号《出口货物劳务增值税和消费税管理办法》废止,但因涉案备案单证违法行为发生于199号《通知》第六条废止前,故邗江区税务局适用199号《通知》第六条的规定并无不当。

第七章　增值税税收优惠实务操作与典型案例分析

第一节　起征点与免征增值税优惠

一、小规模纳税人起征点优惠

小规模纳税人发生应税交易，销售额未达到起征点的，免征增值税；达到起征点的，依照《增值税法》规定全额计算缴纳增值税。起征点标准由国务院规定，报全国人民代表大会常务委员会备案。

增值税起征点优惠是指纳税人的销售额未达到起征点时，免征增值税；达到起征点时，全额计算缴纳增值税。这里的销售额是指不含增值税的销售额。起征点优惠只能适用于增值税小规模纳税人，增值税一般纳税人不能享受。

> **实操案例 7-1**

假设增值税起征点为每月 20 000 元，对于小规模纳税人甲公司，如果某月的销售额为 19 999 元，那么甲公司该月不需要缴纳增值税。如果某月的销售额为 20 000 元，假设甲公司增值税征收率为 1%，那么甲公司需要缴纳的增值税为：20 000×1%=200（元）。

如果甲公司某月的含税销售额为 20 100 元，则该月不含税销售额为：20 100÷（1+1%）=19 900.99（元）。尚未达到 20 000 元，该月甲公司不需要缴纳增值税。

2026 年 1 月 1 日之前，增值税起征点的幅度规定如下：销售货物的，为月销售额 5000~20 000 元；销售应税劳务的，为月销售额 5000~20 000 元；按次纳税的，为每次（日）销售额 300~500 元。

二、免征增值税的项目

（一）免税项目的种类

1.农业生产者销售的自产农产品，农业机耕、排灌、病虫害防治、植物保护、农牧保险以及相关技术培训业务，家禽、牲畜、水生动物的配种和疾病防治。农业，是指种植业、养殖业、林业、牧业、水产业。农业生产者，包括从事农业生产的单位和个人。农产品，是指初级农产品，具体范围由财政部、国家税务总局确定。需要注意的是，只有农业生产者销售的自产农产品才能免征增值税，非农业生产者销售的购进的农产品，不能免征增值税，农业生产者销售的购进农产品，也不能免征增值税。在不考虑其他税收优惠政策的前提下，超市等非农业生产者销售农产品均不能免征增值税。

> **疑难问题解答**
>
> 问：目前，一些纳税人采取"公司+农户"经营模式从事畜禽饲养，即公司与农户签订委托养殖合同，向农户提供畜禽苗、饲料、兽药及疫苗等（所有权属于公司），农户饲养畜禽苗至成品后交付公司回收，公司将回收的成品畜禽用于销售。上述经营模式能否免征增值税？
>
> 答：在上述经营模式下，纳税人回收再销售畜禽，属于农业生产者销售自产农产品，应根据《增值税暂行条例》《增值税法》的有关规定免征增值税。需要注意的是，上述畜禽必须属于《财政部、国家税务总局关于印发〈农业产品征税范围注释〉的通知》（财税字〔1995〕52号）文件中规定的农业产品。

2.医疗机构提供的医疗服务。对于医疗服务而言，只有医疗机构提供的医疗服务才能免征增值税，个人提供的医疗服务不能免征增值税。非医疗机构提供医疗服务本身是违法行为，所以也不存在征不征税的问题。

3.古旧图书，自然人销售的自己使用过的物品。任何主体，销售古旧图书均可以免征增值税。对于"自己使用过的物品"而言，只有自然人销售自己使用过的物品才能免征增值税，企业和个体工商户销售自己使用过的物品，不能免征增值税。

> **特别提示**
>
> 古旧图书，是指向社会收购的古书和旧书。

4.直接用于科学研究、科学试验和教学的进口仪器、设备。需要注意的是，上述仪器、设备需要满足"直接用于科学研究、科学试验和教学"以及"进口"两个条件才能免征增值税。在满足上述条件时，不仅高校、科研机构可以免征增值税，企业也可以免征增值税。

5.外国政府、国际组织无偿援助的进口物资和设备。必须满足"外国政府、国际组织""无偿援助""进口"三个条件才能免征增值税。如果是外国企业或者个人无偿援助的进口物资和设备，不能免征增值税。

6.由残疾人的组织直接进口供残疾人专用的物品，残疾人个人提供的服务。必须满足"由残疾人的组织""直接进口""供残疾人专用"三个条件才能免征增值税。如果是由企业或者个人进口供残疾人专用的物品，不能免征增值税。残疾人个人提供的服务可以免征增值税，但如果残疾人成立企业，由该企业提供的服务不能免征增值税。

7.托儿所、幼儿园、养老机构、残疾人服务机构提供的育养服务，婚姻介绍服务，殡葬服务。这里的托儿所、幼儿园、养老机构、残疾人服务机构并不限于公立的，私人创办的上述机构也可以享受免征增值税的优惠。

8.学校提供的学历教育服务，学生勤工俭学提供的服务。这里的学校并不限于公立学校，民办学校也可以享受免征增值税的优惠，但其提供的必须是"学历教育"。一般的职业技能培训学校，如驾校、英语培训学校、会计培训学校等，由于提供的不是学历教育，不能享受免征增值税的优惠。这里的"学生"是指正在接受学历教育的学生，而非一般意义上的学生。

9.纪念馆、博物馆、文化馆、文物保护单位管理机构、美术馆、展览馆、书画院、图书馆举办文化活动的门票收入，宗教场所举办文化、宗教活动的门票收入。上述机构的门票收入才能享受免征增值税的优惠，其他收入，如内部展览额外收取的门票、销售物品的收入、提供导游服务的收入、接受捐赠的香火收入等均不能享受免征增值税的优惠。

（二）制种行业免征增值税

制种企业在下列生产经营模式下生产销售种子，属于农业生产者销售自产农业产品，应根据《增值税暂行条例》《增值税法》有关规定免征增值税：

1.制种企业利用自有土地或承租土地，雇佣农户或雇工进行种子繁育，再经烘干、脱粒、风筛等深加工后销售种子。

2.制种企业提供亲本种子委托农户繁育并从农户手中收回，再经烘干、脱粒、风筛等深加工后销售种子。

（三）免征蔬菜流通环节增值税

1. 自2012年1月1日起，免征蔬菜流通环节增值税。对从事蔬菜批发、零售的纳税人销售的蔬菜免征增值税。蔬菜是指可作副食的草本、木本植物，包括各种蔬菜、菌类植物和少数可作副食的木本植物。蔬菜的主要品种参照《蔬菜主要品种目录》执行。

特别提示

（1）经挑选、清洗、切分、晾晒、包装、脱水、冷藏、冷冻等工序加工的蔬菜，属于上述蔬菜的范围。

（2）各种蔬菜罐头不属于上述蔬菜的范围。蔬菜罐头是指蔬菜经处理、装罐、密封、杀菌或无菌包装而制成的食品。

2. 纳税人既销售蔬菜又销售其他增值税应税货物的，应分别核算蔬菜和其他增值税应税货物的销售额；未分别核算的，不得享受蔬菜增值税免税政策。

（四）粮食企业增值税征免问题

1. 国有粮食购销企业必须按顺价原则销售粮食。对承担粮食收储任务的国有粮食购销企业销售的粮食免征增值税。

享受免征增值税优惠政策的国有粮食购销企业（以下统称纳税人），按以下规定，分别向所在地县（市）税务局及同级粮食管理部门备案。

（1）纳税人应在享受税收优惠政策的首个纳税申报期内，将备案材料送所在地县（市）税务局及同级粮食管理部门备案。

（2）纳税人在符合减免税条件期间内，备案资料内容不发生变化的，可进行一次性备案。

（3）纳税人提交的备案资料内容发生变化，如仍符合免税规定，应在发生变化的次月纳税申报期内，向所在地县（市）税务局及同级粮食管理部门进行变更备案。如不再符合免税规定，应当停止享受免税，按照规定进行纳税申报。

审批享受免税优惠的国有粮食购销企业时，税务机关应按规定缴销其《增值税专用发票领购簿》，并收缴其库存未用的增值税专用发票予以注销；

兼营其他应税货物的，须重新核定其增值税专用发票用量。

2. 对其他粮食企业经营粮食，除下列项目免征增值税外，一律征收增值税。

（1）军队用粮：指凭军用粮票和军粮供应证按军供价供应中国人民解放军和中国人民武装警察部队的粮食。

（2）救灾救济粮：指经县（含）以上人民政府批准，凭救灾救济粮票（证）按规定的销售价格向需救助的灾民供应的粮食。

（3）水库移民口粮：指经县（含）以上人民政府批准，凭水库移民口粮票（证）按规定的销售价格供应给水库移民的粮食。

3. 对销售食用植物油业务，除政府储备食用植物油的销售继续免征增值税外，一律照章征收增值税。

疑难问题解答

问：我公司是粮油加工企业，我公司提供的粮油加工业务，是否可以免征增值税？

答：对粮油加工业务，一律照章征收增值税。

4. 享受免税优惠的企业，应按期进行免税申报，违反者取消其免税资格。粮食部门应向同级税务局提供军队用粮、救灾救济粮、水库移民口粮的单位、供应数量等有关资料。

5. 属于增值税一般纳税人的生产、经营单位从国有粮食购销企业购进的免税粮食，可依据购销企业开具的销售发票注明的销售额按 9% 的扣除率计算抵扣进项税额；购进的免税食用植物油，不得计算抵扣进项税额。

6. 自 2014 年 5 月 1 日起，关于粮食企业的增值税免税政策适用范围由粮食扩大到粮食和大豆，并可对免税业务开具增值税专用发票。

三、营改增过渡免税项目

2026 年 1 月 1 日之前，下列项目免征增值税。

1. 托儿所、幼儿园提供的保育和教育服务。托儿所、幼儿园，是指经县级以上教育部门审批成立、取得办园许可证的实施 0~6 岁学前教育的机构，包括公办和民办的托儿所、幼儿园、学前班、幼儿班、保育院、幼儿院。

公办托儿所、幼儿园免征增值税的收入是指，在省级财政部门和价格主管部门审核报省级人民政府批准的收费标准以内收取的教育费、保育费。

民办托儿所、幼儿园免征增值税的收入是指,在报经当地有关部门备案并公示的收费标准范围内收取的教育费、保育费。

> 💡 **特别提示**

超过规定收费标准的收费,以开办实验班、特色班和兴趣班等为由另外收取的费用以及与幼儿入园挂钩的赞助费、支教费等超过规定范围的收入,不属于免征增值税的收入。

2.养老机构提供的养老服务。养老机构,是指依照民政部《养老机构设立许可办法》(民政部令第48号)设立并依法办理登记的为老年人提供集中居住和照料服务的各类养老机构;养老服务,是指上述养老机构按照民政部《养老机构管理办法》(民政部令第49号)的规定,为收住的老年人提供的生活照料、康复护理、精神慰藉、文化娱乐等服务。

> 💡 **特别提示**

养老机构,包括依照《中华人民共和国老年人权益保障法》依法办理登记,并向民政部门备案的为老年人提供集中居住和照料服务的各类养老机构。

3.残疾人福利机构提供的育养服务。

4.婚姻介绍服务。

5.殡葬服务。殡葬服务是指收费标准由各地价格主管部门会同有关部门核定,或者实行政府指导价管理的遗体接运(含抬尸、消毒)、遗体整容、遗体防腐、存放(含冷藏)、火化、骨灰寄存、吊唁设施设备租赁、墓穴租赁及管理等服务。

6.残疾人员本人为社会提供的服务。

7.医疗机构提供的医疗服务。医疗机构是指依据《医疗机构管理条例》(国务院令第149号)及《医疗机构管理条例实施细则》(卫生部[①]令第35号)的规定,经登记取得《医疗机构执业许可证》的机构,以及军队、武警部队各级各类医疗机构。具体包括:各级各类医院、门诊部(所)、社区卫生服务中心(站)、急救中心(站)、城乡卫生院、护理院(所)、疗养院、临床检验中心,各级政府及有关部门举办的卫生防疫站(疾病控制中心)、各种专科疾病防治站(所),各级政府举办的妇幼保健所(站)、母婴保健机构、儿童

---

① 2013年改为国家卫计委,2018年改为国家卫生健康委员会。

保健机构，各级政府举办的血站（血液中心）等医疗机构。

上述所称的医疗服务，是指医疗机构按照不高于地（市）级以上价格主管部门会同同级卫生主管部门及其他相关部门制定的医疗服务指导价格（包括政府指导价和按照规定由供需双方协商确定的价格等）为就医者提供《全国医疗服务价格项目规范》所列的各项服务，以及医疗机构向社会提供卫生防疫、卫生检疫的服务。

2027年12月31日前，医疗机构接受其他医疗机构委托，按照不高于地（市）级以上价格主管部门会同同级卫生主管部门及其他相关部门制定的医疗服务指导价格（包括政府指导价和按照规定由供需双方协商确定的价格等），提供《全国医疗服务价格项目规范》所列的各项服务，可适用上述免征增值税政策。

8.从事学历教育的学校提供的教育服务。

（1）学历教育是指受教育者经过国家教育考试或者国家规定的其他入学方式，进入国家有关部门批准的学校或者其他教育机构学习，获得国家承认的学历证书的教育形式。具体包括：

①初等教育：普通小学、成人小学。

②初级中等教育：普通初中、职业初中、成人初中。

③高级中等教育：普通高中、成人高中和中等职业学校（包括普通中专、成人中专、职业高中、技工学校）。

④高等教育：普通本专科、成人本专科、网络本专科、研究生（博士、硕士）、高等教育自学考试、高等教育学历文凭考试。

（2）从事学历教育的学校，是指：

①普通学校。

②经地（市）级以上人民政府或者同级政府的教育行政部门批准成立、国家承认其学员学历的各类学校。

③经省级及以上人力资源社会保障行政部门批准成立的技工学校、高级技工学校。

④经省级人民政府批准成立的技师学院。

> **特别提示**
>
> 上述学校均包括符合规定的从事学历教育的民办学校，但不包括职业培训机构等国家不承认学历的教育机构。

第七章　增值税税收优惠实务操作与典型案例分析

（3）提供教育服务免征增值税的收入是指对列入规定招生计划的在籍学生提供学历教育服务取得的收入，具体包括：经有关部门审核批准并按规定标准收取的学费、住宿费、课本费、作业本费、考试报名费收入，以及学校食堂提供餐饮服务取得的伙食费收入。除此之外的收入，包括学校以各种名义收取的赞助费、择校费等，不属于免征增值税的范围。

学校食堂是指依照《学校食堂与学生集体用餐卫生管理规定》（教育部令第14号）管理的学校食堂。

（4）境外教育机构与境内从事学历教育的学校开展中外合作办学，提供学历教育服务取得的收入免征增值税。中外合作办学，是指中外教育机构按照《中华人民共和国中外合作办学条例》（国务院令第372号）的有关规定，合作举办的以中国公民为主要招生对象的教育教学活动。

9. 学生勤工俭学提供的服务。

10. 农业机耕、排灌、病虫害防治、植物保护、农牧保险以及相关技术培训业务，家禽、牲畜、水生动物的配种和疾病防治。

农业机耕是指在农业、林业、牧业中使用农业机械进行耕作（包括耕耘、种植、收割、脱粒、植物保护等）的业务；排灌是指对农田进行灌溉或者排涝的业务；病虫害防治是指从事农业、林业、牧业、渔业的病虫害测报和防治的业务；农牧保险是指为种植业、养殖业、牧业种植和饲养的动植物提供保险的业务；相关技术培训是指与农业机耕、排灌、病虫害防治、植物保护业务相关以及为使农民获得农牧保险知识的技术培训业务；家禽、牲畜、水生动物的配种和疾病防治业务的免税范围，包括与该项服务有关的提供药品和医疗用具的业务。

11. 纪念馆、博物馆、文化馆、文物保护单位管理机构、美术馆、展览馆、书画院、图书馆在自己的场所提供文化体育服务取得的第一道门票收入。

12. 寺院、宫观、清真寺和教堂举办文化、宗教活动的门票收入。

13. 行政单位之外的其他单位收取的符合《试点实施办法》第十条规定条件的政府性基金和行政事业性收费。

14. 个人转让著作权。

15. 个人销售自建自用住房。

16. 2018年12月31日前，公共租赁住房经营管理单位出租公共租赁住房。公共租赁住房，是指纳入省、自治区、直辖市、计划单列市人民政府及新疆生产建设兵团批准的公共租赁住房发展规划和年度计划，并按照《关于

213

加快发展公共租赁住房的指导意见》(建保〔2010〕87号)和市、县人民政府制定的具体管理办法进行管理的公共租赁住房。

17. 台湾航运公司、航空公司从事海峡两岸海上直航、空中直航业务在大陆取得的运输收入。

台湾航运公司是指取得交通运输部颁发的"台湾海峡两岸间水路运输许可证"且该许可证上注明的公司登记地址在台湾的航运公司。

台湾航空公司是指取得中国民用航空局颁发的"经营许可"或者依据《海峡两岸空运协议》和《海峡两岸空运补充协议》规定，批准经营两岸旅客、货物和邮件不定期（包机）运输业务，且公司登记地址在台湾的航空公司。

18. 纳税人提供的直接或者间接国际货物运输代理服务。

（1）纳税人提供直接或者间接国际货物运输代理服务，向委托方收取的全部国际货物运输代理服务收入，以及向国际运输承运人支付的国际运输费用，必须通过金融机构进行结算。

（2）纳税人为内地与香港、澳门，大陆与台湾地区之间的货物运输提供的货物运输代理服务参照国际货物运输代理服务有关规定执行。

（3）委托方索取发票的，纳税人应当就国际货物运输代理服务收入向委托方全额开具增值税普通发票。

19. 以下利息收入。

（1）2016年12月31日前，金融机构农户小额贷款。

小额贷款是指单笔且该农户贷款余额总额在10万元（含本数）以下的贷款。

所称农户是指长期（1年以上）居住在乡镇（不包括城关镇）行政管理区域内的住户，还包括长期居住在城关镇所辖行政村范围内的住户和户口不在本地而在本地居住1年以上的住户，国有农场的职工和农村个体工商户。位于乡镇（不包括城关镇）行政管理区域内和在城关镇所辖行政村范围内的国有经济的机关、团体、学校、企事业单位的集体户；有本地户口，但举家外出谋生1年以上的住户，无论是否保留承包耕地均不属于农户。农户以户为统计单位，既可以从事农业生产经营，也可以从事非农业生产经营。农户贷款的判定应以贷款发放时的承贷主体是否属于农户为准。

（2）国家助学贷款。

（3）国债、地方政府债。

第七章　增值税税收优惠实务操作与典型案例分析

（4）人民银行对金融机构的贷款。

（5）住房公积金管理中心用住房公积金在指定的委托银行发放的个人住房贷款。

（6）外汇管理部门在从事国家外汇储备经营过程中，委托金融机构发放的外汇贷款。

（7）统借统还业务中，企业集团或企业集团中的核心企业以及集团所属财务公司按不高于支付给金融机构的借款利率水平或者支付的债券票面利率水平，向企业集团或者集团内下属单位收取的利息。

统借方向资金使用单位收取的利息，高于支付给金融机构借款利率水平或者支付的债券票面利率水平的，应全额缴纳增值税。

统借统还业务是指：①企业集团或者企业集团中的核心企业向金融机构借款或对外发行债券取得资金后，将所借资金分拨给下属单位（包括独立核算单位和非独立核算单位，下同），并向下属单位收取用于归还金融机构或债券购买方本息的业务；②企业集团向金融机构借款或对外发行债券取得资金后，由集团所属财务公司与企业集团或者集团内下属单位签订统借统还贷款合同并分拨资金，并向企业集团或者集团内下属单位收取本息，再转付企业集团，由企业集团统一归还金融机构或债券购买方的业务。

20.被撤销金融机构以货物、不动产、无形资产、有价证券、票据等财产清偿债务。

被撤销金融机构是指经中国人民银行、银监会[①]依法决定撤销的金融机构及其分设于各地的分支机构，包括被依法撤销的商业银行、信托投资公司、财务公司、金融租赁公司、城市信用社和农村信用社。除另有规定外，被撤销金融机构所属、附属企业，不享受被撤销金融机构增值税免税政策。

21.保险公司开办的一年期以上人身保险产品取得的保费收入。

一年期以上人身保险是指保险期间为一年期及以上返还本利的人寿保险、养老年金保险，以及保险期间为一年期及以上的健康保险。

人寿保险是指以人的寿命为保险标的的人身保险。

养老年金保险是指以养老保障为目的，以被保险人生存为给付保险金条件，并按约定的时间间隔分期给付生存保险金的人身保险。养老年金保险应当同时符合下列条件：①保险合同约定给付被保险人生存保险金的年龄不得

---

① 2018年改为中国银行保险监督管理委员会，2023年改为国家金融监督管理总局。

小于国家规定的退休年龄；②相邻两次给付的时间间隔不得超过1年。

健康保险是指以因健康原因导致损失为给付保险金条件的人身保险。

上述免税政策实行备案管理，具体备案管理办法按照《国家税务总局关于一年期以上返还性人身保险产品免征营业税审批事项取消后有关管理问题的公告》（国家税务总局公告2015年第65号）规定执行。

特别提示

保险公司开办一年期以上返还型人身保险产品，在保险监管部门出具备案回执或批复文件前依法取得的保费收入，属于上述规定的保费收入。

22. 下列金融商品转让收入。

（1）合格境外投资者（QFII）委托境内公司在我国从事证券买卖业务。

（2）香港市场投资者（包括单位和个人）通过沪港通买卖上海证券交易所上市A股。

（3）对香港市场投资者（包括单位和个人）通过基金互认买卖内地基金份额。

（4）证券投资基金（封闭式证券投资基金，开放式证券投资基金）管理人运用基金买卖股票、债券。

（5）个人从事金融商品转让业务。

特别提示

人民币合格境外投资者（RQFII）委托境内公司在我国从事证券买卖业务，以及经中国人民银行认可的境外机构投资银行间本币市场取得的收入属于上述所称的金融商品转让收入。银行间本币市场包括货币市场、债券市场以及衍生品市场。

23. 金融同业往来利息收入。

（1）金融机构与人民银行所发生的资金往来业务。它包括中国人民银行对一般金融机构贷款，以及中国人民银行对商业银行的再贴现等。

疑难问题解答

问：城市商业银行购买央行票据是否可以按照金融机构与中国人民银行所发生的资金往来业务的规定免征增值税？

答：商业银行购买央行票据、与央行开展货币掉期和货币互存等业务属于上述所称金融机构与中国人民银行所发生的资金往来业务，免征增值税。

（2）银行联行往来业务。同一银行系统内部不同行、处之间所发生的资金账务往来业务。境内银行与其境外的总机构、母公司之间，以及境内银行与其境外的分支机构、全资子公司之间的资金往来业务属于银行联行往来业务。

（3）金融机构间的资金往来业务。它是指经人民银行批准，进入全国银行间同业拆借市场的金融机构之间通过全国统一的同业拆借网络进行的短期（1年以下含1年）无担保资金融通行为。

（4）金融机构。它是指：①银行，包括中国人民银行、商业银行、政策性银行；②信用合作社；③证券公司；④金融租赁公司、证券基金管理公司、财务公司、信托投资公司、证券投资基金；⑤保险公司；⑥其他经中国人民银行、银保监会（现为金融监管总局）、证监会、批准成立且经营金融保险业务的机构等。

特别提示

金融机构开展下列业务取得的利息收入，属于上述所称的金融同业往来利息收入：

（1）同业存款。它是指金融机构之间开展的同业资金存入与存出业务，其中资金存入方仅为具有吸收存款资格的金融机构。

（2）同业借款。它是指法律法规赋予此项业务范围的金融机构开展的同业资金借出和借入业务。此条款所称"法律法规赋予此项业务范围的金融机构"主要是指农村信用社之间以及在金融机构营业执照列示的业务范围中有反映为"向金融机构借款"业务的金融机构。

（3）同业代付。它是指商业银行（受托方）接受金融机构（委托方）的委托向企业客户付款，委托方在约定还款日偿还代付款项本息的资金融通行为。

（4）买断式买入返售金融商品。它是指金融商品持有人（正回购方）将债券等金融商品卖给债券购买方（逆回购方）的同时，交易双方约定在未来某一日期，正回购方再以约定价格从逆回购方买回相等数量同种债券等金融商品的交易行为。

（5）持有金融债券。金融债券是指依法在中华人民共和国境内设立的金融机构法人在全国银行间和交易所债券市场发行的、按约定还本付息的有价证券。

（6）同业存单。它是指银行业存款类金融机构法人在全国银行间市场上发行的记账式定期存款凭证。

24.同时符合下列条件的担保机构从事中小企业信用担保或者再担保业务取得的收入（不含信用评级、咨询、培训等收入）3年内免征增值税。

（1）已取得监管部门颁发的融资性担保机构经营许可证，依法登记注册为企（事）业法人，实收资本超过2 000万元。

（2）平均年担保费率不超过银行同期贷款基准利率的50%。平均年担保费率＝本期担保费收入÷（期初担保余额＋本期增加担保金额）×100%。

（3）连续合规经营2年以上，资金主要用于担保业务，具备健全的内部管理制度和为中小企业提供担保的能力，经营业绩突出，对受保项目具有完善的事前评估、事中监控、事后追偿与处置机制。

（4）为中小企业提供的累计担保贷款额占其两年累计担保业务总额的80%以上，单笔800万元以下的累计担保贷款额占其累计担保业务总额的50%以上。

（5）对单个受保企业提供的担保余额不超过担保机构实收资本总额的10%，且平均单笔担保责任金额最多不超过3 000万元人民币。

（6）担保责任余额不低于其净资产的3倍，且代偿率不超过2%。

担保机构免征增值税政策采取备案管理方式。符合条件的担保机构应到所在地县（市）主管税务机关和同级中小企业管理部门履行规定的备案手续，自完成备案手续之日起，享受3年免征增值税政策。3年免税期满后，符合条件的担保机构可按规定程序办理备案手续后继续享受该项政策。

具体备案管理办法按照《国家税务总局关于中小企业信用担保机构免征营业税审批事项取消后有关管理问题的公告》（国家税务总局公告2015年第69号）规定执行，其中税务机关的备案管理部门统一调整为县（市）级税务局。

25.国家商品储备管理单位及其直属企业承担商品储备任务，从中央或者地方财政取得的利息补贴收入和价差补贴收入。

国家商品储备管理单位及其直属企业，是指接受中央、省、市、县四级政府有关部门（或者政府指定管理单位）委托，承担粮（含大豆）、食用油、棉、糖、肉、盐（限于中央储备）等6种商品储备任务，并按有关政策收储、销售上述6种储备商品，取得财政储备经费或者补贴的商品储备企业。

利息补贴收入,是指国家商品储备管理单位及其直属企业因承担上述商品储备任务从金融机构贷款,并从中央或者地方财政取得的用于偿还贷款利息的贴息收入。价差补贴收入包括销售价差补贴收入和轮换价差补贴收入。销售价差补贴收入,是指按照中央或者地方政府指令销售上述储备商品时,由于销售收入小于库存成本而从中央或者地方财政获得的全额价差补贴收入。轮换价差补贴收入,是指根据要求定期组织政策性储备商品轮换而从中央或者地方财政取得的商品新陈品质价差补贴收入。

26. 纳税人提供技术转让、技术开发和与之相关的技术咨询、技术服务。

(1)技术转让、技术开发,是指《销售服务、无形资产、不动产注释》中"转让技术""研发服务"范围内的业务活动。技术咨询,是指就特定技术项目提供可行性论证、技术预测、专题技术调查、分析评价报告等业务活动。

与技术转让、技术开发相关的技术咨询、技术服务,是指转让方(或者受托方)根据技术转让或者开发合同的规定,为帮助受让方(或者委托方)掌握所转让(或者委托开发)的技术,而提供的技术咨询、技术服务业务,且这部分技术咨询、技术服务的价款与技术转让或者技术开发的价款应当在同一张发票上开具。

(2)备案程序。试点纳税人申请免征增值税时,须持技术转让、开发的书面合同,到纳税人所在地省级科技主管部门进行认定,并持有关的书面合同和科技主管部门审核意见证明文件报主管税务机关备查。

27. 同时符合下列条件的合同能源管理服务:①节能服务公司实施合同能源管理项目相关技术,应当符合国家质量监督检验检疫总局[①]和国家标准化管理委员会发布的《合同能源管理技术通则》(GB/T 24915—2020)规定的技术要求;②节能服务公司与用能企业签订节能效益分享型合同,其合同格式和内容,符合《合同法》和《合同能源管理技术通则》(GB/T 24915—2020)等规定。

28. 2017年12月31日前,科普单位的门票收入,以及县级及以上党政部门和科协开展科普活动的门票收入。

科普单位,是指科技馆、自然博物馆,对公众开放的天文馆(站、台)、气象台(站)、地震台(站),以及高等院校、科研机构对公众开放的科普基地。

---

① 2018年改为国家市场监督管理总局。

科普活动，是指利用各种传媒以浅显的、让公众易于理解、接受和参与的方式，向普通大众介绍自然科学和社会科学知识，推广科学技术的应用，倡导科学方法，传播科学思想，弘扬科学精神的活动。

29. 政府举办的从事学历教育的高等、中等和初等学校（不含下属单位），举办进修班、培训班取得的全部归该学校所有的收入。

全部归该学校所有，是指举办进修班、培训班取得的全部收入进入该学校统一账户，并纳入预算全额上缴财政专户管理，同时由该学校对有关票据进行统一管理和开具。

举办进修班、培训班取得的收入进入该学校下属部门自行开设账户的，不予免征增值税。

30. 政府举办的职业学校设立的主要为在校学生提供实习场所、并由学校出资自办、由学校负责经营管理、经营收入归学校所有的企业，从事《销售服务、无形资产或者不动产注释》中"现代服务"（不含融资租赁服务、广告服务和其他现代服务）、"生活服务"（不含文化体育服务、其他生活服务和桑拿、氧吧）业务活动取得的收入。

31. 家政服务企业由员工制家政服务员提供家政服务取得的收入。

家政服务企业，是指在企业营业执照的规定经营范围中包括家政服务内容的企业。

员工制家政服务员，是指同时符合下列3个条件的家政服务员：①依法与家政服务企业签订半年及半年以上的劳动合同或者服务协议，且在该企业实际上岗工作。②家政服务企业为其按月足额缴纳了企业所在地人民政府根据国家政策规定的基本养老保险、基本医疗保险、工伤保险、失业保险等社会保险。对已享受新型农村养老保险和新型农村合作医疗等社会保险或者下岗职工原单位继续为其缴纳社会保险的家政服务员，如果本人书面提出不再缴纳企业所在地人民政府根据国家政策规定的相应的社会保险，并出具其所在乡镇或者原单位开具的已缴纳相关保险的证明，可视同家政服务企业已为其按月足额缴纳了相应的社会保险。③家政服务企业通过金融机构向其实际支付不低于企业所在地适用的经省级人民政府批准的最低工资标准的工资。

32. 福利彩票、体育彩票的发行收入。

33. 军队空余房产租赁收入。

34. 为了配合国家住房制度改革，企业、行政事业单位按房改成本价、标准价出售住房取得的收入。

35.将土地使用权转让给农业生产者用于农业生产。

> **特别提示**
>
> 纳税人采取转包、出租、互换、转让、入股等方式将承包地流转给农业生产者用于农业生产,免征增值税。

36.涉及家庭财产分割的个人无偿转让不动产、土地使用权。家庭财产分割,包括下列情形:离婚财产分割;无偿赠与配偶、父母、子女、祖父母、外祖父母、孙子女、外孙子女、兄弟姐妹;无偿赠与对其承担直接抚养或者赡养义务的抚养人或者赡养人;房屋产权所有人死亡,法定继承人、遗嘱继承人或者受遗赠人依法取得房屋产权。

37.土地所有者出让土地使用权和土地使用者将土地使用权归还给土地所有者。

> **疑难问题解答**
>
> 问:土地所有者依法征收土地,并向土地使用者支付土地及其相关有形动产、不动产补偿费的行为,是否免征增值税?
>
> 答:土地所有者依法征收土地,并向土地使用者支付土地及其相关有形动产、不动产补偿费的行为,属于上述规定的土地使用者将土地使用权归还给土地所有者的情形,免征增值税。

38.县级以上地方人民政府或自然资源行政主管部门出让、转让或收回自然资源使用权(不含土地使用权)。

39.随军家属就业。

(1)为安置随军家属就业而新开办的企业,自领取税务登记证之日起,其提供的应税服务3年内免征增值税。

享受税收优惠政策的企业,随军家属必须占企业总人数的60%(含)以上,并有军(含)以上政治和后勤机关出具的证明。

(2)从事个体经营的随军家属,自办理税务登记事项之日起,其提供的应税服务3年内免征增值税。

随军家属必须有师以上政治机关出具的可以表明其身份的证明。

按照上述规定,每一名随军家属可以享受一次免税政策。

40.军队转业干部就业。

(1)从事个体经营的军队转业干部,自领取税务登记证之日起,其提供的应税服务3年内免征增值税。

（2）为安置自主择业的军队转业干部就业而新开办的企业，凡安置自主择业的军队转业干部占企业总人数60%（含）以上的，自领取税务登记证之日起，其提供的应税服务3年内免征增值税。

享受上述优惠政策的自主择业的军队转业干部必须持有师以上部队颁发的转业证件。

41.社会团体收取的会费。

（1）自2016年5月1日起，社会团体收取的会费，免征增值税。

（2）社会团体，是指依照国家有关法律法规设立或登记并取得《社会团体法人登记证书》的非营利法人。

（3）会费，是指社会团体在国家法律法规、政策许可的范围内，依照社团章程的规定，收取的个人会员、单位会员和团体会员的会费。

疑难问题解答

问：社会团体开展培训活动取得的收入，是否缴纳增值税？

答：除社会团体收取的会费以外，社会团体开展经营服务性活动取得的其他收入，一律照章缴纳增值税。

42.支持小微企业融资有关税收政策。

（1）对金融机构向小型企业、微型企业及个体工商户发放小额贷款取得的利息收入，免征增值税。金融机构应将相关免税证明材料留存备查，单独核算符合免税条件的小额贷款利息收入，按现行规定向主管税务机关办理纳税申报；未单独核算的，不得免征增值税。

（2）对金融机构与小型企业、微型企业签订的借款合同免征印花税。

（3）上述所称小型企业、微型企业，是指符合《中小企业划型标准规定》（工信部联企业〔2011〕300号）的小型企业和微型企业。其中，资产总额和从业人员指标均以贷款发放时的实际状态确定；营业收入指标以贷款发放前12个自然月的累计数确定，不满12个自然月的，按照以下公式计算：

营业收入（年）＝企业实际存续期间营业收入÷企业实际存续月数×12

（4）上述所称小额贷款，是指单户授信小于100万元（含本数）的小型企业、微型企业或个体工商户贷款；没有授信额度的，是指单户贷款合同金额且贷款余额在100万元（含本数）以下的贷款。

（5）上述政策执行至2027年12月31日。

43.农户、小微企业和个体工商户融资担保增值税政策。

（1）纳税人为农户、小型企业、微型企业及个体工商户借款、发行债券提供融资担保取得的担保费收入，以及为上述融资担保（以下简称原担保）提供再担保取得的再担保费收入，免征增值税。再担保合同对应多个原担保合同的，原担保合同应全部适用免征增值税政策。否则，再担保合同应按规定缴纳增值税。

（2）上述所称农户，是指长期（1年以上）居住在乡镇（不包括城关镇）行政管理区域内的住户，还包括长期居住在城关镇所辖行政村范围内的住户和户口不在本地而在本地居住1年以上的住户，国有农场的职工。位于乡镇（不包括城关镇）行政管理区域内和在城关镇所辖行政村范围内的国有经济的机关、团体、学校、企事业单位的集体户；有本地户口，但举家外出谋生1年以上的住户，无论是否保留承包耕地均不属于农户。农户以户为统计单位，既可以从事农业生产经营，也可以从事非农业生产经营。农户担保、再担保的判定应以原担保生效时的被担保人是否属于农户为准。

上述所称小型企业、微型企业，是指符合《中小企业划型标准规定》（工信部联企业〔2011〕300号）的小型企业和微型企业。其中，资产总额和从业人员指标均以原担保生效时的实际状态确定；营业收入指标以原担保生效前12个自然月的累计数确定，不满12个自然月的，按照以下公式计算：

营业收入（年）＝企业实际存续期间营业收入÷企业实际存续月数×12

纳税人应将相关免税证明材料留存备查，单独核算符合免税条件的融资担保费和再担保费收入，按现行规定向主管税务机关办理纳税申报；未单独核算的，不得免征增值税。

（3）本政策执行至2027年12月31日。

44.金融机构农户贷款利息收入免征增值税政策。

（1）对金融机构向农户发放小额贷款取得的利息收入，免征增值税。金融机构应将相关免税证明材料留存备查，单独核算符合免税条件的小额贷款利息收入，按现行规定向主管税务机关办理纳税申报；未单独核算的，不得免征增值税。

（2）上述所称农户，是指长期（1年以上）居住在乡镇（不包括城关镇）行政管理区域内的住户，还包括长期居住在城关镇所辖行政村范围内的住户和户口不在本地而在本地居住1年以上的住户，国有农场的职工。位于乡镇（不包括城关镇）行政管理区域内和在城关镇所辖行政村范围内的国有经济的机关、团体、学校、企事业单位的集体户；有本地户口，但举家外出谋生1年以上的住户，无论是否保留承包耕地均不属于农户。农户以户为统计单位，既可以从事农业生产经营，也可以从事非农业生产经营。农户贷款的判定应以贷款发放时的借款人是否属于农户为准。

（3）上述所称小额贷款，是指单户授信小于100万元（含本数）的农户贷款；没有授信额度的，是指单户贷款合同金额且贷款余额在100万元（含本数）以下的贷款。

（4）本政策执行至2027年12月31日。

45.企业集团内的资金无偿借贷免征增值税政策。2027年12月31日前，对企业集团内单位（含企业集团）之间的资金无偿借贷行为，免征增值税。

第二节 增值税专项优惠政策

一、销售自产的资源综合利用产品和提供资源综合利用劳务

增值税一般纳税人销售自产的资源综合利用产品和提供资源综合利用劳务（以下简称销售综合利用产品和劳务），可享受增值税即征即退政策。

1.综合利用的资源名称、综合利用产品和劳务名称、技术标准和相关条件、退税比例等按照《资源综合利用产品和劳务增值税优惠目录（2022年版）》（以下简称《目录》）的相关规定执行。

2.纳税人从事《目录》所列的资源综合利用项目，其申请享受增值税即征即退政策时，应同时符合下列条件。

（1）纳税人在境内收购的再生资源，应按规定从销售方取得增值税发票；适用免税政策的，应按规定从销售方取得增值税普通发票。销售方为依法依规无法申领发票的单位或者从事小额零星经营业务的自然人，应取得销售方开具的收款凭证及收购方内部凭证，或者税务机关代开的发票。上述所称小额零星经营业务是指自然人从事应税项目经营业务的销售额不超过增值税按次起征点的业务。

纳税人从境外收购的再生资源，应按规定取得海关进口增值税专用缴款书，或者从销售方取得具有发票性质的收款凭证、相关税费缴纳凭证。

纳税人应当取得上述发票或凭证而未取得的，该部分再生资源对应产品

的销售收入不得适用上述即征即退规定。

$$\text{不得适用上述即征即退规定的销售收入} = \text{当期销售综合利用产品和劳务的销售收入} \times \left(\text{纳税人应当取得发票或凭证而未取得的购入再生资源成本} \div \text{当期购进再生资源的全部成本} \right)$$

纳税人应当在当期销售综合利用产品和劳务销售收入中剔除不得适用即征即退政策部分的销售收入后，计算可申请的即征即退税额：

$$\text{可申请退税额} = \left[\left(\text{当期销售综合利用产品和劳务的销售收入} - \text{不得适用即征即退规定的销售收入} \right) \times \text{适用税率} - \text{当期即征即退项目的进项税额} \right] \times \text{对应的退税比例}$$

各级税务机关要加强发票开具相关管理工作，纳税人应按规定及时开具、取得发票。

（2）纳税人应建立再生资源收购台账，留存备查。台账内容包括：再生资源供货方单位名称或个人姓名及身份证号、再生资源名称、数量、价格、结算方式、是否取得增值税发票或符合规定的凭证等。纳税人现有账册、系统能够包括上述内容的，无须单独建立台账。

（3）销售综合利用产品和劳务，不属于发展改革委《产业结构调整指导目录》中的淘汰类、限制类项目。

（4）销售综合利用产品和劳务，不属于生态环境部《环境保护综合名录》中的"高污染、高环境风险"产品或重污染工艺。"高污染、高环境风险"产品，是指在《环境保护综合名录》中标注特性为"GHW/GHF"的产品，但纳税人生产销售的资源综合利用产品满足"GHW/GHF"例外条款规定的技术和条件的除外。

（5）综合利用的资源，属于生态环境部《国家危险废物名录》列明的危险废物的，应当取得省级或市级生态环境部门颁发的《危险废物经营许可证》，且许可经营范围包括该危险废物的利用。

（6）纳税信用级别不为C级或D级。

（7）纳税人申请享受上述即征即退政策时，申请退税税款所属期前6个月（含所属期当期）不得发生下列情形：①因违反生态环境保护的法律法规受到行政处罚（警告、通报批评或单次10万元以下罚款、没收违法所得、没收非法财物除外；单次10万元以下含本数，下同）；②因违反税收法律法规被税务机关处罚（单次10万元以下罚款除外），或发生骗取出口退税、虚开发票的情形。

> 💡 **特别提示**

纳税人在办理退税事宜时，应向主管税务机关提供其符合上述条件以及《目录》规定的技术标准和相关条件的书面声明，并在书面声明中如实注明未取得发票或相关凭证以及接受环保、税收处罚等情况。未提供书面声明的，税务机关不得给予退税。

二、境外机构投资境内债券市场取得的债券利息收入

1. 自2021年11月7日起至2025年12月31日止，对境外机构投资境内债券市场取得的债券利息收入暂免征收企业所得税和增值税。

2. 上述暂免征收企业所得税的范围不包括境外机构在境内设立的机构、场所取得的与该机构、场所有实际联系的债券利息。

三、部分跨境保险应税行为

1. 自2022年1月1日至2025年12月31日，对境内单位和个人发生的下列跨境应税行为免征增值税：①以出口货物为保险标的的产品责任保险；②以出口货物为保险标的的产品质量保证保险。

2. 境内单位和个人发生上述跨境应税行为的增值税征收管理，按照现行跨境应税行为增值税免税管理办法的规定执行。

四、小规模纳税人减免增值税政策

1. 2027年12月31日前，对月销售额10万元以下（含本数）的增值税小规模纳税人，免征增值税。增值税小规模纳税人适用3%征收率的应税销售收入，减按1%征收率征收增值税；适用3%预征率的预缴增值税项目，减按1%预征率预缴增值税。

2. 增值税小规模纳税人（以下简称小规模纳税人）发生增值税应税销售行为，合计月销售额未超过10万元（以1个季度为1个纳税期的，季度销售额未超过30万元，下同）的，免征增值税。

> 🔍 **疑难问题解答**

问：我公司为增值税小规模纳税人，某月销售额为80万元，其中有75万元是销售不动产的销售额，那么我公司该月是否还能享受免征增值税的优惠？

第七章　增值税税收优惠实务操作与典型案例分析

答：小规模纳税人发生增值税应税销售行为，合计月销售额超过 10 万元，但在扣除本期发生的销售不动产的销售额后未超过 10 万元的，其销售货物、劳务、服务、无形资产所取得的销售额免征增值税。

3.适用增值税差额征税政策的小规模纳税人，以差额后的销售额确定是否可以享受上述规定的免征增值税政策。

> 💡 **特别提示**
>
> 《增值税及附加税费申报表（小规模纳税人适用）》中的"免税销售额"相关栏次，填写差额后的销售额。

4.《增值税暂行条例实施细则》第九条所称的其他个人，采取一次性收取租金形式出租不动产取得的租金收入，可在对应的租赁期内平均分摊，分摊后的月租金收入未超过 10 万元的，免征增值税。

5.小规模纳税人取得应税销售收入，适用上述规定的免征增值税政策的，纳税人可就该笔销售收入选择放弃免税并开具增值税专用发票。

6.小规模纳税人取得应税销售收入，适用减按 1% 征收率征收增值税政策的，应按照 1% 征收率开具增值税发票。纳税人可就该笔销售收入选择放弃减税并开具增值税专用发票。

7.小规模纳税人发生增值税应税销售行为，合计月销售额未超过 10 万元的，免征增值税的销售额等项目应填写在《增值税及附加税费申报表（小规模纳税人适用）》"小微企业免税销售额"或者"未达起征点销售额"相关栏次；减按 1% 征收率征收增值税的销售额应填写在《增值税及附加税费申报表（小规模纳税人适用）》"应征增值税不含税销售额（3%征收率）"相应栏次，对应减征的增值税应纳税额按销售额的 2% 计算填写在《增值税及附加税费申报表（小规模纳税人适用）》"本期应纳税额减征额"及《增值税减免税申报明细表》减税项目相应栏次。

8.按固定期限纳税的小规模纳税人可以选择以 1 个月或 1 个季度为纳税期限，一经选择，一个会计年度内不得变更。

9.按照现行规定应当预缴增值税税款的小规模纳税人，凡在预缴地实现的月销售额未超过 10 万元的，当期无须预缴税款。在预缴地实现的月销售额超过 10 万元的，适用 3% 预征率的预缴增值税项目，减按 1% 预征率预缴增值税。

五、研发机构采购设备增值税政策及管理办法

（一）研发机构采购设备增值税政策

1. 适用采购国产设备全额退还增值税政策的内资研发机构和外资研发中心包括：

（1）科技部会同财政部、海关总署和税务总局核定的科技体制改革过程中转制为企业和进入企业的主要从事科学研究和技术开发工作的机构。

（2）国家发展改革委会同财政部、海关总署和税务总局核定的国家工程研究中心。

（3）国家发展改革委会同财政部、海关总署、税务总局和科技部核定的企业技术中心。

（4）科技部会同财政部、海关总署和税务总局核定的国家重点实验室（含企业国家重点实验室）和国家工程技术研究中心。

（5）科技部核定的国务院部委、直属机构所属从事科学研究工作的各类科研院所，以及各省、自治区、直辖市、计划单列市科技主管部门核定的本级政府所属从事科学研究工作的各类科研院所。

（6）科技部会同民政部核定或者各省、自治区、直辖市、计划单列市及新疆生产建设兵团科技主管部门会同同级民政部门核定的科技类民办非企业单位。

（7）工业和信息化部会同财政部、海关总署、税务总局核定的国家中小企业公共服务示范平台（技术类）。

（8）国家承认学历的实施专科及以上高等学历教育的高等学校（以教育部门户网站公布名单为准）。

（9）符合上述第（2）项规定的外资研发中心。

（10）财政部会同国务院有关部门核定的其他科学研究机构、技术开发机构和学校。

2. 外资研发中心应同时满足下列条件。

（1）研发费用标准：作为独立法人的，其投资总额不低于800万美元；作为公司内设部门或分公司的非独立法人的，其研发总投入不低于800万美元。

（2）专职研究与试验发展人员不低于80人。

（3）设立以来累计购置的设备原值不低于2 000万元。

外资研发中心须经商务主管部门会同有关部门按照上述条件进行资格审核认定。

3. 经核定的内资研发机构、外资研发中心，发生重大涉税违法失信行为的，不得享受退税政策。具体退税管理办法由税务总局会同财政部另行制定。相关研发机构的牵头核定部门应及时将内资研发机构、外资研发中心的新设、变更及撤销名单函告同级税务部门，并注明相关资质起止时间。

4. 上述政策的有关定义。

（1）上述"投资总额"是指商务主管部门出具或发放的外商投资信息报告回执或企业批准证书或设立、变更备案回执等文件所载明的金额。

（2）上述"研发总投入"是指外商投资企业专门为设立和建设本研发中心而投入的资产，包括即将投入并签订购置合同的资产（应提交已采购资产清单和即将采购资产的合同清单）。

（3）上述"研发经费年支出额"是指近两个会计年度研发经费年均支出额；不足两个完整会计年度的，可按外资研发中心设立以来任意连续12个月的实际研发经费支出额计算；现金与实物资产投入应不低于60%。

（4）上述"专职研究与试验发展人员"是指企业科技活动人员中专职从事基础研究、应用研究和试验发展三类项目活动的人员，包括直接参加上述三类项目活动的人员以及相关专职科技管理人员和为项目提供资料文献、材料供应、设备的直接服务人员，上述人员须与外资研发中心或其所在外商投资企业签订1年以上劳动合同，以外资研发中心提交申请的前一日人数为准。

（5）上述"设备"是指为科学研究、教学和科技开发提供必要条件的实验设备、装置和器械。在计算累计购置的设备原值时，应将进口设备和采购国产设备的原值一并计入，包括已签订购置合同并于当年内交货的设备（应提交购置合同清单及交货期限），上述采购国产设备应属于《科技开发、科学研究和教学设备清单》所列设备。对执行中国产设备范围存在异议的，由主管税务机关逐级上报税务总局商财政部核定。

5. 上述政策执行至2027年12月31日，具体从内资研发机构和外资研发中心取得退税资格的次月1日起执行。

（二）研发机构采购国产设备增值税退税管理办法

1. 符合条件的研发机构（以下简称研发机构）采购国产设备，按照本办法全额退还增值税（以下简称采购国产设备退税）。本办法所称研发机构、国产设备的具体条件和范围，按照现行研发机构采购设备增值税政策规定执行。

2. 主管研发机构退税的税务机关（以下简称主管税务机关）负责办理研发机构采购国产设备退税的备案、审核及后续管理工作。

3. 研发机构享受采购国产设备退税政策，应于首次申报退税时，持以下资料向主管税务机关办理退税备案手续。

（1）符合现行规定的研发机构资质证明资料。

（2）内容填写真实、完整的《出口退（免）税备案表》。该备案表在《国家税务总局关于出口退（免）税申报有关问题的公告》（国家税务总局公告2018年第16号）发布。其中，"企业类型"选择"其他单位"；"出口退（免）税管理类型"依据资质证明材料填写"内资研发机构"或"外资研发中心"；其他栏次按填表说明填写。

4. 研发机构备案资料齐全，《出口退（免）税备案表》填写内容符合要求，签字、印章完整的，主管税务机关应当予以备案。备案资料或填写内容不符合要求的，主管税务机关应一次性告知研发机构，待其补正后再予备案。

5. 已办理备案的研发机构，《出口退（免）税备案表》中内容发生变更的，应自变更之日起30日内，持相关资料向主管税务机关办理备案变更。

6. 研发机构发生解散、破产、撤销以及其他依法应终止采购国产设备退税事项的，应持相关资料向主管税务机关办理备案撤回。主管税务机关应按规定结清退税款后，办理备案撤回。

💡 特别提示

研发机构办理注销税务登记的，应先向主管税务机关办理退税备案撤回。

7. 外资研发中心因自身条件发生变化不再符合现行规定条件的，应自条件变化之日起30日内办理退税备案撤回，并自条件变化之日起，停止享受采购国产设备退税政策。未按照规定办理退税备案撤回，并继续申报采购国产设备退税的，依照本办法规定处理。

8. 研发机构新设、变更或者撤销的，主管税务机关应根据核定研发机构的牵头部门提供的名单及注明的相关资质起止时间，办理有关退税事项。

9. 研发机构采购国产设备退税的申报期限，为采购国产设备之日（以发票开具日期为准）次月1日起至次年4月30日前的各增值税纳税申报期。研发机构未在规定期限内申报办理退税的，根据《财政部 税务总局关于明确国有农用地出租等增值税政策的公告》（2020年第2号）第四条的规定，在收齐相关凭证及电子信息后，即可申报办理退税。

10. 已备案的研发机构应在退税申报期内，凭下列资料向主管税务机关办理采购国产设备退税。

（1）《购进自用货物退税申报表》。该申报表在《国家税务总局关于优化整合出口退税信息系统 更好服务纳税人有关事项的公告》（国家税务总局公告2021年第15号）发布。填写该表时，应在备注栏填写"科技开发、科学研究、教学设备"。

（2）采购国产设备合同。

（3）增值税专用发票。

上述增值税专用发票，应当已通过电子发票服务平台税务数字账户或者增值税发票综合服务平台确认用途为"用于出口退税"。

11. 属于增值税一般纳税人的研发机构申报采购国产设备退税，主管税务机关经审核符合规定的，应按规定办理退税。

研发机构申报采购国产设备退税，属于下列情形之一的，主管税务机关应采取发函调查或其他方式调查，在确认增值税专用发票真实、发票所列设备已按规定申报纳税后，方可办理退税。

（1）审核中发现疑点，经核实仍不能排除疑点的。

（2）非增值税一般纳税人申报退税的。

> **特别提示**
>
> 研发机构采购国产设备的应退税额，为增值税专用发票上注明的税额。

12. 研发机构采购国产设备取得的增值税专用发票，已用于进项税额抵扣的，不得申报退税；已用于退税的，不得用于进项税额抵扣。

13. 主管税务机关应建立研发机构采购国产设备退税情况台账，记录国产设备的型号、发票开具时间、价格、已退税额等情况。

14. 已办理增值税退税的国产设备，自增值税专用发票开具之日起3年内，设备所有权转移或移作他用的，研发机构须按照下列计算公式，向主管税务机关补缴已退税款。

应补缴税款＝增值税专用发票上注明的税额×（设备折余价值÷设备原值）

设备折余价值＝增值税专用发票上注明的金额－累计已提折旧

累计已提折旧按照《企业所得税法》的有关规定计算。

15. 研发机构涉及重大税收违法失信案件，按照《重大税收违法失信主体信息公布管理办法》（国家税务总局令第 54 号）被公布信息的，研发机构应自案件信息公布之日起，停止享受采购国产设备退税政策，并在 30 日内办理退税备案撤回。研发机构违法失信案件信息停止公布并从公告栏撤出的，自信息撤出之日起，研发机构可重新办理采购国产设备退税备案，其采购的国产设备可继续享受退税政策。未按照规定办理退税备案撤回，并继续申报采购国产设备退税的，依照本办法规定处理。

16. 研发机构采取假冒采购国产设备退税资格、虚构采购国产设备业务、增值税专用发票既申报抵扣又申报退税、提供虚假退税申报资料等手段，骗取采购国产设备退税的，主管税务机关应追回已退税款，并依照《税收征收管理法》的有关规定处理。

> **特别提示**
>
> 本办法未明确的其他退税管理事项，比照出口退税有关规定执行。

六、黄金税收政策

1. 黄金生产和经营单位销售黄金（不包括以下品种：成色为 AU9999、AU9995、AU999、AU995；规格为 50 克、100 克、1 千克、3 千克、12.5 千克的黄金，以下简称标准黄金）和黄金矿砂（含伴生金），免征增值税；进口黄金（含标准黄金）和黄金矿砂免征进口环节增值税。

> **特别提示**
>
> （1）伴生金，是指黄金矿砂以外的其他矿产品、冶炼中间产品和其他可以提炼黄金的原料中所伴生的黄金。
>
> （2）纳税人销售含有伴生金的货物并申请伴生金免征增值税的，应当出具伴生金含量的有效证明，分别核算伴生金和其他成分的销售额。

2. 黄金交易所会员单位通过黄金交易所销售标准黄金（持有黄金交易所开具的《黄金交易结算凭证》），未发生实物交割的，免征增值税；发生实物交割的，由税务机关按照实际成交价格代开增值税专用发票，并实行增值税即征即退的政策，同时免征城市维护建设税、教育费附加。增值税专用发票中的单价、金额和税额的计算公式分别为：

单价 = 实际成交单价 ÷（1+ 增值税税率）

金额 = 数量 × 单价

税额 = 金额 × 税率

实际成交单价是指不含黄金交易所收取的手续费的单位价格。

纳税人不通过黄金交易所销售的标准黄金不享受增值税即征即退和免征城市维护建设税、教育费附加政策。

3. 黄金出口不退税；出口黄金饰品，对黄金原料部分不予退税，只对加工增值部分退税。

4. 对黄金交易所收取的手续费等收入照章征收增值税。

七、软件产品增值税政策

（一）软件产品增值税即征即退政策

自 2011 年 1 月 1 日起，软件产品增值税政策如下。

1. 增值税一般纳税人销售其自行开发生产的软件产品，按 17%（16% 或者 13%）税率征收增值税后，对其增值税实际税负超过 3% 的部分实行即征即退政策。

2. 增值税一般纳税人将进口软件产品进行本地化改造后对外销售，其销售的软件产品可享受上述增值税即征即退政策。

> 💡 **特别提示**
>
> 本地化改造是指对进口软件产品进行重新设计、改进、转换等，单纯对进口软件产品进行汉字化处理不包括在内。

3. 纳税人受托开发软件产品，著作权属于受托方的征收增值税，著作权属于委托方或属于双方共同拥有的不征收增值税；对经过国家版权局注册登记，纳税人在销售时一并转让著作权、所有权的，不征收增值税。

（二）软件产品界定及分类

上述所称软件产品，是指信息处理程序及相关文档和数据。软件产品包括计算机软件产品、信息系统和嵌入式软件产品。嵌入式软件产品是指嵌入在计算机硬件、机器设备中并随其一并销售，构成计算机硬件、机器设备组成部分的软件产品。

(三)软件产品应具备的条件

满足下列条件的软件产品,经主管税务机关审核批准,可以享受上述增值税政策。

1. 取得省级软件产业主管部门认可的软件检测机构出具的检测证明材料。

2. 取得软件产业主管部门颁发的《软件产品登记证书》或著作权行政管理部门颁发的《计算机软件著作权登记证书》。

(四)软件产品增值税即征即退税额的计算

1. 软件产品增值税即征即退税额的计算方法:

即征即退税额 = 当期软件产品增值税应纳税额 − 当期软件产品销售额 × 3%

当期软件产品增值税应纳税额 = 当期软件产品销项税额 − 当期软件产品可抵扣进项税额

当期软件产品销项税额 = 当期软件产品销售额 × 17%(16% 或者 13%)

2. 嵌入式软件产品增值税即征即退税额的计算方法:

即征即退税额 = 当期嵌入式软件产品增值税应纳税额 − 当期嵌入式软件产品销售额 × 3%

当期嵌入式软件产品增值税应纳税额 = 当期嵌入式软件产品销项税额 − 当期嵌入式软件产品可抵扣进项税额

当期嵌入式软件产品销项税额 = 当期嵌入式软件产品销售额 × 17%(16% 或者 13%)

3. 当期嵌入式软件产品销售额的计算公式:

当期嵌入式软件产品销售额 = 当期嵌入式软件产品与计算机硬件、机器设备销售额合计 − 当期计算机硬件、机器设备销售额

计算机硬件、机器设备销售额按照下列顺序确定:①按纳税人最近同期同类货物的平均销售价格计算确定;②按其他纳税人最近同期同类货物的平均销售价格计算确定;③按计算机硬件、机器设备组成计税价格计算确定。

计算机硬件、机器设备组成计税价格 = 计算机硬件、机器设备成本 × (1+10%)

(五)其他管理制度

1. 按照上述办法计算,即征即退税额大于零时,税务机关应按规定,及时办理退税手续。

2.增值税一般纳税人在销售软件产品的同时销售其他货物或者应税劳务的,对于无法划分的进项税额,应按照实际成本或销售收入比例确定软件产品应分摊的进项税额;对专用于软件产品开发生产设备及工具的进项税额,不得进行分摊。纳税人应将选定的分摊方式报主管税务机关备案,并自备案之日起1年内不得变更。

> **特别提示**
>
> 专用于软件产品开发生产的设备及工具,包括但不限于用于软件设计的计算机设备、读写打印器具设备、工具软件、软件平台和测试设备。

3.对增值税一般纳税人随同计算机硬件、机器设备一并销售嵌入式软件产品,如果适用上述规定按照组成计税价格计算确定计算机硬件、机器设备销售额的,应当分别核算嵌入式软件产品与计算机硬件、机器设备部分的成本。凡未分别核算或者核算不清的,不得享受上述规定的增值税政策。

4.各省、自治区、直辖市、计划单列市税务机关可根据上述规定,制定软件产品增值税即征即退的管理办法。主管税务机关可对享受上述增值税政策的纳税人进行定期或不定期检查。纳税人凡弄虚作假骗取享受上述增值税政策的,税务机关除根据现行规定进行处罚外,自发生上述违法违规行为年度起,取消其享受上述增值税政策的资格,纳税人3年内不得再次申请。

(六)动漫产业增值税政策

1.动漫软件出口免征增值税。

2.动漫软件,按照《财政部 国家税务总局关于软件产品增值税政策的通知》(财税〔2011〕100号)中软件产品相关规定执行。

动漫企业和自主开发、生产动漫产品的认定标准和认定程序,按照《文化部 财政部 国家税务总局关于印发〈动漫企业认定管理办法(试行)〉的通知》(文市发〔2008〕51号)的规定执行。

八、新型墙体材料与风力发电增值税即征即退政策

(一)新型墙体材料增值税政策

1.对纳税人销售自产的列入《享受增值税即征即退政策的新型墙体材料

目录》(以下简称《目录》)的新型墙体材料,实行增值税即征即退50%的政策。

2. 纳税人销售自产的《目录》所列新型墙体材料,其申请享受上述增值税优惠政策时,应同时符合下列条件。

(1)销售自产的新型墙体材料,不属于国家发展和改革委员会《产业结构调整指导目录》中的禁止类、限制类项目。

(2)销售自产的新型墙体材料,不属于原环境保护部《环境保护综合名录》中的"高污染、高环境风险"产品或者重污染工艺。

(3)纳税信用等级不属于税务机关评定的C级或D级。

纳税人在办理退税事宜时,应向主管税务机关提供其符合上述条件的书面声明材料,未提供书面声明材料或者出具虚假材料的,税务机关不得给予退税。

3. 已享受上述增值税即征即退政策的纳税人,自不符合上述条件的次月起,不再享受上述增值税即征即退政策。

特别提示

纳税人应当单独核算享受上述增值税即征即退政策的新型墙体材料的销售额和应纳税额。未按规定单独核算的,不得享受上述增值税即征即退政策。

4. 各省、自治区、直辖市、计划单列市税务机关应于每年2月底之前在其网站上,将享受上述增值税即征即退政策的纳税人按下列项目予以公示:纳税人名称、纳税人识别号、新型墙体材料的名称。

5. 已享受上述增值税即征即退政策的纳税人,因违反税收、环境保护的法律法规受到处罚(警告或单次1万元以下罚款除外),自处罚决定下达的次月起36个月内,不得享受上述增值税即征即退政策。

6.《目录》所列新型墙体材料适用的国家标准、行业标准,如在执行过程中有更新、替换,统一按新的国家标准、行业标准执行。

(二)风力发电增值税政策

自2015年7月1日起,对纳税人销售自产的利用风力生产的电力产品,实行增值税即征即退50%的政策。

九、促进残疾人就业增值税优惠政策

1. 自 2016 年 5 月 1 日起，对安置残疾人的单位和个体工商户（以下简称纳税人），实行由税务机关按纳税人安置残疾人的人数，限额即征即退增值税的办法。

安置的每位残疾人每月可退还的增值税具体限额，由县级以上税务机关根据纳税人所在区县（含县级市、旗，下同）适用的经省（含自治区、直辖市、计划单列市，下同）人民政府批准的月最低工资标准的 4 倍确定。

2. 享受税收优惠政策的条件。

（1）纳税人（除盲人按摩机构外）月安置的残疾人占在职职工人数的比例不低于 25%（含 25%），并且安置的残疾人人数不少于 10 人（含 10 人）。

盲人按摩机构月安置的残疾人占在职职工人数的比例不低于 25%（含 25%），并且安置的残疾人人数不少于 5 人（含 5 人）。

（2）依法与安置的每位残疾人签订了 1 年以上（含 1 年）的劳动合同或服务协议。

（3）为安置的每位残疾人按月足额缴纳了基本养老保险、基本医疗保险、失业保险、工伤保险和生育保险等社会保险。

（4）通过银行等金融机构向安置的每位残疾人，按月支付了不低于纳税人所在区县适用的经省人民政府批准的月最低工资标准的工资。

3.《财政部 国家税务总局关于教育税收政策的通知》（财税〔2004〕39 号）第一条第 7 项规定的特殊教育学校举办的企业，只要符合上述第一项第一款规定的条件，即可享受上述增值税优惠政策。这类企业在计算残疾人人数时可将在企业上岗工作的特殊教育学校的全日制在校学生计算在内，在计算企业在职职工人数时也要将上述学生计算在内。

4. 纳税人中纳税信用等级为税务机关评定的 C 级或 D 级的，不得享受上述政策。

5. 纳税人按照纳税期限向主管国税机关申请退还增值税。本纳税期已交增值税额不足退还的，可在本纳税年度内以前纳税期已交增值税扣除已退增值税的余额中退还，仍不足退还的可结转本纳税年度内以后纳税期退还，但不得结转以后年度退还。纳税期限不为按月的，只能对其符合条件的月份退还增值税。

6. 上述增值税优惠政策仅适用于生产销售货物，提供加工、修理修配劳务,以及提供营改增现代服务和生活服务税目(不含文化体育服务和娱乐服务)范围的服务取得的收入之和,占其增值税收入的比例达到50%的纳税人,但不适用于上述纳税人直接销售外购货物(包括商品批发和零售)以及销售委托加工的货物取得的收入。

纳税人应当分别核算上述享受税收优惠政策和不得享受税收优惠政策业务的销售额,不能分别核算的,不得享受上述优惠政策。

7. 如果既适用促进残疾人就业增值税优惠政策,又适用重点群体、退役士兵、随军家属、军转干部等支持就业的增值税优惠政策的,纳税人可自行选择适用的优惠政策,但不能累加执行。一经选定,36个月内不得变更。

疑难问题解答

问:我是一名残疾人,我个人对外提供修理劳务,是否需要缴纳增值税?
答:残疾人个人提供的加工、修理修配劳务,免征增值税。

8. 税务机关发现已享受上述增值税优惠政策的纳税人,存在不符合上述条件,或者采用伪造或重复使用残疾人证、残疾军人证等手段骗取上述增值税优惠的,应将纳税人发生上述违法违规行为的纳税期内按已享受到的退税全额追缴入库,并自发现当月起36个月内停止其享受上述各项税收优惠。

9. 本政策有关定义。

(1)残疾人,是指法定劳动年龄内,持有《中华人民共和国残疾人证》或者《中华人民共和国残疾军人证(1至8级)》的自然人,包括具有劳动条件和劳动意愿的精神残疾人。

(2)残疾人个人,是指自然人。

(3)在职职工人数,是指与纳税人建立劳动关系并依法签订劳动合同或者服务协议的雇员人数。

(4)特殊教育学校举办的企业,是指特殊教育学校主要为在校学生提供实习场所、并由学校出资自办、由学校负责经营管理、经营收入全部归学校所有的企业。

十、供热企业增值税优惠政策

1. 自2019年1月1日至2027年供暖期结束,对"三北"地区供热企业(以下简称供热企业)向居民个人(以下简称居民)供热取得的采暖费收入免征增值税。

向居民供热取得的采暖费收入，包括供热企业直接向居民收取的、通过其他单位向居民收取的和由单位代居民缴纳的采暖费。

免征增值税的采暖费收入，应当按照《增值税暂行条例》第十六条的规定单独核算。通过热力产品经营企业向居民供热的热力产品生产企业，应当根据热力产品经营企业实际从居民取得的采暖费收入占该经营企业采暖费总收入的比例，计算免征的增值税。

上述所称供暖期，是指当年下半年供暖开始至次年上半年供暖结束的期间。

2. 上述所称供热企业，是指热力产品生产企业和热力产品经营企业。热力产品生产企业包括专业供热企业、兼营供热企业和自供热单位。

3. 上述所称"三北"地区，是指北京市、天津市、河北省、山西省、内蒙古自治区、辽宁省、大连市、吉林省、黑龙江省、山东省、青岛市、河南省、陕西省、甘肃省、青海省、宁夏回族自治区和新疆维吾尔自治区。

十一、海南离岛旅客免税购物政策

1. 自 2020 年 7 月 1 日起，海南离岛旅客免税购物政策（以下简称离岛免税政策）是指对乘飞机、火车、轮船离岛（不包括离境）旅客实行限值、限量、限品种免进口税购物，在实施离岛免税政策的免税商店（以下简称离岛免税店）内或经批准的网上销售窗口付款，在机场、火车站、港口码头指定区域提货离岛的税收优惠政策。离岛免税政策免税税种为关税、进口环节增值税和消费税。

2. 上述所称旅客，是指年满 16 周岁，已购买离岛机票、火车票、船票，并持有效身份证件（国内旅客持居民身份证、港澳台旅客持旅行证件、国外旅客持护照），离开海南本岛但不离境的国内外旅客，包括海南省居民。

3. 离岛旅客每年每人免税购物额度为 10 万元，不限次数。免税商品种类及每次购买数量限制，按照相关规定执行。超出免税限额、限量的部分，照章征收进境物品进口税。旅客购物后乘飞机、火车、轮船离岛记为 1 次免税购物。

4. 上述所称离岛免税店，是指具有实施离岛免税政策资格并实行特许经营的免税商店，目前包括：海口美兰机场免税店、海口日月广场免税店、琼海博鳌免税店、三亚海棠湾免税店。具有免税品经销资格的经营主体可按规定参与海南离岛免税经营。

5. 离岛旅客在国家规定的额度和数量范围内，在离岛免税店内或经批准的网上销售窗口购买免税商品，免税店根据旅客离岛时间运送货物，旅客凭购物凭证在机场、火车站、港口码头指定区域提货，并一次性随身携带离岛。

6. 已经购买的离岛免税商品属于消费者个人使用的最终商品，不得进入国内市场再次销售。

7. 对违反上述规定倒卖、代购、走私免税商品的个人，依法依规纳入信用记录，3年内不得购买离岛免税商品；对于构成走私行为或者违反海关监管规定行为的，由海关依照有关规定予以处理，构成犯罪的，依法追究刑事责任。对协助违反离岛免税政策、扰乱市场秩序的旅行社、运输企业等，给予行业性综合整治。离岛免税店违反相关规定销售免税品，由海关依照有关法律、行政法规给予处理、处罚。

十二、边销茶增值税政策

1. 自2021年1月1日起至2027年12月31日，对边销茶生产企业销售自产的边销茶及经销企业销售的边销茶免征增值税。

2. 上述所称边销茶，是指以黑毛茶、老青茶、红茶末、绿茶为主要原料，经过发酵、蒸制、加压或者压碎、炒制，专门销往边疆民族地区的紧压茶。

十三、法律援助补贴税收政策

1. 自2022年1月1日起，对法律援助人员按照《中华人民共和国法律援助法》规定获得的法律援助补贴，免征增值税和个人所得税。

2. 法律援助机构向法律援助人员支付法律援助补贴时，应当为获得补贴的法律援助人员办理个人所得税劳务报酬所得免税申报。

3. 司法行政部门与税务部门建立信息共享机制，每一年度个人所得税综合所得汇算清缴开始前，交换法律援助补贴获得人员的涉税信息。

4. 上述所称法律援助机构是指按照《中华人民共和国法律援助法》第十二条规定设立的法律援助机构。群团组织参照《中华人民共和国法律援助法》第六十八条规定开展法律援助工作的，按照上述规定为法律援助人员办理免税申报，并将法律援助补贴获得人员的相关信息报送司法行政部门。

十四、营改增过渡增值税即征即退政策

1.2026 年 1 月 1 日之前，一般纳税人提供管道运输服务，对其增值税实际税负超过 3% 的部分实行增值税即征即退政策。

2.经人民银行、银监会（现为金融监管总局）或者商务部批准从事融资租赁业务的试点纳税人中的一般纳税人，提供有形动产融资租赁服务和有形动产融资性售后回租服务，对其增值税实际税负超过 3% 的部分实行增值税即征即退政策。商务部授权的省级商务主管部门和国家经济技术开发区批准的从事融资租赁业务和融资性售后回租业务的试点纳税人中的一般纳税人，2016 年 5 月 1 日后实收资本达到 1.7 亿元的，从达到标准的当月起按照上述规定执行；2016 年 5 月 1 日后实收资本未达到 1.7 亿元但注册资本达到 1.7 亿元的，在 2016 年 7 月 31 日前仍可按照上述规定执行，2016 年 8 月 1 日后开展的有形动产融资租赁业务和有形动产融资性售后回租业务不得按照上述规定执行。

> **特别提示**
>
> 上述所称"人民银行、银监会（现为金融监管总局）或者商务部批准""商务部授权的省级商务主管部门和国家经济技术开发区批准"从事融资租赁业务（含融资性售后回租业务）的试点纳税人（含试点纳税人中的一般纳税人），包括经上述部门备案从事融资租赁业务的试点纳税人。

3.上述所称增值税实际税负，是指纳税人当期提供应税服务实际缴纳的增值税额占纳税人当期提供应税服务取得的全部价款和价外费用的比例。

4.金融企业发放贷款后，自结息日起 90 天内发生的应收未收利息按现行规定缴纳增值税，自结息日起 90 天后发生的应收未收利息暂不缴纳增值税，待实际收到利息时按规定缴纳增值税。

> **特别提示**
>
> 上述所称金融企业，是指银行（包括国有、集体、股份制、合资、外资银行以及其他所有制形式的银行）、城市信用社、农村信用社、信托投资公司、财务公司。

5.个人将购买不足 2 年的住房对外销售的，按照 5% 的征收率全额缴纳

增值税；个人将购买 2 年以上（含 2 年）的住房对外销售的，免征增值税。

十五、扶持自主就业退役士兵创业就业有关税收政策

1. 自 2023 年 1 月 1 日至 2027 年 12 月 31 日，自主就业退役士兵从事个体经营的，自办理个体工商户登记当月起，在 3 年（36 个月，下同）内按每户每年 20 000 元为限额依次扣减其当年实际应缴纳的增值税、城市维护建设税、教育费附加、地方教育附加和个人所得税。限额标准最高可上浮 20%，各省、自治区、直辖市人民政府可根据本地区实际情况在此幅度内确定具体限额标准。

纳税人年度应缴纳税款小于上述扣减限额的，减免税额以其实际缴纳的税款为限；大于上述扣减限额的，以上述扣减限额为限。纳税人的实际经营期不足 1 年的，应当按月换算其减免税限额。换算公式为：减免税限额 = 年度减免税限额 ÷12× 实际经营月数。城市维护建设税、教育费附加、地方教育附加的计税依据是享受本项税收优惠政策前的增值税应纳税额。

2. 自 2023 年 1 月 1 日至 2027 年 12 月 31 日，企业招用自主就业退役士兵，与其签订 1 年以上期限劳动合同并依法缴纳社会保险费的，自签订劳动合同并缴纳社会保险当月起，在 3 年内按实际招用人数予以定额依次扣减增值税、城市维护建设税、教育费附加、地方教育附加和企业所得税优惠。定额标准为每人每年 6 000 元，最高可上浮 50%，各省、自治区、直辖市人民政府可根据本地区实际情况在此幅度内确定具体定额标准。

企业按招用人数和签订的劳动合同时间核算企业减免税总额，在核算减免税总额内每月依次扣减增值税、城市维护建设税、教育费附加和地方教育附加。企业实际应缴纳的增值税、城市维护建设税、教育费附加和地方教育附加小于核算减免税总额的，以实际应缴纳的增值税、城市维护建设税、教育费附加和地方教育附加为限；实际应缴纳的增值税、城市维护建设税、教育费附加和地方教育附加大于核算减免税总额的，以核算减免税总额为限。

纳税年度终了，如果企业实际减免的增值税、城市维护建设税、教育费附加和地方教育附加小于核算减免税总额，企业在企业所得税汇算清缴时以差额部分扣减企业所得税。当年扣减不完的，不再结转以后年度扣减。

自主就业退役士兵在企业工作不满 1 年的，应当按月换算减免税限额。计算公式为：

企业核算减免税总额 =Σ 每名自主就业退役士兵本年度在本单位工作月份 ÷12× 具体定额标准

城市维护建设税、教育费附加、地方教育附加的计税依据是享受本项税收优惠政策前的增值税应纳税额。

3. 上述所称自主就业退役士兵是指依照《退役士兵安置条例》(国务院中央军委令第608号)的规定退出现役并按自主就业方式安置的退役士兵。

> 💡 **特别提示**
>
> 上述所称企业是指属于增值税纳税人或企业所得税纳税人的企业等单位。

4. 自主就业退役士兵从事个体经营的,在享受税收优惠政策进行纳税申报时,注明其退役军人身份,并将《中国人民解放军退出现役证书》《中国人民解放军义务兵退出现役证》《中国人民解放军士官退出现役证》或《中国人民武装警察部队退出现役证书》《中国人民武装警察部队义务兵退出现役证》《中国人民武装警察部队士官退出现役证》留存备查。

企业招用自主就业退役士兵享受税收优惠政策的,将以下资料留存备查:①招用自主就业退役士兵的《中国人民解放军退出现役证书》《中国人民解放军义务兵退出现役证》《中国人民解放军士官退出现役证》或《中国人民武装警察部队退出现役证书》《中国人民武装警察部队义务兵退出现役证》《中国人民武装警察部队士官退出现役证》;②企业与招用自主就业退役士兵签订的劳动合同(副本),为职工缴纳的社会保险费记录;③自主就业退役士兵本年度在企业工作时间表。

5. 企业招用自主就业退役士兵既可以适用上述规定的税收优惠政策,又可以适用其他扶持就业专项税收优惠政策的,企业可以选择适用最优惠的政策,但不得重复享受。

6. 纳税人在2027年12月31日享受上述规定的税收优惠政策未满3年的,可继续享受至3年期满为止。退役士兵以前年度已享受退役士兵创业就业税收优惠政策满3年的,不得再享受上述规定的税收优惠政策;以前年度享受退役士兵创业就业税收优惠政策未满3年且符合上述规定条件的,可按上述规定享受优惠至3年期满。

十六、支持重点群体创业就业有关税收政策

1. 自2023年1月1日至2027年12月31日,脱贫人口(含防止返贫监测对象,下同)、持《就业创业证》(注明"自主创业税收政策"或"毕业年度内自主创业税收政策")或《就业失业登记证》(注明"自主创业税收政

策")的人员，从事个体经营的，自办理个体工商户登记当月起，在3年（36个月，下同）内按每户每年20 000元为限额依次扣减其当年实际应缴纳的增值税、城市维护建设税、教育费附加、地方教育附加和个人所得税。限额标准最高可上浮20%，各省、自治区、直辖市人民政府可根据本地区实际情况在此幅度内确定具体限额标准。

纳税人年度应缴纳税款小于上述扣减限额的，减免税额以其实际缴纳的税款为限；大于上述扣减限额的，以上述扣减限额为限。

上述人员具体包括：①纳入全国防止返贫监测和衔接推进乡村振兴信息系统的脱贫人口；②在人力资源社会保障部门公共就业服务机构登记失业半年以上的人员；③零就业家庭、享受城市居民最低生活保障家庭劳动年龄内的登记失业人员；④毕业年度内高校毕业生。高校毕业生是指实施高等学历教育的普通高等学校、成人高等学校应届毕业的学生；毕业年度是指毕业所在自然年，即1月1日至12月31日。

2. 自2023年1月1日至2027年12月31日，企业招用脱贫人口，以及在人力资源社会保障部门公共就业服务机构登记失业半年以上且持《就业创业证》或《就业失业登记证》（注明"企业吸纳税收政策"）的人员，与其签订1年以上期限劳动合同并依法缴纳社会保险费的，自签订劳动合同并缴纳社会保险当月起，在3年内按实际招用人数予以定额依次扣减增值税、城市维护建设税、教育费附加、地方教育附加和企业所得税优惠。定额标准为每人每年6 000元，最高可上浮30%，各省、自治区、直辖市人民政府可根据本地区实际情况在此幅度内确定具体定额标准。城市维护建设税、教育费附加、地方教育附加的计税依据是享受本项税收优惠政策前的增值税应纳税额。

按上述标准计算的税收扣减额应在企业当年实际应缴纳的增值税、城市维护建设税、教育费附加、地方教育附加和企业所得税税额中扣减，当年扣减不完的，不得结转下年使用。

> **特别提示**
>
> 上述所称企业是指属于增值税纳税人或企业所得税纳税人的企业等单位。

3. 农业农村部（国家乡村振兴局）、人力资源社会保障部、税务总局要实现脱贫人口身份信息数据共享，推动数据下沉。

4. 企业招用就业人员既可以适用上述规定的税收优惠政策，又可以适用其他扶持就业专项税收优惠政策的，企业可以选择适用最优惠的政策，但不得重复享受。

5.纳税人在2027年12月31日享受上述规定的税收优惠政策未满3年的，可继续享受至3年期满为止。本政策所述人员，以前年度已享受重点群体创业就业税收优惠政策满3年的，不得再享受上述规定的税收优惠政策；以前年度享受重点群体创业就业税收优惠政策未满3年且符合上述规定条件的，可按上述规定享受优惠至3年期满。

十七、宣传文化增值税优惠政策

1.2027年12月31日前，对下列出版物在出版环节执行增值税100%先征后退的政策。

（1）中国共产党和各民主党派的各级组织的机关报纸和机关期刊，各级人大、政协、政府、工会、共青团、妇联、残联、科协的机关报纸和机关期刊，新华社的机关报纸和机关期刊，军事部门的机关报纸和机关期刊。

特别提示

上述各级组织不含其所属部门。机关报纸和机关期刊增值税先征后退范围掌握在一个单位一份报纸和一份期刊以内。

（2）专为少年儿童出版发行的报纸和期刊，中小学的学生教科书。

（3）专为老年人出版发行的报纸和期刊。

（4）少数民族文字出版物。

（5）盲文图书和盲文期刊。

（6）经批准在内蒙古、广西、西藏、宁夏、新疆五个自治区内注册的出版单位出版的出版物。

（7）列入财政部、国家税务总局《关于延续实施宣传文化增值税优惠政策的公告》（财政部　税务总局公告2023年第60号，以下简称《2023年第60号公告》）附件1的图书、报纸和期刊。

2.2027年12月31日前，对下列出版物在出版环节执行增值税50%先征后退的政策。

（1）各类图书、期刊、音像制品、电子出版物，但《2023年第60号公告》规定执行增值税100%先征后退的出版物除外。

（2）列入《2023年第60号公告》附件2的报纸。

3.2027年12月31日前，对下列印刷、制作业务执行增值税100%先征后退的政策：①对少数民族文字出版物的印刷或制作业务；②列入《2023年第60号公告》附件3的新疆维吾尔自治区印刷企业的印刷业务。

4.2027年12月31日前，免征图书批发、零售环节增值税。

5.2027年12月31日前，对科普单位的门票收入，以及县级及以上党政部门和科协开展科普活动的门票收入免征增值税。

6.享受上述第一项、第二项规定的增值税先征后退政策的纳税人，必须是具有相关出版物出版许可证的出版单位（含以"租型"方式取得专有出版权进行出版物印刷发行的出版单位）。承担省级及以上出版行政主管部门指定出版、发行任务的单位，因进行重组改制等原因尚未办理出版、发行许可证变更的单位，经财政部各地监管局（以下简称财政监管局）商省级出版行政主管部门核准，可以享受相应的增值税先征后退政策。

纳税人应当将享受上述税收优惠政策的出版物在财务上实行单独核算，不进行单独核算的不得享受上述规定的优惠政策。违规出版物、多次出现违规的出版单位及图书批发零售单位不得享受上述规定的优惠政策。上述违规出版物、出版单位及图书批发零售单位的具体名单由省级及以上出版行政主管部门及时通知相应财政监管局和主管税务机关。

7.已按软件产品享受增值税退税政策的电子出版物不得再按本规定申请增值税先征后退政策。

8.本政策的有关定义。

（1）"出版物"，是指根据国务院出版行政主管部门的有关规定出版的图书、报纸、期刊、音像制品和电子出版物。所述图书、报纸和期刊，包括随同图书、报纸、期刊销售并难以分离的光盘、软盘和磁带等信息载体。

（2）图书、报纸、期刊（即杂志）的范围，按照《国家税务总局关于印发〈增值税部分货物征税范围注释〉的通知》（国税发〔1993〕151号）的规定执行；音像制品、电子出版物的范围，按照《财政部 国家税务总局关于简并增值税税率有关政策的通知》（财税〔2017〕37号）的规定执行。

（3）"专为少年儿童出版发行的报纸和期刊"，是指以初中及初中以下少年儿童为主要对象的报纸和期刊。

（4）"中小学的学生教科书"，是指普通中小学学生教科书和中等职业教育教科书。普通中小学学生教科书是指根据中小学国家课程方案和课程标准编写的，经国务院教育行政部门审定或省级教育行政部门审定的，由取得国务院出版行政主管部门批准的教科书出版、发行资质的单位提供的中小学学生上课使用的正式教科书,具体操作时按国务院和省级教育行政部门每年下达的"中小学教学用书目录"中所列"教科书"的范围掌握。中等职业教育教科书是指按国家规定设置标准和审批程序批准成立并在教育行政部门备案的中等职业学校,及在人力资源社会保障行政部门备案的技工学校学生使用的教科书,具体操作时按国务院和省级教育、人力资源社会保障行政部门发布的教学用书目录认定。

疑难问题解答

问:我出版社出版了一批专门针对中小学教学的参考书,是否可以视同"中小学的学生教科书"享受增值税优惠?

答:中小学的学生教科书不包括各种形式的教学参考书、图册、读本、课外读物、练习册以及其他各类教辅材料。

(5)"专为老年人出版发行的报纸和期刊",是指以老年人为主要对象的报纸和期刊,具体范围见《2023年第60号公告》附件4。

(6)上述第一项和第二项规定的图书包括"租型"出版的图书。

(7)"科普单位",是指科技馆、自然博物馆,对公众开放的天文馆(站、台)、气象台(站)、地震台(站),以及高等院校、科研机构对公众开放的科普基地。

(8)"科普活动",是指利用各种传媒以浅显的、让公众易于理解、接受和参与的方式,向普通大众介绍自然科学和社会科学知识,推广科学技术的应用,倡导科学方法,传播科学思想,弘扬科学精神的活动。

第三节 增值税优惠项目的管理

一、增值税优惠项目管理的一般规定

(一)单独核算要求

纳税人兼营增值税优惠项目的,应当单独核算增值税优惠项目的销售额;未单独核算的项目,不得享受税收优惠。

由于增值税适用税率较多，税收优惠政策也较多，因此，如果纳税人兼营增值税优惠项目，应当单独核算增值税优惠项目的销售额，因为只有优惠项目的销售额才能享受优惠，其他项目的销售额仍然要依法纳税；对于纳税人未单独核算的项目，该项目对应的销售额不得享受税收优惠，应当与其他不享受任何优惠的项目的销售额合并计算缴纳增值税。

实操案例 7-2

甲公司经营 A 项目需要按 13% 的税率缴纳增值税，同时，甲公司还兼营 B 项目，该项目免征增值税。假设某月，甲公司经营 A 项目的销售额为 1 000 万元，经营 B 项目的销售额为 500 万元。

如果甲公司对 B 项目的销售额进行了单独核算，则甲公司该月仅需要计算增值税销项税额：1 000×13%=130（万元）。

如果甲公司并未对 B 项目进行单独核算，则甲公司应当按 A 项目和 B 项目的全部销售额计算增值税销项税额：（1 000+500）×13%=195（万元）。

（二）增值税优惠的放弃

纳税人可以放弃增值税优惠；放弃优惠的，在 36 个月内不得享受该项税收优惠，小规模纳税人除外。

增值税的优惠与其他税收的优惠不同，其他税收的优惠是实实在在的优惠，但增值税的优惠有时对企业而言却并非有利的，原因是享受免征增值税优惠的企业，需要对该项单独核算，且该项目的进项税额不得抵扣。

实操案例 7-3

假设甲公司经营 A 项目和 B 项目，其中 A 项目正常缴纳增值税，B 项目可以享受免征增值税的优惠。某月，A 项目的进项税额为 10 万元，销项税额为 15 万元；B 项目的进项税额为 5 万元，销项税额为 4 万元。

如果甲公司选择享受免税优惠且对 B 项目单独核算，甲公司该月缴纳增值税：15-10=5（万元）。

如果甲公司选择放弃免税优惠，则该月缴纳增值税：（15+4）-（10+5）=4（万元）。

就该月来看，甲公司选择放弃增值税免税优惠，纳税更少。依此类推，就某个年度来看，甲公司选择放弃增值税免税优惠，纳税也可能更少。

因此，在增值税制度中，专门设计了纳税人可以放弃增值税优惠的制度。为防止纳税人这个月选择放弃优惠，下个月又选择享受优惠，税法规定了，纳税人放弃优惠的，在36个月内不得享受该项税收优惠。当然，这一规定仅限于同一项目的优惠。

实操案例 7-4

甲公司经营A、B、C三个项目，其中A项目正常纳税，B项目和C项目均免税。若甲公司选择放弃B项目的免税优惠，则在36个月以后才能再次选择享受B项目的免税优惠，在该36个月内，B项目将与A项目一样正常纳税。但甲公司可以一直享受C项目的免税优惠。或者甲公司在上述36个月内又增加了D项目，如果D项目本身也是免税项目，则甲公司可以选择享受D项目的免税优惠。

小规模纳税人每季度销售额不超过30万元的，免征增值税。该项免税优惠，小规模纳税人可以在任一季度放弃，也就是该季度正常缴纳增值税，在下一个季度再选择享受该项优惠。

实操案例 7-5

甲公司为小规模纳税人，2024年第四季度销售额为20万元，甲公司可以选择开具1%的增值税专用发票，缴纳增值税2 000元。2025年第一季度，甲公司销售额为30万元，甲公司可以全部开具增值税普通发票，免纳增值税，从而享受了3 000元的增值税优惠。

（三）选择实际享受增值税减免税的起始时间

一般纳税人可以在增值税免税、减税项目执行期限内，按照纳税申报期选择实际享受该项增值税免税、减税政策的起始时间。

一般纳税人在享受增值税免税、减税政策后，按照《营业税改征增值税试点实施办法》（财税〔2016〕36号文件印发）第四十八条的有关规定，要求放弃免税、减税权的，应当以书面形式提交纳税人放弃免（减）税权声明，报主管税务机关备案。一般纳税人自提交备案资料的次月起，按照规定计算缴纳增值税。

二、纳税人既享受增值税即征即退、先征后退政策又享受免抵退税政策的处理

1. 纳税人既有增值税即征即退、先征后退项目，也有出口等其他增值税应税项目的，增值税即征即退和先征后退项目不参与出口项目免抵退税计算。纳税人应分别核算增值税即征即退、先征后退项目和出口等其他增值税应税项目，分别申请享受增值税即征即退、先征后退和免抵退税政策。

2. 用于增值税即征即退或者先征后退项目的进项税额无法划分的，按照下列公式计算：

无法划分进项税额中用于增值税即征即退或者先征后退项目的部分 = 当月无法划分的全部进项税额 × 当月增值税即征即退或者先征后退项目销售额 ÷ 当月全部销售额、营业额合计

三、部分增值税优惠政策审批事项取消后有关管理事项

1. 纳税人享受下列增值税优惠政策，其涉及的税收审核、审批工作程序取消，改为备案管理。

（1）承担粮食收储任务的国有粮食企业、经营免税项目的其他粮食经营企业以及有政府储备食用植物油销售业务企业免征增值税的审核。

（2）拍卖行拍卖免税货物免征增值税的审批。

（3）随军家属就业免征增值税的审批。

（4）自主择业的军队转业干部就业免征增值税的审批。

（5）自谋职业的城镇退役士兵就业免征增值税的审批。

2. 纳税人享受上述增值税优惠政策，按以下规定办理备案手续。

（1）纳税人应在享受税收优惠政策的首个纳税申报期内，将备案材料作为申报资料的一部分，一并提交主管税务机关。每一个纳税期内，拍卖行发生拍卖免税货物业务，均应在办理纳税申报时，向主管税务机关履行免税备案手续。

（2）纳税人在符合减免税条件期间内，备案资料内容不发生变化的，可进行一次性备案。

（3）纳税人提交的备案资料内容发生变化，如仍符合减免税规定，应在发生变化的次月纳税申报期内，向主管税务机关进行变更备案。如不再符合减免税规定，应当停止享受减免税，按照规定进行纳税申报。

3. 纳税人对备案资料的真实性和合法性承担责任。

4.纳税人提交备案资料包括以下内容：①免税的项目、依据、范围、期限等；②减免税依据的相关法律、法规、规章和规范性文件要求报送的材料。

5.主管税务机关对纳税人提供的备案材料的完整性进行审核，不改变纳税人真实申报的责任。

四、国有粮食购销企业销售粮食免征增值税审批事项取消后有关管理事项

1.承担粮食收储任务的国有粮食购销企业销售粮食享受免征增值税优惠政策时，其涉及的审核确定工作程序取消，改为备案管理。

2.享受免征增值税优惠政策的国有粮食购销企业（以下统称纳税人），按以下规定，分别向所在地县（市）国家税务局及同级粮食管理部门备案。

（1）纳税人应在享受税收优惠政策的首个纳税申报期内，将备案材料送所在地县（市）国家税务局及同级粮食管理部门备案。

（2）纳税人在符合减免税条件期间内，备案资料内容不发生变化的，可进行一次性备案。

（3）纳税人提交的备案资料内容发生变化，如仍符合免税规定，应在发生变化的次月纳税申报期内，向所在地县（市）国家税务局及同级粮食管理部门进行变更备案。如不再符合免税规定，应当停止享受免税，按照规定进行纳税申报。

3.纳税人对备案资料的真实性和合法性承担责任。

4.纳税人提交的备案资料包括以下内容：①免税的项目、依据、范围、期限等；②免税依据的相关法律、法规、规章和规范性文件要求报送的材料。

5.所在地县（市）国家税务局及同级粮食管理部门对纳税人提供的备案材料的完整性进行审核，不改变纳税人真实申报的责任。

五、促进残疾人就业增值税优惠政策管理办法

1.纳税人首次申请享受税收优惠政策，应向主管税务机关提供以下备案资料。

（1）《税务资格备案表》。

（2）安置的残疾人的《中华人民共和国残疾人证》或者《中华人民共和国残疾军人证（1至8级）》复印件，注明与原件一致，并逐页加盖公章。安

置精神残疾人的，提供精神残疾人同意就业的书面声明以及其法定监护人签字或印章的证明精神残疾人具有劳动条件和劳动意愿的书面材料。

（3）安置的残疾人的身份证明复印件，注明与原件一致，并逐页加盖公章。

> 💡 **特别提示**

纳税人，是指安置残疾人的单位和个体工商户。

2.主管税务机关受理备案后，应将全部《中华人民共和国残疾人证》或者《中华人民共和国残疾军人证（1至8级）》信息以及所安置残疾人的身份证明信息录入征管系统。

3.纳税人提供的备案资料发生变化的，应于发生变化之日起15日内就变化情况向主管税务机关办理备案。

4.纳税人申请退还增值税时，需报送如下资料：①《退（抵）税申请审批表》；②《安置残疾人纳税人申请增值税退税声明》；③当期为残疾人缴纳社会保险费凭证的复印件及由纳税人加盖公章确认的注明缴纳人员、缴纳金额、缴纳期间的明细表；④当期由银行等金融机构或纳税人加盖公章的按月为残疾人支付工资的清单。

> 💡 **特别提示**

特殊教育学校举办的企业，申请退还增值税时，不提供上述资料③、资料④。

5.纳税人申请享受税收优惠政策，应对报送资料的真实性和合法性承担法律责任。主管税务机关对纳税人提供资料的完整性和增值税退税额计算的准确性进行审核。

6.主管税务机关受理退税申请后，查询纳税人的纳税信用等级，对符合信用条件的，审核计算应退增值税额，并按规定办理退税。

7.纳税人本期应退增值税额按以下公式计算：

本期应退增值税额 = 本期所含月份每月应退增值税额之和

月应退增值税额 = 纳税人本月安置残疾人员人数 × 本月最低工资标准的4倍

月最低工资标准，是指纳税人所在区县（含县级市、旗）适用的经省（含自治区、直辖市、计划单列市）人民政府批准的月最低工资标准。

纳税人本期已缴增值税额小于本期应退税额不足退还的，可在本年度内以前纳税期已缴增值税额扣除已退增值税额的余额中退还,仍不足退还的可结转本年度内以后纳税期退还。年度已缴增值税额小于或等于年度应退税额的,退税额为年度已缴增值税额;年度已缴增值税额大于年度应退税额的,退税额为年度应退税额。年度已缴增值税额不足退还的,不得结转以后年度退还。

8. 纳税人新安置的残疾人从签订劳动合同并缴纳社会保险的次月起计算,其他职工从录用的次月起计算;安置的残疾人和其他职工减少的,从减少当月计算。

9. 主管税务机关应于每年2月底之前,在其网站或办税服务厅,将本地区上一年度享受安置残疾人增值税优惠政策的纳税人信息,按下列项目予以公示:纳税人名称、纳税人识别号、法人代表、计算退税的残疾人职工人次等。

10. 享受促进残疾人就业增值税优惠政策的纳税人,对能证明或印证符合政策规定条件的相关材料负有留存备查义务。纳税人在税务机关后续管理中不能提供相关材料的,不得继续享受优惠政策。税务机关应追缴其相应纳税期内已享受的增值税退税,并依照税收征管法及其实施细则的有关规定处理。

11. 各地税务机关要加强税收优惠政策落实情况的后续管理,对纳税人进行定期或不定期检查。检查发现纳税人不符合规定的,按有关规定予以处理。

12. 各省、自治区、直辖市和计划单列市国家税务局,应定期或不定期在征管系统中对残疾人信息进行比对,发现异常的,按相关规定处理。

六、重点群体和自主就业退役士兵创业就业税收政策有关执行问题

重点群体和自主就业退役士兵创业就业税收政策(以下简称政策)有关执行问题规定如下。

(一) 关于重点群体从事个体经营税收政策

1. 申报享受。

纳入全国防止返贫监测和衔接推进乡村振兴信息系统的脱贫人口(含防止返贫监测对象,以下简称脱贫人口)、在人力资源社会保障部门公共就业服务机构登记失业半年以上的人员、零就业家庭和享受城市居民最低生活保障家庭劳动年龄内的登记失业人员、毕业年度内高校毕业生,向税务部门申报

纳税时，填写《重点群体或自主就业退役士兵创业信息表》，通过填报相关纳税申报表享受政策，并按以下要求留存资料备查。

（1）脱贫人口享受政策的，由其留存能证明相关人员为脱贫人口的材料（含电子信息）。

（2）登记失业半年以上人员、零就业家庭和城市低保家庭的登记失业人员享受政策的，由其留存《就业创业证》《就业失业登记证》，或人力资源社会保障部门出具的其他能证明相关人员登记失业情况的材料（含电子信息）。

（3）毕业年度内已毕业的高校毕业生享受政策的，由其留存毕业证、中国高等教育学历认证报告或国（境）外学历学位认证书和《就业创业证》（含电子信息）；尚未毕业的，由其留存学生证或其他能够证明学籍信息的材料和《就业创业证》（含电子信息）。

2.税费款扣减限额及顺序。

（1）重点群体从事个体经营的，以申报时本年度已实际经营月数换算其扣减限额。换算公式为：

$$扣减限额 = 年度限额标准 \div 12 \times 本年度已实际经营月数$$

（2）纳税人在扣减限额内，每月（季）依次扣减增值税、城市维护建设税、教育费附加、地方教育附加和个人所得税。城市维护建设税、教育费附加、地方教育附加的计税依据是享受本项税收优惠政策前的增值税应纳税额。纳税人本年内累计应缴纳税款小于上述扣减限额的，减免税额以其应缴纳税款为限；大于上述扣减限额的，以上述扣减限额为限。

（二）关于企业招用重点群体税收政策

1.企业持下列材料向县级以上（含县级）人力资源社会保障部门提交申请：①招用重点群体清单，清单信息应包括招用重点群体人员姓名、公民身份号码、类别（脱贫人口或登记失业半年以上人员）、在本企业工作时间；②企业与招用重点群体签订的劳动合同（含电子劳动合同），依法为其缴纳养老、工伤、失业保险的记录。上述材料已实现通过信息共享、数据比对等方式审核的地方，可不再要求企业提供相关材料。

2.县级以上人力资源社会保障部门接到企业报送的材料后，重点核实以下情况：①招用人员是否属于享受税收优惠政策的人员范围；②企业是否与招用人员签订了1年以上期限劳动合同，并依法为招用人员缴纳养老、工伤、失业保险。

3.人力资源社会保障部门核实后,对符合条件的企业核发《企业吸纳重点群体就业认定证明》或出具相关证明材料(含电子信息);具备条件的,也可通过信息交换的方式将审核情况及时反馈至税务部门。

4.招用人员发生变化的,企业应向人力资源社会保障部门办理变更申请。

5.向税务部门申报享受政策。

(1)企业向税务部门申报纳税时,填写《重点群体或自主就业退役士兵就业信息表》,通过填报相关纳税申报表申报享受政策。

(2)企业应当留存与重点群体签订的劳动合同(含电子劳动合同)、为职工缴纳的社会保险费记录(含电子信息)备查。

招用脱贫人口的,还需留存能证明相关人员为脱贫人口的材料(含电子信息)备查。

招用登记失业半年以上人员的,还需留存其《就业创业证》《就业失业登记证》,以及人力资源社会保障部门核发的《企业吸纳重点群体就业认定证明》或出具的相关证明材料(含电子信息)备查;已通过信息交换的方式将审核情况反馈至税务部门的地区,可不再要求企业留存相关材料。

6.税费款扣减限额及顺序。

(1)企业应当以本年度招用重点群体人员申报时已实际工作月数换算扣减限额。实际工作月数按照纳税人本年度已为重点群体依法缴纳社会保险费的时间计算。计算公式为:

$$\text{扣减限额} = \sum \frac{\text{每名重点群体本年度在本企业已实际工作月数}}{12} \times \text{年度定额标准}$$

(2)企业在扣减限额内每月(季)依次扣减增值税、城市维护建设税、教育费附加和地方教育附加。企业本年内累计应缴纳税款小于上述扣减限额的,减免税额以其应缴纳税款为限;大于上述扣减限额的,以上述扣减限额为限。城市维护建设税、教育费附加、地方教育附加的计税依据是享受本项政策前的增值税应纳税额。

(3)纳税年度终了,如果企业实际减免的增值税、城市维护建设税、教育费附加和地方教育附加小于年度扣减限额,企业在企业所得税汇算清缴时以差额部分扣减企业所得税。当年扣减不完的,不再结转以后年度扣减。

(三)关于自主就业退役士兵创业就业税收政策

1.自主就业退役士兵从事个体经营的,向税务部门申报纳税时,填写

《重点群体或自主就业退役士兵创业信息表》，通过填报相关纳税申报表申报享受政策。

2. 企业招用自主就业退役士兵就业的，向税务部门申报纳税时，填写《重点群体或自主就业退役士兵就业信息表》，通过填报相关纳税申报表申报享受政策。

3. 纳税人享受自主就业退役士兵创业就业政策的税款扣减额度、顺序等方面的规定比照重点群体创业就业税收优惠政策执行。

4. 纳税人应当按照《财政部 税务总局 退役军人事务部关于进一步扶持自主就业退役士兵创业就业有关税收政策的公告》（2023年第14号）第四条的规定留存相关资料备查。自主就业退役士兵的退役证件遗失的，应当留存退役军人事务管理部门出具的其他能够证明其退役信息的材料（含电子信息）。

（四）关于征管操作口径

1. 同一重点群体人员或自主就业退役士兵开办多家个体工商户的，应当选择其中一户作为政策享受主体。除该个体工商户依法办理注销登记、变更经营者或转型为企业外，不得调整政策享受主体。

2. 同一重点群体人员或自主就业退役士兵在多家企业就业的，应当由与其签订1年以上劳动合同并依法为其缴纳养老、工伤、失业保险的企业作为政策享受主体。

3. 企业同时招用多个不同身份的就业人员（包括脱贫人口、登记失业半年以上人员、自主就业退役士兵、自主择业军队转业干部、随军家属、残疾人等），可按照规定分别适用对应的政策。

4. 企业招用的同一就业人员如同时具有多重身份（包括脱贫人口、登记失业半年以上人员、自主就业退役士兵、自主择业军队转业干部、随军家属、残疾人等），应当选定一个身份享受政策，不得重复享受。

5. 为更好促进重点群体或自主就业退役士兵就业，对于企业因以前年度招用重点群体或自主就业退役士兵就业符合政策条件但未及时申报享受的，可依法申请退税；如申请时该重点群体或自主就业退役士兵已从企业离职，不再追溯执行。

（五）关于税收优惠政策管理

1. 农业农村部建立全国统一的全国防止返贫监测和衔接推进乡村振兴信

息系统，供各级农业农村、人力资源社会保障、税务部门查询脱贫人口身份信息。农业农村部门为纳税人提供脱贫人口身份信息查询服务。

2. 人力资源社会保障部门为纳税人提供登记失业半年以上人员身份信息查询服务。

3. 退役军人事务部汇总上年度新增自主就业退役士兵信息后 30 日内将其身份信息交换至税务总局。

4. 各级税务部门加强税收优惠政策日常管理，对享受政策的人员信息有疑问的，可提请同级人力资源社会保障、农业农村、教育、退役军人事务部门核实；同级人力资源社会保障、农业农村、教育、退役军人事务部门应在 30 日内将核实结果反馈至税务部门。

5.《就业创业证》已与社会保障卡等其他证件整合或实现电子化的地区，可根据实际情况以其他证件或电子信息代替《就业创业证》办理业务、留存相关电子证照备查。

6. 各级税务、人力资源社会保障、农业农村、教育、退役军人事务部门可根据各地实际情况，优化部门间信息共享、审核、协查等事项的具体方式和流程。

7. 上述政策自 2024 年 1 月 1 日起施行。

七、海南离岛免税店销售离岛免税商品免征增值税和消费税管理办法

1. 自 2020 年 11 月 1 日起海南离岛免税店（以下简称离岛免税店）应按月进行增值税、消费税纳税申报，在首次进行纳税申报时，应向主管税务机关提供以下资料：①离岛免税店经营主体的基本情况；②国家批准设立离岛免税店（含海南省人民政府按相关规定批准并向国家有关部委备案的免税店）的相关材料。

2. 离岛免税店按上述规定提交报告的内容发生变更的，应在次月纳税申报期内向主管税务机关报告有关情况，并提供相关资料。离岛免税店实施离岛免税政策资格期限届满或被撤销离岛免税经营资格的，应于期限届满或被撤销资格后 15 日内向主管税务机关报告有关情况。

3. 离岛免税店销售非离岛免税商品，按现行规定向主管税务机关申报缴纳增值税和消费税。

> **特别提示**
>
> 离岛免税店兼营应征增值税、消费税项目的，应分别核算离岛免税商品和应税项目的销售额；未分别核算的，不得免税。

4. 离岛免税店销售离岛免税商品应开具增值税普通发票，不得开具增值税专用发票。

5. 离岛免税店应将销售的离岛免税商品的名称和销售价格、购买离岛免税商品的离岛旅客信息和税务机关要求提供的其他资料，按照国家税务总局和海南省税务局规定的报送格式及传输方式，完整、准确、实时向税务机关提供。

八、金融机构小微企业贷款利息收入免征增值税政策

1. 对金融机构向小型企业、微型企业和个体工商户发放小额贷款取得的利息收入，免征增值税。金融机构可以选择以下两种方法之一适用免税。

（1）对金融机构向小型企业、微型企业和个体工商户发放的，利率水平不高于全国银行间同业拆借中心公布的贷款市场报价利率（LPR）150%（含本数）的单笔小额贷款取得的利息收入，免征增值税；高于全国银行间同业拆借中心公布的贷款市场报价利率（LPR）150%的单笔小额贷款取得的利息收入，按照现行政策规定缴纳增值税。

（2）对金融机构向小型企业、微型企业和个体工商户发放单笔小额贷款取得的利息收入中，不高于该笔贷款按照全国银行间同业拆借中心公布的贷款市场报价利率（LPR）150%（含本数）计算的利息收入部分，免征增值税；超过部分按照现行政策规定缴纳增值税。

金融机构可按会计年度在以上两种方法之间选定其一作为该年的免税适用方法，一经选定，该会计年度内不得变更。

2. 上述所称金融机构，是指经中国人民银行、金融监管总局批准成立的已实现监管部门上一年度提出的小微企业贷款增长目标的机构，以及经中国人民银行、金融监管总局、中国证监会批准成立的开发银行及政策性银行、外资银行和非银行业金融机构。金融机构实现小微企业贷款增长目标情况，以金融监管总局及其派出机构考核结果为准。

3. 上述所称小型企业、微型企业，是指符合《中小企业划型标准规定》（工信部联企业〔2011〕300号）的小型企业和微型企业。其中，资产总额和

从业人员指标均以贷款发放时的实际状态确定；营业收入指标以贷款发放前12个自然月的累计数确定，不满12个自然月的，按照以下公式计算：

营业收入（年）＝企业实际存续期间营业收入÷企业实际存续月数×12

4. 上述所称小额贷款，是指单户授信小于1 000万元（含本数）的小型企业、微型企业或个体工商户贷款；没有授信额度的，是指单户贷款合同金额且贷款余额在1 000万元（含本数）以下的贷款。

5. 金融机构应将相关免税证明材料留存备查，单独核算符合免税条件的小额贷款利息收入，按现行规定向主管税务机构办理纳税申报；未单独核算的，不得免征增值税。

金融机构应依法依规享受增值税优惠政策，一经发现存在虚报或造假骗取本项税收优惠情形的，停止享受上述有关增值税优惠政策。

金融机构应持续跟踪贷款投向，确保贷款资金真正流向小型企业、微型企业和个体工商户，贷款的实际使用主体与申请主体一致。

6. 金融机构向小型企业、微型企业及个体工商户发放单户授信小于100万元（含本数），或者没有授信额度，单户贷款合同金额且贷款余额在100万元（含本数）以下的贷款取得的利息收入，可按照《关于支持小微企业融资有关税收政策的公告》（财政部、税务总局公告2023年第13号）的规定免征增值税。

7. 上述政策执行至2027年12月31日。

第四节　增值税税收优惠典型案例分析

一、未开具发票损失赔偿纠纷案

（一）案例出处

广西壮族自治区玉林市玉州区人民法院（2022）桂0902民初861号民事判决书。

（二）案例事实

原告常某义是服装销售个体经营者，被告玉林市玉州区嘉昶服装经营部是服装批发个体工商户，原告从被告处进货予以销售。自2016年9月30日至 2021 年 6 月 30 日止，原被告双方的交易金额合计共 599 200 元。因原告拖欠货款，被告以李某的名义起诉至河南省睢县人民法院，睢县人民法院于 2021 年 11 月 27 日作出（2021）豫 1422 民初 4761 号民事判决，判令常某义支付给李某货款 101 745 元。2021 年 11 月 30 日，原告在微信上发消息给被告"买你这么多年货，你要给我开增值税票，给我准备好"。2022 年 1 月 27 日，原告以被告没有向原告开具增值税发票造成原告经济损失为由，向广西壮族自治区玉林市玉州区人民法院提起诉讼。

（三）法院观点

本案中，原告从被告处购买服装予以销售，双方成立合法的买卖合同关系。根据《中华人民共和国民法典》第五百九十九条的规定："出卖人应当按照约定或交易习惯向买受人交付提取标的物以外的有关证明和资料。"《税收征收管理法》第二十一条第二款的规定："单位、个人在购销商品、提供或者接受经营服务以及从事其他经营活动中，应当按照规定开具、使用、取得发票。"因此，被告销售服装给原告，收取原告货款，应当向原告开具发票，这是被告应负的法定义务。而不开具发票，属于违反《发票管理办法》的行政法律关系，应由税务机关处理，但并不必然导致原告产生经济损失。根据《增值税暂行条例》第十七条规定："纳税人销售额未达到国务院财政、税务主管部门规定的增值税起征点的，免征增值税"。而本案原、被告均为个体工商户，庭审中双方均确认己方为定额纳税，在一定销售额内开具发票是免税的。原告没有证据证实因被告没有开具发票导致了其不能进行税款抵扣而造成了经济损失，故原告要求被告赔偿因不开具发票造成的经济损失的诉讼请求不能成立，广西壮族自治区玉林市玉州区人民法院不予支持。

裁判核心观点

《税收征收管理法》第二十一条第二款规定："单位、个人在购销商品、提供或者接受经营服务以及从事其他经营活动中，应当按照规定开具、使用、取得发票。"被告销售服装给原告，收取原告货款，应当向原告开具发票，这是被告应负的法定义务。而不开具发票，属于违反《发票管理办法》的行政法律关系，应由税务机关处理，但并不必然导致原告产生经济损失。《增值税暂行条例》第十七条规定："纳税人销售额未达到国务院财政、税务主管部门规定的增值税起征点的，免征增值税。"本案原、被告均为个体工商户，庭审中双方均确认己方为定额纳税，在一定销售额内开具发票是免税的。原告没有证据证实因被告没有开具发票导致了其不能进行税款抵扣而造成了经济损失，故原告要求被告赔偿因不开具发票造成的经济损失的诉讼请求不能成立。

二、销售木材是否属于免税项目纠纷案

（一）案例出处

河南省西峡县人民法院（2019）豫 1323 民初 2006 号民事判决书。

（二）案例事实

河南瑞发新能源科技有限公司（原告，以下简称瑞发公司）与王某珂（被告）自 2015 年至 2018 年期间从事木柴买卖业务往来，由被告向原告提供木柴，原告向被告支付货款，双方未签订买卖合同。2018 年 5 月经双方结算，被告总计向原告供应木柴的价款为 1 568 592.19 元，但被告一直未提供有关增值税发票。2018 年 9 月，原告出具新能源政〔2018〕2 号文件，内容为："各供货单位：经公司研究决定，自 2015 年来凡是给河南瑞发新能源科技有限公司供货没有开票的供货商，自接到通知后一周内按照你单位的供货量开具增值税发票，并交到我公司财务部，不能开具增值税票的单位，一律承担 10% 的税款，税款从货款中扣除。"该文件也依法告知了被告，但被告未按通知要求开具增值税发票，双方产生纠纷。

另查，本案原告瑞发公司支付给被告王某珂大部分货款后，还欠王某珂货款 95 570.69 元，王某珂为此于 2018 年 11 月 8 日诉至河南省西峡县人民法院，河南省西峡县人民法院于 2018 年 12 月 14 日作出（2018）豫 1323 民初 3855 号民事判决：河南瑞发新能源科技有限公司于判决生效后 10 日内支付王某珂货款 95 570.69 元。

（三）法院观点

《发票管理办法》第十九条规定："销售商品、提供服务以及从事其他经营活动的单位和个人，对外发生经营业务收取款项，收款方应当向付款方开具发票。"《增值税暂行条例》第一条规定："在中华人民共和国境内销售货物或者提供加工、修理修配劳务以及进口货物的单位和个人，为增值税的纳

税义务人，应当依照本条例缴纳增值税。"第十二条规定："小规模纳税人增值税征收率为3%，国务院另有规定的除外。"本案中，被告王某珂向原告销售木材，系上述法律规定的纳税义务人，其作为收款方应当向原告即付款方开具发票，但在原告通知后，其怠于开具增值税发票，造成原告瑞发公司无法抵扣税金的损失，被告王某珂作为纳税义务人应当予以赔偿。故原告诉请被告王某珂赔偿因未开具增值税发票而造成原告无法抵扣税金损失47 057元（1 568 592.19×3%，取整），有事实及法律依据，河南省西峡县人民法院予以支持。

被告王某珂辩解当时销售木柴时双方约定价格不含税，不应当予以赔偿的意见，因其未能提供证据支持，河南省西峡县人民法院不予采纳。本案原告诉请的是要求被告赔偿无法抵扣的税金损失，属民法调整范围，应属人民法院管辖，故被告该项辩解河南省西峡县人民法院也不予采纳。另辩解，被告不是一般纳税人，无法开具增值税发票，且被告出售的木柴属农产品，不在应纳税的范围。河南省西峡县人民法院认为，《增值税暂行条例》第十五条规定："下列项目免征增值税：（一）农业生产者销售的自产农产品。"本案被告销售的木柴并非自产农产品，属于采伐剩余物，系个人收购贩卖的产品，不符合免征增值税的项目，应属于纳税范围之内，故被告此辩解河南省西峡县人民法院亦不予采纳。

裁判核心观点

《发票管理办法》第十九条规定："销售商品、提供服务以及从事其他经营活动的单位和个人，对外发生经营业务收取款项，收款方应当向付款方开具发票。"《增值税暂行条例》第一条规定："在中华人民共和国境内销售货物或者提供加工、修理修配劳务以及进口货物的单位和个人，为增值税的纳税义务人，应当依照本条例缴纳增值税。"第十二条规定："小规模纳税人增值税征收率为3%，国务院另有规定的除外。"本案中，被告向原告销售木材，系上述法律规定的纳税义务人，其作为收款方应当向原告即付款方开具发票，但在原告通知后，其怠于开具增值税发票，造成原告无法抵扣税金的损失，被告作为纳税义务人应当予以赔偿。故原告诉请被告赔偿因未开具增值税发票而造成原告无法抵扣税金损失，有事实及法律依据，法院予以支持。

三、房地产交易是否免税纠纷案

（一）案例出处

辽宁省大连市中级人民法院（2021）辽02行终18号行政判决书。

（二）案例事实

原审法院经审理查明，原大连经济技术开发区地方税务局于2018年1月18日向原告杨某菁分别作出大地税开通〔2018〕301X号和大地税开通〔2018〕302X号税务事项通知书。这两份通知书分别载明：原告杨某菁于2017年8月21日提交退税申请，申请退还其于2017年1月3日就大连经济技术开发区城润万家86-2-19-1号房屋缴纳的增值税及其他税费合计32 533.33元和退还其于2016年11月14日就大连经济技术开发区城润万家86-2-21-1号房屋缴纳的增值税及其他税费合计32 048.01元；这两份通知均认为：①原告权利主张途径不当。争议的本质在于是否应当征税（或缴税），而非税款额度。原告不应当以退税的方式主张权利，而应当通过行政复议或行政诉讼请求撤销征税行为。②原告杨某菁针对征税行为主张权利超过法定期限。原大连经济技术开发区地方税务局作出征税行为的时间分别是2017年1月3日和2016年11月14日，直到2017年8月21日提出退税申请，超过法定期限。③征税行为合法有效。原告于2016年6月13日与大连海汇房地产开发有限公司签订两份《住宅房屋回迁安置补偿合同书》，被拆迁房屋分别位于西山小区15号3-1号和西山小区15号3-2号，回迁安置房屋分别位于城润万家86-2-21-1号和城润万家86-2-19-1号。原告分别于2016年9月20日和2016年12月7日取得大连海汇房地产开发有限公司开具的全额增值税发票，并分别于2016年10月17日和2016年12月14日缴纳了安置房屋的契税。原告于2016年10月26日和2016年12月19日，分别取得城润万家86-2-21-1号和城润万家86-2-19-1号的权属证书；又于2016年11月14日和2017年1月3日分别销售城润万家86-2-21-1号和城润万家86-2-19-1号两处房屋。销售时间距离取得房屋产权证或契税完税证明注明的时间均不足2年，依法对这两处房屋交易全额征收了增值税及相关附加税费。这两份通知均依据《财政部 国家税务总局关于全面推开营业税改增值税试点的通知》（财税〔2016〕36号）附件3《营业税改增值税试点过渡政策的规定》第五条第一款和第三款、《国家税务总局　财政部　建设部[①]关于加强房地产税收管理的通知》(国税发〔2005〕89号)第三条第四款、《国家税务总局关于房地产税收政策执行中几个具体问题的通知》(国税发〔2005〕172号)第二条和第三条，均决定不予退税。原告对这两份税务事项通知不服，向被告大连金普新区管理委员会申请行政复议。被告大连金普新区管理委员会于2018年6月8日作出大金管行复字〔2018〕17号行政复议决定，决定维持原大连经济技术开发区地方税务局作出的大地税开通〔2018〕301X号税务事项通知书和大地税开通〔2018〕302X号税务事项通知书。

2007年，原告分别对西山小区15栋3-1号和西山小区15栋3-2号房屋缴纳了契税及印花税。2016年6月13日，原告与大连海汇房地产开发有限公司签订了两份《住宅房屋拆迁安置补偿合同书》，原告的被拆迁房屋分别是西山小区15栋3-1号和西山小区15栋3-2号，产权置换安置房屋分别是城润万家86-2-19-1号和城润万家86-2-21-1号。2016年9月20日，大连海汇房地产开发有限公司分别就大连经济技术开发区城润万家86号2-21-1号房屋和大连经济技术开发区城润万家86-2-19-1号房屋为原告开具了增值税发票，纳税金额均为25 157.14元，均备注为动迁房。2016年10月17日，原告缴纳契税876元。2016年10月26日，原大连金州新区房屋登记管理中心就大连经济技术开发区城润万家86-2-21-1号房屋为原告颁发了权属证书，共有人为王某兰。2016年11月14日，原告与王某兰出售大连经济技术开发区城润万家86-2-21-1号房屋，签订了《房屋买卖合同》，并因该套房屋的出售缴纳了增值税等税费共计37 770.87元。2016年12月14日，原告缴纳契税306.60元。2016年12月19日，原大连金州新区房屋登记管理中心就大连经济技术开发区城润万家86-2-19-1号房屋为原告颁发了权属证书，共有人为王某兰。2017年1月3日，原告与王某兰出售原告大连经济技术开发区城润万家86-2-19-1号房屋，签订了《房屋买卖合同》，并因该套房屋的出售缴纳了增值税等税费共计38 342.85元。2017年8月21日，原告向原大连经济技术开发区地方税务局提出退税申请，认为其出售的上述两套房屋是以其原有的两套房屋进行的产权调换，是回迁安置房，不是新购买的，不属于个人将购买不足两年的住房对外销售的情况，应当免征增值税；要求退还超收的5%增值税及其他税费。当日，原大连经济技术开发区地方税务局受理了原告

[①] 2008年改为住房和城乡建设部。

的退税申请。2017年9月19日，原大连经济技术开发区地方税务局分别作出大地税开通〔2017〕11374号税务事项通知书和大地税开通〔2017〕11375号税务事项通知书，通知原告其申请不符合要求，不予审批。2017年9月26日，原告不服向原大连市地方税务局申请行政复议。2017年12月20日，原大连市地方税务局作出行政复议决定，认为大地税开通〔2017〕11374号和大地税开通〔2017〕11375号税务事项通知书未引用具体政策依据，属于适用法律依据错误，撤销了这两份税务事项通知，并责令原大连经济技术开发区地方税务局在行政复议决定作出30日内重新作出具体行政行为。2018年1月18日，原大连经济技术开发区地方税务局分别作出大地税开通〔2018〕301X号和大地税开通〔2018〕302X号税务事项通知（具体内容详见上文），并分别于当日向原告送达了税务事项通知书。2018年3月14日，原告就原大连经济技术开发区地方税务局作出的大地税开通〔2018〕301X号和大地税开通〔2018〕302X号税务事项通知向被告大连金普新区管理委员会一并申请行政复议。2018年3月19日，被告大连金普新区管理委员会予以立案。2018年3月22日，被告大连金普新区管理委员会通知原大连经济技术开发区地方税务局作出答复。2018年4月2日，原大连经济技术开发区地方税务局作出答复。2018年5月9日，经负责人批准，被告大连金普新区管理委员会决定延长办案期限30日。2018年5月11日，被告大连金普新区管理委员会向原告送达了延期审理通知书。经负责人批准，被告大连金普新区管理委员会于2018年6月8日作出行政复议决定，决定维持原大连经济技术开发区地方税务局作出的大地税开通〔2018〕301X号和大地税开通〔2018〕302X号税务事项通知。2018年6月8日和2018年6月10日，被告大连金普新区管理委员会分别向原大连经济技术开发区地方税务局和原告送达了行政复议决定书。现原告仍不服，诉至原审法院，提出前述诉讼请求。另查，被告国家税务总局大连经济技术开发区税务局是原大连经济技术开发区地方税务局的承继机关。

（三）一审法院观点

原审法院认为，第一，原大连经济技术开发区地方税务局具有作出原行政行为的法定职权。《税收征收管理法》第五条第一款规定，国务院税务主管部门主管全国税收征收管理工作。各地国家税务局和地方税务局应当按照国务院规定的税收征收管理范围分别进行征收管理。该法第十四条规定，本法所称税务机关是指各级税务局、税务分局、税务所和按照国务院规定设立的并向社会公告的税务机构。《国务院办公厅转发国家税务总局关于组建在各地的直属税务机构和地方税务局实施意见的通知》规定，增值税由国家税务局负责征收和管理。《营业税改增值税试点实施办法》第五十一条规定，纳税人销售取得的不动产和其他个人出租不动产的增值税，国家税务局暂委托地方税务局代为征收。可见，原大连经济技术开发区地方税务局有权作出原行政行为。第二，原行政行为认定事实的证据是确凿充分的。被告国家税务总局大连经济技术开发区税务局提供的证据，能证明原告销售的两处房屋是通过产权调换的形式取得的回迁安置房，能证明这两处房屋缴纳契税的时间为2016年10月17日和2016年12月14日，也能证明原告取得这两处房屋产权的时间分别是2016年10月26日和2016年12月19日，还能证明原告出售这两套房屋的时间分别是2016年11月14日和2017年1月3日。换言之，被告的证据能够证明"销售时间距离取得房屋产权证或者契税完税证明注明的时间均不足两年"。原行政行为认定事实的证据是确凿充分的。第三，原行政行为适用法律正确。参照《国家税务总局关于个人销售拆迁补偿住房征收营业税的批复》（国税函〔2007〕768号），该批复认为，房地产开发公司对被拆迁户实行房屋产权调换时，其实质是以不动产所有权为表现形式的经济利益交换。房地产开发公司将所拥有的不动产所有权转移给了被拆迁户，并获得相应经济利益……被拆迁户以其原拥有的不动产所有权从房地产开发公司获得了另一处不动产所有权，该行为不属于通过受赠、继承、离婚财产分割等非购买形式取得的住房。据此，原告通过产权调换所取得的回迁安置房屋，不属于通过受赠、继承、离婚财产分割等非购买形式取得，其实质仍为购买。《财政部 国家税务总局关于全面推开营业税改增值税试点的通知》（财税〔2016〕36号）附件3《营业税改增值税试点过渡政策的规定》第五条第一款规定："个人将购买不足2年的住房对外销售的，按照5%的征收率全额缴纳增值税；个人购买2年以上（含2年）的住房对外销售的，免征增值税。"可见，原告将购买不足两年的住房对外销售，应当按照5%的征收率全额缴纳增值税；据此，原大连经济技术开发区地方税务局对原告的退税申请作出不予退税决定，适用法律是正确的。第四，原行政行为程序合法。《税收征收管理法实施细则》第七十八条第一款规定，税务机关发现纳税人多缴税款的，应当自发现之日起10日内办理退还手续；纳税人发现多缴纳税款的，要求退还的，税务机关应当自接到纳税人退还申请之日起30日内查实并办理退还手续。本案，原告是 2017 年 8 月 21 日提出退税申请的，原大连经济技术开发区地方税务局于 2017 年 9 月 19 日作出不予退还的通知，原大连市地方税务局于 2017 年 12 月 20 日撤销了该不予退还的通知并责令 30 日内重作。原大连经济技术开发区地方税务局按照行政复议决定的要求，在 30 日内作出了原行政行为。可见，原行政行为的程序是合法的。第五，行政复议行为合法。被告大连金普新区管理委员会具有行政复议权，复议行为适用法律正确，程序上经过了受理、通知答复、审查、延长期限和审批等程序，在法定期限内作出了行政复议决定，并送达了行政复议决定书，符合《中华人民共和国行政复议法》（以下简称《行政复议法》）的相关要求。行政复议行为合法。

（四）二审法院观点

根据《营业税改增值税试点实施办法》第五十一条规定，纳税人销售取得的不动产和其他个人出租不动产的增值税，国家税务局暂委托地方税务局代为征收。故原大连经济技术开发区地方税务局有权作出涉案行政行为。从各方当事人诉辩意见看，本案争议焦点在于上诉人通过产权调换方式取得的房屋再行出售应否征收增值税和其他税款以及购房时间的起算点问题。《国家税务总局关于个人销售拆迁补偿住房征收营业税问题的批复》（国税函〔2007〕768 号）规定："一、关于拆迁补偿住房取得方式问题。房地产开发公司对被拆迁户实行房屋产权调换时，其实质是以不动产所有权为表现形式的经济利益的交换。房地产开发公司将所拥有的不动产所有权转移给了被拆迁户，并获得了相应的经济利益，根据现行营业税有关规定，应按'销售不动产'税目缴纳营业税；被拆迁户以其原拥有的不动产所有权从房地产开发公司获得了另一处不动产所有权，该行为不属于通过受赠、继承、离婚财产分割等非购买形式取得的住房。二、关于购买时间确定的问题。被拆迁户销售与房地产开发公司产权调换而取得的拆迁补偿住房时，应按《国家税务总局 财政部 建设部关于加强房地产税收管理的通知》（国税发〔2005〕89 号）文件的规定确定该住房的购买时间。"《国家税务总局 财政部 建设部关于加强房地产税收管理的通知》（国税发〔2005〕89 号）规定，"……个人购买住房以取得的房屋产权或契税证明上注明的时间作为其购买房屋的时间。……"《国家税务总局关于房地产税收政策中几个具体问题的通知》（国税发〔2005〕172 号）第三条规定："纳税申报时，同时出具房屋产权证和契税完税证明且二者所注明的时间不一致的,按照'孰先'的原则确定购买房屋的时间。"《国家税务总局 财政部关于全面推开营业税改征增值税试点的通知》(财税〔2016〕36号)附件3《营业税改征增值税试点过渡政策的规定》第五条第一款规定:"个人将购买不足2年的住房对外销售的,按照5%的征收率全额缴纳增值税;个人将购买2年以上(含2年)的住房对外销售的,免征增值税。"

  从以上文件规定的内容可知,房地产开发公司对被拆迁户实行房屋产权调换时,不动产所有权发生转移,并获得了相应的经济利益,应当按照销售不动产税目缴纳税款,被拆迁户取得的房屋不属于通过受赠、继承、离婚财产分割等非购买形式取得的住房,并确定了购买房屋的时间起算点。在现行法律、行政法规尚未有明确规定的情况下,国家税务总局以《国家税务总局关于个人销售拆迁补偿住房征收营业税问题的批复》的形式,对房地产开发公司与被拆迁户通过房屋产权调换方式转移不动产所有权应否征收税款作出解释。其性质上是行政主体为统一所属行政机关及其工作人员对相关问题的认识,属于行政规范的一种。这一规范在行政机关系统内部具有普遍的指导和规范作用。具体到本案,上诉人通过产权调换方式取得的不动产,参照《国家税务总局关于个人销售拆迁补偿住房征收营业税问题的批复》规定,性质上应视为购买。关于购买房屋时间的起算点问题,依前述规定,上诉人取得房屋权属证的时间分别为2016年10月26日和2016年12月19日,晚于上诉人缴税时间,故应以契税完税证明时间即2016年10月17日、2016年12月14日作为上诉人购买房屋的时间。上诉人将购买不足两年的房屋予以出售,应当缴纳相应的增值税和其他税款。

  因此,原大连经济技术开发区地方税务局向上诉人征收增值税和相关税款的行为并无不当,程序方面亦符合法律规定。关于上诉人提出被上诉人不应当适用《国家税务总局关于个人销售拆迁补偿住房征收营业税问题的批复》、购房时间应自2007年开始计算已经超过两年不应征收增值税的主张,二审法院认为,该主张系上诉人主观上的理解有误,二审法院不予支持。

裁判核心观点

  房地产开发公司对被拆迁户实行房屋产权调换时,不动产所有权发生转移,并获得了相应的经济利益,应当按照销售不动产税目缴纳税款,被拆迁户取得的房屋不属于通过受赠、继承、离婚财产分割等非购买形式取得的住房,并确定了购买房屋的时间起算点。在现行法律、行政法规尚未有明确规定的情况下,国家税务总局以《国家税务总局关于个人销售拆迁补偿住房征收营业税问题的批复》的形式,对房地产开发公司与被拆迁户通过房屋产权调换方式转移不动产所有权应否征收税款作出解释。其性质上是行政主体为统一所属行政机关及其工作人员对相关问题的认识,属于行政规范的一种。这一规范在行政机关系统内部具有普遍的指导和规范作用。具体到本案,上诉人通过产权调换方式取得的不动产,参照《国家税务总局关于个人销售拆迁补偿住房征收营业税问题的批复》规定,性质上应视为购买。关于购买房屋时间的起算点问题,依前述规定,上诉人取得房屋权属证的时间分别为2016年10月26日和2016年12月19日,晚于上诉人缴税时间,故应以契税完税证明时间即2016年10月17日、2016年12月14日作为上诉人购买房屋的时间。上诉人将购买不足两年的房屋予以出售,应当缴纳相应的增值税和其他税款。

第八章　增值税发票开具实务操作与典型案例分析

第一节　通用增值税发票开具实务

一、增值税发票开具一般规定

1.纳税人应当依法开具和使用增值税发票。增值税发票包括纸质发票和电子发票。电子发票与纸质发票具有同等法律效力。国家积极推广使用电子发票。

2.2026年1月1日前，纳税人发生应税销售行为，应当向索取增值税专用发票的购买方开具增值税专用发票，并在增值税专用发票上分别注明销售额和销项税额。

3.属于下列情形之一的，不得开具增值税专用发票：①应税销售行为的购买方为消费者个人的；②发生应税销售行为适用免税规定的。

二、发票管理制度

（一）一般规定

1.在中华人民共和国境内印制、领用、开具、取得、保管、缴销发票的单位和个人（以下简称印制、使用发票的单位和个人），必须遵守《发票管理办法》。

2.发票，是指在购销商品、提供或者接受服务以及从事其他经营活动中，开具、收取的收付款凭证。发票包括纸质发票和电子发票。电子发票与纸质发票具有同等法律效力。国家积极推广使用电子发票。

> **特别提示**

（1）电子发票是指在购销商品、提供或者接受服务以及从事其他经营活动中，按照税务机关发票管理规定以数据电文形式开具、收取的收付款凭证。

（2）电子发票与纸质发票的法律效力相同，任何单位和个人不得拒收。

3.纸质发票的基本联次包括存根联、发票联、记账联。存根联由收款方或开票方留存备查；发票联由付款方或受票方作为付款原始凭证；记账联由收款方或开票方作为记账原始凭证。省以上税务机关可根据纸质发票管理情况以及纳税人经营业务需要，增减除发票联以外的其他联次，并确定其用途。

4.发票的基本内容包括：发票的名称、发票代码和号码、联次及用途、客户名称、开户银行及账号、商品名称或经营项目、计量单位、数量、单价、大小写金额、税率（征收率）、税额、开票人、开票日期、开票单位（个人）名称（章）等。省以上税务机关可根据经济活动以及发票管理需要，确定发票的具体内容。

5.发票管理工作应当坚持和加强党的领导，为经济社会发展服务。国务院税务主管部门统一负责全国的发票管理工作。省、自治区、直辖市税务机关依据职责做好本行政区域内的发票管理工作。财政、审计、市场监督管理、公安等有关部门在各自的职责范围内，配合税务机关做好发票管理工作。

6.发票的种类、联次、内容、编码规则、数据标准、使用范围等具体管理办法由国务院税务主管部门规定。

7.对违反发票管理法规的行为，任何单位和个人可以举报。税务机关应当为检举人保密，并酌情给予奖励。

（二）发票的印制

1.增值税专用发票由国务院税务主管部门确定的企业印制；其他发票，按照国务院税务主管部门的规定，由省、自治区、直辖市税务机关确定的企业印制。禁止私自印制、伪造、变造发票。

2.印制发票的企业应当具备下列条件。

（1）取得印刷经营许可证和营业执照。

（2）设备、技术水平能够满足印制发票的需要。

（3）有健全的财务制度和严格的质量监督、安全管理、保密制度。

> **特别提示**
>
> 税务机关应当按照政府采购有关规定确定印制发票的企业。

3. 印制发票应当使用国务院税务主管部门确定的全国统一的发票防伪专用品。禁止非法制造发票防伪专用品。

4. 发票应当套印全国统一发票监制章。全国统一发票监制章的式样和发票版面印刷的要求，由国务院税务主管部门规定。发票监制章由省、自治区、直辖市税务机关制作。禁止伪造发票监制章。

> **特别提示**
>
> （1）全国统一发票监制章是税务机关管理发票的法定标志，其形状、规格、内容、印色由国家税务总局规定。
>
> （2）发票实行不定期换版制度。发票换版时，应当进行公告。

5. 印制发票的企业按照税务机关的统一规定，建立发票印制管理制度和保管措施。发票监制章和发票防伪专用品的使用和管理实行专人负责制度。

6. 印制发票的企业必须按照税务机关确定的式样和数量印制发票。监制发票的税务机关根据需要下达发票印制通知书，印制企业必须按照要求印制。发票印制通知书应当载明印制发票企业名称、用票单位名称、发票名称、发票代码、种类、联次、规格、印色、印制数量、起止号码、交货时间、地点等内容。

7. 发票应当使用中文印制。民族自治地方的发票，可以加印当地一种通用的民族文字。有实际需要的，也可以同时使用中外两种文字印制。

8. 各省、自治区、直辖市内的单位和个人使用的发票，除增值税专用发票外，应当在本省、自治区、直辖市内印制；确有必要到外省、自治区、直辖市印制的，应当由省、自治区、直辖市税务机关商印制地省、自治区、直辖市税务机关同意后确定印制发票的企业。

> **特别提示**
>
> （1）印制发票企业印制完毕的成品应当按照规定验收后专库保管，不得丢失。废品应当及时销毁。
>
> （2）禁止在境外印制发票。

（三）发票的领用

1.需要领用发票的单位和个人，应当持设立登记证件或者税务登记证件，以及经办人身份证明，向主管税务机关办理发票领用手续。领用纸质发票的，还应当提供按照国务院税务主管部门规定式样制作的发票专用章的印模。主管税务机关根据领用单位和个人的经营范围、规模和风险等级，在5个工作日内确认领用发票的种类、数量以及领用方式。

> **特别提示**

（1）上述经办人身份证明是指经办人的居民身份证、护照或者其他能证明经办人身份的证件。

（2）发票专用章是指领用发票单位和个人在其开具纸质发票时加盖的有其名称、统一社会信用代码或者纳税人识别号、发票专用章字样的印章。税务机关对领用纸质发票单位和个人提供的发票专用章的印模应当留存备查。

（3）单位和个人领用发票时，应当按照税务机关的规定报告发票使用情况，税务机关应当按照规定进行查验。发票使用情况是指发票领用存情况及相关开票数据。

（4）上述领用方式是指批量供应、交旧领新、验旧领新、额度确定等方式。税务机关根据单位和个人的税收风险程度、纳税信用级别、实际经营情况确定或调整其领用发票的种类、数量、额度以及领用方式。

2.需要临时使用发票的单位和个人，可以凭购销商品、提供或者接受服务以及从事其他经营活动的书面证明、经办人身份证明，直接向经营地税务机关申请代开发票。依照税收法律、行政法规规定应当缴纳税款的，税务机关应当先征收税款，再开具发票。税务机关根据发票管理的需要，可以按照国务院税务主管部门的规定委托其他单位代开发票。税务机关应当与受托代开发票的单位签订协议，明确代开发票的种类、对象、内容和相关责任等内容。

> **特别提示**

（1）上述书面证明是指有关业务合同、协议或者税务机关认可的其他资料。

（2）禁止非法代开发票。

3.临时到本省、自治区、直辖市以外从事经营活动的单位或者个人，应当凭所在地税务机关的证明，向经营地税务机关领用经营地的发票。临时在本省、自治区、直辖市以内跨市、县从事经营活动领用发票的办法，由省、自治区、直辖市税务机关规定。

（四）发票的开具和保管

1. 销售商品、提供服务以及从事其他经营活动的单位和个人，对外发生经营业务收取款项，收款方应当向付款方开具发票；特殊情况下，由付款方向收款方开具发票。

> **特别提示**
>
> 上述所称特殊情况下，由付款方向收款方开具发票，是指下列情况：
> （1）收购单位和扣缴义务人支付个人款项时。
> （2）国家税务总局认为其他需要由付款方向收款方开具发票的。

2. 所有单位和从事生产、经营活动的个人在购买商品、接受服务以及从事其他经营活动支付款项，应当向收款方取得发票。取得发票时，不得要求变更品名和金额。不得变更金额，包括不得变更涉及金额计算的单价和数量。

3. 向消费者个人零售小额商品或者提供零星服务的，是否可免予逐笔开具发票，由省税务局确定。

4. 填开发票的单位和个人必须在发生经营业务确认营业收入时开具发票。未发生经营业务一律不准开具发票。

> **疑难问题解答**
>
> 问：我公司财务在审查票据时，发现一张发票上打印的相关信息错行了，导致部分信息看不清楚，是否可以要求对方重新开具发票？
> 答：单位和个人在开具发票时，应当填写项目齐全，内容真实。开具纸质发票应当按照发票号码顺序填开，字迹清楚，全部联次一次打印，内容完全一致，并在发票联和抵扣联加盖发票专用章。不符合规定的发票，不得作为财务报销凭证，任何单位和个人有权拒收。

5. 开具发票应当按照规定的时限、顺序、栏目，全部联次一次性如实开具，开具纸质发票应当加盖发票专用章。任何单位和个人不得有下列虚开发票行为：
（1）为他人、为自己开具与实际经营业务情况不符的发票。

（2）让他人为自己开具与实际经营业务情况不符的发票。
（3）介绍他人开具与实际经营业务情况不符的发票。

> **特别提示**
>
> 上述所称与实际经营业务情况不符是指具有下列行为之一的：
> （1）未购销商品、未提供或者接受服务、未从事其他经营活动，而开具或取得发票。
> （2）有购销商品、提供或者接受服务、从事其他经营活动，但开具或取得的发票载明的购买方、销售方、商品名称或经营项目、金额等与实际情况不符。

6. 开具纸质发票后，如发生销售退回、开票有误、应税服务中止等情形，需要作废发票的，应当收回原发票全部联次并注明"作废"字样后作废发票。

7. 开具纸质发票后，如发生销售退回、开票有误、应税服务中止、销售折让等情形，需要开具红字发票的，应当收回原发票全部联次并注明"红冲"字样后开具红字发票。无法收回原发票全部联次的，应当取得对方有效证明后开具红字发票。

8. 开具电子发票后，如发生销售退回、开票有误、应税服务中止、销售折让等情形的，应当按照规定开具红字发票。

9. 安装税控装置的单位和个人，应当按照规定使用税控装置开具发票，并按期向主管税务机关报送开具发票的数据。使用非税控电子器具开具发票的，应当将非税控电子器具使用的软件程序说明资料报主管税务机关备案，并按照规定保存、报送开具发票的数据。单位和个人开发电子发票信息系统自用或者为他人提供电子发票服务的，应当遵守国务院税务主管部门的规定。

10. 任何单位和个人应当按照发票管理规定使用发票，不得有下列行为。
（1）转借、转让、介绍他人转让发票、发票监制章和发票防伪专用品。
（2）知道或者应当知道是私自印制、伪造、变造、非法取得或者废止的发票而受让、开具、存放、携带、邮寄、运输。
（3）拆本使用发票。
（4）扩大发票使用范围。
（5）以其他凭证代替发票使用。
（6）窃取、截留、篡改、出售、泄露发票数据。
税务机关应当提供查询发票真伪的便捷渠道。

11.除国务院税务主管部门规定的特殊情形外,纸质发票限于领用单位和个人在本省、自治区、直辖市内开具。省、自治区、直辖市税务机关可以规定跨市、县开具纸质发票的办法。

12.除国务院税务主管部门规定的特殊情形外,任何单位和个人不得跨规定的使用区域携带、邮寄、运输空白发票。上述所称规定的使用区域是指国家税务总局和省税务局规定的区域。

> **特别提示**
>
> 禁止携带、邮寄或者运输空白发票出入境。

13.开具发票的单位和个人应当建立发票使用登记制度,配合税务机关进行身份验证,并定期向主管税务机关报告发票使用情况。上述所称身份验证是指单位和个人在领用、开具、代开发票时,其经办人应当实名办税。

14.开具发票的单位和个人应当在办理变更或者注销税务登记的同时,办理发票的变更、缴销手续。

15.开具发票的单位和个人应当按照国家有关规定存放和保管发票,不得擅自损毁。已经开具的发票存根联,应当保存5年。使用纸质发票的单位和个人应当妥善保管发票。发生发票丢失情形时,应当于发现丢失当日书面报告税务机关。

16.开具发票应当使用中文。民族自治地方可以同时使用当地通用的一种民族文字。

17.单位和个人向委托人提供发票领用、开具等服务,应当接受税务机关监管,所存储发票数据的最大数量应当符合税务机关的规定。

18.开发电子发票信息系统为他人提供发票数据查询、下载、存储、使用等涉税服务的,应当符合税务机关的数据标准和管理规定,并与委托人签订协议,不得超越授权范围使用发票数据。

(五)发票的检查

1.税务机关在发票管理中有权进行下列检查。
(1)检查印制、领用、开具、取得、保管和缴销发票的情况。
(2)调出发票查验。
(3)查阅、复制与发票有关的凭证、资料。
(4)向当事各方询问与发票有关的问题和情况。

（5）在查处发票案件时，对与案件有关的情况和资料，可以记录、录音、录像、照相和复制。

2.印制、使用发票的单位和个人，必须接受税务机关依法检查，如实反映情况，提供有关资料，不得拒绝、隐瞒。税务人员进行检查时，应当出示税务检查证。税务机关在发票检查中，可以对发票数据进行提取、调出、查阅、复制。

3.税务机关需要将已开具的发票调出查验时，应当向被查验的单位和个人开具发票换票证。发票换票证与所调出查验的发票有同等的效力。被调出查验发票的单位和个人不得拒绝接受。上述所称发票换票证仅限于在本县（市）范围内使用。需要调出外县（市）的发票查验时，应当提请该县（市）税务机关调取发票。

> **特别提示**
>
> 税务机关需要将空白发票调出查验时，应当开具收据；经查无问题的，应当及时返还。

4.单位和个人从中国境外取得的与纳税有关的发票或者凭证，税务机关在纳税审查时有疑义的，可以要求其提供境外公证机构或者注册会计师的确认证明，经税务机关审核认可后，方可作为记账核算的凭证。

5.用票单位和个人有权申请税务机关对发票的真伪进行鉴别。收到申请的税务机关应当受理并负责鉴别发票的真伪；鉴别有困难的，可以提请发票监制税务机关协助鉴别。在伪造、变造现场以及买卖地、存放地查获的发票，由当地税务机关鉴别。

（六）法律责任

1.违反上述规定，有下列情形之一的，由税务机关责令改正，可以处1万元以下的罚款；有违法所得的予以没收。

（1）应当开具而未开具发票，或者未按照规定的时限、顺序、栏目，全部联次一次性开具发票，或者未加盖发票专用章的。

（2）使用税控装置开具发票，未按期向主管税务机关报送开具发票的数据的。

（3）使用非税控电子器具开具发票，未将非税控电子器具使用的软件程序说明资料报主管税务机关备案，或者未按照规定保存、报送开具发票的数据的。

（4）拆本使用发票的。

（5）扩大发票使用范围的。

（6）以其他凭证代替发票使用的。

（7）跨规定区域开具发票的。

（8）未按照规定缴销发票的。

（9）未按照规定存放和保管发票的。

上述第（6）项规定以其他凭证代替发票使用的情形包括：①应当开具发票而未开具发票，以其他凭证代替发票使用；②应当取得发票而未取得发票，以发票外的其他凭证或者自制凭证用于抵扣税款、出口退税、税前扣除和财务报销；③取得不符合规定的发票，用于抵扣税款、出口退税、税前扣除和财务报销。

> **特别提示**
>
> 税务机关对违反发票管理法规的行为依法进行处罚的，由县以上税务机关决定；罚款额在2 000元以下的，可由税务所决定。

2.跨规定的使用区域携带、邮寄、运输空白发票，以及携带、邮寄或者运输空白发票出入境的，由税务机关责令改正，可以处1万元以下的罚款；情节严重的，处1万元以上3万元以下的罚款；有违法所得的予以没收。

> **疑难问题解答**
>
> 问：我公司的发票被工作人员不慎弄丢，我公司是否会受到处罚？
>
> 答：丢失发票或者擅自损毁发票的，依照上述有关"跨规定的使用区域携带、邮寄、运输空白发票，以及携带、邮寄或者运输空白发票出入境"的规定处罚。

3.违反上述规定虚开发票的，由税务机关没收违法所得；虚开金额在1万元以下的，可以并处5万元以下的罚款；虚开金额超过1万元的，并处5万元以上50万元以下的罚款；构成犯罪的，依法追究刑事责任。

> **特别提示**
>
> 非法代开发票的，依照上述规定处罚。

4.私自印制、伪造、变造发票，非法制造发票防伪专用品，伪造发票监制章、窃取、截留、篡改、出售、泄露发票数据的，由税务机关没收违法所得，没收、销毁作案工具和非法物品，并处 1 万元以上 5 万元以下的罚款；情节严重的，并处 5 万元以上 50 万元以下的罚款；构成犯罪的，依法追究刑事责任。上述规定的处罚，《税收征收管理法》有规定的，依照其规定执行。

5. 有下列情形之一的，由税务机关处 1 万元以上 5 万元以下的罚款；情节严重的，处 5 万元以上 50 万元以下的罚款；有违法所得的予以没收。

（1）转借、转让、介绍他人转让发票、发票监制章和发票防伪专用品的。

（2）知道或者应当知道是私自印制、伪造、变造、非法取得或者废止的发票而受让、开具、存放、携带、邮寄、运输的。

6. 对违反发票管理规定 2 次以上或者情节严重的单位和个人，税务机关可以向社会公告。

> **特别提示**
>
> 上述公告是指，税务机关应当在办税场所或者广播、电视、报纸、期刊、网络等新闻媒体上公告纳税人发票违法的情况。公告内容包括：纳税人名称、统一社会信用代码或者纳税人识别号、经营地点、违反发票管理法规的具体情况。

7. 违反发票管理法规，导致其他单位或者个人未缴、少缴或者骗取税款的，由税务机关没收违法所得，可以并处未缴、少缴或者骗取的税款 1 倍以下的罚款。

8. 当事人对税务机关的处罚决定不服的，可以依法申请行政复议或者向人民法院提起行政诉讼。

9. 税务人员利用职权之便，故意刁难印制、使用发票的单位和个人，或者有违反发票管理法规行为的，依照国家有关规定给予处分；构成犯罪的，依法追究刑事责任。

三、增值税专用发票使用规定

（一）一般规定

1. 增值税专用发票（以下简称专用发票），是增值税一般纳税人（以下简称一般纳税人）销售货物或者提供应税劳务开具的发票，是购买方支付增值税额并可按照增值税有关规定据以抵扣增值税进项税额的凭证。

2.一般纳税人应通过增值税防伪税控系统（以下简称防伪税控系统）使用专用发票。使用，包括领购、开具、缴销、认证纸质专用发票及其相应的数据电文。

上述所称防伪税控系统，是指经国务院同意推行的，使用专用设备和通用设备、运用数字密码和电子存储技术管理专用发票的计算机管理系统。

上述所称专用设备，是指金税卡、IC卡、读卡器和其他设备。

上述所称通用设备，是指计算机、打印机、扫描器具和其他设备。

3.纸质专用发票由基本联次或者基本联次附加其他联次构成，基本联次为三联：发票联、抵扣联和记账联。发票联，作为购买方核算采购成本和增值税进项税额的记账凭证；抵扣联，作为购买方报送主管税务机关认证和留存备查的凭证；记账联，作为销售方核算销售收入和增值税销项税额的记账凭证。其他联次用途，由一般纳税人自行确定。

（二）最高开票限额管理与初始发行

1.专用发票实行（防伪税控系统）实行最高开票限额管理。最高开票限额，是指单份专用发票或货运专票开具的销售额合计数不得达到的上限额度。

最高开票限额由一般纳税人申请，区县税务机关依法审批。一般纳税人申请最高开票限额时，需填报《增值税专用发票最高开票限额申请单》。主管税务机关受理纳税人申请以后，根据需要进行实地查验。实地查验的范围和方法由各省税务机关确定。

2.初始发行，是指主管税务机关将一般纳税人的下列信息载入空白金税卡和IC卡的行为。

（1）企业名称。

（2）税务登记代码。

（3）开票限额。

（4）领票限量。

（5）领票人员姓名、密码。

（6）开票机数量。

（7）国家税务总局规定的其他信息。

一般纳税人发生上列第一、三、四、五、六、七项信息变化，应向主管税务机关申请变更发行；发生第二项信息变化，应向主管税务机关申请注销发行。

（三）专用发票的领用

1. 一般纳税人凭 IC 卡和经办人身份证明领用专用发票。

2. 一般纳税人有下列情形之一的，不得领用开具专用发票。

（1）会计核算不健全，不能向税务机关准确提供增值税销项税额、进项税额、应纳税额数据及其他有关增值税税务资料的。上列其他有关增值税税务资料的内容，由省、自治区、直辖市和计划单列市国家税务局确定。

（2）有《税收征管法》规定的税收违法行为，拒不接受税务机关处理的。

（3）有下列行为之一，经税务机关责令限期改正而仍未改正的：①虚开增值税专用发票；②私自印制专用发票；③向税务机关以外的单位和个人买取专用发票；④借用他人专用发票；⑤未按规定开具专用发票；⑥未按规定保管专用发票和专用设备；⑦未按规定申请办理防伪税控系统变更发行；⑧未按规定接受税务机关检查。

有上述情形的，如已领用专用发票，主管税务机关应暂扣其结存的专用发票和 IC 卡。

3. 有下列情形之一的，为上述所称未按规定保管专用发票和专用设备。

（1）未设专人保管专用发票和专用设备。

（2）未按税务机关要求存放专用发票和专用设备。

（3）未将认证相符的专用发票抵扣联、《认证结果通知书》和《认证结果清单》装订成册；

（4）未经税务机关查验，擅自销毁专用发票基本联次。

（四）专用发票的开具

1. 一般纳税人销售货物或者提供应税劳务，应向购买方开具专用发票。

商业企业一般纳税人零售的烟、酒、食品、服装、鞋帽（不包括劳保用部分）、化妆品等消费品不得开具专用发票。

增值税小规模纳税人（以下简称小规模纳税人）需要开具专用发票的，可向主管税务机关申请代开。自 2020 年 2 月 1 日起，小规模纳税人可以自行开具专用发票。

疑难问题解答

问：我公司销售的货物中有部分属于免税货物，该部分免税货物，我公司是否可以开具专用发票？

答：销售免税货物不得开具专用发票，法律、法规及国家税务总局另有规定的除外。

2.专用发票应按下列要求开具：①项目齐全，与实际交易相符；②字迹清楚，不得压线、错格；③纸质专用发票的发票联和抵扣联加盖发票专用章；④按照增值税纳税义务的发生时间开具。

> 💡 **特别提示**
>
> 对不符合上列要求的专用发票，购买方有权拒收。

3.一般纳税人销售货物或者提供应税劳务可汇总开具专用发票。汇总开具纸质专用发票的，同时使用防伪税控系统开具《销售货物或者提供应税劳务清单》，并加盖发票专用章。

4.一般纳税人在开具专用发票当月，发生销货退回、开票有误等情形，收到退回的发票联、抵扣联符合作废条件的，按作废处理；开具时发现有误的，可即时作废。

作废专用发票须在防伪税控系统中将相应的数据电文按"作废"处理，在纸质专用发票（含未打印的专用发票）各联次上注明"作废"字样，全联次留存。

5.同时具有下列情形的，为上述所称作废条件：

（1）收到退回的发票联、抵扣联时间未超过销售方开票当月。

（2）销售方未抄税并且未记账。

（3）购买方未认证或者认证结果为"纳税人识别号认证不符""专用发票代码、号码认证不符"。

上述所称抄税，是报税前用IC卡或者IC卡和软盘抄取开票数据电文。

（五）纳税申报

1.一般纳税人开具专用发票应在增值税纳税申报期内向主管税务机关报税，在申报所属月份内可分次向主管税务机关报税。

上述所称报税，是纳税人持IC卡或者IC卡和软盘向税务机关报送开票数据电文。

2.因IC卡、软盘质量等问题无法报税的，应更换IC卡、软盘。

因硬盘损坏、更换金税卡等原因不能正常报税的，应提供已开具未向

第八章　增值税发票开具实务操作与典型案例分析

税务机关报税的专用发票记账联原件或者复印件，由主管税务机关补采开票数据。

3. 一般纳税人注销税务登记或者转为小规模纳税人，应将专用设备和结存未用的纸质专用发票送交主管税务机关。

主管税务机关应缴销其专用发票，并按有关安全管理的要求处理专用设备。

4. 上述所称专用发票的缴销，是指主管税务机关在纸质专用发票监制章处按"V"字剪角作废，同时作废相应的专用发票数据电文。

> 💡 **特别提示**

被缴销的纸质专用发票应退还纳税人。

5. 用于抵扣增值税进项税额的专用发票应经税务机关认证相符（国家税务总局另有规定的除外）。认证相符的专用发票应作为购买方的记账凭证，不得退还销售方。

上述所称认证，是税务机关通过防伪税控系统对专用发票所列数据的识别、确认。

上述所称认证相符，是指纳税人识别号无误，专用发票所列密文解译后与明文一致。

6. 经认证，有下列情形之一的，不得作为增值税进项税额的抵扣凭证，税务机关退还原件，购买方可要求销售方重新开具专用发票。

（1）无法认证。无法认证是指专用发票所列密文或者明文不能辨认，无法产生认证结果。

（2）纳税人识别号认证不符。纳税人识别号认证不符是指专用发票所列购买方纳税人识别号有误。

（3）专用发票代码、号码认证不符。专用发票代码、号码认证不符是指专用发票所列密文解译后与明文的代码或者号码不一致。

7. 经认证，有下列情形之一的，暂不得作为增值税进项税额的抵扣凭证，税务机关扣留原件，查明原因，分别情况进行处理。

（1）重复认证。重复认证是指已经认证相符的同一张专用发票再次认证。

（2）密文有误。密文有误是指专用发票所列密文无法解译。

（3）认证不符。认证不符是指纳税人识别号有误，或者专用发票所列密文解译后与明文不一致。

（4）列为失控专用发票。列为失控专用发票是指认证时的专用发票已被登记为失控专用发票。

8.专用发票抵扣联无法认证的,可使用专用发票发票联到主管税务机关认证。专用发票发票联复印件留存备查。

(六)简化增值税发票领用和使用程序

自2014年5月1日起,简化增值税发票领用和使用程序。

1.简化纳税人领用增值税发票手续。取消增值税发票(包括增值税专用发票、货物运输业增值税专用发票、增值税普通发票和机动车销售统一发票,下同)手工验旧。税务机关应用增值税一般纳税人(以下简称一般纳税人)发票税控系统报税数据,通过信息化手段实现增值税发票验旧工作。

2.简化专用发票审批手续。一般纳税人申请专用发票(包括增值税专用发票和货物运输业增值税专用发票,下同)最高开票限额不超过10万元的,主管税务机关不需事前进行实地查验。各省国税机关可在此基础上适当扩大不需事前实地查验的范围,实地查验的范围和方法由各省国税机关确定。

疑难问题解答

问:我公司是一般纳税人,因工作人员失误导致一张专用发票的发票联丢失,但抵扣联仍然存在,我公司该如何进行账务处理?

答:一般纳税人丢失已开具专用发票的发票联,可将专用发票抵扣联作为记账凭证,专用发票抵扣联复印件留存备查。

3.简化红字专用发票办理手续。一般纳税人开具专用发票后,发生销货退回或销售折让,按照规定开具红字专用发票后,不再将该笔业务的相应记账凭证复印件报送主管税务机关备案。

4.实行分类分级规范化管理。对增值税发票实行分类分级规范化管理,提高工作效率,减少办税环节。

(1)以下纳税人可一次领取不超过3个月的增值税发票用量,纳税人需要调整增值税发票用量,手续齐全的,按照纳税人需要即时办理:①纳税信用等级评定为A类的纳税人;②地市国税局确定的纳税信用好,税收风险等级低的其他类型纳税人。

(2)上述纳税人2年内有涉税违法行为、移交司法机关处理记录,或者正在接受税务机关立案稽查的,不适用上述第一项规定。

(3)辅导期一般纳税人专用发票限量限额管理工作,按照《增值税一般纳税人纳税辅导期管理办法》有关规定执行。

5.建立高效联动的风险防控机制。税务机关在做好纳税服务,提高办税效率的同时,充分利用信息化手段,建立高效联动的风险防控机制,科学设立风险防控指标,加强日常评估及后续监控管理,提升后续监控的及时性和针对性,跟踪分析纳税人发票使用及纳税申报情况。对纳税人发票使用异常且无正当理由的,税务机关可重新核定发票限额及领用数量。

（七）增值税发票综合服务平台事项

自2020年1月8日,为便利纳税人开具和使用增值税发票,实行以下制度。

1.国家税务总局将增值税发票选择确认平台升级为增值税发票综合服务平台,为纳税人提供发票用途确认、风险提示、信息下载等服务。纳税人取得增值税专用发票、机动车销售统一发票、收费公路通行费增值税电子普通发票后,如需用于申报抵扣增值税进项税额或申请出口退税、代办退税,应当登录增值税发票综合服务平台确认发票用途。增值税发票综合服务平台登录地址由国家税务总局各省（自治区、直辖市和计划单列市）税务局（以下简称各省税务局）确定并公布。

纳税人应当按照发票用途确认结果申报抵扣增值税进项税额或申请出口退税、代办退税。纳税人已经申报抵扣的发票,如改用于出口退税或代办退税,应当向主管税务机关提出申请,由主管税务机关核实情况并调整用途。纳税人已经确认用途为申请出口退税或代办退税的发票,如改用于申报抵扣,应当向主管税务机关提出申请,经主管税务机关核实该发票尚未申报出口退税,并将发票电子信息回退后,由纳税人调整用途。

2.纳税人通过增值税电子发票公共服务平台开具的增值税电子普通发票（票样见附件）,属于税务机关监制的发票,采用电子签名代替发票专用章,其法律效力、基本用途、基本使用规定等与增值税普通发票相同。

增值税电子普通发票版式文件格式为OFD格式。单位和个人可以登录全国增值税发票查验平台（https://inv-veri.chinatax.gov.cn）下载增值税电子发票版式文件阅读器查阅增值税电子普通发票。

3.纳税人办理增值税普通发票、增值税电子普通发票、收费公路通行费增值税电子普通发票、机动车销售统一发票、二手车销售统一发票票种核定事项,除税务机关按规定确定的高风险等情形外,主管税务机关应当即时办结。

4.纳税人同时丢失已开具增值税专用发票或机动车销售统一发票的发票联和抵扣联，可凭加盖销售方发票专用章的相应发票记账联复印件，作为增值税进项税额的抵扣凭证、退税凭证或记账凭证。

纳税人丢失已开具增值税专用发票或机动车销售统一发票的抵扣联，可凭相应发票的发票联复印件，作为增值税进项税额的抵扣凭证或退税凭证；纳税人丢失已开具增值税专用发票或机动车销售统一发票的发票联，可凭相应发票的抵扣联复印件，作为记账凭证。

（八）部分税务事项实行容缺办理和进一步精简涉税费资料报送

自2023年2月1日起，国家税务总局决定对部分税务事项实行容缺办理，进一步精简涉税费资料报送。

1.税务事项容缺办理。

（1）容缺办理事项。符合容缺办理情形的纳税人，可以选择《容缺办理涉税费事项及容缺资料清单》所列的一项或多项税费业务事项，按照可容缺资料范围进行容缺办理。

容缺办理的纳税人签署《容缺办理承诺书》，书面承诺知晓容缺办理的相关要求，愿意承担容缺办理的相关责任。对符合容缺办理情形的纳税人，税务机关以书面形式（含电子文本）一次性告知纳税人需要补正的资料及具体补正形式、补正时限和未履行承诺的法律责任，并按照规定程序办理业务事项。

（2）容缺办理资料补正。纳税人可选择采取现场提交、邮政寄递或税务机关认可的其他方式补正容缺办理资料，补正时限为20个工作日。采取现场提交的，补正时间为资料提交时间；采取邮政寄递方式的，补正时间为资料寄出时间；采取其他方式的，补正时间以税务机关收到资料时间为准。

纳税人应履行容缺办理承诺，承担未履行承诺的相关责任。纳税人未按承诺时限补正资料的，相关记录将按规定纳入纳税信用评价。

（3）不适用容缺办理的情形。重大税收违法失信案件当事人不适用容缺办理。相关当事人已履行相关法定义务，经实施检查的税务机关确认的，在公布期届满后可以适用容缺办理。超出补正时限未提交容缺办理补正资料的纳税人，不得再次适用容缺办理。

2.精简涉税费资料报送。

（1）取消报送的涉税费资料。纳税人办理《取消报送涉税费资料清单》

所列的税费业务事项，不再向税务机关报送《取消报送涉税费资料清单》明确取消报送的相关资料。

（2）改为留存备查的涉税费资料。纳税人办理《改留存备查涉税费资料清单》所列的税费业务事项，不再向税务机关报送《改留存备查涉税费资料清单》明确改留存备查的相关资料，改由纳税人完整保存留存备查。纳税人对留存备查资料的真实性和合法性承担法律责任。

（九）加强增值税税控系统管理

1. 集团总部采取集中购买税控一体化解决方案的纳税人，其所需的税控专用设备可以直接向航天信息股份有限公司或国家信息安全工程技术研究中心，以及上述两家单位授权的销售单位（以下简称销售单位）购买。销售单位应保障税控专用设备的质量和如数供应，不得以任何理由推诿、拖延或者拒绝纳税人购买税控专用设备的要求。

各地税务机关要及时为纳税人或其书面委托的单位办理税控专用设备发行，不限定只为本省范围购买的税控专用设备进行发行。各地税务机关要进一步简化税控专用设备发行流程，提高办税效率。

2. 纳税人购买税控专用设备后，销售单位不得向纳税人指定增值税税控系统维护服务单位（以下简称服务单位），不得强迫纳税人接受服务。纳税人可在所在区域范围内具备服务资格的服务单位间自行选择。

纳税人向服务单位提出安装要求后，服务单位应在3个工作日内完成纳税人增值税税控系统的安装、调试，不得以任何理由推诿、拖延或拒绝。

承担集团总部集中购买税控一体化解决方案的单位，应为纳税人做好增值税税控系统的维护服务，可以自建服务体系，并接受当地税务机关的监督管理，也可委托具备服务资格的服务单位提供服务，并承担相关责任。

3. 严禁销售单位及服务单位借销售税控专用设备或维护服务之机违规搭售设备、软件、其他商品，或收取规定之外的各种名目的费用。《国家税务总局关于发布增值税发票税控开票软件数据接口规范的公告》（国家税务总局公告2016年第25号），已对纳税人使用的增值税发票税控开票软件相关数据接口规范予以发布，供纳税人免费使用，任何单位和个人不得向使用增值税税控系统的纳税人收取任何名义的开票软件接口费用。

4. 各地税务机关要加强对销售单位、服务单位的监督管理，及时回应纳税人投诉，对存在问题的销售单位、服务单位责令其立即纠正，并限期整改。对违反规定的，按照《增值税税控系统服务单位监督管理办法》有关规定严肃处理。

（十）红字增值税发票开具问题

1. 自 2016 年 8 月 1 日起，增值税一般纳税人开具专用发票后，发生销货退回、开票有误、应税服务中止等情形但不符合发票作废条件，或者因销货部分退回及发生销售折让，需要开具红字专用发票的，按以下方法处理。

（1）购买方取得专用发票已用于申报抵扣的，购买方可在增值税发票管理新系统（以下简称新系统）中填开并上传《开具红字增值税专用发票信息表》（以下简称《信息表》），在填开《信息表》时不填写相对应的蓝字专用发票信息，应暂依《信息表》所列增值税税额从当期进项税额中转出，待取得销售方开具的红字专用发票后，与《信息表》一并作为记账凭证。

购买方取得专用发票未用于申报抵扣、但发票联或抵扣联无法退回的，购买方填开《信息表》时应填写相对应的蓝字专用发票信息。

销售方开具专用发票尚未交付购买方，以及购买方未用于申报抵扣并将发票联及抵扣联退回的，销售方可在新系统中填开并上传《信息表》。销售方填开《信息表》时应填写相对应的蓝字专用发票信息。

（2）主管税务机关通过网络接收纳税人上传的《信息表》，系统自动校验通过后，生成带有"红字发票信息表编号"的《信息表》，并将信息同步至纳税人端系统中。

（3）销售方凭税务机关系统校验通过的《信息表》开具红字专用发票，在新系统中以销项负数开具。红字专用发票应与《信息表》一一对应。

（4）纳税人也可凭《信息表》电子信息或纸质资料到税务机关对《信息表》内容进行系统校验。

2. 税务机关为小规模纳税人代开专用发票，需要开具红字专用发票的，按照一般纳税人开具红字专用发票的方法处理。

3. 纳税人需要开具红字增值税普通发票的，可以在所对应的蓝字发票金额范围内开具多份红字发票。红字机动车销售统一发票需与原蓝字机动车销售统一发票一一对应。

（十一）对纳税人识别号和发票内容的要求

1. 自 2017 年 7 月 1 日起，购买方为企业的，索取增值税普通发票时，应向销售方提供纳税人识别号或统一社会信用代码；销售方为其开具增值税普通发票时，应在"购买方纳税人识别号"栏填写购买方的纳税人识别号或统一社会信用代码。不符合规定的发票，不得作为税收凭证。

> **特别提示**
>
> 上述所称企业，包括公司、非公司制企业法人、企业分支机构、个人独资企业、合伙企业和其他企业。

2.销售方开具增值税发票时，发票内容应按照实际销售情况如实开具，不得根据购买方要求填开与实际交易不符的内容。销售方开具发票时，通过销售平台系统与增值税发票税控系统后台对接，导入相关信息开票的，系统导入的开票数据内容应与实际交易相符，如不相符应及时修改完善销售平台系统。

（十二）压缩新办纳税人首次申领增值税发票时间

1.自2018年8月1日起，同时满足下列条件的新办纳税人首次申领增值税发票，主管税务机关应当自受理申请之日起2个工作日内办结，有条件的主管税务机关当日办结。

（1）纳税人的办税人员、法定代表人已经进行实名信息采集和验证（需要采集、验证法定代表人实名信息的纳税人范围由各省税务机关确定）。

（2）纳税人有开具增值税发票需求，主动申领发票。

（3）纳税人按照规定办理税控设备发行等事项。

2.新办纳税人首次申领增值税发票主要包括发票票种核定、增值税专用发票（增值税税控系统）最高开票限额审批、增值税税控系统专用设备初始发行、发票领用等涉税事项。

3.税务机关为符合上述规定的首次申领增值税发票的新办纳税人办理发票票种核定，增值税专用发票最高开票限额不超过10万元，每月最高领用数量不超过25份；增值税普通发票最高开票限额不超过10万元，每月最高领用数量不超过50份。各省税务机关可以在此范围内结合纳税人税收风险程度，自行确定新办纳税人首次申领增值税发票票种核定标准。

4.各省税务机关要根据本地区的实际情况，进一步明确新办纳税人首次申领增值税发票的办理时限、办理方式和办理流程，尽可能实现税控设备网上购买，并做好压缩新办纳税人首次申领增值税发票时间相关政策的宣传解释工作，确保符合条件的新办纳税人及时、顺利地领用增值税发票。

（十三）在新办纳税人中实行增值税专用发票电子化

1. 自 2020 年 12 月 21 日起，在天津、河北、上海、江苏、浙江、安徽、广东、重庆、四川、宁波和深圳等 11 个地区的新设立登记的纳税人（以下简称新办纳税人）中实行增值税专用发票电子化（以下简称专票电子化），受票方范围为全国。其中，宁波、石家庄和杭州等 3 个地区已试点纳税人开具增值税电子专用发票（以下简称电子专票）的受票方范围扩至全国。

自 2021 年 1 月 21 日起，在北京、山西、内蒙古、辽宁、吉林、黑龙江、福建、江西、山东、河南、湖北、湖南、广西、海南、贵州、云南、西藏、陕西、甘肃、青海、宁夏、新疆、大连、厦门和青岛等 25 个地区的新办纳税人中实行专票电子化，受票方范围为全国。

实行专票电子化的新办纳税人具体范围由国家税务总局各省、自治区、直辖市和计划单列市税务局确定。

2. 电子专票由各省、自治区、直辖市和计划单列市税务局监制，采用电子签名代替发票专用章，属于增值税专用发票，其法律效力、基本用途、基本使用规定等与增值税纸质专用发票（以下简称纸质专票）相同。电子专票票样见附件。

3. 电子专票的发票代码为 12 位，编码规则：第 1 位为 0，第 2~5 位代表省、自治区、直辖市和计划单列市，第 6~7 位代表年度，第 8~10 位代表批次，第 11~12 位为 13。发票号码为 8 位，按年度、分批次编制。

4. 自各地专票电子化实行之日起，本地区需要开具增值税纸质普通发票、增值税电子普通发票（以下简称电子普票）、纸质专票、电子专票、纸质机动车销售统一发票和纸质二手车销售统一发票的新办纳税人，统一领取税务 UKey 开具发票。税务机关向新办纳税人免费发放税务 UKey，并依托增值税电子发票公共服务平台，为纳税人提供免费的电子专票开具服务。

5. 税务机关按照电子专票和纸质专票的合计数，为纳税人核定增值税专用发票领用数量。电子专票和纸质专票的增值税专用发票（增值税税控系统）最高开票限额应当相同。

6. 纳税人开具增值税专用发票时，既可以开具电子专票，也可以开具纸质专票。受票方索取纸质专票的，开票方应当开具纸质专票。

7. 纳税人开具电子专票后，发生销售退回、开票有误、应税服务中止、销售折让等情形，需要开具红字电子专票的，按照以下规定执行。

（1）购买方已将电子专票用于申报抵扣的，由购买方在增值税发票管理系统（以下简称发票管理系统）中填开并上传《开具红字增值税专用发票信息表》（以下简称《信息表》），填开《信息表》时不填写相对应的蓝字电子专票信息。

购买方未将电子专票用于申报抵扣的，由销售方在发票管理系统中填开并上传《信息表》，填开《信息表》时应填写相对应的蓝字电子专票信息。

（2）税务机关通过网络接收纳税人上传的《信息表》，系统自动校验通过后，生成带有"红字发票信息表编号"的《信息表》，并将信息同步至纳税人端系统中。

（3）销售方凭税务机关系统校验通过的《信息表》开具红字电子专票，在发票管理系统中以销项负数开具。红字电子专票应与《信息表》一一对应。

（4）购买方已将电子专票用于申报抵扣的，应当暂依《信息表》所列增值税税额从当期进项税额中转出，待取得销售方开具的红字电子专票后，与《信息表》一并作为记账凭证。

8. 受票方取得电子专票用于申报抵扣增值税进项税额或申请出口退税、代办退税的，应当登录增值税发票综合服务平台确认发票用途，登录地址由各省、自治区、直辖市和计划单列市税务局确定并公布。

9. 单位和个人可以通过全国增值税发票查验平台（https://inv-veri.chinatax.gov.cn）对电子专票信息进行查验；可以通过全国增值税发票查验平台下载增值税电子发票版式文件阅读器，查阅电子专票并验证电子签名有效性。

10. 纳税人以电子发票（含电子专票和电子普票）报销入账归档的，按照《财政部 国家档案局关于规范电子会计凭证报销入账归档的通知》（财会〔2020〕6号）的规定执行。

（十四）推广应用全面数字化电子发票

国家税务总局决定，自2024年12月1日起，在全国正式推广应用全面数字化电子发票（以下简称数电发票）。

1. 数电发票是《发票管理办法》中"电子发票"的一种，是将发票的票面要素全面数字化、号码全国统一赋予、开票额度智能授予、信息通过税务数字账户等方式在征纳主体之间自动流转的新型发票。数电发票与纸质发票具有同等法律效力。

2.数电发票为单一联次，以数字化形态存在，类别包括电子发票（增值税专用发票）、电子发票（普通发票）、电子发票（航空运输电子客票行程单）、电子发票（铁路电子客票）、电子发票（机动车销售统一发票）、电子发票（二手车销售统一发票）等。数电发票可以根据特定业务标签生成建筑服务、成品油、报废产品收购等特定业务发票。

3.数电发票的票面基本内容包括发票名称、发票号码、开票日期、购买方信息、销售方信息、项目名称、规格型号、单位、数量、单价、金额、税率/征收率、税额、合计、价税合计、备注、开票人等。

4.数电发票的号码为20位，其中：第1~2位代表公历年度的后两位，第3~4位代表开票方所在的省级税务局区域代码，第5位代表开具渠道等信息，第6~20位为顺序编码。

5.税务机关建设全国统一的电子发票服务平台，提供免费的数电发票开票、用票服务。对按照规定不使用网络办税、不具备网络条件或者存在重大涉税风险的，可以暂不提供服务，具体情形由省级税务机关确定。

6.税务机关根据纳税人的税收风险程度、纳税信用级别、实际经营情况等因素，通过电子发票服务平台授予发票总额度，并实行动态调整。发票总额度，是指一个自然月内，纳税人发票开具总金额（不含增值税）的上限额度。纳税人因实际经营情况发生变化需要调整发票总额度的，经主管税务机关确认后予以调整。

特别提示

根据《发票管理办法》《发票管理办法实施细则》等相关规定，数电发票的开具需要通过实人认证等方式进行身份验证。

7.蓝字数电发票开具后，如发生销售退回（包括全部退回和部分退回）、开票有误、应税服务中止（包括全部中止和部分中止）、销售折让等情形的，应当按照规定开具红字数电发票。

（1）蓝字数电发票未进行用途确认及入账确认的，开票方发起红冲流程，并直接开具红字数电发票。农产品收购发票、报废产品收购发票、光伏收购发票等，无论是否进行用途确认或入账确认，均由开票方发起红冲流程，并直接开具红字数电发票。

（2）蓝字数电发票已进行用途确认或入账确认的（用于出口退税勾选和

确认的仍按现行规定执行），开票方或受票方均可发起红冲流程，并经对方确认《红字发票信息确认单》（以下简称《确认单》）后，由开票方开具红字数电发票。《确认单》发起后72小时内未经确认的，自动作废。若蓝字数电发票已用于出口退税勾选和确认的，需操作进货凭证信息回退并确认通过后，由开票方发起红冲流程，并直接开具红字数电发票。

受票方已将数电发票用于增值税申报抵扣的，应暂依《确认单》所列增值税税额从当期进项税额中转出，待取得开票方开具的红字数电发票后，与《确认单》一并作为记账凭证。

8. 已开具的数电发票通过电子发票服务平台自动交付。开票方也可以通过电子邮件、二维码、下载打印等方式交付数电发票。选择下载打印方式交付的，数电发票的票面自动标记并显示"下载次数""打印次数"。

9. 受票方取得数电发票后，如需用于申报抵扣增值税进项税额、成品油消费税或申请出口退税、代办退税、勾选成品油库存的，应当通过税务数字账户确认用途。确认用途有误的，可以向主管税务机关申请更正。

10. 单位和个人可以登录自有的税务数字账户、个人所得税 APP，免费查询、下载、打印、导出已开具或接受的数电发票；可以通过税务数字账户，对数电发票入账与否打上标识；可以通过电子发票服务平台或全国增值税发票查验平台，免费查验数电发票信息。

第二节　特殊增值税发票开具实务

一、货物运输业增值税发票管理制度

（一）货物运输业小规模纳税人申请代开增值税专用发票管理办法

1. 自2018年1月1日起，同时具备以下条件的增值税纳税人（以下简称纳税人）适用本办法。

（1）在境内提供公路或内河货物运输服务，并办理了税务登记（包括临时税务登记）。

（2）提供公路货物运输服务的（以4.5吨及以下普通货运车辆从事普通道路货物运输经营的除外），取得《中华人民共和国道路运输经营许可证》和

《中华人民共和国道路运输证》；提供内河货物运输服务的，取得《国内水路运输经营许可证》和《船舶营业运输证》。

（3）在税务登记地主管税务机关按增值税小规模纳税人管理。

2. 纳税人在境内提供公路或内河货物运输服务，需要开具增值税专用发票的，可在税务登记地、货物起运地、货物到达地或运输业务承揽地（含互联网物流平台所在地）中任何一地，就近向税务机关（以下简称代开单位）申请代开增值税专用发票。

3. 纳税人应将营运资质和营运机动车、船舶信息向主管税务机关进行备案。

4. 完成上述备案后，纳税人可向代开单位申请代开增值税专用发票，并向代开单位提供以下资料。

（1）《货物运输业代开增值税专用发票缴纳税款申报单》（以下简称《申报单》）。

（2）加载统一社会信用代码的营业执照（或税务登记证或组织机构代码证）复印件。

（3）经办人身份证件及复印件。

5. 纳税人申请代开增值税专用发票时，应按机动车号牌或船舶登记号码分别填写《申报单》，挂车应单独填写《申报单》。《申报单》中填写的运输工具相关信息，必须与其向主管税务机关备案的信息一致。

> 💡 **特别提示**
>
> 纳税人对申请代开增值税专用发票时提交资料的真实性和合法性承担责任。

6. 代开单位对纳税人提交资料的完整性和一致性进行核对。资料不符合要求的，应一次性告知纳税人补正资料；符合要求的，按规定代开增值税专用发票。

7. 纳税人申请代开增值税专用发票时，应按照所代开增值税专用发票上注明的税额向代开单位全额缴纳增值税。

8. 纳税人代开专用发票后，如发生服务中止、折让、开票有误等情形，需要作废增值税专用发票、开具增值税红字专用发票、重新代开增值税专用发票、办理退税等事宜的，应由原代开单位按照现行规定予以受理。

第八章　增值税发票开具实务操作与典型案例分析

> **特别提示**
>
> 纳税人在非税务登记地申请代开增值税专用发票,不改变主管税务机关对其实施税收管理。

9.纳税人应按照主管税务机关核定的纳税期限,按期计算增值税应纳税额,抵减其申请代开增值税专用发票缴纳的增值税后,向主管税务机关申报缴纳增值税。

10.纳税人代开增值税专用发票对应的销售额,一并计入该纳税人月(季、年)度销售额,作为主管税务机关对其实施税收管理的标准和依据。

11.增值税发票管理新系统定期将纳税人异地代开发票、税款缴纳等数据信息清分至主管税务机关。主管税务机关应加强数据比对分析,对纳税人申请代开增值税专用发票金额明显超出其实际运输能力的,主管税务机关可暂停其在非税务登记地代开增值税专用发票并及时约谈纳税人。经约谈排除疑点的,纳税人可继续在非税务登记地申请代开增值税专用发票。

(二)网络平台道路货物运输企业代开增值税专用发票试点

1.自2020年1月1日起,经国家税务总局各省、自治区、直辖市和计划单列市税务局(以下简称各省税务局)批准,纳入试点的网络平台道路货物运输企业(以下简称试点企业)可以为同时符合以下条件的货物运输业小规模纳税人(以下简称会员)代开增值税专用发票,并代办相关涉税事项。

(1)在中华人民共和国境内提供公路货物运输服务,取得《中华人民共和国道路运输经营许可证》和《中华人民共和国道路运输证》。以4.5吨及以下普通货运车辆从事普通道路货物运输经营的,无须取得《中华人民共和国道路运输经营许可证》和《中华人民共和国道路运输证》。

(2)以自己的名义对外经营,并办理了税务登记(包括临时税务登记)。

(3)未做增值税专用发票票种核定。

(4)注册为该平台会员。

2.试点企业应当同时符合以下条件:

(1)按照《交通运输部　国家税务总局关于印发〈网络平台道路货物运输经营管理暂行办法〉的通知》(交运规〔2019〕12号)规定,取得经营范围中注明"网络货运"的《道路运输经营许可证》。

(2)具备与开展业务相适应的相关线上服务能力,包括信息数据交互及处理能力，物流信息全程跟踪、记录、存储、分析能力，实现交易、运输、结算等各环节全过程透明化动态管理，对实际承运驾驶员和车辆的运输轨迹实时展示，并记录含有时间和地理位置信息的实时运输轨迹数据。

（3）与省级交通运输主管部门建立的网络货运信息监测系统实现有效对接，按照要求完成数据上传。

（4）对会员相关资质进行审查，保证提供运输服务的实际承运车辆具备合法有效的营运证，驾驶员具有合法有效的从业资格证。

疑难问题解答

问：试点企业代开增值税专用发票时，是否可以适当收取一些成本费？

答：试点企业代开增值税专用发票不得收取任何费用，否则将取消其试点企业资格。

3.试点企业按照以下规定为会员代开增值税专用发票：

（1）仅限于为会员通过本平台承揽的货物运输服务代开增值税专用发票。

（2）应与会员签订委托代开增值税专用发票协议。协议范本由各省税务局制定。

（3）使用自有增值税发票税控开票软件，按照3%的征收率代开增值税专用发票，并在发票备注栏注明会员的纳税人名称、纳税人识别号、起运地、到达地、车种车号以及运输货物信息。如内容较多可另附清单。

（4）代开增值税专用发票的相关栏次内容，应与会员通过本平台承揽的运输服务，以及本平台记录的物流信息保持一致。平台记录的交易、资金、物流等相关信息应统一存储，以备核查。

（5）试点企业接受会员提供的货物运输服务，不得为会员代开专用发票。试点企业可以按照《货物运输业小规模纳税人申请代开增值税专用发票管理办法》（国家税务总局公告2017年第55号发布）的相关规定，代会员向试点企业主管税务机关申请代开专用发票。

4.试点企业代开增值税专用发票应当缴纳的增值税，由试点企业按月代会员向试点企业主管税务机关申报缴纳，并将完税凭证转交给会员。

试点企业办理增值税纳税申报时，代开增值税专用发票对应的收入不属于试点企业的增值税应税收入，无须申报。试点企业应按月将代开增值税专用发票和代缴税款情况向主管税务机关报备，具体报备的有关事项由各省税务局确定。

会员应按照其主管税务机关核定的纳税期限，按规定计算增值税应纳税额，抵减已由试点企业代为缴纳的增值税后，向主管税务机关申报纳税。

5.各地税务机关应高度重视网络平台道路货物运输企业代开专用发票试点工作，总结前期开展互联网物流平台企业代开专用发票试点工作的经验，严格按照税务总局部署落实好相关工作。

各省税务局负责组织实施网络平台道路货物运输企业代开专用发票试点工作，按照纳税人自愿的原则确定试点企业。开展试点工作需要纳税人周知的其他事项，由各省税务局负责办理。

各地税务机关应积极推动试点工作开展，加强试点企业的管理，分析试点企业运行数据。发现试点企业虚构业务、虚开发票等违法违规行为的，应立即取消其试点资格并依法处理。

各地税务机关应与当地道路货运行业主管部门对接，充分利用和挖掘内外部大数据资源，深入开展物流行业经济分析和税收风险管理工作，及时总结试点经验，提升试点成效。试点过程中发现的情况和问题，请及时上报国家税务总局（货物和劳务税司）。

二、保险公司开具增值税发票问题

（一）保险公司开展共保业务开具增值税发票问题

保险公司开展共保业务时，按照以下规定开具增值税发票：

1.主承保人与投保人签订保险合同并全额收取保费，然后再与其他共保人签订共保协议并支付共保保费的，由主承保人向投保人全额开具发票，其他共保人向主承保人开具发票；

2.主承保人和其他共保人共同与投保人签订保险合同并分别收取保费的，由主承保人和其他共保人分别就各自获得的保费收入向投保人开具发票。

（二）保险机构代收车船税开具增值税发票问题

自2016年5月1日起，保险机构作为车船税扣缴义务人，在代收车船税并开具增值税发票时，应在增值税发票备注栏中注明代收车船税税款信息。具体包括保险单号、税款所属期（详细至月）、代收车船税金额、滞纳金金额、金额合计等。该增值税发票可作为纳税人缴纳车船税及滞纳金的会计核算原始凭证。

三、拍卖行拍卖免税文物艺术品

1. 拍卖行受托拍卖文物艺术品，委托方按规定享受免征增值税政策的，拍卖行可以自己名义就代为收取的货物价款向购买方开具增值税普通发票，对应的货物价款不计入拍卖行的增值税应税收入。

2. 拍卖行应将以下纸质或电子证明材料留存备查：拍卖物品的图片信息、委托拍卖合同、拍卖成交确认书、买卖双方身份证明、价款代收转付凭证、扣缴委托方个人所得税相关资料。

3. 文物艺术品包括书画、陶瓷器、玉石器、金属器、漆器、竹木牙雕、佛教用具、古典家具、紫砂茗具、文房清供、古籍碑帖、邮品钱币、珠宝等收藏品。

四、纳税人销售其取得的不动产办理产权过户手续使用的增值税发票联次

纳税人销售其取得的不动产，自行开具或者税务机关代开增值税发票时，使用六联增值税专用发票或者五联增值税普通发票。纳税人办理产权过户手续需要使用发票的，可以使用增值税专用发票第六联或者增值税普通发票第三联。

五、水资源费改税后城镇公共供水企业增值税发票开具问题

自2024年12月1日起，城镇公共供水企业缴纳的水资源税在终端综合水价中单列的部分，可以在增值税计税依据中扣除，按照"不征增值税自来水"项目开具普通发票。

六、关于稀土企业等汉字防伪项目企业开具增值税发票有关问题

1. 自2019年6月1日起，停用增值税防伪税控系统汉字防伪项目。

2. 从事稀土产品生产、商贸流通的增值税纳税人（以下简称稀土企业）销售稀土产品或提供稀土应税劳务、服务的，应当通过升级后的增值税发票管理系统开具稀土专用发票；销售非稀土产品或提供非稀土应税劳务、服务的，不得开具稀土专用发票。

（1）上述所称稀土产品包括稀土矿产品、稀土冶炼分离产品、稀土金属及合金、稀土产品加工费。

（2）稀土专用发票开具不得使用增值税发票管理系统"销售货物或者提供应税劳务、服务清单"填开功能。稀土专用发票"货物或应税劳务、服务名称"栏应当通过增值税发票管理系统中的稀土产品目录选择，"单位"栏选择"公斤"或"吨"，"数量"栏按照折氧化物计量填写。增值税发票管理系统在发票左上角自动打印"XT"字样。

（3）稀土企业销售稀土矿产品、稀土冶炼分离产品、稀土金属及合金，提供稀土加工应税劳务、服务的，应当按照《稀土产品目录》的分类分别开具发票。

3. 稀土企业需要开具稀土专用发票的，由主管税务机关开通增值税发票管理系统中的稀土专用发票开具功能，开票软件应当于2019年6月1日前完成升级，税控设备和增值税发票可以继续使用。

4. 除稀土企业外，其他纳入增值税防伪税控系统汉字防伪项目管理企业使用的开票软件应当于2019年6月1日前升级为增值税发票管理系统，税控设备和增值税发票可以继续使用。

5. 各地税务机关要做好本公告涉及企业的系统升级工作，确保相关企业通过系统顺利开具发票。各地税控服务单位要做好系统升级的技术支持服务，保障系统正常运行。

第三节　增值税发票开具典型案例分析

一、不征税项目不能开具增值税专用发票

（一）案例出处

四川省成都市青羊区人民法院（2020）川0105民初7215号民事判决书。

（二）案例事实

2019年7月19日，成都体育产业投资集团有限责任公司与四川迈伦实业有限责任公司（以下简称迈伦公司）、成都西村商务服务有限责任公司、成都

贝森投资集团有限公司（以下简称贝森公司）签订《框架投资协议》，其中约定迈伦公司拟为本次交易新设立一家全资子公司（以下简称乙公司），迈伦公司拟进行改制重组，以"西村大院"项目全部资产对乙公司进行实物增资。

2020 年 4 月 22 日，迈伦公司（甲方）与成都西村新体育发展有限责任公司（以下简称西村体育公司，乙方）、贝森公司（丙方）、杜某（丁方）、成都西村创意文化传播有限责任公司（以下简称西村文化公司，戊方）签订《五方协议》，主要约定：为落实《框架投资协议》，甲方与乙方签订的《股权转让协议》《股权转让补充协议》，甲方、乙方、丙方签订的《三方协议》的相关约定，鉴于乙方已于 2020 年 1 月 3 日向甲方支付了《股权转让补充协议》约定的第二笔尾款（最后一笔尾款），而甲方未按照《三方协议》约定在 2020 年 3 月 13 日前向戊方开具全部增值税专用发票，现五方达成以下条款：甲方须于 2020 年 5 月 31 日前按照税收相关法律法规规定，以"西村大院"资产注入戊方时的实际入账价值进行纳税申报，以税务部门最终核算结果向戊方开具全部增值税专用发票；甲方承诺根据增值税专用发票所含进项税额总额，暂按 46 922 000 元记（按照税收相关法律法规，以税务部门或司法机关最终核算结果为准），按年利率 4.9% 向戊方支付款项作为戊方延迟取得增值税专用发票期间的资金利息补偿；计算周期自 2020 年 4 月 14 日（含）至戊方收到全部增值税专用发票之日（含）；甲方承诺就甲方未按协议约定向戊方开具增值税专用发票给戊方造成的一切损失承担赔偿责任（包括但不限于由于未开具增值税专用发票所造成的企业所得税、土地增值税等全部损失）；丁方同意为甲方在本协议项下对戊方承担的损失赔偿责任承担不可撤销的无限连带责任保证及股权质押担保，担保期限为甲方应当履行损失赔偿责任之日（2020 年 5 月 31 日）起两年，同时丁方承诺在本协议生效后 5 个工作日内，将丁方持有的丙方 30% 股权向戊方办理股权质押登记手续。

同日，甲方（出质人）杜某与乙方（质权人）西村文化公司签署《股权质押合同》，约定：为保障乙方在主合同《五方协议》下的债权，敦促迈伦公司切实履行义务，甲方将其持有的贝森公司 4 860 000 元出资额（占股权比例的 30%）向乙方进行质押担保，并就迈伦公司未按《五方协议》约定向乙方开具增值税专用发票，给乙方造成的一切损失承担连带担保责任。主合同《五方协议》项下主债权金额为 46 922 000 元，质押担保的范围包括但不限于 2020 年 5 月 31 日前因迈伦公司无法向乙方提供全部增值税专用发票给乙方造成的增值税专用发票所含进项税额损失，2020 年 4 月 14 日（含）至乙方收到全部增值税专用发票之日（含）期间税金的资金利息损失、违约金、损害赔偿金和实现质权的费用（包括但不限于诉讼费、保全费、律师费、公证费、调查取证费、评估费、鉴定费、拍卖费等）；质押担保的债务履行期限自本协议签订之日起至2020年5月31日止；主合同项下债权获得全额清偿后质权消灭，双方共同办理股权质押注销登记。同日，杜某在贝森公司4 860 000元股权办理了质押设立登记手续，登记质权人为西村文化公司。

2020年5月9日，迈伦公司向西村文化公司开具了增值税普通发票99张，其中98张金额为9 999 999.99元，1张金额为5 361 000.98元，合计金额为9 853 611 000元。发票上"货物或应税劳务、服务名称"载明：资产重组涉及的不动产，"税率"处载明：不征税。

2020年5月12日，成都市青羊区税务局向迈伦公司出具《清税证明》，载明迈伦公司所有税务事项已结清。

另查明：《财政部 国家税务总局关于全面推开营业税改征增值税试点的通知》附件2《营业税改征增值税试点有关事项的规定》第一条第（二）项第5目规定，在资产重组过程中，通过合并、分立、出售、置换等方式，将全部或者部分实物资产以及与其相关联的债权、负债和劳动力一并转让给其他单位和个人，其中涉及的不动产、土地使用权转让行为不征收增值税。《国家税务总局关于营改增试点若干征管问题的公告》（国家税务总局公告2016年第53号）载明，使用"未发生销售行为的不征税项目"编码，发票税率栏应填写"不征税"，不得开具增值税专用发票。

审理中，西村文化公司认为以"西村大院"项目全部资产对乙公司实物增资是迈伦公司根据框架协议进行的买卖行为，而非资产重组。对于迈伦公司未开具增值税专用发票，西村文化公司认为给其造成的损失是，在下一次转让过程中会增加缴纳土地出让金及企业所得税，但目前这些损失尚未发生；对此，杜某认为其承担保证责任，应当是在主债务履行期内，自《五方协议》签订至2020年5月31日期间是否产生损失为准。

（三）法院观点

案涉协议是各方当事人的真实意思表示，内容不违反法律、行政法规的强制性规定，应为合法有效。杜某就迈伦公司未按《五方协议》约定向西村文化公司开具增值税专用发票，给西村文化公司造成的一切损失承担连带担保责任。本案中，迈伦公司于2020年5月9日开具了增值税普通发票，发票载明不征税。《国家税务总局关于营改增试点若干征管问题的公告》(国家税务总局公告2016年第53号)明确载明不征税项目不得开具增值税专用发票。故迈伦公司就不征税项目无法开具增值税专用发票而开具增值税普通发票，符合税收相关法律法规文件规定，足以认定迈伦公司已履行了开具增值税发票的相应义务，《股权质押合同》约定的办理注销股权质押登记的条件已经成就，故对杜某主张注销股权质押登记的诉讼请求，四川省成都市青羊区人民法院予以支持。

裁判核心观点

甲公司于2020年5月9日开具了增值税普通发票，发票载明不征税。《国家税务总局关于营改增试点若干征管问题的公告》(国家税务总局公告2016年第53号)明确载明不征税项目不得开具增值税专用发票。故甲公司就不征税项目无法开具增值税专用发票而开具增值税普通发票，符合税收相关法律法规文件规定，足以认定甲公司已履行了开具增值税发票的相应义务。

二、开具发票适用税率的选择纠纷案

(一)案例出处

广东省惠州市中级人民法院(2019)粤13民终3125号民事判决书。

(二)案例事实

大亚湾经济技术开发区人民法院(以下简称一审法院)认定事实：2017年8月11日，惠州市宝明显示技术有限公司(以下简称宝明公司)作为甲方与作为乙方的惠州市渝都电气有限公司(以下简称渝都公司)签订了《变(配)电安装工程承包合同》，约定："一、工程概况。工程名称为宝明显示技术有限公司《2*2000KVA》变配电系统，工程地点为大亚湾西区综合产业园宝明科技园。二、承包范围和内容。承包范围以甲方提供的宝明显示技术有限公司项目配电房图纸为依据，完成相关电气设计(需通过电力部门审批)和工程的安装施工。主要包括配电房设备的安装和高低压电缆敷设安装(工程材料、品牌、数量等详见报价书)。承包内容：1.所有高低压电缆敷设、变压器及高低压配电柜安装及系统结线、试验、调试、验收、送电；2.送电系统安装牵涉的孔洞、沟槽的开凿、浇灌和补浆以及挖土、回填等土建相关内容；3. 负责施工后的废土清运及补线管砂浆；4. 包通过供电部门的检测、验收、送电等项目。三、承包方式。乙方包工、包料、包机具、包质量、包安全、包工期、包文明施工、包通过供电部门的验收并按时送电，乙方自备工人劳保用品、雨天作业用品、自备各种机具（含大小型机具），乙方负责做好本项目的各种质量保证资料和签证资料交甲方备案。四、工期条款。本工期为45天，即自2017年8月15日至2017年9月30日前工程完成。五、承包造价、进度款及结算方式。本工程的承包（含税17%）造价为人民币1 250 000元整，本造价为全包干的总承包价格且包括所有税费，验收所需费用及工程能通过供电部门的验收、送电，施工期间此造价不因材料价格涨跌而变动。六、付款方式。合同签订后3天内支付合同价款的30%即人民币375 000元；设备运达施工现场3天内支付合同价款的50%即人民币625 000元；工程竣工验收合格送电后支付合同价款的15%即人民币187 500元；余下合同价款的5%作为质量保证金，于保修期限届满后十日内视保修情况结算付清。"双方还对其他相应事宜作出了约定。

合同签订后，渝都公司依约组织施工人员进场施工。2017年8月17日，宝明公司向渝都公司支付第一期工程款375 000元。2017年9月26日，宝明公司向渝都公司支付第二期工程款625 000元。2017年9月28日，渝都公司施工完毕，同年9月20日，广东电网有限责任公司惠州大亚湾供电局对上述工程进行验收后出具《客户受电工程竣工检查意见书》，认定该工程验收合格，在受电方面具备使用条件。2017年11月15日，渝都公司向大亚湾区税务机关就涉案工程款1 250 000元缴税，缴交的工程增值税为37 500元（1 250 000×3%）。此后，渝都公司要求宝明公司按约定及时支付剩余工程款187 500元，但宝明公司至二审判决时仍未予支付。

（三）法院观点

一审法院认为，《企业所得税法》明确规定了企业所得税的税率、纳税主体、所征范围等。渝都公司作为建设工程实际施工人，在工程完工验收合格后，作为小规模纳税人已经向大亚湾区税务部门缴纳了相应税款。本案中，渝都公司与宝明公司签订合同时约定了含税率的工程总造价，不同的税率虽然影响工程总造价，但并不影响渝都公司应得的工程款，且宝明公司至本案审理终结前未向广东省惠州市中级人民法院（以下简称二审法院）提出撤销上述合同条款。故渝都公司请求宝明公司向其支付尚欠的工程款187 500元，有事实和法律依据，二审法院予以支持。

渝都公司施工建设的工程于 2017 年 9 月 20 日通过验收并交付使用，宝明公司即应按合同约定向渝都公司支付工程款 187 500 元，但宝明公司至今未支付，已构成违约，应向渝都公司承担相应的违约责任。因渝都公司与宝明公司未在合同中约定欠付工程款利息的给付标准，《最高人民法院关于审理建设工程施工合同纠纷案件适用法律问题的解释》第十七条规定："当事人对欠付工程款利息计付标准有约定的，按照约定处理；没有约定的，按照中国人民银行发布的同期同类贷款利率计息。"宝明公司实际应自 2017 年 9 月 21 日起向渝都公司支付所欠工程款的利息，故渝都公司请求宝明公司自起诉之日即 2018 年 2 月 7 日起以中国人民银行同期同类贷款利率的标准支付 187 500 元的利息至清偿日止，有事实和法律依据，二审法院予以支持。

关于宝明公司反诉请求是否成立的问题。如前所述，企业所得税的税率、纳税主体、所征范围等均由《企业所得税法》明确规定，宝明公司反诉要求渝都公司向其开具 17% 的增值税发票违反了税目税率法定原则，该反诉请求无法律依据，二审法院不予支持。《最高人民法院关于民事诉讼证据的若干规定》第二条规定："当事人对自己提出的诉讼请求所依据的事实或者反驳对方诉讼请求所依据的事实有责任提供证据加以证明。没有证据或者证据不足以证明当事人的事实主张的，由负有举证责任的当事人承担不利后果。"本案中，宝明公司直接以工程总造价 1 250 000 元乘以 17% 的税率，请求渝都公司赔偿其 212 500 元，无充分依据，且宝明公司亦未提供证据证实其存在实际损失，故宝明公司请求渝都公司赔偿 212 500 元，没有事实和法律依据，二审法院不予支持。

二审法院认为，本案是建设工程合同纠纷，上诉人二审期间提出的本案合同关系为货物买卖法律关系，但与双方当事人签订的合同约定的内容明显不符，亦未提供证据予以证明，该主张二审法院不予采信。根据《民事诉讼法》第一百六十八条"第二审人民法院应当对上诉请求的有关事实和适用法律进行审查"的规定，综合本案上诉人的上诉和被上诉人的答辩意见，本案二审争议的焦点问题是：渝都公司是否应当按照合同的约定向上诉人开具 17% 的增值税发票以及是否应当承担经济损失赔偿责任的问题。具体剖析如下：

1.关于渝都公司是否应当按照合同的约定向上诉人开具 17% 的增值税发票的问题。

首先，根据《增值税暂行条例》第二十条之规定，小规模纳税人增值税征收率为3%，国务院另有规定的除外。本案中，渝都公司为小规模纳税人，增值税的征收率应当按照上述规定3%缴纳，双方当人合同约定人17%的税率，因违反了税目税率法定原则，上诉人要求按照17%开具发票，不予支持。

其次，《合同法》第一百一十条规定："当事人一方不履行非金钱债务或者履行非金钱债务不符合约定的，对方可以要求履行，但债务的标的不适于强制履行或者履行费用过高除外。"本案中，双方当事人在签订《变（配）电安装工程承包合同》时，渝都公司不具备一般纳税人的资质，而合同约定渝都公司按照一般纳税人的税率17%进行纳税，该条约定的履行不仅涉及税务行政管理部门的行政职权问题，还涉及合同履行是否可能的问题，属于合同法规定的"不适于强制履行或者履行费用过高"情形。上诉人请求渝都公司开具17%的增值税发票，缺乏依据，原审法院判决驳回上诉人的该方面的请求，处理并无不妥，应当予以维持。

最后，《增值税暂行条例》第十三条第二款规定："小规模纳税人会计核算健全，能够提供准确税务资料的，可以向主管税务机关办理登记，不作为小规模纳税人，依照本条例有关规定计算应纳税额。"本案中，依据渝都公司原审提交的证据发票可以确认，经大亚湾区税务机关的审核，渝都公司已经就涉案工程款1 250 000元缴纳税款，缴纳的工程增值税为37 500元（1 250 000×3%），渝都公司也向上诉人提供了税收发票，其间上诉人并未提出异议。上诉人反诉主张渝都公司应当重新按照合同约定开具17%的增值税发票，将涉及变更税务机关的税收征收行政决定，属于税务行政管理职权范围，退一步说，按照上述规定即使渝都公司符合一定的条件，可以不作为小规模纳税人进行缴纳税款，但是上诉人该请求也不属于法院的受案审理范围。

2. 关于渝都公司未按照合同约定开具17%的发票是否应当承担损失赔偿责任的问题。根据《最高人民法院关于民事诉讼证据的若干规定》第二条规定，当事人对自己提出的诉讼请求所依据的事实或者反驳对方诉讼请求所依据的事实有责任提供证据加以证明。没有证据或者证据不足以证明当事人的事实主张的，由负有举证责任的当事人承担不利后果。本案中，上诉人主张由于被上诉人未按照合同约定开具17%的增值税发票，致使无法及时抵扣相关税费，造成212 500元的经济损失请求损失赔偿的问题。对此，上诉人应当提供，比如，纳税申报证明、当期可抵扣的进项税款的凭证以及无法及时抵扣相关税费由此增加了税费等证据，而上述证据系一般财务制度健全的企业均可提供的证据证明，该事实的证明并不属于《最高人民法院民事诉讼证据若干规定》规定可推定的事实，上诉人未提供任何证据予以证明所造成的经济损失，应当承担举证不能的诉讼后果。据此，上诉人请求的经济损失212 500元，缺乏事实依据，应当予以驳回。

裁判核心观点

根据《增值税暂行条例》第二十条之规定，小规模纳税人增值税征收率为3%，国务院另有规定的除外。本案中，甲公司为小规模纳税人，增值税的征收率应当按照上述规定3%缴纳，双方当人合同约定人17%的税率，因违反了税目税率法定原则，上诉人要求按照17%开具发票，不予支持。

三、禁止开具增值税专用发票纠纷案

（一）案例出处

云南省昆明市中级人民法院（2021）云01民终8860号民事判决书。

（二）案例事实

云南省安宁市人民法院（以下简称一审法院）认定事实：2015年5月8日，罗某（原告）、云南阳天经贸有限公司（被告）、广东一新长城建筑集团有限公司云南分公司（以下简称分公司）之间达成了《产品购销合同》，由被告作为供方提供钢材，原告以担保人的名义出现。后原告、被告、分公司之间因货款支付诉讼至一审法院，经该院一审，作出（2019）云0181民初1190号民事判决；后被告不服提起上诉，经昆明市中级人民法院（以下简称二审法院）二审以（2020）云01民终10512号终审判决：驳回上诉，维持原判。生效民事判决书确定了原告罗某系该《产品购销合同》的实际购买人，原告还须向被告支付252 994.13元的货款，被告已经收取原告一方的货款为4 530 023.15元。原告自认绝大部分货款实际支付人是熊某坤。被告对该4 530 023.15元未开具增值税专用发票给任何一方。

二审中，上诉人未提交新的证据。被上诉人提交以下证据：民事申请再审提交材料清单一份及安宁荣鑫经贸有限公司调拨单9份，欲证明被上诉人与广东一新长城建筑集团有限公司、广东长城建筑集团有限公司云南分公司、罗某买卖合同纠纷一案已提交再审申请，案件尚未定案。经质证，上诉人认为该再审申请提交至今已满三个月但尚未被准予立案再审，目前该案判决书仍是生效判决。

（三）一审法院观点

一审法院认为，关于追加当事人与否的问题。原告要求追加广东一新长城建筑集团有限公司、分公司两个主体为本案第三人，一审法院认为（2019）云0181民初1190号、（2020）云01民终10512号民事判决在前，基本上涉及本案的事实是清楚的，故没有必要再行追加，一审法院对于原告该请求不予准许。关于原告具体的诉讼请求"一、依法判令被告向原告开具4 530 023.15元的增值税专用发票"，一审法院认为，《增值税暂行条例》第二十一条规定："纳税人发生应税销售行为，应当向索取增值税专用发票的购买方开具增值税专用发票，并在增值税专用发票上分别注明销售额和销项税额。属于下列情形之一的，不得开具增值税专用发票：（一）应税销售行为的购买方为消费者个人的；……"可见，向自然人开具增值税专用发票是不被允许的，故原告诉求一审法院难以支持。

（四）二审法院观点

《增值税暂行条例》第二十一条规定："纳税人发生应税销售行为，应当向索取增值税专用发票的购买方开具增值税专用发票，并在增值税专用发票上分别注明销售额和销项税额。属于下列情形之一的，不得开具增值税专用发票：（一）应税销售行为的购买方为消费者个人的；……"上诉人主张被上诉人向其开具增值税专用发票的请求与上述法律规定内容相悖，故对其该主张，二审法院不予支持。被上诉人二审提交的证据的证明内容因不影响本案的判决结果，二审法院在本案中不予评判。

裁判核心观点

《增值税暂行条例》第二十一条规定："纳税人发生应税销售行为，应当向索取增值税专用发票的购买方开具增值税专用发票，并在增值税专用发票上分别注明销售额和销项税额。属于下列情形之一的，不得开具增值税专用发票：（一）应税销售行为的购买方为消费者个人的；……"上诉人主张被上诉人向其开具增值税专用发票的请求与上述法律规定内容相悖，故对其该主张，法院不予支持。

第九章　增值税纳税申报实务操作与典型案例分析

第一节　增值税纳税申报管理

一、征收机关与纳税义务发生时间

（一）征收机关

1. 增值税由税务机关征收，进口货物的增值税由海关代征。
2. 海关应当将代征增值税和货物出口报关的信息提供给税务机关。
3. 个人携带或者寄递进境物品增值税的计征办法由国务院制定，报全国人民代表大会常务委员会备案。

（二）纳税义务发生时间

1. 增值税纳税义务发生时间，按照下列规定确定。

（1）发生应税交易，纳税义务发生时间为收讫销售款项或者取得销售款项索取凭据的当日；先开具发票的，为开具发票的当日。"收讫销售款项"一般是指收讫全部销售款项，如果仅仅收到部分销售款项，该部分销售款项对应的应税交易，其纳税义务发生。"取得销售款项索取凭据"是指合同或者以其他方式约定的付款期限届满。这里遵循权责发生制原则，只要合同或者以其他方式约定的付款日期到达，则应当确认增值税销售收入。由于销售方开具增值税专用发票后，购买方即可以抵扣进项税额，如果纳税人先开具发票，其增值税纳税义务发生时间为开具发票的当日。需要注意的是，上述三种情形需要同时考虑，满足任何一种情形，就应当认为增值税纳税义务已经发生。

疑难问题解答

问：我公司采取直接收款方式销售货物，已将货物移送对方公司并暂估销售收入入账，未取得销售款，也未取得索取销售款凭据，也未开具销售发票，如何判断我公司该笔业务增值税纳税义务发生时间？

答：纳税人生产经营活动中采取直接收款方式销售货物，已将货物移送对方并暂估销售收入入账，但既未取得销售款或取得索取销售款凭据也未开具销售发票的，其增值税纳税义务发生时间为取得销售款或取得索取销售款凭据的当天；先开具发票的，为开具发票的当天。

（2）发生视同应税交易，纳税义务发生时间为完成视同应税交易的当日。由于视同应税交易本身并不存在付款、应付款或者开具发票的问题，因此，视同应税交易增值税纳税义务发生时间是以"完成视同应税交易"来确定的。通常情况下，应当以货物的所有权已经转移、服务已经完成、无形资产和不动产的权利已经转移等为纳税义务发生时间的判断标准。

（3）进口货物，纳税义务发生时间为货物报关进口的当日。

2.增值税扣缴义务发生时间为纳税人增值税纳税义务发生的当日。

3.2026年1月1日前，收讫销售款项或者取得索取销售款项凭据的当天，按销售结算方式的不同，具体如下：

（1）采取直接收款方式销售货物，不论货物是否发出，均为收到销售款或者取得索取销售款凭据的当天。

（2）采取托收承付和委托银行收款方式销售货物，为发出货物并办妥托收手续的当天；

（3）采取赊销和分期收款方式销售货物，为书面合同约定的收款日期的当天，无书面合同的或者书面合同没有约定收款日期的，为货物发出的当天。

（4）采取预收货款方式销售货物，为货物发出的当天，但生产销售生产工期超过12个月的大型机械设备、船舶、飞机等货物，为收到预收款或者书面合同约定的收款日期的当天。

（5）委托其他纳税人代销货物，为收到代销单位的代销清单或者收到全部或者部分货款的当天。未收到代销清单及货款的，为发出代销货物满180天的当天。

（6）销售应税劳务，为提供劳务同时收讫销售款或者取得索取销售款的凭据的当天。

（7）纳税人发生《增值税暂行条例实施细则》第四条第（三）项至第（八）项所列视同销售货物行为，为货物移送的当天。

4.2026年1月1日前，"营改增"试点增值税纳税义务发生时间如下。

（1）纳税人发生应税行为并收讫销售款项或者取得索取销售款项凭据的当天；先开具发票的，为开具发票的当天。收讫销售款项，是指纳税人销售服务、无形资产、不动产过程中或者完成后收到款项。取得索取销售款项凭据的当天，是指书面合同确定的付款日期；未签订书面合同或者书面合同未确定付款日期的，为服务、无形资产转让完成的当天或者不动产权属变更的当天。

（2）纳税人提供建筑服务、租赁服务采取预收款方式的，其纳税义务发生时间为收到预收款的当天。

（3）纳税人从事金融商品转让的，为金融商品所有权转移的当天。

实操案例9-1

国家税务总局海北藏族自治州税务局稽查局（以下简称稽查局）于2022年6月6日起对青海甲电子商务有限公司（以下简称甲公司）2018年1月1日至2022年4月30日的涉税情况进行了检查，甲公司存在违法事实及处罚决定如下：

一、违法事实及证据

（一）增值税

1.2018年。甲公司2018年6月5日与贵南县经济商务和信息化局签订《贵南县电子商务进农村综合示范县项目建设合同》，合同价款为14 973 100.00元。后续建设项目于2020年8月21日与贵南县发展和改革局签订《青海省政府采购项目合同书》，合同价款为4 887 300.00元。甲公司于2018年6月20日收讫合同价款4 491 930.00元，2018年6月未计提增值税销项税额为254 260.19元，当期进项税额为0元，上期期末留抵税额为14 203.34元，2018年6月应补缴增值税240 056.85元，截至2018年6月期末留抵税额应为0。2018年8月甲公司存在上期留抵税额退税进项税额转出额为3 708.85元，当期进项税额为0，上期期末留抵税额为0，因此2018年8月应补缴增值税3 708.85元。综上，2018年甲公司应补缴增值税合计243 765.70元。

2.2019年。2019年2月甲公司存在红字专用发票注明的进项税额转出额为5 660.38元，当期进项税额为0；截至2019年1月末，甲公司期末留抵税额为4 833.54元，应补缴增值税826.84元。2019年3月19日，甲公司收讫合同价款 4 491 930.00 元，未计提增值税销项税额为 254 260.19 元，当期增值税进项税额为 0，上期增值税期末留抵税额为 0，2019 年 3 月应补缴增值税 254 260.19 元。2019 年 9 月 2 日，甲公司收讫合同价款 669 450.00 元，未计提增值税销项税额为 37 893.40 元，当期进项税额为 0，上期期末留抵税额为 17 464.17 元，2019 年 9 月应补缴增值税 20 429.23 元。2019 年 12 月，甲公司增值税销项税额为 2 830.19 元，上期期末留抵税额为 0，当期进项税额为 0，因此甲公司 2019 年 12 月应补缴增值税 2 830.19 元。综上，甲公司 2019 年应补缴增值税 278 346.45 元。

3.2020 年。2020 年 4 月 9 日，甲公司收讫合同价款 2 000 000.00 元，未计提增值税销项税额为 113 207.55 元，4 月 28 日，收讫合同价款 669 450.00 元，未计提增值税销项税额为 37 893.40 元，上期期末留抵税额为 0，当期进项税额为 0，2020 年 4 月应补缴增值税 151 100.95 元。2020 年 6 月 29 日，甲公司收讫合同价款 1 500 000.00 元，未计提增值税销项税额为 84 905.66 元，当期进项税额为 0，上期期末留抵税额为 0，2020 年 6 月应补缴增值税 84 905.66 元。2020 年 9 月 10 日，甲公司收讫合同价款 1 460 000.00 元，未计提增值税销项税额为 82 641.51 元，当期进项税额为 2.55 元，上期期末留抵税额为 3 279.69 元，2020 年 9 月应补缴增值税 79 359.27 元。2020 年 12 月 7 日，甲公司收讫合同价款 2 489 240.00 元，未计提增值税销项税额为 140 900.38 元，12 月 17 日收讫合同价款 1 610 000.00 元，未计提增值税销项税额为 91 132.08 元，甲公司自行申报增值税销项税 18 790.08 元，当期进项税额为 51 298.87 元，上期期末留抵税额为 70 352.87 元，2020 年 12 月应补缴增值税 129 170.79 元。综上，甲公司 2020 年应补缴增值税 444 536.67 元。

4.2021 年。2021 年 7 月甲公司收讫合同价款 600 000.00 元，未计提增值税销项税额为 33 962.26 元，当期进项税额为 7 471.29 元，甲公司自行申报销项税额为 877.44 元，上期期末留抵税额为 1 608.02 元，2021 年 7 月应补缴增值税 25 760.39 元。2021 年 11 月甲公司自行申报销项税额为 471.68 元，当期进项税额为 0，上期期末留抵税额为 39.37 元，2021 年 11 月应补缴增值税 432.31 元。甲公司 2021 年应补缴增值税 26 192.70 元。

综上所述，甲公司共需补缴增值税 992 841.52 元，其中：2018 年应补缴增值税 243 765.70 元；2019 年应补缴增值税 278 346.45 元；2020 年应补缴增值税 444 536.67 元；2021 年应补缴增值税 26 192.70 元。

（二）城市维护建设税

1.2018 年。甲公司 2018 年 6 月应补缴增值税 240 056.85 元；应补缴城市维护建设税 12 002.84 元。甲公司 2018 年 8 月应补缴增值税 3 708.85 元；应补缴城市维护建设税 185.44 元。甲公司 2018 年应补缴增值税 243 765.70 元；应补缴城市维护建设税 12 188.28 元。

2.2019 年。甲公司 2019 年 2 月应补缴增值税 826.84 元；应补缴城市维护建设税 41.34 元。甲公司 2019 年 3 月应补缴增值税 254 260.19 元；应补缴城市维护建设税 12 713.01 元。甲公司 2019 年 9 月应补缴增值税 20 429.23 元；应补缴城市维护建设税 1 021.46 元。甲公司 2019 年 12 月应补缴增值税 2 830.19 元；应补缴城市维护建设税 141.51 元。甲公司 2019 年应补缴增值税 278 346.45 元；应补缴城市维护建设税 13 917.32 元。

3.2020 年。甲公司 2020 年 4 月应补缴增值税 151 100.95 元；应补缴城市维护建设税 7 555.05 元。甲公司 2020 年 6 月应补缴增值税 84 905.66 元；应补缴城市维护建设税 4 245.28 元。甲公司 2020 年 9 月应补缴增值税 79 359.27 元；应补缴城市维护建设税 3 967.96 元。甲公司 2020 年 12 月应补缴增值税 129 170.79 元；应补缴城市维护建设税 6 458.54 元。甲公司 2020 年应补缴增值税 444 536.67 元；应补缴城市维护建设税 22 226.83 元。

4.2021 年。甲公司 2021 年 7 月应补缴增值税 25 760.39 元；应补缴城市维护建设税 1 288.02 元。甲公司 2021 年 11 月应补缴增值税 432.31 元；应补缴城市维护建设税 21.62 元。甲公司 2021 年应补缴增值税 26 192.70 元；应补缴城市维护建设税 1 309.64 元。

综上所述，甲公司共需补缴城市维护建设税 49 642.07 元。

（三）企业所得税

1.2018 年甲公司申报应纳税所得额为 -4 667 827.98 元，检查调增甲公司营业收入 4 237 669.81 元，调增甲公司税金及附加 24 191.13 元，调增成本 2 811 046.06 元。经纳税调整后甲公司 2018 年应纳税所得额为 -3 265 395.36 元。

2.2019 年甲公司申报应纳税所得额为 -3 225 053.66 元，检查调增甲公司营业收入 4 869 226.42 元，调增甲公司税金及附加 27 651.79 元，调增成本 4 165 660.94 元。经纳税调整后甲公司 2019 年应纳税所得额为 -2 549 139.97 元。

3.2020 年甲公司申报应纳税所得额为 160 060.66 元，检查调增甲公司营业收入 9 178 009.43 元，调增甲公司税金及附加 44 453.67 元，调增成本 6 038 152.24 元。经纳税调整后甲公司 2019 年应纳税所得额为 3 255 464.18 元。弥补 2016 年亏损 716 829.42 元，弥补 2017 年亏损 1 958 096.28 元，弥补 2018 年亏损 580 538.49 元，可结转以后年度弥补的亏损额为 5 234 365.13 元。

4.2021年甲公司申报应纳税所得额为1 333 074.63元，检查调增甲公司营业收入566 037.74元，调增甲公司税金及附加2 597.66元，调增成本3 034 110.03元。经纳税调整后甲公司2021年应纳税所得额为 -1 137 595.32元。

上述违法事实，主要有以下证据证明：提取《专项审计报告》、贵南县财政局文件、《中标通知书》、《项目建设合同》、《青海省政府采购项目合同》等证据资料证明项目具体情况；提取会计账簿总分类账、会计账簿明细账、记账凭证、拨付项目款凭证及回单、明细账271103专项应付款－贵南标段、明细账271104专项应付款－平安标段等证据资料证明企业项目资金往来情况。

二、处罚决定

根据《税收征收管理法》第六十三条"纳税人伪造、变造、隐匿、擅自销毁账簿、记账凭证，或者在账簿上多列支出或者不列、少列收入，或者经税务机关通知申报而拒不申报或者进行虚假的纳税申报，不缴或者少缴应纳税款的，是偷税。对纳税人偷税的，由税务机关追缴其不缴或者少缴的税款、滞纳金，并处不缴或者少缴的税款百分之五十以上五倍以下的罚款；构成犯罪的，依法追究刑事责任"之规定，对甲公司应补缴税款1 042 483.59元处以一倍的罚款即1 042 483.59元。

根据《税收征收管理法》第六十三条"纳税人伪造、变造、隐匿、擅自销毁账簿、记账凭证，或者在账簿上多列支出或者不列、少列收入，或者经税务机关通知申报而拒不申报或者进行虚假的纳税申报，不缴或者少缴应纳税款的，是偷税。对纳税人偷税的，由税务机关追缴其不缴或者少缴的税款、滞纳金，并处不缴或者少缴的税款百分之五十以上五倍以下的罚款；构成犯罪的，依法追究刑事责任"之规定，对甲公司隐匿销售收入，减少销项税额，骗取留抵退税申请退还的增值税增量留抵税额138 215.09元处以一倍的罚款即138 215.09元。

以上应缴款项共计1 180 698.68元。限甲公司自决定书送达之日起15日内到国家税务总局祁连县税务局缴纳入库。到期不缴纳罚款，稽查局可依照《行政处罚法》第七十二条第一款第（一）项规定，每日按罚款数额的3%加处罚款。

如对本决定不服，可以自收到决定书之日起60日内依法向国家税务总局青海省税务局申请行政复议，或者自收到决定书之日起6个月内依法向人民法院起诉。如对处罚决定逾期不申请复议也不向人民法院起诉、又不履行的，稽查局有权采取《税收征收管理法》第四十条规定的强制执行措施，或者申请人民法院强制执行。

二、计税期间与申报纳税期限

1. 增值税的计税期间分别为 10 日、15 日、1 个月或者 1 个季度。纳税人的具体计税期间，由主管税务机关根据纳税人应纳税额的大小分别核定。不经常发生应税交易的纳税人，可以按次纳税。

2. 纳税人以 1 个月或者 1 个季度为一个计税期间的，自期满之日起 15 日内申报纳税；以 10 日或者 15 日为一个计税期间的，自次月 1 日起 15 日内申报纳税。

实操案例 9-2

甲公司为增值税小规模纳税人，以 1 个季度为一个计税期间，则甲公司只需要在每一个季度结束以后的 15 日内申报纳税即可。2024 年第四季度结束后，甲公司需要在 2025 年 1 月 15 日之前申报纳税。2025 年第一季度结束后，甲公司需要在 2025 年 4 月 15 日之前申报纳税。

乙公司为增值税一般纳税人，税务机关核定其以 10 日为一个计税期间，2025 年 1 月 1 日至 1 月 10 日的纳税义务，在 2025 年 2 月 1 日至 2 月 15 日期间申报纳税。2025 年 1 月 11 日至 1 月 20 日的纳税义务，也在 2025 年 2 月 1 日至 2 月 15 日期间申报纳税。

3. 扣缴义务人解缴税款的计税期间和申报纳税期限，依照上述第 1 项和第 2 项规定执行。

4. 纳税人进口货物，应当按照海关规定的期限申报并缴纳税款。

5. 纳税人以 10 日或者 15 日为一个计税期间的，应当自期满之日起 5 日内预缴税款。法律、行政法规对纳税人预缴税款另有规定的，从其规定。

实操案例 9-3

甲公司为增值税一般纳税人，经税务机关核定，其计税期间为 10 日。2025 年 1 月 1 日至 1 月 10 日为一个计税期间，该期间结束后，纳税人应当核算该期间的税款，在 1 月 15 日之前预缴税款，在 2025 年 2 月 1 日至 15 日期间申报纳税，如果申报的金额与预缴金额相同，甲公司不需要再实际缴纳税款，如果申报的金额大于预缴金额，应当补缴税款。

三、纳税地点

(一) 增值税纳税地点的一般规定

1.增值税纳税地点,按照下列规定确定。

(1) 有固定生产经营场所的纳税人,应当向其机构所在地或者居住地主管税务机关申报纳税。总机构和分支机构不在同一县(市)的,应当分别向各自所在地的主管税务机关申报纳税;经省级以上财政、税务主管部门批准,可以由总机构汇总向总机构所在地的主管税务机关申报纳税。

(2) 无固定生产经营场所的纳税人,应当向其应税交易发生地主管税务机关申报纳税;未申报纳税的,由其机构所在地或者居住地主管税务机关补征税款。

(3) 自然人销售或者租赁不动产,转让自然资源使用权,提供建筑服务,应当向不动产所在地、自然资源所在地、建筑服务发生地主管税务机关申报纳税。

(4) 进口货物的纳税人,应当按照海关规定的地点申报纳税。

(5) 扣缴义务人,应当向其机构所在地或者居住地主管税务机关申报缴纳扣缴的税款;机构所在地或者居住地在境外的,应当向应税交易发生地主管税务机关申报缴纳扣缴的税款。

2.纳税人提供建筑服务取得预收款,应在收到预收款时,以取得的预收款扣除支付的分包款后的余额,按照规定的预征率预缴增值税(适用一般计税方法计税的项目预征率为2%,适用简易计税方法计税的项目预征率为3%)。按照现行规定应在建筑服务发生地预缴增值税的项目,纳税人收到预收款时在建筑服务发生地预缴增值税。按照现行规定无须在建筑服务发生地预缴增值税的项目,纳税人收到预收款时在机构所在地预缴增值税。

(二) 总分机构试点纳税人增值税计算缴纳暂行办法

1.2026年1月1日前,经财政部和国家税务总局批准的总机构试点纳税人及其分支机构,按照本办法的规定计算缴纳增值税。

2.总机构应当汇总计算总机构及其分支机构发生《应税服务范围注释》所列业务的应交增值税,抵减分支机构发生《应税服务范围注释》所列业务已缴纳的增值税税款(包括预缴和补缴的增值税税款)后,在总机构所在地解缴入库。总机构销售货物、提供加工修理修配劳务，按照增值税暂行条例及相关规定就地申报缴纳增值税。

3.总机构汇总的应征增值税销售额，为总机构及其分支机构发生《应税服务范围注释》所列业务的应征增值税销售额。

4.总机构汇总的销项税额，按照上述第3项规定的应征增值税销售额和增值税适用税率计算。

5.总机构汇总的进项税额，是指总机构及其分支机构因发生《应税服务范围注释》所列业务而购进货物或者接受加工修理修配劳务和应税服务，支付或者负担的增值税税额。总机构及其分支机构用于发生《应税服务范围注释》所列业务之外的进项税额不得汇总。

6.分支机构发生《应税服务范围注释》所列业务，按照应征增值税销售额和预征率计算缴纳增值税。计算公式如下：

$$应预缴的增值税 = 应征增值税销售额 \times 预征率$$

预征率由财政部和国家税务总局规定，并适时予以调整。

分支机构销售货物、提供加工修理修配劳务，按照增值税暂行条例及相关规定就地申报缴纳增值税。

7.分支机构发生《应税服务范围注释》所列业务当期已预缴的增值税税款，在总机构当期增值税应纳税额中抵减不完的，可以结转下期继续抵减。

8.每年的第一个纳税申报期结束后，对上一年度总分机构汇总纳税情况进行清算。总机构和分支机构年度清算应交增值税，按照各自销售收入占比和总机构汇总的上一年度应交增值税税额计算。分支机构预缴的增值税超过其年度清算应交增值税的，通过暂停以后纳税申报期预缴增值税的方式予以解决。分支机构预缴的增值税小于其年度清算应交增值税的，差额部分在以后纳税申报期由分支机构在预缴增值税时一并就地补缴入库。

9.总机构及其分支机构的其他增值税涉税事项，按照营业税改征增值税试点政策及其他增值税有关政策执行。

（三）金融机构开展个人实物黄金交易业务增值税有关政策

部分金融机构，经中国人民银行、原银监会（现为金融监管总局）批准，在所属分理处、储蓄所等营业场所内开展个人实物黄金交易业务，即向社会公开销售刻有不同字样的特制实物金条等黄金制品，并依照市场价格向购买者购回所售金条，由分行统一清算交易情况。对于金融机构销售实物黄金的行为，应当照章征收增值税，考虑到金融机构征收管理的特殊性，为加强税收管理，促进交易发展，实行以下政策。

1 对于金融机构从事的实物黄金交易业务，实行金融机构各省级分行和直属一级分行所属地市级分行、支行按照规定的预征率预缴增值税，由省级分行和直属一级分行统一清算缴纳的办法。

（1）发生实物黄金交易行为的分理处、储蓄所等应按月计算实物黄金的销售数量、金额，上报其上级支行。

（2）各支行、分理处、储蓄所应依法向机构所在地主管税务局申请办理税务登记。各支行应按月汇总所属分理处、储蓄所上报的实物黄金销售额和本支行的实物黄金销售额，按照规定的预征率计算增值税预征税额，向主管税务机关申报缴纳增值税。

$$预征税额 = 销售额 \times 预征率$$

（3）各省级分行和直属一级分行应向机构所在地主管税务局申请办理税务登记，申请认定增值税一般纳税人资格。按月汇总所属地市分行或支行上报的实物黄金销售额和进项税额，按照一般纳税人方法计算增值税应纳税额，根据已预征税额计算应补税额，向主管税务机关申报缴纳。

$$应纳税额 = 销项税额 - 进项税额$$
$$应补税额 = 应纳税额 - 预征税额$$

当期进项税额大于销项税额的，其留抵税额结转下期抵扣，预征税额大于应纳税额的，在下期增值税应纳税额中抵减。

（4）从事实物黄金交易业务的各级金融机构取得的进项税额，应当按照现行规定划分不可抵扣的进项税额，作进项税额转出处理。

（5）预征率由各省级分行和直属一级分行所在地省税务局确定。

2. 金融机构所属分行、支行、分理处、储蓄所等销售实物黄金时，应当向购买方开具国家税务总局统一监制的普通发票，不得开具银行自制的金融专业发票，普通发票领购事宜由各分行、支行办理。

3. 自 2013 年 4 月 1 日起，金融机构从事经其行业主管部门［中国人民银行、原银监会（现为金融监管总局）］允许的金、银、铂等贵金属交易业务，可比照《国家税务总局关于金融机构开展个人实物黄金交易业务增值税有关问题的通知》（国税发〔2005〕178 号）规定，实行金融机构各省级分行和直属一级分行所在地市级分行、支行按照规定的预征率预缴增值税，省级分行和直属一级分行统一清算缴纳的办法。

> 💡 **特别提示**
>
> 经其行业主管部门允许，是指金融机构能够提供行业主管部门批准其从事贵金属交易业务的批复文件，或向行业主管部门报备的备案文件，或行业主管部门未限制其经营贵金属业务的有关证明文件。

4. 已认定为增值税一般纳税人的金融机构，开展经其行业主管部门允许的贵金属交易业务时，可根据《增值税专用发票使用规定》（国税发〔2006〕156号）及相关规定领购、使用增值税专用发票。

（四）铁路运输企业汇总缴纳增值税政策

1. 自2014年1月1日起，中国国家铁路集团有限公司及其分支机构提供铁路运输服务以及与铁路运输相关的物流辅助服务，按照《总分机构试点纳税人增值税计算缴纳暂行办法》（财税〔2013〕74号）的规定计算缴纳增值税。

2. 《财政部 国家税务总局关于铁路运输企业汇总缴纳增值税的通知》（财税〔2020〕56号）附件1所列分支机构的预征率为1%。附件2所列的分支机构，实行由合资铁路运输企业总部汇总预缴增值税，具体办法如下。

（1）合资铁路运输企业总部本级及其下属站段（含委托运输管理的站段，下同）本级的销售额适用的预征率为1%。

本级应预缴的增值税＝本级应征增值税销售额×1%

（2）合资铁路运输企业总部及其下属站段汇总的销售额适用的预征率为3%。

汇总应预缴的增值税＝（总部本级应征增值税销售额＋下属站段本级应征增值税销售额）×3%－（总部本级应预缴的增值税＋下属站段本级应预缴的增值税）

3. 中国国家铁路集团有限公司及其分支机构不适用《总分机构试点纳税人增值税计算缴纳暂行办法》第八条年度清算的规定。

第二节　一般纳税人增值税纳税申报报表的填写

一、《增值税及附加税费申报表（一般纳税人适用）》及其附列资料

《增值税及附加税费申报表（一般纳税人适用）》及其附列资料如表9-1至表9-7所示。

第九章　增值税纳税申报实务操作与典型案例分析

表9-1　增值税及附加税费申报表
（一般纳税人适用）

根据国家税收法律法规及增值税相关规定制定本表。纳税人不论有无销售额，均应按税务机关核定的纳税期限填写本表，并向当地税务机关申报。

税款所属时间：自　　年　月　日至　　年　月　日　　填表日期：　　年　月　日　　金额单位：元（列至角分）

纳税人识别号（统一社会信用代码）：□□□□□□□□□□□□□□□□□□□□

纳税人名称：		法定代表人姓名：		登记注册类型		注册地址		生产经营地址		即征即退项目		电话号码	
开户银行及账号：											所属行业：		

	项　目	栏次	一般项目		即征即退项目	
			本月数	本年累计	本月数	本年累计
销售额	（一）按适用税率计税销售额	1				
	其中：应税货物销售额	2				
	应税劳务销售额	3				
	纳税检查调整的销售额	4				
	（二）按简易办法计税销售额	5				
	其中：纳税检查调整的销售额	6				
	（三）免、抵、退办法出口销售额	7			—	—
	（四）免税销售额	8			—	—
	其中：免税货物销售额	9			—	—
	免税劳务销售额	10			—	—
税款计算	销项税额	11				
	进项税额	12				
	上期留抵税额	13				
	进项税额转出	14				
	免、抵、退应退税额	15			—	—
	按适用税率计算的纳税检查应补缴税额	16			—	—
	应抵扣税额合计	17=12+13-14-15+16				
	实际抵扣税额	18（如17<11，则为17，否则为11）				
	应纳税额	19=11-18				
	期末留抵税额	20=17-18				
	简易计税办法计算的应纳税额	21				
	按简易计税办法计算的纳税检查应补缴税额	22			—	—
	应纳税额减征额	23				
	应纳税额合计	24=19+21-23				

319

续表

项目		栏次	一般项目		即征即退项目	
			本月数	本年累计	本月数	本年累计
税款缴纳	期初未缴税额（多缴为负数）	25			—	—
	实收出口开具专用缴款书退税额	26			—	—
	本期已缴税额	27=28+29+30+31			—	—
	①分次预缴税额	28			—	—
	②出口开具专用缴款书预缴税额	29		—	—	—
	③本期缴纳上期应纳税额	30			—	—
	④本期缴纳欠缴税额	31			—	—
	期末未缴税额（多缴为负数）	32=24+25+26-27				
	其中：欠缴税额（≥0）	33=25+26-27			—	—
	本期应补（退）税额	34＝24-28-29				
	即征即退实际退税额	35	—	—		
	本期入库查补税额	36			—	—
	期末未缴查补税额	37			—	—
附加税费	城市维护建设税本期应补（退）税额	38=16+22+36-37			—	—
	教育费附加本期应补（退）费额	39			—	—
	地方教育附加本期应补（退）费额	40			—	—
		41			—	—

声明：此表是根据国家税收法律法规及相关规定填写的，本人（单位）对填报内容（及附带资料）的真实性、可靠性、完整性负责。

纳税人（签章）：

经办人：

经办人身份证号

代理机构签章：

代理机构统一社会信用代码：

受理人：

受理税务机关（章）：

受理日期：年 月 日

年 月 日

第九章 增值税纳税申报实务操作与典型案例分析

表9-2 增值税及附加税费申报表附列资料（一）
（本期销售情况明细）

税款所属时间： 年 月 日 至 年 月 日

纳税人名称：（公章） 金额单位：元（列至角分）

项目及栏次			开具增值税专用发票		开具其他发票		未开具发票		纳税检查调整		合计			服务、不动产和无形资产扣除项目本期实际扣除金额	含税（免税）销售额	扣除后
			销售额	销项（应纳）税额	销售额	销项（应纳）税额	销售额	销项（应纳）税额	销售额	销项（应纳）税额	销售额	销项（应纳）税额	价税合计			销项（应纳）税额
			1	2	3	4	5	6	7	8	9=1+3+5+7	10=2+4+6+8	11=9+10	12	13=11-12	14=13÷(100%+税率或征收率)×税率或征收率
一、一般计税方法计税	全部征税项目	13%税率的货物及加工修理修配劳务	1														
		13%税率的服务、不动产和无形资产	2														
		9%税率的货物及加工修理修配劳务	3														
		9%税率的服务、不动产和无形资产	4														
		6%税率	5														
	其中：即征即退项目	即征即退货物及加工修理修配劳务	6														
		即征即退服务、不动产和无形资产	7														
二、简易计税方法计税	全部征税项目	6%征收率	8														
		5%征收率的货物及加工修理修配劳务	9a														
		5%征收率的服务、不动产和无形资产	9b														
		4%征收率	10														
		3%征收率的货物及加工修理修配劳务	11														
		3%征收率的服务、不动产和无形资产	12														
		预征率　%	13a														
		预征率　%	13b														
		预征率　%	13c														
	其中：即征即退项目	即征即退货物及加工修理修配劳务	14														
		即征即退服务、不动产和无形资产	15														
三、免抵退税		货物及加工修理修配劳务	16														
		服务、不动产和无形资产	17														
四、免税		货物及加工修理修配劳务	18														
		服务、不动产和无形资产	19														

321

表9-3 增值税及附加税费申报表附列资料（二）
（本期进项税额明细）

税款所属时间： 年 月 日至 年 月 日

纳税人名称：（公章） 金额单位：元（列至角分）

一、申报抵扣的进项税额				
项目	栏次	份数	金额	税额
（一）认证相符的增值税专用发票	1=2+3			
其中：本期认证相符且本期申报抵扣	2			
前期认证相符且本期申报抵扣	3			
（二）其他扣税凭证	4=5+6+7+8a+8b			
其中：海关进口增值税专用缴款书	5			
农产品收购发票或者销售发票	6			
代扣代缴税收缴款凭证	7		—	
加计扣除农产品进项税额	8a	—	—	
其他	8b			
（三）本期用于购建不动产的扣税凭证	9			
（四）本期用于抵扣的旅客运输服务扣税凭证	10			
（五）外贸企业进项税额抵扣证明	11		—	
当期申报抵扣进项税额合计	12=1+4+11			

二、进项税额转出额		
项目	栏次	税额
本期进项税额转出额	13=14至23之和	
其中：免税项目用	14	
集体福利、个人消费	15	
非正常损失	16	
简易计税方法征税项目用	17	
免抵退税办法不得抵扣的进项税额	18	
纳税检查调减进项税额	19	
红字专用发票信息表注明的进项税额	20	
上期留抵税额抵减欠税	21	
上期留抵税额退税	22	
异常凭证转出进项税额	23a	
其他应作进项税额转出的情形	23b	

三、待抵扣进项税额				
项目	栏次	份数	金额	税额
（一）认证相符的增值税专用发票	24	—	—	—
期初已认证相符但未申报抵扣	25			
本期认证相符且本期未申报抵扣	26			
期末已认证相符但未申报抵扣	27			
其中：按照税法规定不允许抵扣	28			
（二）其他扣税凭证	29=30至33之和			
其中：海关进口增值税专用缴款书	30			
农产品收购发票或者销售发票	31			
代扣代缴税收缴款凭证	32		—	
其他	33			
	34			

四、其他				
项目	栏次	份数	金额	税额
本期认证相符的增值税专用发票	35			
代扣代缴税额	36	—	—	

表9-4 增值税及附加税费申报表附列资料（三）
（服务、不动产和无形资产扣除项目明细）

税款所属时间： 年 月 日 至 年 月 日

纳税人名称：（公章） 金额单位：元（列至角分）

项目及栏次		本期服务、不动产和无形资产价税合计额（免税销售额）	服务、不动产和无形资产扣除项目			
			期初余额	本期发生额	本期应扣除金额	本期实际扣除金额	期末余额
		1	2	3	4=2+3	5(5≤1且5≤4)	6=4-5
13%税率的项目	1						
9%税率的项目	2						
6%税率的项目（不含金融商品转让）	3						
6%税率的金融商品转让项目	4						
5%征收率的项目	5						
3%征收率的项目	6						
免抵退税的项目	7						
免税的项目	8						

表 9-5 增值税及附加税费申报表附列资料（四）

（税额抵减情况表）

税款所属时间： 年 月 日 至 年 月 日

纳税人名称：（公章） 金额单位：元（列至角分）

一、税额抵减情况

序号	抵减项目	期初余额 1	本期发生额 2	本期应抵减税额 3=1+2	本期实际抵减税额 4≤3	期末余额 5=3-4
1	增值税税控系统专用设备费及技术维护费					
2	分支机构预征缴纳税款					
3	建筑服务预征缴纳税款					
4	销售不动产预征缴纳税款					
5	出租不动产预征缴纳税款					

二、加计抵减情况

序号	加计抵减项目	期初余额 1	本期发生额 2	本期调减额 3	本期可抵减额 4=1+2-3	本期实际抵减额 5	期末余额 6=4-5
6	一般项目加计抵减额计算						
7	即征即退项目加计抵减额计算						
8	合计						

第九章　增值税纳税申报实务操作与典型案例分析

表9-6　增值税及附加税费申报表附列资料（五）

（附加税费情况表）

税（费）款所属时间：年 月 日 至 年 月 日

纳税人名称：（公章）　　　　　　　　　　　　　　　　　　　　　　　　金额单位：元（列至角分）

税（费）种	计税（费）依据			税（费）率（%）	本期应纳税（费）额	本期减免税（费）额		试点建设培育产教融合型企业		本期已缴税（费）额	本期应补（退）税（费）额
	增值税税额	增值税免抵税额	留抵退税本期扣除额			减免性质代码	减免税（费）额	减免性质代码	本期抵免金额		
	1	2	3	4	5=(1+2-3)×4	6	7	8	9	10	11=5-7-9-10
1 城市维护建设税											
2 教育费附加							—	—	—		
3 地方教育附加							—	—	—		
4 合计	—	—	—	—		—		—			

本期是否适用试点建设培育产教融合型企业抵免政策	□是 □否		
可用于扣除的增值税留抵退税额使用情况	当期新增投资额		5
	上期留抵可用抵免金额		6
	结转下期可用抵免金额		7
	当期新增可用于扣除的留抵退税额		8
	上期结存可用于扣除的留抵退税额		9
	结转下期可用于扣除的留抵退税额		10

325

表 9-7 增值税减免税申报明细表

纳税人名称（公章）：

税款所属时间：自 年 月 日 至 年 月 日　　金额单位：元（列至角分）

一、减税项目

减税性质代码及名称	栏次	期初余额 1	本期发生额 2	本期应抵减税额 3=1+2	本期实际抵减税额 4≤3	期末余额 5=3-4
	1					
	2					
	3					
	4					
	5					
合计	6					

二、免税项目

免税性质代码及名称	栏次	免征增值税项目销售额 1	免税销售额扣除项目本期实际扣除金额 2	扣除后免税销售额 3=1-2	免税销售额对应的进项税额 4	免税额 5
合计	7					
出口免税	8		—	—	—	—
其中：跨境服务	9		—	—	—	—
	10					
	11					
	12					
	13					
	14					
	15					
	16					

二、《增值税及附加税费申报表（一般纳税人适用）》及其附列资料填写说明

本申报表及其附列资料填写说明（以下简称本表及填写说明）适用于增值税一般纳税人（以下简称纳税人）。

（一）名词解释

1. 本表及填写说明所称"货物"，是指增值税的应税货物。

2. 本表及填写说明所称"劳务"，是指增值税的应税加工、修理、修配劳务。

3. 本表及填写说明所称"服务、不动产和无形资产"，是指销售服务、不动产和无形资产。

4. 本表及填写说明所称"按适用税率计税""按适用税率计算"和"一般计税方法"，均指按"应纳税额＝当期销项税额－当期进项税额"公式计算增值税应纳税额的计税方法。

5. 本表及填写说明所称"按简易办法计税""按简易征收办法计算"和"简易计税方法"，均指按"应纳税额＝销售额×征收率"公式计算增值税应纳税额的计税方法。

6. 本表及填写说明所称"扣除项目"，是指纳税人销售服务、不动产和无形资产，在确定销售额时，按照有关规定允许其从取得的全部价款和价外费用中扣除价款的项目。

（二）《增值税及附加税费申报表（一般纳税人适用）》填写说明

1. "税款所属时间"：指纳税人申报的增值税应纳税额的所属时间，应填写具体的起止年、月、日。

2. "填表日期"：指纳税人填写本表的具体日期。

3. "纳税人识别号（统一社会信用代码）"：填写纳税人的统一社会信用代码或纳税人识别号。

4. "所属行业"：按照国民经济行业分类与代码中的小类行业填写。

5. "纳税人名称"：填写纳税人单位名称全称。

6. "法定代表人姓名"：填写纳税人法定代表人的姓名。

7. "注册地址"：填写纳税人税务登记证件所注明的详细地址。

8."生产经营地址":填写纳税人实际生产经营地的详细地址。

9."开户银行及账号":填写纳税人开户银行的名称和纳税人在该银行的结算账户号码。

10."登记注册类型":按纳税人税务登记证件的栏目内容填写。

11."电话号码":填写可联系到纳税人的常用电话号码。

12."即征即退项目"列:填写纳税人按规定享受增值税即征即退政策的货物、劳务和服务、不动产、无形资产的征(退)税数据。

13."一般项目"列:填写除享受增值税即征即退政策以外的货物、劳务和服务、不动产、无形资产的征(免)税数据。

14."本年累计"列:一般填写本年度内各月"本月数"之和。其中,第13、20、25、32、36、38栏及第18栏"实际抵扣税额""一般项目"列的"本年累计"分别按本填写说明第27、34、39、46、50、52、32条要求填写。

15.第1栏"(一)按适用税率计税销售额":填写纳税人本期按一般计税方法计算缴纳增值税的销售额,包含:在财务上不作销售但按税法规定应缴纳增值税的视同销售和价外费用的销售额;外贸企业作价销售进料加工复出口货物的销售额;税务、财政、审计部门检查后按一般计税方法计算调整的销售额。

特别提示

营业税改征增值税的纳税人,服务、不动产和无形资产有扣除项目的,本栏应填写扣除之前的不含税销售额。

本栏"一般项目"列"本月数"=《附列资料(一)》第9列第1至5行之和–第9列第6、7行之和。

本栏"即征即退项目"列"本月数"=《附列资料(一)》第9列第6、7行之和。

16.第2栏"其中:应税货物销售额":填写纳税人本期按适用税率计算增值税的应税货物的销售额。包含在财务上不作销售但按税法规定应缴纳增值税的视同销售货物和价外费用销售额,以及外贸企业作价销售进料加工复出口货物的销售额。

17.第3栏"应税劳务销售额":填写纳税人本期按适用税率计算增值税的应税劳务的销售额。

18.第4栏"纳税检查调整的销售额":填写纳税人因税务、财政、审计部门检查，并按一般计税方法在本期计算调整的销售额。但享受增值税即征即退政策的货物、劳务和服务、不动产、无形资产，经纳税检查属于偷税的，不填入"即征即退项目"列，而应填入"一般项目"列。

> **特别提示**
>
> 营业税改征增值税的纳税人，服务、不动产和无形资产有扣除项目的，本栏应填写扣除之前的不含税销售额。

本栏"一般项目"列"本月数"=《附列资料（一）》第7列第1至5行之和。

19. 第5栏"按简易办法计税销售额"：填写纳税人本期按简易计税方法计算增值税的销售额。包含纳税检查调整按简易计税方法计算增值税的销售额。

> **特别提示**
>
> 营业税改征增值税的纳税人，服务、不动产和无形资产有扣除项目的，本栏应填写扣除之前的不含税销售额；服务、不动产和无形资产按规定汇总计算缴纳增值税的分支机构，其当期按预征率计算缴纳增值税的销售额也填入本栏。

本栏"一般项目"列"本月数"≥《附列资料（一）》第9列第8至13b行之和－第9列第14、15行之和。

本栏"即征即退项目"列"本月数"≥《附列资料（一）》第9列第14、15行之和。

20. 第6栏"其中：纳税检查调整的销售额"：填写纳税人因税务、财政、审计部门检查，并按简易计税方法在本期计算调整的销售额。但享受增值税即征即退政策的货物、劳务和服务、不动产、无形资产，经纳税检查属于偷税的，不填入"即征即退项目"列，而应填入"一般项目"列。

> **特别提示**
>
> 营业税改征增值税的纳税人，服务、不动产和无形资产有扣除项目的，本栏应填写扣除之前的不含税销售额。

21. 第7栏"免、抵、退办法出口销售额"：填写纳税人本期适用免、抵、退税办法的出口货物、劳务和服务、无形资产的销售额。

> **特别提示**
>
> 营业税改征增值税的纳税人，服务、无形资产有扣除项目的，本栏应填写扣除之前的销售额。

本栏"一般项目"列"本月数"=《附列资料（一）》第 9 列第 16、17 行之和。

22. 第 8 栏"免税销售额"：填写纳税人本期按照税法规定免征增值税的销售额和适用零税率的销售额，但零税率的销售额中不包括适用免、抵、退税办法的销售额。

> **特别提示**
>
> 营业税改征增值税的纳税人，服务、不动产和无形资产有扣除项目的，本栏应填写扣除之前的免税销售额。

本栏"一般项目"列"本月数"=《附列资料（一）》第 9 列第 18、19 行之和。

23. 第 9 栏"其中：免税货物销售额"：填写纳税人本期按照税法规定免征增值税的货物销售额及适用零税率的货物销售额，但零税率的销售额中不包括适用免、抵、退税办法出口货物的销售额。

24. 第 10 栏"免税劳务销售额"：填写纳税人本期按照税法规定免征增值税的劳务销售额及适用零税率的劳务销售额，但零税率的销售额中不包括适用免、抵、退税办法的劳务的销售额。

25. 第 11 栏"销项税额"：填写纳税人本期按一般计税方法计税的货物、劳务和服务、不动产、无形资产的销项税额。

> **特别提示**
>
> 营业税改征增值税的纳税人，服务、不动产和无形资产有扣除项目的，本栏应填写扣除之后的销项税额。

本栏"一般项目"列"本月数"=《附列资料（一）》(第 10 列第 1、3 行之和 - 第 10 列第 6 行)+(第 14 列第 2、4、5 行之和 - 第 14 列第 7 行)。

本栏"即征即退项目"列"本月数"=《附列资料（一）》第 10 列第 6 行+

第 14 列第 7 行。

26. 第 12 栏"进项税额"：填写纳税人本期申报抵扣的进项税额。

本栏"一般项目"列"本月数"+"即征即退项目"列"本月数"=《附列资料（二）》第 12 栏"税额"。

27. 第 13 栏"上期留抵税额"："本月数"按上一税款所属期申报表第 20 栏"期末留抵税额""本月数"填写。本栏"一般项目"列"本年累计"不填写。

28. 第 14 栏"进项税额转出"：填写纳税人已经抵扣，但按税法规定本期应转出的进项税额。

本栏"一般项目"列"本月数"+"即征即退项目"列"本月数"=《附列资料（二）》第 13 栏"税额"。

29. 第 15 栏"免、抵、退应退税额"：反映税务机关退税部门按照出口货物、劳务和服务、无形资产免、抵、退办法审批的增值税应退税额。

30. 第 16 栏"按适用税率计算的纳税检查应补缴税额"：填写税务、财政、审计部门检查，按一般计税方法计算的纳税检查应补缴的增值税税额。

本栏"一般项目"列"本月数"≤《附列资料（一）》第 8 列第 1 至 5 行之和 +《附列资料（二）》第 19 栏。

31. 第 17 栏"应抵扣税额合计"：填写纳税人本期应抵扣进项税额的合计数。按表中所列公式计算填写。

32. 第 18 栏"实际抵扣税额"："本月数"按表中所列公式计算填写。本栏"一般项目"列"本年累计"不填写。

33. 第 19 栏"应纳税额"：反映纳税人本期按一般计税方法计算并应缴纳的增值税额。

（1）适用加计抵减政策的纳税人，按以下公式填写。

本栏"一般项目"列"本月数"=第 11 栏"销项税额""一般项目"列"本月数"–第 18 栏"实际抵扣税额""一般项目"列"本月数"–"实际抵减额"。

本栏"即征即退项目"列"本月数"=第 11 栏"销项税额""即征即退项目"列"本月数"–第 18 栏"实际抵扣税额""即征即退项目"列"本月数"–"实际抵减额"。

💡 特别提示

适用加计抵减政策的纳税人是指，按照规定计提加计抵减额，并可从本期适用一般计税方法计算的应纳税额中抵减的纳税人（下同）。"实际抵减额"是指按照规定可从本期适用一般计税方法计算的应纳税额中抵减的加计抵减额,分别对应《附列资料(四)》第6行"一般项目加计抵减额计算"、第7行"即征即退项目加计抵减额计算"的"本期实际抵减额"列。

(2)其他纳税人按表中所列公式填写。

34. 第20栏"期末留抵税额":"本月数"按表中所列公式填写。本栏"一般项目"列"本年累计"不填写。

35. 第21栏"简易计税办法计算的应纳税额":反映纳税人本期按简易计税方法计算并应缴纳的增值税额,但不包括按简易计税方法计算的纳税检查应补缴税额。按以下公式计算填写:

本栏"一般项目"列"本月数"=《附列资料(一)》(第10列第8、9a、10、11行之和 – 第10列第14行)+(第14列第9b、12、13a、13b行之和 – 第14列第15行)。

本栏"即征即退项目"列"本月数"=《附列资料(一)》第10列第14行+第14列第15行。

营业税改征增值税的纳税人,服务、不动产和无形资产按规定汇总计算缴纳增值税的分支机构,应将预征增值税额填入本栏。预征增值税额=应预征增值税的销售额 × 预征率。

36. 第22栏"按简易计税办法计算的纳税检查应补缴税额":填写纳税人本期因税务、财政、审计部门检查并按简易计税方法计算的纳税检查应补缴税额。

37. 第23栏"应纳税额减征额":填写纳税人本期按照税法规定减征的增值税应纳税额。包含按照规定可在增值税应纳税额中全额抵减的增值税税控系统专用设备费用以及技术维护费,支持和促进重点群体创业就业、扶持自主就业退役士兵创业就业等有关税收政策可扣减的增值税额,按照规定可填列的减按征收对应的减征增值税税额等。

当本期减征额小于或等于第19栏"应纳税额"与第21栏"简易计税办法计算的应纳税额"之和时,按本期减征额实际填写;当本期减征额大于第19栏"应纳税额"与第21栏"简易计税办法计算的应纳税额"之和时,按本期第19栏与第21栏之和填写。本期减征额不足抵减部分结转下期继续抵减。

38. 第24栏"应纳税额合计":反映纳税人本期应缴增值税的合计数。按表中所列公式计算填写。

39. 第25栏"期初未缴税额(多缴为负数)":"本月数"按上一税款所属

期申报表第 32 栏"期末未缴税额（多缴为负数）""本月数"填写。"本年累计"按上年度最后一个税款所属期申报表第 32 栏"期末未缴税额（多缴为负数）""本年累计"填写。

40. 第 26 栏"实收出口开具专用缴款书退税额"：本栏不填写。

41. 第 27 栏"本期已缴税额"：反映纳税人本期实际缴纳的增值税额，但不包括本期入库的查补税款。按表中所列公式计算填写。

42. 第 28 栏"①分次预缴税额"：填写纳税人本期已缴纳的准予在本期增值税应纳税额中抵减的税额。其中：

（1）按规定汇总计算缴纳增值税的总机构，其可以从本期增值税应纳税额中抵减的分支机构已缴纳的税款，按当期实际可抵减数填入本栏，不足抵减部分结转下期继续抵减。

（2）销售建筑服务、销售不动产、出租不动产并按规定预缴增值税的纳税人，其可以从本期增值税应纳税额中抵减的已缴纳的税款，按当期实际可抵减数填入本栏，不足抵减部分结转下期继续抵减。

43. 第 29 栏"②出口开具专用缴款书预缴税额"：本栏不填写。

44. 第 30 栏"③本期缴纳上期应纳税额"：填写纳税人本期缴纳上一税款所属期应缴未缴的增值税额。

45. 第 31 栏"④本期缴纳欠缴税额"：反映纳税人本期实际缴纳和留抵税额抵减的增值税欠税额，但不包括缴纳入库的查补增值税额。

46. 第 32 栏"期末未缴税额（多缴为负数）"："本月数"反映纳税人本期期末应缴未缴的增值税额，但不包括纳税检查应缴未缴的税额。按表中所列公式计算填写。"本年累计"与"本月数"相同。

47. 第 33 栏"其中：欠缴税额（≥0）"：反映纳税人按照税法规定已形成欠税的增值税额。按表中所列公式计算填写。

48. 第 34 栏"本期应补（退）税额"：反映纳税人本期应纳税额中应补缴或应退回的数额。按表中所列公式计算填写。

49. 第 35 栏"即征即退实际退税额"：反映纳税人本期因符合增值税即征即退政策规定，而实际收到的税务机关退回的增值税额。

50. 第 36 栏"期初未缴查补税额"："本月数"按上一税款所属期申报表第 38 栏"期末未缴查补税额""本月数"填写。"本年累计"按上年度最后一个税款所属期申报表第 38 栏"期末未缴查补税额""本年累计"填写。

51. 第 37 栏"本期入库查补税额"：反映纳税人本期因税务、财政、审计部门检查而实际入库的增值税额，包括按一般计税方法计算并实际缴纳的查补增值税额和按简易计税方法计算并实际缴纳的查补增值税额。

52. 第38栏"期末未缴查补税额"："本月数"反映纳税人接受纳税检查后应在本期期末缴纳而未缴纳的查补增值税额。按表中所列公式计算填写，"本年累计"与"本月数"相同。

53. 第39栏"城市维护建设税本期应补（退）税额"：填写纳税人按税法规定应当缴纳的城市维护建设税。本栏"一般项目"列"本月数"=《附列资料（五）》第1行第11列。

54. 第40栏"教育费附加本期应补（退）费额"：填写纳税人按规定应当缴纳的教育费附加。本栏"一般项目"列"本月数"=《附列资料（五）》第2行第11列。

55. 第41栏"地方教育附加本期应补（退）费额"：填写纳税人按规定应当缴纳的地方教育附加。本栏"一般项目"列"本月数"=《附列资料（五）》第3行第11列。

（三）《增值税及附加税费申报表附列资料（一）》（本期销售情况明细）填写说明

1. "税款所属时间""纳税人名称"的填写同《增值税及附加税费申报表（一般纳税人适用）》（以下简称主表）。

2. 第1至2列"开具增值税专用发票"：反映本期开具增值税专用发票（含税控机动车销售统一发票，下同）的情况。

3. 第3至4列"开具其他发票"：反映除增值税专用发票以外本期开具的其他发票的情况。

4. 第5至6列"未开具发票"：反映本期未开具发票的销售情况。

5. 第7至8列"纳税检查调整"：反映经税务、财政、审计部门检查并在本期调整的销售情况。

6. 第9至11列"合计"：按照表中所列公式填写。

> 💡 **特别提示**
>
> 营业税改征增值税的纳税人，服务、不动产和无形资产有扣除项目的，第1至11列应填写扣除之前的征（免）税销售额、销项（应纳）税额和价税合计额。

第九章　增值税纳税申报实务操作与典型案例分析

7.第12列"服务、不动产和无形资产扣除项目本期实际扣除金额":营业税改征增值税的纳税人,服务、不动产和无形资产有扣除项目的,按《附列资料(三)》第5列对应各行次数据填写,其中本列第5栏等于《附列资料(三)》第5列第3行与第4行之和;服务、不动产和无形资产无扣除项目的,本列填写"0"。其他纳税人不填写。

营业税改征增值税的纳税人,服务、不动产和无形资产按规定汇总计算缴纳增值税的分支机构,当期服务、不动产和无形资产有扣除项目的,填入本列第13行。

8.第13列"扣除后""含税(免税)销售额":营业税改征增值税的纳税人,服务、不动产和无形资产有扣除项目的,本列各行次=第11列对应各行次-第12列对应各行次。其他纳税人不填写。

9.第14列"扣除后""销项(应纳)税额":营业税改征增值税的纳税人,按以下要求填写本列,其他纳税人不填写。

(1)服务、不动产和无形资产按照一般计税方法计税。本列第2行、第4行:若本行第12列为0,则该行次第14列等于第10列。若本行第12列不为0,则仍按照第14列所列公式计算。计算后的结果与纳税人实际计提销项税额有差异的,按实际填写。

本列第5行=第13列÷(100%+对应行次税率)×对应行次税率

本列第7行"按一般计税方法计税的即征即退服务、不动产和无形资产"具体填写要求见"各行说明"第2条第(2)项第③点的说明。

(2)服务、不动产和无形资产按照简易计税方法计税。

本列各行次=第13列÷(100%+对应行次征收率)×对应行次征收率

本列第13行"预征率%"不按本列的说明填写。具体填写要求见"各行说明"第4条第(2)项。

(3)服务、不动产和无形资产实行免抵退税或免税的,本列不填写。

10.第1至5行"一、一般计税方法计税""全部征税项目"各行:按不同税率和项目分别填写按一般计税方法计算增值税的全部征税项目。有即征即退征税项目的纳税人,本部分数据中既包括即征即退征税项目,又包括不享受即征即退政策的一般征税项目。

11.第6至7行"一、一般计税方法计税""其中:即征即退项目"各行:只反映按一般计税方法计算增值税的即征即退项目。按照税法规定不享受即征即退政策的纳税人,不填写本行。即征即退项目是全部征税项目的其中数。

（1）第6行"即征即退货物及加工修理修配劳务"：反映按一般计税方法计算增值税且享受即征即退政策的货物和加工修理修配劳务。本行不包括服务、不动产和无形资产的内容。

①本行第9列"合计""销售额"栏：反映按一般计税方法计算增值税且享受即征即退政策的货物及加工修理修配劳务的不含税销售额。该栏不按第9列所列公式计算，应按照税法规定据实填写。

②本行第10列"合计""销项（应纳）税额"栏：反映按一般计税方法计算增值税且享受即征即退政策的货物及加工修理修配劳务的销项税额。该栏不按第10列所列公式计算，应按照税法规定据实填写。

（2）第7行"即征即退服务、不动产和无形资产"：反映按一般计税方法计算增值税且享受即征即退政策的服务、不动产和无形资产。本行不包括货物及加工修理修配劳务的内容。

①本行第9列"合计""销售额"栏：反映按一般计税方法计算增值税且享受即征即退政策的服务、不动产和无形资产的不含税销售额。服务、不动产和无形资产有扣除项目的，按扣除之前的不含税销售额填写。该栏不按第9列所列公式计算，应按照税法规定据实填写。

②本行第10列"合计""销项（应纳）税额"栏：反映按一般计税方法计算增值税且享受即征即退政策的服务、不动产和无形资产的销项税额。服务、不动产和无形资产有扣除项目的，按扣除之前的销项税额填写。该栏不按第10列所列公式计算，应按照税法规定据实填写。

③本行第14列"扣除后""销项（应纳）税额"栏：反映按一般计税方法征收增值税且享受即征即退政策的服务、不动产和无形资产实际应计提的销项税额。服务、不动产和无形资产有扣除项目的，按扣除之后的销项税额填写；服务、不动产和无形资产无扣除项目的，按本行第10列填写。该栏不按第14列所列公式计算，应按照税法规定据实填写。

12. 第8至12行"二、简易计税方法计税""全部征税项目"各行：按不同征收率和项目分别填写按简易计税方法计算增值税的全部征税项目。有即征即退征税项目的纳税人，本部分数据中既包括即征即退项目，也包括不享受即征即退政策的一般征税项目。

13. 第13a至13c行"二、简易计税方法计税""预征率____%"：反映按规定汇总计算缴纳增值税的分支机构，预征增值税销售额、预征增值税应纳税额。其中，第13a行"预征率____%"适用于所有实行汇总计算缴纳增值税的分支机构纳税人；第13b、13c行"预征率____%"适用于部分实行汇总计算缴纳增值税的铁路运输纳税人。

（1）第13a至13c行第1至6列按照销售额和销项税额的实际发生数填写。

（2）第13a行第14列，纳税人按规定据实填写；第13b至13c行第14列，纳税人按"应预征缴纳的增值税＝应预征增值税销售额×预征率"公式计算后据实填写。

14. 第14至15行"二、简易计税方法计税""其中：即征即退项目"各行：只反映按简易计税方法计算增值税的即征即退项目。按照税法规定不享受即征即退政策的纳税人，不填写本行。即征即退项目是全部征税项目的其中数。

（1）第14行"即征即退货物及加工修理修配劳务"：反映按简易计税方法计算增值税且享受即征即退政策的货物及加工修理修配劳务。本行不包括服务、不动产和无形资产的内容。

①本行第9列"合计""销售额"栏：反映按简易计税方法计算增值税且享受即征即退政策的货物及加工修理修配劳务的不含税销售额。该栏不按第9列所列公式计算，应按照税法规定据实填写。

②本行第10列"合计""销项（应纳）税额"栏：反映按简易计税方法计算增值税且享受即征即退政策的货物及加工修理修配劳务的应纳税额。该栏不按第10列所列公式计算，应按照税法规定据实填写。

（2）第15行"即征即退服务、不动产和无形资产"：反映按简易计税方法计算增值税且享受即征即退政策的服务、不动产和无形资产。本行不包括货物及加工修理修配劳务的内容。

①本行第9列"合计""销售额"栏：反映按简易计税方法计算增值税且享受即征即退政策的服务、不动产和无形资产的不含税销售额。服务、不动产和无形资产有扣除项目的，按扣除之前的不含税销售额填写。该栏不按第9列所列公式计算，应按照税法规定据实填写。

②本行第10列"合计""销项（应纳）税额"栏：反映按简易计税方法计算增值税且享受即征即退政策的服务、不动产和无形资产的应纳税额。服务、不动产和无形资产有扣除项目的，按扣除之前的应纳税额填写。该栏不按第10列所列公式计算，应按照税法规定据实填写。

③本行第14列"扣除后""销项（应纳）税额"栏：反映按简易计税方

法计算增值税且享受即征即退政策的服务、不动产和无形资产实际应计提的应纳税额。服务、不动产和无形资产有扣除项目的，按扣除之后的应纳税额填写；服务、不动产和无形资产无扣除项目的，按本行第10列填写。

15. 第16行"三、免抵退税""货物及加工修理修配劳务"：反映适用免、抵、退税政策的出口货物、加工修理修配劳务。

16. 第17行"三、免抵退税""服务、不动产和无形资产"：反映适用免、抵、退税政策的服务、不动产和无形资产。

17. 第18行"四、免税""货物及加工修理修配劳务"：反映按照税法规定免征增值税的货物及劳务和适用零税率的出口货物及劳务，但零税率的销售额中不包括适用免、抵、退税办法的出口货物及劳务。

18. 第19行"四、免税""服务、不动产和无形资产"：反映按照税法规定免征增值税的服务、不动产、无形资产和适用零税率的服务、不动产、无形资产，但零税率的销售额中不包括适用免、抵、退税办法的服务、不动产和无形资产。

（四）《增值税及附加税费申报表附列资料（二）》（本期进项税额明细）填写说明

1. "税款所属时间""纳税人名称"的填写同主表。

2. 第1至12栏"一、申报抵扣的进项税额"：分别反映纳税人按税法规定符合抵扣条件，在本期申报抵扣的进项税额。

3. 第1栏"（一）认证相符的增值税专用发票"：反映纳税人取得的认证相符本期申报抵扣的增值税专用发票情况。该栏应等于第2栏"其中：本期认证相符且本期申报抵扣"与第3栏"前期认证相符且本期申报抵扣"数据之和。适用取消增值税发票认证规定的纳税人，通过增值税发票综合服务平台选择用于抵扣的增值税专用发票，视为"认证相符"（下同）。

4. 第2栏"其中：本期认证相符且本期申报抵扣"：反映本期认证相符且本期申报抵扣的增值税专用发票的情况。本栏是第1栏的其中数，本栏只填写本期认证相符且本期申报抵扣的部分。

5. 第3栏"前期认证相符且本期申报抵扣"：反映前期认证相符且本期申报抵扣的增值税专用发票的情况。本栏是第1栏的其中数。

纳税人本期申报抵扣的收费公路通行费增值税电子普通发票（以下简称通行费电子发票）应当填写在第1至3栏对应栏次中。

第九章　增值税纳税申报实务操作与典型案例分析

第1至3栏中涉及的增值税专用发票均不包含从小规模纳税人处购进农产品时取得的专用发票，但购进农产品未分别核算用于生产销售13%税率货物和其他货物服务的农产品进项税额情况除外。

6. 第4栏"（二）其他扣税凭证"：反映本期申报抵扣的除增值税专用发票之外的其他扣税凭证的情况。具体包括：海关进口增值税专用缴款书、农产品收购发票或者销售发票（含农产品核定扣除的进项税额）、代扣代缴税收完税凭证、加计扣除农产品进项税额和其他符合政策规定的扣税凭证。该栏应等于第5至8b栏之和。

7. 第5栏"海关进口增值税专用缴款书"：反映本期申报抵扣的海关进口增值税专用缴款书的情况。

8. 第6栏"农产品收购发票或者销售发票"：反映纳税人本期购进农业生产者自产农产品取得（开具）的农产品收购发票或者销售发票情况。从小规模纳税人处购进农产品时取得增值税专用发票情况填写在本栏，但购进农产品未分别核算用于生产销售13%税率货物和其他货物服务的农产品进项税额情况除外。

$$\text{"税额"栏} = \text{农产品销售发票或者收购发票上注明的农产品买价} \times 9\% + \text{增值税专用发票上注明的金额} \times 9\%$$

上述公式中的"增值税专用发票"是指纳税人从小规模纳税人处购进农产品时取得的专用发票。

执行农产品增值税进项税额核定扣除办法的，填写当期允许抵扣的农产品增值税进项税额，不填写"份数""金额"。

9. 第7栏"代扣代缴税收缴款凭证"：填写本期按规定准予抵扣的完税凭证上注明的增值税额。

10. 第8a栏"加计扣除农产品进项税额"：填写纳税人将购进的农产品用于生产销售或委托受托加工13%税率货物时加计扣除的农产品进项税额。该栏不填写"份数""金额"。

11. 第8b栏"其他"：反映按规定本期可以申报抵扣的其他扣税凭证情况。

💡 特别提示

纳税人按照规定不得抵扣且未抵扣进项税额的固定资产、无形资产、不动产，发生用途改变，用于允许抵扣进项税额的应税项目，可在用途改变的次月将按公式计算出的可以抵扣的进项税额，填入本栏"税额"中。

12. 第9栏"（三）本期用于购建不动产的扣税凭证"：反映按规定本期用于购建不动产的扣税凭证上注明的金额和税额。

购建不动产是指纳税人2016年5月1日后取得并在会计制度上按固定资产核算的不动产或者2016年5月1日后取得的不动产在建工程。取得不动产，包括以直接购买、接受捐赠、接受投资入股、自建以及抵债等各种形式取得不动产，不包括房地产开发企业自行开发的房地产项目。

本栏次包括第1栏中本期用于购建不动产的增值税专用发票和第4栏中本期用于购建不动产的其他扣税凭证。

本栏"金额""税额"≥0。

13. 第10栏"（四）本期用于抵扣的旅客运输服务扣税凭证"：反映按规定本期购进旅客运输服务，所取得的扣税凭证上注明或按规定计算的金额和税额。

本栏次包括第1栏中按规定本期允许抵扣的购进旅客运输服务取得的增值税专用发票和第4栏中按规定本期允许抵扣的购进旅客运输服务取得的其他扣税凭证。

本栏"金额""税额"≥0。

第9栏"（三）本期用于购建不动产的扣税凭证"+第10栏"（四）本期用于抵扣的旅客运输服务扣税凭证"税额≤第1栏"认证相符的增值税专用发票"+第4栏"其他扣税凭证"税额。

14. 第11栏"（五）外贸企业进项税额抵扣证明"：填写本期申报抵扣的税务机关出口退税部门开具的《出口货物转内销证明》列明允许抵扣的进项税额。

15. 第12栏"当期申报抵扣进项税额合计"：反映本期申报抵扣进项税额的合计数。按表中所列公式计算填写。

16. 第13至23b栏"二、进项税额转出额"各栏：分别反映纳税人已经抵扣但按规定应在本期转出的进项税额明细情况。

17. 第13栏"本期进项税额转出额"：反映已经抵扣但按规定应在本期转出的进项税额合计数。按表中所列公式计算填写。

18. 第14栏"免税项目用"：反映用于免征增值税项目，按规定应在本期转出的进项税额。

19. 第15栏"集体福利、个人消费"：反映用于集体福利或者个人消费，按规定应在本期转出的进项税额。

20. 第 16 栏"非正常损失"：反映纳税人发生非正常损失，按规定应在本期转出的进项税额。

21. 第 17 栏"简易计税方法征税项目用"：反映用于按简易计税方法征税项目，按规定应在本期转出的进项税额。

> **特别提示**
>
> 营业税改征增值税的纳税人，服务、不动产和无形资产按规定汇总计算缴纳增值税的分支机构，当期应由总机构汇总的进项税额也填入本栏。

22. 第 18 栏"免抵退税办法不得抵扣的进项税额"：反映按照免、抵、退税办法的规定，由于征税税率与退税税率存在税率差，在本期应转出的进项税额。

23. 第 19 栏"纳税检查调减进项税额"：反映税务、财政、审计部门检查后而调减的进项税额。

24. 第 20 栏"红字专用发票信息表注明的进项税额"：填写增值税发票管理系统校验通过的《开具红字增值税专用发票信息表》注明的在本期应转出的进项税额。

25. 第 21 栏"上期留抵税额抵减欠税"：填写本期经税务机关同意，使用上期留抵税额抵减欠税的数额。

26. 第 22 栏"上期留抵税额退税"：填写本期经税务机关批准的上期留抵税额退税额。

27. 第 23a 栏"异常凭证转出进项税额"：填写本期异常增值税扣税凭证转出的进项税额。异常增值税扣税凭证转出后，经核实允许继续抵扣的，纳税人重新确认用于抵扣的，在本栏次填入负数。

28. 第 23b 栏"其他应作进项税额转出的情形"：反映除上述进项税额转出情形外，其他应在本期转出的进项税额。

29. 第 24 至 34 栏"三、待抵扣进项税额"各栏：分别反映纳税人已经取得，但按税法规定不符合抵扣条件，暂不予在本期申报抵扣的进项税额情况及按税法规定不允许抵扣的进项税额情况。

30. 第 24 至 28 栏涉及的增值税专用发票均不包括从小规模纳税人处购进农产品时取得的专用发票，但购进农产品未分别核算用于生产销售 13% 税率货物和其他货物服务的农产品进项税额情况除外。

31. 第 25 栏"期初已认证相符但未申报抵扣"：反映前期认证相符，

但按照税法规定暂不予抵扣及不允许抵扣，结存至本期的增值税专用发票情况。

32. 第26栏"本期认证相符且本期未申报抵扣"：反映本期认证相符，但按税法规定暂不予抵扣及不允许抵扣，而未申报抵扣的增值税专用发票情况。

33. 第27栏"期末已认证相符但未申报抵扣"：反映截至本期期末，按照税法规定仍暂不予抵扣及不允许抵扣且已认证相符的增值税专用发票情况。

34. 第28栏"其中：按照税法规定不允许抵扣"：反映截至本期期末已认证相符但未申报抵扣的增值税专用发票中，按照税法规定不允许抵扣的增值税专用发票情况。

特别提示

纳税人本期期末已认证相符待抵扣的通行费电子发票应当填写在第24至28栏对应栏次中。

35. 第29栏"（二）其他扣税凭证"：反映截至本期期末仍未申报抵扣的除增值税专用发票之外的其他扣税凭证情况。具体包括：海关进口增值税专用缴款书、农产品收购发票或者销售发票、代扣代缴税收完税凭证和其他符合政策规定的扣税凭证。该栏应等于第30至33栏之和。

36. 第30栏"海关进口增值税专用缴款书"：反映已取得但截至本期期末仍未申报抵扣的海关进口增值税专用缴款书情况。

37. 第31栏"农产品收购发票或者销售发票"：反映已取得但截至本期期末仍未申报抵扣的农产品收购发票或者农产品销售发票情况。从小规模纳税人处购进农产品时取得增值税专用发票情况填写在本栏，但购进农产品未分别核算用于生产销售13%税率货物和其他货物服务的农产品进项税额情况除外。

38. 第32栏"代扣代缴税收缴款凭证"：反映已取得但截至本期期末仍未申报抵扣的代扣代缴税收完税凭证情况。

39. 第33栏"其他"：反映已取得但截至本期期末仍未申报抵扣的其他扣税凭证的情况。

40. 第35至36栏"四、其他"各栏。

41. 第35栏"本期认证相符的增值税专用发票"：反映本期认证相符的增

值税专用发票的情况。纳税人本期认证相符的通行费电子发票应当填写在本栏次中。

42.第36栏"代扣代缴税额":填写纳税人根据《增值税暂行条例》第十八条扣缴的应税劳务增值税额与根据营业税改征增值税有关政策规定扣缴的服务、不动产和无形资产增值税额之和。

(五)《增值税及附加税费申报表附列资料(三)》(服务、不动产和无形资产扣除项目明细)填写说明

1.本表由服务、不动产和无形资产有扣除项目的营业税改征增值税纳税人填写。其他纳税人不填写。

2."税款所属时间""纳税人名称"的填写同主表。

3.第1列"本期服务、不动产和无形资产价税合计额(免税销售额)":营业税改征增值税的服务、不动产和无形资产属于征税项目的,填写扣除之前的本期服务、不动产和无形资产价税合计额;营业税改征增值税的服务、不动产和无形资产属于免抵退税或免税项目的,填写扣除之前的本期服务、不动产和无形资产免税销售额。本列各行次等于《附列资料(一)》第11列对应行次,其中本列第3行和第4行之和等于《附列资料(一)》第11列第5栏。

营业税改征增值税的纳税人,服务、不动产和无形资产按规定汇总计算缴纳增值税的分支机构,本列各行次之和等于《附列资料(一)》第11列第13a、13b行之和。

4.第2列"服务、不动产和无形资产扣除项目""期初余额":填写服务、不动产和无形资产扣除项目上期期末结存的金额,试点实施之日的税款所属期填写"0"。本列各行次等于上期《附列资料(三)》第6列对应行次。

本列第4行"6%税率的金融商品转让项目""期初余额"年初首期填报时应填"0"。

5.第3列"服务、不动产和无形资产扣除项目""本期发生额":填写本期取得的按税法规定准予扣除的服务、不动产和无形资产扣除项目金额。

6.第4列"服务、不动产和无形资产扣除项目""本期应扣除金额":填写服务、不动产和无形资产扣除项目本期应扣除的金额。

本列各行次=第2列对应各行次+第3列对应各行次。

7. 第 5 列"服务、不动产和无形资产扣除项目""本期实际扣除金额"：填写服务、不动产和无形资产扣除项目本期实际扣除的金额。

本列各行次≤第 4 列对应各行次，且本列各行次≤第 1 列对应各行次。

8. 第 6 列"服务、不动产和无形资产扣除项目""期末余额"：填写服务、不动产和无形资产扣除项目本期期末结存的金额。

本列各行次 = 第 4 列对应各行次 – 第 5 列对应各行次。

（六）《增值税及附加税费申报表附列资料（四）》（税额抵减情况表）填写说明

1. 本表第 1 行由发生增值税税控系统专用设备费用和技术维护费的纳税人填写，反映纳税人增值税税控系统专用设备费用和技术维护费按规定抵减增值税应纳税额的情况。

2. 本表第 2 行由营业税改征增值税纳税人，服务、不动产和无形资产按规定汇总计算缴纳增值税的总机构填写，反映其分支机构预征缴纳税款抵减总机构应纳增值税税额的情况。

3. 本表第 3 行由销售建筑服务并按规定预缴增值税的纳税人填写，反映其销售建筑服务预征缴纳税款抵减应纳增值税税额的情况。

4. 本表第 4 行由销售不动产并按规定预缴增值税的纳税人填写，反映其销售不动产预征缴纳税款抵减应纳增值税税额的情况。

5. 本表第 5 行由出租不动产并按规定预缴增值税的纳税人填写，反映其出租不动产预征缴纳税款抵减应纳增值税税额的情况。

6. 本表第 6 至 8 行仅限适用加计抵减政策的纳税人填写，反映其加计抵减情况。其他纳税人不需填写。第 8 行"合计"等于第 6 行、第 7 行之和。

7. 第 1 列"期初余额"：填写上期期末结余的加计抵减额。

8. 第 2 列"本期发生额"：填写按照规定本期计提的加计抵减额。

9. 第 3 列"本期调减额"：填写按照规定本期应调减的加计抵减额。

10. 第 4 列"本期可抵减额"：按表中所列公式填写。

11. 第 5 列"本期实际抵减额"：反映按照规定本期实际加计抵减额，按以下要求填写。

若第 4 列≥0，且第 4 列＜主表第 11 栏 – 主表第 18 栏，则第 5 列＝第 4 列；

若第 4 列≥主表第 11 栏 – 主表第 18 栏，则第 5 列 = 主表第 11 栏 – 主表第18栏；

若第4列<0，则第5列等于0。

计算本列"一般项目加计抵减额计算"行和"即征即退项目加计抵减额计算"行时，公式中主表各栏次数据分别取主表"一般项目""本月数"列、"即征即退项目""本月数"列对应数据。

12. 第6列"期末余额"：填写本期结余的加计抵减额，按表中所列公式填写。

（七）《增值税及附加税费申报表附列资料（五）》（附加税费情况表）填写说明

1. "税（费）款所属时间"：指纳税人申报的附加税费应纳税（费）额的所属时间，应填写具体的起止年、月、日。

2. "纳税人名称"：填写纳税人名称全称。

3. "本期是否适用试点建设培育产教融合型企业抵免政策"：符合《财政部关于调整部分政府性基金有关政策的通知》（财税〔2019〕46号）规定的试点建设培育产教融合型企业，选择"是"；否则，选择"否"。

4. 第5行"当期新增投资额"：填写试点建设培育产教融合型企业当期新增投资额减去股权转让、撤回投资等金额后的投资净额，该数值可为负数。

5. 第6行"上期留抵可抵免金额"：填写上期的"结转下期可抵免金额"。

6. 第7行"结转下期可抵免金额"：填写本期抵免应缴教育费附加、地方教育附加后允许结转下期抵免部分。

7. 第8行"当期新增可用于扣除的留抵退税额"：填写本期经税务机关批准的上期留抵税额退税额。本栏等于《附列资料二》第22栏"上期留抵税额退税"。

8. 第9行"上期结存可用于扣除的留抵退税额"：填写上期的"结转下期可用于扣除的留抵退税额"。

9. 第10行"结转下期可用于扣除的留抵退税额"：填写本期扣除后剩余的增值税留抵退税额，结转下期可用于扣除的留抵退税额＝当期新增可用于扣除的留抵退税额＋上期结存可用于扣除的留抵退税额－留抵退税本期扣除额。

10. 第 1 列"增值税税额"：填写主表增值税本期应补（退）税额。

11. 第 2 列"增值税免抵税额"：填写上期经税务机关核准的增值税免抵税额。

12. 第 3 列"留抵退税本期扣除额"：填写本期因增值税留抵退税扣除的计税依据。当第 8 行与第 9 行之和大于第 1 行第 1 列与第 1 行第 2 列之和时，第 3 列第 1 至 3 行分别按对应行第 1 列与第 2 列之和填写。当第 8 行与第 9 行之和（大于 0）小于或等于第 1 行第 1 列与第 1 行第 2 列之和时，第 3 列第 1 至 3 行分别按第 8 行与第 9 行之和对应填写。当第 8 行与第 9 行之和（小于等于 0）小于或等于第 1 行第 1 列与第 1 行第 2 列之和时，第 3 列第 1 至 3 行均填写 0。

13. 第 4 列"税（费）率"：填写适用税（费）率。

14. 第 5 列"本期应纳税（费）额"：填写本期按适用的税（费）率计算缴纳的应纳税（费）额。计算公式为：本期应纳税（费）额 =（增值税税额 + 增值税免抵税额 − 留抵退税本期扣除额）× 税（费）率。

15. 第 6 列"减免性质代码"：按《减免税政策代码目录》中附加税费适用的减免性质代码填写，试点建设培育产教融合型企业抵免不填列此列。有减免税（费）情况的必填。

16. 第 7 列"减免税（费）额"：填写本期减免的税（费）额。

17. 第 8 列"减免性质代码"：符合《财政部关于调整部分政府性基金有关政策的通知》（财税〔2019〕46 号）规定的试点建设培育产教融合型企业分别填写教育费附加产教融合试点减免性质代码 61101402、地方教育附加产教融合试点减免性质代码 99101401。不适用建设培育产教融合型企业抵免政策的则为空。

18. 第 9 列"本期抵免金额"：填写试点建设培育产教融合型企业本期抵免的教育费附加、地方教育附加金额。

19. 第 10 列"本期已缴税（费）额"：填写本期应纳税（费）额中已经缴纳的部分。该列不包括本期预缴应补（退）税费情况。

20. 第 11 列"本期应补（退）税（费）额"：该列次与主表第 39 至 41 栏对应相等。计算公式为：本期应补（退）税（费）额 = 本期应纳税（费）额 − 本期减免税（费）额 − 试点建设培育产教融合型企业本期抵免金额 − 本期已缴税（费）额。

（八）《增值税减免税申报明细表》填写说明

1. 本表由享受增值税减免税优惠政策的增值税一般纳税人和小规模纳税人（以下简称增值税纳税人）填写。仅享受支持小微企业免征增值税政策或未达起征点的增值税小规模纳税人不需填报本表，即小规模纳税人当期《增值税及附加税费申报表（小规模纳税人适用）》第12栏"其他免税销售额""本期数"和第16栏"本期应纳税额减征额""本期数"均无数据时，不需填报本表。

2. "税款所属时间""纳税人名称"的填写同申报表主表，申报表主表是指《增值税及附加税费申报表（一般纳税人适用）》或者《增值税及附加税费申报表（小规模纳税人适用）》。

3. "一、减税项目"由本期按照税收法律、法规及国家有关税收规定享受减征（包含税额式减征、税率式减征）增值税优惠的增值税纳税人填写。

4. "减税性质代码及名称"：根据国家税务总局最新发布的《减免税政策代码目录》所列减免性质代码、减免项目名称填写。同时有多个减征项目的，应分别填写。

5. 第1列"期初余额"：填写应纳税额减征项目上期"期末余额"，为对应项目上期应抵减而不足抵减的余额。

6. 第2列"本期发生额"：填写本期发生的按照规定准予抵减增值税应纳税额的金额。

7. 第3列"本期应抵减税额"：填写本期应抵减增值税应纳税额的金额。本列按表中所列公式填写。

8. 第4列"本期实际抵减税额"：填写本期实际抵减增值税应纳税额的金额。本列各行≤第3列对应各行。

一般纳税人填写时，第1行"合计"本列数＝申报表主表第23行"一般项目"列"本月数"。

小规模纳税人填写时，第1行"合计"本列数＝申报表主表第16行"本期应纳税额减征额""本期数"。

9. 第5列"期末余额"：按表中所列公式填写。

10. "二、免税项目"由本期按照税收法律、法规及国家有关税收规定免征增值税的增值税纳税人填写。仅享受小微企业免征增值税政策或未达起征点的小规模纳税人不需填写，即小规模纳税人申报表主表第12栏"其他免税销售额""本期数"无数据时，不需填写本栏。

11."免税性质代码及名称"：根据国家税务总局最新发布的《减免税政策代码目录》所列减免性质代码、减免项目名称填写。同时有多个免税项目的，应分别填写。

12."出口免税"填写增值税纳税人本期按照税法规定出口免征增值税的销售额，但不包括适用免、抵、退税办法出口的销售额。小规模纳税人不填写本栏。

13.第1列"免征增值税项目销售额"：填写增值税纳税人免税项目的销售额。免税销售额按照有关规定允许从取得的全部价款和价外费用中扣除价款的，应填写扣除之前的销售额。

一般纳税人填写时，本列"合计"等于申报表主表第8行"一般项目"列"本月数"。

14.第2列"免税销售额扣除项目本期实际扣除金额"：免税销售额按照有关规定允许从取得的全部价款和价外费用中扣除价款的，据实填写扣除金额；无扣除项目的，本列填写"0"。

15.第3列"扣除后免税销售额"：按表中所列公式填写。

16.第4列：本列不填写。

17.第5列"免税额"：一般纳税人不填写本列。小规模纳税人按下列公式计算填写，且本列各行数应大于或等于0。

小规模纳税人公式：第5列"免税额"=第3列"扣除后免税销售额"×征收率。

第三节　小规模纳税人增值税纳税申报报表的填写

一、《增值税及附加税费申报表（小规模纳税人适用）》及其附列资料

《增值税及附加税费申报表（小规模纳税人适用）》及其附列资料如表9-8至表9-10所示。

表9-8 增值税及附加税费申报表
（小规模纳税人适用）

纳税人识别号（统一社会信用代码）：□□□□□□□□□□□□□□□□□□
纳税人名称：
税款所属期：　年　月　日　至　年　月　日

金额单位：元（列至角分）
填表日期：　年　月　日

一、计税依据

项目	栏次	本期数			本年累计		
		货物及劳务	服务、不动产和无形资产		货物及劳务	服务、不动产和无形资产	
（一）应征增值税不含税销售额（3%征收率）	1						
增值税专用发票不含税销售额	2						
其他增值税发票不含税销售额	3						
（二）应征增值税不含税销售额（5%征收率）	4		—			—	
增值税专用发票不含税销售额	5		—			—	
其他增值税发票不含税销售额	6						
（三）销售使用过的固定资产不含税销售额	7 (7≥8)						
其中：其他增值税发票不含税销售额	8						
（四）免税销售额	9=10+11+12						
其中：小微企业免税销售额	10				—	—	
未达起征点销售额	11						
其他免税销售额	12						
（五）出口免税销售额	13 (13≥14)						
其中：其他增值税发票不含税销售额	14						

第九章　增值税纳税申报实务操作与典型案例分析

349

续表

	项目	栏次	本期数			本年累计	
			货物及劳务	服务、不动产和无形资产		货物及劳务	服务、不动产和无形资产
二、税款计算	本期应纳税额	15					
	本期应纳税额减征额	16					
	本期免税额	17					
	其中：小微企业免税额	18					
	未达起征点免税额	19					
	应纳税额合计	20=15-16					
	本期预缴税额	21			—	—	
	本期应补（退）税额	22=20-21				—	—
三、附加税费	城市维护建设税本期应补（退）税额	23					
	教育费附加本期应补（退）费额	24					
	地方教育附加本期应补（退）费额	25					

声明：此表是根据国家税收法律法规及相关规定填写的，本人（单位）对填报内容（及附带资料）的真实性、可靠性、完整性负责。

纳税人（鉴章）： 年 月 日

经办人：
经办人身份证号：
代理机构签章：
代理机构统一社会信用代码：

受理人：
受理税务机关（章）：
受理日期： 年 月 日

第九章 增值税纳税申报实务操作与典型案例分析

表9-9 增值税及附加税费申报表（小规模纳税人适用）附列资料（一）
（服务、不动产和无形资产扣除项目明细）

税款所属期： 年 月 日 至 年 月 日
纳税人名称（公章）：
填表日期： 年 月 日
金额单位：元（列至角分）

	期初余额	本期发生额	本期扣除额	期末余额
应税行为（3%征收率）扣除额计算	1	2	3（3≤1+2之和，且3≤5）	4＝1+2−3
应税行为（3%征收率）计税销售额计算	全部含税收入（适用3%征收率）	本期扣除额	含税销售额	不含税销售额
	5	6=3	7＝5−6	8＝7÷1.03
应税行为（5%征收率）扣除额计算	期初余额	本期发生额	本期扣除额	期末余额
	9	10	11（11≤9+10之和，且11≤13）	12＝9+10−11
应税行为（5%征收率）计税销售额计算	全部含税收入（适用5%征收率）	本期扣除额	含税销售额	不含税销售额
	13	14=11	15＝13−14	16＝15÷1.05

351

表9-10 增值税及附加税费申报表（小规模纳税人适用）附列资料（二）
（附加税费情况表）

纳税人名称：（公章）　　　　　　　税（费）款所属时间：　年 月 日至　年 月 日　　　　　　金额单位：元（列至角分）

税（费）种	计税（费）依据		税（费）率(%)	本期应纳税（费）额	本期减免税（费）额			增值税小规模纳税人"六税两费"减征政策		本期已缴税（费）额	本期应补（退）税（费）额
		增值税税额			减免性质代码	减免税（费）额		减征比例（%）	减征额		
		1	2	3=1×2	4	5		6	7=(3-5)×6	8	9=3-5-7-8
城市维护建设税											
教育费附加											
地方教育附加											
合计	—		—		—			—			

352

二、《增值税及附加税费申报表（小规模纳税人适用）》及其附列资料填写说明

本申报表及其附列资料填写说明（以下简称本表及填写说明）适用于增值税小规模纳税人（以下简称纳税人）。

（一）名词解释

1. 本表及填写说明所称"货物"，是指增值税的应税货物。
2. 本表及填写说明所称"劳务"，是指增值税的应税加工、修理、修配劳务。
3. 本表及填写说明所称"服务、不动产和无形资产"，是指销售服务、不动产和无形资产（以下简称应税行为）。
4. 本表及填写说明所称"扣除项目"，是指纳税人发生应税行为，在确定销售额时，按照有关规定允许其从取得的全部价款和价外费用中扣除价款的项目。

（二）《增值税及附加税费申报表（小规模纳税人适用）》填写说明

本表"货物及劳务"与"服务、不动产和无形资产"各项目应分别填写。

1. "税款所属期"是指纳税人申报的增值税应纳税额的所属时间，应填写具体的起止年、月、日。
2. "纳税人识别号（统一社会信用代码）"：填写纳税人的统一社会信用代码或纳税人识别号。
3. "纳税人名称"：填写纳税人名称全称。
4. 第1栏"应征增值税不含税销售额（3%征收率）"：填写本期销售货物及劳务、发生应税行为适用3%征收率的不含税销售额，不包括应税行为适用5%征收率的不含税销售额、销售使用过的固定资产（不含不动产，下同）和销售旧货的不含税销售额、免税销售额、出口免税销售额、查补销售额，国家税务总局另有规定的除外。

纳税人发生适用3%征收率的应税行为且有扣除项目的，本栏填写扣除后的不含税销售额，与当期《附列资料（一）》第8栏数据一致，适用小微企业免征增值税政策的纳税人除外。

5. 第 2 栏"增值税专用发票不含税销售额":填写纳税人自行开具和税务机关代开的增值税专用发票销售额合计。

6. 第 3 栏"其他增值税发票不含税销售额":填写增值税发票管理系统开具的增值税专用发票之外的其他发票不含税销售额。

7. 第 4 栏"应征增值税不含税销售额(5% 征收率)":填写本期发生应税行为适用 5% 征收率的不含税销售额。

纳税人发生适用 5% 征收率应税行为且有扣除项目的,本栏填写扣除后的不含税销售额,与当期《附列资料(一)》第 16 栏数据一致,适用小微企业免征增值税政策的纳税人除外。

8. 第 5 栏"增值税专用发票不含税销售额":填写纳税人自行开具和税务机关代开的增值税专用发票销售额合计。

9. 第 6 栏"其他增值税发票不含税销售额":填写增值税发票管理系统开具的增值税专用发票之外的其他发票不含税销售额。

10. 第 7 栏"销售使用过的固定资产不含税销售额":填写销售自己使用过的固定资产和销售旧货的不含税销售额,销售额 = 含税销售额 / (1+3%)。

11. 第 8 栏"其中:其他增值税发票不含税销售额":填写纳税人销售自己使用过的固定资产和销售旧货,在增值税发票管理系统开具的增值税专用发票之外的其他发票不含税销售额。

12. 第 9 栏"免税销售额":填写销售免征增值税的货物及劳务、应税行为的销售额,不包括出口免税销售额。应税行为有扣除项目的纳税人,填写扣除之后的销售额。

13. 第 10 栏"小微企业免税销售额":填写符合小微企业免征增值税政策的免税销售额,不包括符合其他增值税免税政策的销售额。

> **特别提示**
>
> 个体工商户和其他个人不填写本栏次。

14. 第 11 栏"未达起征点销售额":填写个体工商户和其他个人未达起征点(含支持小微企业免征增值税政策)的免税销售额,不包括符合其他增值税免税政策的销售额。本栏次由个体工商户和其他个人填写。

15. 第 12 栏"其他免税销售额":填写销售免征增值税的货物及劳务、应税行为的销售额,不包括符合小微企业免征增值税和未达起征点政策的免税销售额。

16. 第13栏"出口免税销售额"：填写出口免征增值税货物及劳务、出口免征增值税应税行为的销售额。应税行为有扣除项目的纳税人，填写扣除之前的销售额。

17. 第14栏"其中：其他增值税发票不含税销售额"：填写出口免征增值税货物及劳务、出口免征增值税应税行为，在增值税发票管理系统开具的增值税专用发票之外的其他发票销售额。

18. 第15栏"本期应纳税额"：填写本期按征收率计算缴纳的应纳税额。

19. 第16栏"本期应纳税额减征额"：填写纳税人本期按照税法规定减征的增值税应纳税额。包含可在增值税应纳税额中全额抵减的增值税税控系统专用设备费用以及技术维护费，可在增值税应纳税额中抵免的购置税控收款机的增值税税额，支持和促进重点群体创业就业、扶持自主就业退役士兵创业就业等有关税收政策可扣减的增值税额，按照规定可填列的减按征收对应的减征增值税税额等。

当本期减征额小于或等于第15栏"本期应纳税额"时，按本期减征额实际填写；当本期减征额大于第15栏"本期应纳税额"时，按本期第15栏填写，本期减征额不足抵减部分结转下期继续抵减。

20. 第17栏"本期免税额"：填写纳税人本期增值税免税额，免税额根据第9栏"免税销售额"和征收率计算。

21. 第18栏"小微企业免税额"：填写符合小微企业免征增值税政策的增值税免税额，免税额根据第10栏"小微企业免税销售额"和征收率计算。

22. 第19栏"未达起征点免税额"：填写个体工商户和其他个人未达起征点（含支持小微企业免征增值税政策）的增值税免税额，免税额根据第11栏"未达起征点销售额"和征收率计算。

23. 第21栏"本期预缴税额"：填写纳税人本期预缴的增值税额，但不包括查补缴纳的增值税额。

24. 第23栏"城市维护建设税本期应补（退）税额"：填写《附列资料（二）》城市维护建设税对应第9栏本期应补（退）税（费）额。

25. 第24栏"教育费附加本期应补（退）费额"：填写《附列资料

(二)》教育费附加对应第9栏本期应补(退)税(费)额。

26.第25栏"地方教育附加本期应补(退)费额":填写《附列资料(二)》地方教育附加对应第9栏本期应补(退)税(费)额。

(三)《增值税及附加税费申报表(小规模纳税人适用)附列资料(一)》填写说明

本附列资料由发生应税行为且有扣除项目的纳税人填写,各栏次均不包含免征增值税项目的金额,但适用小微企业免征增值税政策且有扣除项目的纳税人应填写。

1."税款所属期"是指纳税人申报的增值税应纳税额的所属时间,应填写具体的起止年、月、日。

2."纳税人名称":填写纳税人名称全称。

3.第1栏"期初余额":填写适用3%征收率的应税行为扣除项目上期期末结存的金额。

4.第2栏"本期发生额":填写本期取得的按税法规定准予扣除的适用3%征收率的应税行为扣除项目金额。

5.第3栏"本期扣除额":填写适用3%征收率的应税行为扣除项目本期实际扣除的金额。第3栏"本期扣除额"≤第1栏"期初余额"+第2栏"本期发生额"之和,且第3栏"本期扣除额"≤第5栏"全部含税收入(适用3%征收率)"。

6.第4栏"期末余额":填写适用3%征收率的应税行为扣除项目本期期末结存的金额。

7.第5栏"全部含税收入(适用3%征收率)":填写纳税人适用3%征收率的应税行为取得的全部价款和价外费用数额。

8.第6栏"本期扣除额":填写本附列资料第3栏"本期扣除额"的数据。第6栏"本期扣除额"=第3栏"本期扣除额"。

9.第7栏"含税销售额":填写适用3%征收率的应税行为的含税销售额。第7栏"含税销售额"=第5栏"全部含税收入(适用3%征收率)"-第6栏"本期扣除额"。

10.第8栏"不含税销售额":填写适用3%征收率的应税行为的不含税销售额。第8栏"不含税销售额"=第7栏"含税销售额"÷(1+征收率),

其中"征收率"按照第 7 栏"含税销售额"对应的征收率计算。第 8 栏与《增值税及附加税费申报表（小规模纳税人适用）》第 1 栏"应征增值税不含税销售额（3% 征收率）""本期数""服务、不动产和无形资产"栏数据一致，适用小微企业免征增值税政策的纳税人除外。

11. 第 9 栏"期初余额"：填写适用 5% 征收率的应税行为扣除项目上期期末结存的金额。

12. 第 10 栏"本期发生额"：填写本期取得的按税法规定准予扣除的适用 5% 征收率的应税行为扣除项目金额。

13. 第 11 栏"本期扣除额"：填写适用 5% 征收率的应税行为扣除项目本期实际扣除的金额。第 11 栏"本期扣除额"≤第 9 栏"期初余额"+第 10 栏"本期发生额"之和，且第 11 栏"本期扣除额"≤第 13 栏"全部含税收入（适用 5% 征收率）"。

14. 第 12 栏"期末余额"：填写适用 5% 征收率的应税行为扣除项目本期期末结存的金额。

15. 第 13 栏"全部含税收入（适用 5% 征收率）"：填写纳税人适用 5% 征收率的应税行为取得的全部价款和价外费用数额。

16. 第 14 栏"本期扣除额"：填写本附列资料第 11 栏"本期扣除额"的数据。第 14 栏"本期扣除额"=第 11 栏"本期扣除额"。

17. 第 15 栏"含税销售额"：填写适用 5% 征收率的应税行为的含税销售额。第 15 栏"含税销售额"=第 13 栏"全部含税收入（适用 5% 征收率）"–第 14 栏"本期扣除额"。

18. 第 16 栏"不含税销售额"：填写适用 5% 征收率的应税行为的不含税销售额。第 16 栏"不含税销售额"=第 15 栏"含税销售额"÷1.05。第 16 栏与《增值税及附加税费申报表（小规模纳税人适用）》第 4 栏"应征增值税不含税销售额（5% 征收率）""本期数""服务、不动产和无形资产"栏数据一致，适用小微企业免征增值税政策的纳税人除外。

（四）《增值税及附加税费申报表（小规模纳税人适用）附列资料（二）（附加税费情况表）》填写说明

1."税（费）款所属时间"：指纳税人申报的附加税费应纳税（费）额的所属时间，应填写具体的起止年、月、日。

2. "纳税人名称"：填写纳税人名称全称。

3. 第1栏"增值税税额"：填写主表增值税本期应补（退）税额。

4. 第2栏"税（费）率"：填写适用税（费）率。

5. 第3栏"本期应纳税（费）额"：填写本期按适用的税（费）率计算缴纳的应纳税（费）额。计算公式为：本期应纳税（费）额＝增值税税额×税（费）率。

6. 第4栏"减免性质代码"：按《减免税政策代码目录》中附加税费适用的减免性质代码填写，增值税小规模纳税人"六税两费"减征政策优惠不在此栏填写。有减免税（费）情况的必填。

7. 第5栏"减免税（费）额"：填写本期减免的税（费）额。

8. 第6栏"减征比例（%）"：填写当地省级政府根据《财政部 税务总局关于实施小微企业普惠性税收减免政策的通知》（财税〔2019〕13号）确定的减征比例填写。

9. 第7栏"减征额"：填写纳税人本期享受增值税小规模纳税人"六税两费"减征政策减征额。计算公式为：增值税小规模纳税人"六税两费"减征额＝[本期应纳税（费）额－本期减免税（费）额]×减征比例。

10. 第8栏"本期已缴税（费）额"：填写本期应纳税（费）额中已经缴纳的部分。该栏不包括本期预缴应补（退）税费情况。

11. 第9栏"本期应补（退）税（费）额"：该列次与主表第23至25栏对应相等。计算公式为：本期应补（退）税（费）额＝本期应纳税（费）额－本期减免税（费）额－增值税小规模纳税人"六税两费"减征额－本期已缴税（费）额。

第四节 增值税及附加税费预缴表的填写

一、《增值税及附加税费预缴表》及其附列资料

《增值税及附加税费预缴表》及其附列资料如表9-11和表9-12所示。

第九章　增值税纳税申报实务操作与典型案例分析

表9-11　增值税及附加税费预缴表

税款所属时间：　年　月　日至　年　月　日

纳税人识别号（统一社会信用代码）：□□□□□□□□□□□□□□□□□□　　是否适用一般计税方法　是□　否□

纳税人名称：

项目编号：　　　　　　　　　　　　　　　　　　　　　　　　　　　　　　　　金额单位：元（列至角分）

项目地址：

预征项目和栏次		销售额	扣除金额	预征率	预征税额
		1	2	3	4
建筑服务	1				
销售不动产	2				
出租不动产	3				
	4				
	5				
合计	6				

附加税费		
城市维护建设税实际预缴税额		地方教育附加实际预缴费额
教育费附加实际预缴费额		

声明：此表是根据国家税收法律法规及相关规定填写的，本人（单位）对填报内容（及附带资料）的真实性、可靠性、完整性负责。

纳税人（签章）：

年　月　日

经办人：

经办人身份证号：

代理机构签章：　　　　　　　　　　　　　　　　　　　　　　　　　　　受理人：

代理机构统一社会信用代码：　　　　　　　　　　　　　　　　　　　　　受理税务机关（章）：

受理日期：　年　月　日

359

表 9-12 增值税及附加税费预缴表附列资料

(附加税费情况表)

税(费)款所属时间： 年 月 日 至 年 月 日

纳税人名称：(公章) 金额单位：元(列至角分)

税(费)种	计税(费)依据	税(费)率(%)	本期应纳税(费)额	本期减免税(费)额		增值税小规模纳税人"六税两费"减征政策			本期实际预缴税(费)额
				减免性质代码	减免税(费)额	本期是否适用减征比例(%)	□是 □否	减征额	
	增值税预缴税额								
	1	2	3=1×2	4	5	6		7=(3-5)×6	8=3-5-7
城市维护建设税									
教育费附加									
地方教育附加									
合计	—	—		—		—			

360

二、《增值税及附加税费预缴表》及其附列资料填写说明

（一）适用范围

本表适用于纳税人发生以下情形按规定在税务机关预缴增值税时填写。

1. 纳税人（不含其他个人）提供建筑服务。
2. 房地产开发企业预售自行开发的房地产项目。
3. 纳税人（不含其他个人）出租与机构所在地不在同一县（市）的不动产。

（二）基础信息填写说明

1. "税款所属时间"：指纳税人申报的增值税预缴税额的所属时间，应填写具体的起止年、月、日。

2. "纳税人识别号（统一社会信用代码）"：填写纳税人的统一社会信用代码或纳税人识别号。

3. "纳税人名称"：填写纳税人名称全称。

4. "是否适用一般计税方法"：该项目适用一般计税方法的纳税人在该项目后的"□"中打"√"，适用简易计税方法的纳税人在该项目后的"□"中打"×"。

5. "项目编号"：由提供建筑服务的纳税人和房地产开发企业填写《建筑工程施工许可证》上的编号，根据相关规定不需要申请《建筑工程施工许可证》的建筑服务项目或不动产开发项目，不需要填写。出租不动产业务无须填写。

6. "项目名称"：填写建筑服务或者房地产项目的名称。出租不动产业务不需要填写。

7. "项目地址"：填写建筑服务项目、房地产项目或出租不动产的具体地址。

（三）纳税人提供建筑服务填写说明

纳税人在"预征项目和栏次"部分的第1栏"建筑服务"行次填写相关信息：

1. 第1列"销售额"：填写纳税人提供建筑服务取得的全部价款和价外费

用（含税）。

2. 第2列"扣除金额"：填写提供建筑服务项目按照规定准予从全部价款和价外费用中扣除的金额（含税）。

3. 第3列"预征率"：填写提供建筑服务项目对应的预征率或者征收率。

4. 第4列"预征税额"：填写按照规定计算的应预缴税额。

（四）房地产开发企业预售自行开发的房地产项目填写说明

纳税人在"预征项目和栏次"部分的第2栏"销售不动产"行次填写相关信息：

1. 第1列"销售额"：填写本期收取的预收款（含税），包括在取得预收款当月或主管税务机关确定的预缴期取得的全部预收价款和价外费用。

2. 第2列"扣除金额"：房地产开发企业无须填写。

3. 第3列"预征率"：房地产开发企业预征率为3%。

4. 第4列"预征税额"：填写按照规定计算的应预缴税额。

（五）纳税人出租不动产填写说明

纳税人在"预征项目和栏次"部分的第3栏"出租不动产"行次填写相关信息：

1. 第1列"销售额"：填写纳税人出租不动产取得全部价款和价外费用（含税）。

2. 第2列"扣除金额"无须填写。

3. 第3列"预征率"：填写纳税人预缴增值税适用的预征率或者征收率。

4. 第4列"预征税额"：填写按照规定计算的应预缴税额。

（六）附加税费填写说明

"城市维护建设税实际预缴税额"：填写按照规定应预缴的城市维护建设税税额。该栏次等于《附列资料（附加税费情况表）》第8列对应栏次。

"教育费附加实际预缴费额"：填写按照规定应预缴的教育费附加费额。该栏次等于《附列资料（附加税费情况表）》第8列对应栏次。

"地方教育附加实际预缴费额"：填写按照规定应预缴的地方教育附加费额。该栏次等于《附列资料（附加税费情况表）》第8列对应栏次。

（七）《增值税及附加税费预缴表附列资料（附加税费情况表）》填写说明

1. "税（费）款所属时间"：指纳税人申报的附加税（费）应纳税（费）额的所属时间，应填写具体的起止年、月、日。

2. "纳税人名称"：填写纳税人名称全称。

3. 第1栏"增值税预缴税额"：填写纳税人按规定应预缴增值税税额。该栏次等于主表增值税本期合计预征税额（主表第6行第4栏）。

4. 第2栏"税（费）率"：填写相应税（费）的税（费）率。

5. 第3栏"本期应纳税（费）额"：填写本期按适用税（费）率计算缴纳的应纳税（费）额。本期应纳税（费）额=增值税预缴税额×税（费）率。

6. 第4栏"减免性质代码"：按《减免税政策代码目录》中附加税费适用的减免性质代码填写，增值税小规模纳税人"六税两费"减征政策优惠不在此栏填写。有减免税（费）情况的必填。

7. 第5栏"减免税（费）额"：填写本期减免的税（费）额。

8. 第6栏"增值税小规模纳税人'六税两费'减征政策"：本期适用增值税小规模纳税人"六税两费"减征政策的，勾选"是"；否则，勾选"否"。增值税一般纳税人按规定转登记为增值税小规模纳税人的，自成为增值税小规模纳税人的当月起适用减征优惠。增值税小规模纳税人按规定登记为增值税一般纳税人的，自增值税一般纳税人生效之日起不再适用减征优惠；纳税人的年增值税应税销售额超过增值税小规模纳税人标准应当登记为增值税一般纳税人而未登记，经税务机关通知，逾期仍不办理登记的，自逾期次月起不再适用减征优惠。"减征比例"：填写当地省级政府根据《财政部 税务总局关于实施小微企业普惠性税收减免政策的通知》（财税〔2019〕13号）确定的比例。

9. 第7栏"减征额"：填写纳税人本期享受增值税小规模纳税人"六税两费"减征政策减征额。增值税小规模纳税人"六税两费"减征额=［本期应纳税（费）额－本期减免税（费）额］×减征比例。

10. 第8栏"本期实际预缴税（费）额"：反映纳税人本期应预缴税（费）情况。本期实际预缴税（费）额=本期应纳税（费）额－本期减免税（费）额－增值税小规模纳税人"六税两费"减征额。

第五节　增值税的会计处理与账务处理实务

一、增值税的会计科目及专栏设置

增值税一般纳税人应当在"应交税费"科目下设置"应交增值税""未交增值税""预交增值税""待抵扣进项税额""待认证进项税额""待转销项税额""增值税留抵税额""简易计税""转让金融商品应交增值税""代扣代交增值税"等明细科目。

1.增值税一般纳税人应在"应交增值税"明细账内设置"进项税额""销项税额抵减""已交税金""转出未交增值税""减免税款""出口抵减内销产品应纳税额""销项税额""出口退税""进项税额转出""转出多交增值税"等专栏。其中：

（1）"进项税额"专栏，记录一般纳税人购进货物、加工修理修配劳务、服务、无形资产或不动产而支付或负担的、准予从当期销项税额中抵扣的增值税额。

（2）"销项税额抵减"专栏，记录一般纳税人按照现行增值税制度规定因扣减销售额而减少的销项税额。

（3）"已交税金"专栏，记录一般纳税人当月已缴纳的应交增值税额。

（4）"转出未交增值税"和"转出多交增值税"专栏，分别记录一般纳税人月度终了转出当月应交未交或多交的增值税额。

（5）"减免税款"专栏，记录一般纳税人按现行增值税制度规定准予减免的增值税额。

（6）"出口抵减内销产品应纳税额"专栏，记录实行"免、抵、退"办法的一般纳税人按规定计算的出口货物的进项税抵减内销产品的应纳税额。

（7）"销项税额"专栏，记录一般纳税人销售货物、加工修理修配劳务、服务、无形资产或不动产应收取的增值税额。

（8）"出口退税"专栏，记录一般纳税人出口货物、加工修理修配劳务、服务、无形资产按规定退回的增值税额。

（9）"进项税额转出"专栏，记录一般纳税人购进货物、加工修理修配劳务、服务、无形资产或不动产等发生非正常损失以及其他原因而不应从销项税额中抵扣、按规定转出的进项税额。

2."未交增值税"明细科目,核算一般纳税人月度终了从"应交增值税"或"预交增值税"明细科目转入当月应交未交、多交或预缴的增值税额,以及当月交纳以前期间未交的增值税额。

3."预交增值税"明细科目,核算一般纳税人转让不动产、提供不动产经营租赁服务、提供建筑服务、采用预收款方式销售自行开发的房地产项目等,以及其他按现行增值税制度规定应预缴的增值税额。

4."待抵扣进项税额"明细科目,核算一般纳税人已取得增值税扣税凭证并经税务机关认证,按照现行增值税制度规定准予以后期间从销项税额中抵扣的进项税额。它包括:一般纳税人自2016年5月1日后取得并按固定资产核算的不动产或者2016年5月1日后取得的不动产在建工程,按现行增值税制度规定准予以后期间从销项税额中抵扣的进项税额;实行纳税辅导期管理的一般纳税人取得的尚未交叉稽核比对的增值税扣税凭证上注明或计算的进项税额。

5."待认证进项税额"明细科目,核算一般纳税人由于未经税务机关认证而不得从当期销项税额中抵扣的进项税额。它包括:一般纳税人已取得增值税扣税凭证、按照现行增值税制度规定准予从销项税额中抵扣,但尚未经税务机关认证的进项税额;一般纳税人已申请稽核但尚未取得稽核相符结果的海关缴款书进项税额。

6."待转销项税额"明细科目,核算一般纳税人销售货物、加工修理修配劳务、服务、无形资产或不动产,已确认相关收入(或利得)但尚未发生增值税纳税义务而需于以后期间确认为销项税额的增值税额。

7."增值税留抵税额"明细科目,核算兼有销售服务、无形资产或者不动产的原增值税一般纳税人,截至纳入营改增试点之日前的增值税期末留抵税额按照现行增值税制度规定不得从销售服务、无形资产或不动产的销项税额中抵扣的增值税留抵税额。

8."简易计税"明细科目,核算一般纳税人采用简易计税方法发生的增值税计提、扣减、预缴、缴纳等业务。

9."转让金融商品应交增值税"明细科目,核算增值税纳税人转让金融商品发生的增值税额。

10."代扣代交增值税"明细科目,核算纳税人购进在境内未设经营机构的境外单位或个人在境内的应税行为代扣代缴的增值税。

> **特别提示**
>
> 小规模纳税人只需在"应交税费"科目下设置"应交增值税"明细科目，不需要设置上述专栏及除"转让金融商品应交增值税""代扣代交增值税"外的明细科目。

二、增值税的账务处理

（一）取得资产或接受劳务等业务的账务处理

1. 采购等业务进项税额允许抵扣的账务处理。一般纳税人购进货物、加工修理修配劳务、服务、无形资产或不动产，按应计入相关成本费用或资产的金额，借记"在途物资"或"原材料""库存商品""生产成本""无形资产""固定资产""管理费用"等科目，按当月已认证的可抵扣增值税额，借记"应交税费——应交增值税（进项税额）"科目，按当月未认证的可抵扣增值税额，借记"应交税费——待认证进项税额"科目，按应付或实际支付的金额，贷记"应付账款""应付票据""银行存款"等科目。发生退货的，如原增值税专用发票已做认证，应根据税务机关开具的红字增值税专用发票作相反的会计分录；如原增值税专用发票未做认证，应将发票退回并做相反的会计分录。

2. 采购等业务进项税额不得抵扣的账务处理。一般纳税人购进货物、加工修理修配劳务、服务、无形资产或不动产，用于简易计税方法计税项目、免征增值税项目、集体福利或个人消费等，其进项税额按照现行增值税制度规定不得从销项税额中抵扣的，取得增值税专用发票时，应借记相关成本费用或资产科目，借记"应交税费——待认证进项税额"科目，贷记"银行存款""应付账款"等科目，经税务机关认证后，应借记相关成本费用或资产科目，贷记"应交税费——应交增值税（进项税额转出）"科目。

3. 购进不动产或不动产在建工程按规定进项税额分年抵扣的账务处理。一般纳税人自2016年5月1日后取得并按固定资产核算的不动产或者2016年5月1日后取得的不动产在建工程，其进项税额按现行增值税制度规定自取得之日起分2年从销项税额中抵扣的，应当按取得成本，借记"固定资产""在建工程"等科目，按当期可抵扣的增值税额，借记"应交税费——应交增值税（进项税额）"科目，按以后期间可抵扣的增值税额，借记"应交税费——

待抵扣进项税额"科目,按应付或实际支付的金额,贷记"应付账款""应付票据""银行存款"等科目。尚未抵扣的进项税额待以后期间允许抵扣时,按允许抵扣的金额,借记"应交税费——应交增值税(进项税额)"科目,贷记"应交税费——待抵扣进项税额"科目。

4.货物等已验收入库但尚未取得增值税扣税凭证的账务处理。一般纳税人购进的货物等已到达并验收入库,但尚未收到增值税扣税凭证并未付款的,应在月末按货物清单或相关合同协议上的价格暂估入账,不需要将增值税的进项税额暂估入账。下月初,用红字冲销原暂估入账金额,待取得相关增值税扣税凭证并经认证后,按应计入相关成本费用或资产的金额,借记"原材料""库存商品""固定资产""无形资产"等科目,按可抵扣的增值税额,借记"应交税费——应交增值税(进项税额)"科目,按应付金额,贷记"应付账款"等科目。

5.小规模纳税人采购等业务的账务处理。小规模纳税人购买物资、服务、无形资产或不动产,取得增值税专用发票上注明的增值税应计入相关成本费用或资产,不通过"应交税费——应交增值税"科目核算。

6.购买方作为扣缴义务人的账务处理。按照现行增值税制度规定,境外单位或个人在境内发生应税行为,在境内未设有经营机构的,以购买方为增值税扣缴义务人。境内一般纳税人购进服务、无形资产或不动产,按应计入相关成本费用或资产的金额,借记"生产成本""无形资产""固定资产""管理费用"等科目,按可抵扣的增值税额,借记"应交税费——进项税额"科目(小规模纳税人应借记相关成本费用或资产科目),按应付或实际支付的金额,贷记"应付账款"等科目,按应代扣代缴的增值税额,贷记"应交税费——代扣代交增值税"科目。实际缴纳代扣代缴增值税时,按代扣代缴的增值税额,借记"应交税费——代扣代交增值税"科目,贷记"银行存款"科目。

(二)销售等业务的账务处理

1.销售业务的账务处理。企业销售货物、加工修理修配劳务、服务、无形资产或不动产,应当按应收或已收的金额,借记"应收账款""应收票据""银行存款"等科目,按取得的收入金额,贷记"主营业务收入""其他业务收入""固定资产清理""工程结算"等科目,按现行增值税制度规定计算的销项税额(或采用简易计税方法计算的应纳增值税额),贷记"应交税费——应交增值税（销项税额）"或"应交税费——简易计税"科目（小规模纳税人应贷记"应交税费——应交增值税"科目）。发生销售退回的，应根据按规定开具的红字增值税专用发票做相反的会计分录。

按照国家统一的会计制度确认收入或利得的时点早于按照增值税制度确认增值税纳税义务发生时点的，应将相关销项税额计入"应交税费——待转销项税额"科目，待实际发生纳税义务时再转入"应交税费——应交增值税（销项税额）"或"应交税费——简易计税"科目。

按照增值税制度确认增值税纳税义务发生时点早于按照国家统一的会计制度确认收入或利得的时点的，应将应纳增值税额，借记"应收账款"科目，贷记"应交税费——应交增值税（销项税额）"或"应交税费——简易计税"科目，按照国家统一的会计制度确认收入或利得时，应按扣除增值税销项税额后的金额确认收入。

2. 视同销售的账务处理。企业发生税法上视同销售的行为，应当按照企业会计准则制度相关规定进行相应的会计处理，并按照现行增值税制度规定计算的销项税额（或采用简易计税方法计算的应纳增值税额），借记"应付职工薪酬""利润分配"等科目，贷记"应交税费——应交增值税（销项税额）"或"应交税费——简易计税"科目（小规模纳税人应计入"应交税费——应交增值税"科目）。

3. 全面试行营业税改征增值税前已确认收入，此后产生增值税纳税义务的账务处理。企业营业税改征增值税前已确认收入，但因未产生营业税纳税义务而未计提营业税的，在达到增值税纳税义务时点时，企业应在确认应交增值税销项税额的同时冲减当期收入；已经计提营业税且未缴纳的，在达到增值税纳税义务时点时，应借记"应交税费——应交营业税""应交税费——应交城市维护建设税""应交税费——应交教育费附加"等科目，贷记"主营业务收入"科目，并根据调整后的收入计算确定计入"应交税费——待转销项税额"科目的金额，同时冲减收入。

全面试行营业税改征增值税后，"营业税金及附加"科目名称调整为"税金及附加"科目，该科目核算企业经营活动发生的消费税、城市维护建设税、资源税、教育费附加及房产税、城镇土地使用税、车船使用税、印花税等相关税费；利润表中的"营业税金及附加"项目调整为"税金及附加"项目。

（三）差额征税的账务处理

1. 企业发生相关成本费用允许扣减销售额的账务处理。按现行增值税制度规定企业发生相关成本费用允许扣减销售额的，发生成本费用时，按应付或实际支付的金额，借记"主营业务成本""存货""工程施工"等科目，贷记"应付账款""应付票据""银行存款"等科目。待取得合规增值税扣税凭证且纳税义务发生时，按照允许抵扣的税额，借记"应交税费——应交增值税（销项税额抵减）"或"应交税费——简易计税"科目（小规模纳税人应借记"应交税费——应交增值税"科目），贷记"主营业务成本""存货""工程施工"等科目。

2. 金融商品转让按规定以盈亏相抵后的余额作为销售额的账务处理。金融商品实际转让月末，如产生转让收益，则按应纳税额借记"投资收益"等科目，贷记"应交税费——转让金融商品应交增值税"科目；如产生转让损失，则按可结转下月抵扣税额，借记"应交税费——转让金融商品应交增值税"科目，贷记"投资收益"等科目。缴纳增值税时，应借记"应交税费——转让金融商品应交增值税"科目，贷记"银行存款"科目。年末，本科目如有借方余额，则借记"投资收益"等科目，贷记"应交税费——转让金融商品应交增值税"科目。

（四）出口退税的账务处理

纳税人核算出口货物应收取的出口退税款，应设置"应收出口退税款"科目，该科目借方反映销售出口货物按规定向税务机关申报应退回的增值税、消费税等，贷方反映实际收到的出口货物应退回的增值税、消费税等。期末为借方余额，反映尚未收到的应退税额。

1. 未实行"免、抵、退"办法的一般纳税人出口货物按规定退税的，按规定计算的应收出口退税额，借记"应收出口退税款"科目，贷记"应交税费——应交增值税（出口退税）"科目，收到出口退税时，借记"银行存款"科目，贷记"应收出口退税款"科目；退税额低于购进时取得的增值税专用发票上的增值税额的差额，借记"主营业务成本"科目，贷记"应交税费——应交增值税（进项税额转出）"科目。

2. 实行"免、抵、退"办法的一般纳税人出口货物，在货物出口销售后结转产品销售成本时，按规定计算的退税额低于购进时取得的增值税专用发票上的增值税额的差额,借记"主营业务成本"科目,贷记"应交税费——应交增值税(进项税额转出)"科目;按规定计算的当期出口货物的进项税抵减内销产品的应纳税额,借记"应交税费——应交增值税(出口抵减内销产品应纳税额)"科目,贷记"应交税费——应交增值税(出口退税)"科目。在规定期限内,内销产品的应纳税额不足以抵减出口货物的进项税额,不足部分按有关税法规定给予退税的,应在实际收到退税款时,借记"银行存款"科目,贷记"应交税费——应交增值税(出口退税)"科目。

(五)进项税额抵扣情况发生改变的账务处理

因发生非正常损失或改变用途等,原已计入进项税额、待抵扣进项税额或待认证进项税额,但按现行增值税制度规定不得从销项税额中抵扣的,借记"待处理财产损溢""应付职工薪酬""固定资产""无形资产"等科目,贷记"应交税费——应交增值税(进项税额转出)""应交税费——待抵扣进项税额"或"应交税费——待认证进项税额"科目;原不得抵扣且未抵扣进项税额的固定资产、无形资产等,因改变用途等用于允许抵扣进项税额的应税项目的,应按允许抵扣的进项税额,借记"应交税费——应交增值税(进项税额)"科目,贷记"固定资产""无形资产"等科目。固定资产、无形资产等经上述调整后,应按调整后的账面价值在剩余尚可使用寿命内计提折旧或摊销。

一般纳税人购进时已全额计提进项税额的货物或服务等转用于不动产在建工程的,对于结转以后期间的进项税额,应借记"应交税费——待抵扣进项税额"科目,贷记"应交税费——应交增值税(进项税额转出)"科目。

(六)月末转出多交增值税和未交增值税的账务处理

月度终了,企业应当将当月应交未交或多交的增值税自"应交增值税"明细科目转入"未交增值税"明细科目。对于当月应交未交的增值税,借记"应交税费——应交增值税(转出未交增值税)"科目,贷记"应交税费——未交增值税"科目;对于当月多交的增值税,借记"应交税费——未交增值税"科目,贷记"应交税费——应交增值税(转出多交增值税)"科目。

(七)缴纳增值税的账务处理

1.交纳当月应交增值税的账务处理。企业交纳当月应交的增值税,借记

"应交税费——应交增值税(已交税金)"科目(小规模纳税人应借记"应交税费——应交增值税"科目),贷记"银行存款"科目。

2.交纳以前期间未交增值税的账务处理。企业交纳以前期间未交的增值税,借记"应交税费——未交增值税"科目,贷记"银行存款"科目。

3.预缴增值税的账务处理。企业预缴增值税时,借记"应交税费——预交增值税"科目,贷记"银行存款"科目。月末,企业应将"预交增值税"明细科目余额转入"未交增值税"明细科目,借记"应交税费——未交增值税"科目,贷记"应交税费——预交增值税"科目。房地产开发企业等在预缴增值税后,应直至纳税义务发生时方可从"应交税费——预交增值税"科目结转至"应交税费——未交增值税"科目。

4.减免增值税的账务处理。对于当期直接减免的增值税,借记"应交税费——应交增值税(减免税款)"科目,贷记损益类相关科目。

(八)增值税期末留抵税额的账务处理

纳入营改增试点当月月初,原增值税一般纳税人应按不得从销售服务、无形资产或不动产的销项税额中抵扣的增值税留抵税额,借记"应交税费——增值税留抵税额"科目,贷记"应交税费——应交增值税(进项税额转出)"科目。待以后期间允许抵扣时,按允许抵扣的金额,借记"应交税费——应交增值税(进项税额)"科目,贷记"应交税费——增值税留抵税额"科目。

(九)增值税税控系统专用设备和技术维护费用抵减增值税额的账务处理

按现行增值税制度规定,企业初次购买增值税税控系统专用设备支付的费用以及缴纳的技术维护费允许在增值税应纳税额中全额抵减的,按规定抵减的增值税应纳税额,借记"应交税费——应交增值税(减免税款)"科目(小规模纳税人应借记"应交税费——应交增值税"科目),贷记"管理费用"等科目。

(十)关于小微企业免征增值税的会计处理规定

小微企业在取得销售收入时,应当按照税法的规定计算应交增值税,并确认为应交税费,在达到增值税制度规定的免征增值税条件时,将有关应交增值税转入当期损益。

三、财务报表相关项目列示

"应交税费"科目下的"应交增值税""未交增值税""待抵扣进项税额""待认证进项税额""增值税留抵税额"等明细科目期末借方余额应根据情况,在资产负债表中的"其他流动资产"或"其他非流动资产"项目列示;"应交税费——待转销项税额"等科目期末贷方余额应根据情况,在资产负债表中的"其他流动负债"或"其他非流动负债"项目列示;"应交税费"科目下的"未交增值税""简易计税""转让金融商品应交增值税""代扣代交增值税"等科目期末贷方余额应在资产负债表中的"应交税费"项目列示。

第六节 增值税纳税申报典型案例分析

一、收取款项的同时承担纳税义务纠纷案

(一)案例出处

甘肃省庆阳市中级人民法院(2023)甘10民终305号民事判决书。

(二)案例事实

甘肃省环县人民法院(以下简称一审法院)认定事实:2012年,李某瑞、陈某共同与环县木钵镇政府协商一致,由陈某承揽位于××县易地扶贫搬迁安置点建设工程,由李某瑞承揽该工程中的土方工程,双方共同挂靠环县宏大建筑安装工程有限责任公司进行施工及结算。后李某瑞、陈某均依约完成了所有工程建设,陈某已领取3 810 000余元工程款(工程总预算4 020 000元的95%)。2021年11月2日,经双方清算,陈某应付李某瑞工程款397 000元,陈某向李某瑞出具了欠条一张,约定于同年11月30日前支付50 000元,剩余款项于同年12月31日前付清,并约定如若包含税费、管理费前期费用,由李某瑞承担,欠款所包含部分费用最终付款总额以工程竣工决算为准。欠条出具后,陈某至今未向李某瑞付款,李某瑞诉至法院。另查明,截至2023年4月该工程尚未决算。

（三）一审法院观点

一审法院认为，承揽合同是承揽人按照定作人的要求完成工作，交付工作成果，定作人支付报酬的合同。本案中，李某瑞与陈某共同完成了所承揽的工程，陈某已通过环县宏大建筑安装工程有限责任公司结取环县木钵镇韩洼子村易地扶贫搬迁安置点建设工程款3 810 000元，后经李某瑞、陈某清算，陈某以出具欠条的形式确认短欠李某瑞工程款的事实并约定付款期限，但陈某均未按约定期限支付，属违约行为，应当承担继续履行支付全部工程款的义务，故对李某瑞要求陈某支付工程款的诉讼请求应予支持。陈某辩称工程至今未决算，欠条载明付款金额应以工程竣工决算为准，但从欠条内容看，主文明确约定了付款金额和期限，括号部分内容系对税费、管理费等其他费用的补充约定，陈某主张付款金额和期限以工程竣工决算为准与欠条主文内容相互矛盾，陈某亦未提交其他证据予以佐证，加之陈某已结取总工程预算款的95%，该款项应当包括李某瑞承揽的土方工程款，陈某不能以工程未决算为由拒绝支付李某瑞的土方工程款，故陈某的主张不能成立。李某瑞在庭审中明确表示放弃主张后期添加工程量的工程款，待工程决算后另行主张，该行为系当事人对自身权利的自由处分，故对李某瑞诉请的后期添加部分工程款一审法院不予评判。

（四）二审法院观点

甘肃省庆阳市中级人民法院（以下简称二审法院）认为，本案的焦点问题是：1.付款条件是否成就；2.付款金额如何确定。

关于焦点1，根据一审、二审查明的事实及陈某的陈述，涉案款项由木钵镇人民政府支付给环县宏大建筑安装工程有限责任公司，环县宏大建筑安装工程有限责任公司再支付给陈某，最后由陈某支付给李某瑞应得工程款。李某瑞已完成涉案工程任务，陈某已领取大部分工程款且其出具欠条时知晓发包方的工程款支付情况，其仍为李某瑞出具欠条并载明具体的付款时间，其应当依约履行。陈某于2021年11月2日出具欠条，明确承诺于2021年11月30日之前付50 000元，剩余款于2021年12月31日前付清。现双方约定的付款时间已过，但陈某未履行付款义务，其应承担继续支付的法律责任，其辩称付款条件不成就的理由不能成立。

关于焦点2，陈某与李某瑞均陈述涉案工程税金按11%计取，且双方的欠条也约定税费由李某瑞承担，《税收征收管理法》第四条第三款规定："纳税人、扣缴义务人必须依照法律、行政法规的规定缴纳税款、代扣代缴、代收代缴税款。"涉案土石方工程价款 397 000 元，本案应扣除相应的税金 43 670 元（397 000 元 ×11%），故陈某应支付工程款为 353 330 元（397 000-43 670）。双方对欠条中约定的内容理解发生歧义，根据《增值税暂行条例》第十九条第一款第一项"增值税纳税义务发生时间：（一）发生应税销售行为，为收讫销售款项或者取得索取销售款项凭据的当天；先开具发票的，为开具发票的当天"的规定，李某瑞应当在收取款项的同时承担纳税义务，李某瑞认为应当在最终决算时扣除税金的理由于法无据，也与行业交易习惯不符。合法的民事权益受法律保护，陈某主张的管理费系基于挂靠行为产生，对于其与李某瑞的约定司法权不予干涉；但相关法律规定均禁止挂靠行为，故陈某请求判决支持其管理费的请求二审法院不予支持。

裁判核心观点

根据《增值税暂行条例》第十九条第一款第一项"增值税纳税义务发生时间：（一）发生应税销售行为，为收讫销售款项或者取得索取销售款项凭据的当天；先开具发票的，为开具发票的当天"的规定，原告应当在收取款项的同时承担纳税义务，原告认为应当在最终决算时扣除税金的理由于法无据，也与行业交易习惯不符。

二、增值税纳税地点等纠纷案

（一）案例出处

辽宁省铁岭市中级人民法院（2017）辽12行终108号行政判决书。

（二）案例事实

昌图县人民法院（以下简称一审法院）查明，原告铁岭市诚利建材有限公司（以下简称诚利公司）是2009年9月成立的自然人独资有限责任公司。该公司取得营业执照，注册资本人民币10万元，经营范围为建筑材料、钢材销售、机械设备租赁项目。法定代表人为蒋某龙，实际经营人为黄某强。原告为小规模纳税人。原告于2009年至2014年与其他公司或个人签订了租赁或销售货物合同，因要求履行支付租金、货款、违约金等事项以原告的身份在铁岭市银州区人民法院提起民事诉讼和申请执行。银州区法院分别作出相应民事判决和执行裁定，部分款项终止执行。原告未设立账簿，未将以上23笔收入申报纳税。被告稽查局经过稽查核实，按照小规模纳税人应纳税额计算公式（应纳税额＝销售额×征收率，小规模纳税人增值税征收率为3%），于2016年7月27日作出铁国税稽罚〔2016〕10001号税务处罚决定。被告邮寄送达处罚决定书被退回后，于2016年8月22日公告送达该处罚决定书。原告诚利公司授权陈某娟于2016年11月21日取得该处罚决定正本。原告不服该处罚决定于2016年12月7日向被告税务局申请行政复议。被告税务局受理后于2016年12月16日向被告稽查局送达了行政复议答复通知书。2016年12月26日，被告稽查局作出答复并提交了作出行政行为的证据材料。经过听证后，被告税务局于2017年2月4日作出维持稽查局税务处罚决定的复议决定，并于2017年3月6日送达给原告。原告不服，于2017年3月20日向辽宁省铁岭市中级人民法院（以下简称二审法院）提起本案诉讼。

（三）一审法院观点

依照《税收征收管理法》第五条第一款、第十四条，《税收征收管理法实施细则》第九条的规定，被告稽查局具有对本辖区内涉税案件查处的主体资格和法定职权。被告税务局作为行政复议机关，依照《行政复议法》第三条、第十二条第二款和《税务行政复议规则》第十九条第一款（二）项的规定，有办理本地税务行政复议事项的法定职权。

结合双方当事人的诉辩主张，本案的争议焦点是：1.被告稽查局是否有作出本案税务行政处罚决定的法定职权；2.被告稽查局对原告作出的税务处罚决定书认定事实是否清楚、证据是否充分（认定的纳税主体、偷税事实、应纳税所得额、处罚时效、加处罚款的计算是否正确）；3.被告稽查局对原告作出的税务处罚决定程序是否合法；4.被告税务局作出的税务行政复议决定程序是否合法、适用法律是否正确。

关于焦点1，《增值税暂行条例》第二十二条规定：''增值税纳税地点：（一）固定业户应当向其机构所在地的主管税务机关申报纳税……（二）固定业户到外县、市销售货物或者应税劳务，应当向其机构所在地的主管税务机关申请开具外出经营活动税收管理证明，并向其机构所在地的主管税务机关申报纳税；未开具证明的，应当向销售地或者劳务发生地的主管税务机关申报纳税；未向销售地或者劳务发生地的主管税务机关申报纳税的，由其机构所在地的主管税务机关补征税款。''本案诚利公司成立于2009年，在铁岭市银州区注册登记,办理了营业执照。办理税务登记后,其机构所在地税务主管部门是原铁岭市银州区国家税务局。原告被处理的23笔货物销售和租赁业务未向机构所在地申请开具外出经营活动税收管理证明,也未向销售地主管税务机关申报纳税,原告未提交证据证明申报纳税的情形,因此其发生应税业务,依据以上规定其机构所在地的税务稽查部门即本案被告稽查局有权追缴其少缴税款进行行政处罚的法定职权,因此本案被告稽查局具有作出税务处罚决定的法定职权。

关于焦点2,有关纳税主体的认定,原告提出刘某和吴某文是真正的销货方,并约定由购货方交税,黄某强对缝,不清楚业务往来实际情况的意见。《增值税暂行条例》第一条规定:"在中华人民共和国境内销售货物或者提供加工、修理修配劳务以及进口货物的单位和个人,为增值税的纳税人,应当依本条例缴纳增值税。"本案原告涉及的全部租赁、购销业务中,原告与租赁方、购货方签订的货物租赁、购销合同或协议,均列明原告作为出租方、货物销售方的主体地位,同时明确了双方的权利义务。原告也均以民事诉讼原告的身份提起民事诉讼,以上合同协议已经在铁岭市银州区人民法院民事判决中得到了合法性的认证。相关出租、销售行为的租金、货款权利人为原告,原告已取得了收取租金、货款及违约金的合法资格,因此可以确定原告作为出租方、销售方进行纳税的主体地位,被告稽查局认定原告作为纳税主体符合以上法律规定,认定原告依法缴纳税款正确。关于原告提出租赁或买卖交易双方均约定价款不含税,相应税款由对方承担的理由,《税收征收管理法》第四条第一款规定:"法律、行政法规规定负有纳税义务的单位和个人为纳税人。"《税收征收管理法实施细则》第三条第二款规定:"纳税人应当依照税收法律、行政法规的规定履行纳税义务;其签订的合同、协议等与税收法律、行政法规相抵触的,一律无效。"《合同法》第五十二条规定:"有下列情形之一的,合同无效:……(五)违反法律、行政法规的强制性规定。"本案原告以自身名义与需方签订了购销或租赁协议,依据该协议向法院提起民事诉讼主张了相关权利,确认了其销售货物或发生租赁业务的事实,原告有法定的纳税义务。其协议中约定的包税条款与国家法律、行政法规相抵触,属于无效条款,该约定不能免除原告缴纳税款的法定义务。对于原告提到的刘某、吴某文在整个销售链条中所处的环节及是否存在涉税问题是原告与二人之间另外的法律关系问题,不影响原告作为纳税人的主体地位。

关于原告偷税的事实、应纳税所得额、加处罚款的计算问题,《税收征收管理法》第六十三条第一款规定:"纳税人伪造、变造、隐匿、擅自销毁账簿、记账凭证,或在账簿上多列支出或者不列、少列收入,或者经税务机关通知申报而拒不申报或者进行虚假纳税申报,不缴或者少缴税款的,是偷税。对纳税人偷税的,由税务机关追缴其不缴或者少缴的税款、滞纳金,并处不缴或者少缴的税款百分之五十以上五倍以下的罚款;构成犯罪的,依法追究刑事责任。"《增值税暂行条例》第二十三条第二款规定:"纳税人以1个月或者1个季度为1个纳税期限的,自期满之日起15日内申报纳税;……"经查,原告作为小规模纳税人,进行了以上23笔业务的交易,发生了应税行为,具有主动申报纳税的义务,原告未将相关收支情况建立账簿核算,未按期申报缴纳税款,属于"在账簿上不列收入,经税务机关通知申报而拒不申报,造成不缴税款"行为,被告稽查局认定原告偷税符合以上法律规定。被告已经提交了原告23笔业务的租赁、买卖合同及民事诉讼的相关证据材料和对原告进行调查核实的材料,并出示税务工作底稿(二)证明对原告应当追缴税款的计算过程,证据充分。

原告提出税务处罚决定中违法事实部分列明的第1、3、5、6、10、12~17笔业务在5年内未发现,不应再给予处罚的意见,《税收征收管理法》第八十六条规定:"违反税收法律、行政法规规定,应当给予行政处罚的行为,在五年内未被发现的,不再给予行政处罚。"《行政处罚法》第二十九条规定:"违法行为在二年内未被发现的,不再给予行政处罚。法律另有规定的除外。前款规定的期限,从违法行为发生之日起计算,违法行为有连续或者继续状态的,从行为终了之日起计算。"《增值税暂行条例》第十九条规定:"增值税纳税义务发生时间:(一)销售货物或者应税劳务,为收讫销售款项或者取得索取销售款项凭据的当天。"本案原告虽然有多笔购销、租赁业务纳税义务发生时间分别为2009年、2010年不等,但原告与高铁东、四平深华建筑有限公司、昌图县兴达建筑工程有限公司等人的购销合同纳税义务发生时间分别为2012年、2014年不等,原告的偷税行为存在连续状态。依照《中华人民共和国立法法》适用原则"特别法优于一般法",本案《税收征收管理法》相对于《行政处罚法》属于特别法,本案应优先适用《税收征收管理法》。《税收征收管理法》中只规定违法行为在5年内未被发现的,不再给予行政处罚。对于行为状态并没有规定,对于行为状态有连续或者继续的违法行为应当适用《行政处罚法》第二十九条第二款的规定,原告从2009年至2014年违法行为存在连续状态,因此被告对原告作出税务处罚决定未超过以上法律规定的时效，原告的意见二审法院不予支持。

《行政处罚法》第五十一条规定："当事人逾期不履行行政处罚决定的，作出行政处罚决定的行政机关可以采取下列措施：（一）到期不缴纳罚款的，每日按罚款数额的百分之三加处罚款；（二）根据法律规定，将查封、扣押的财物拍卖或者将冻结的存款划拨抵缴罚款；（三）申请人民法院强制执行。"本案原告未在处罚决定送达之日起15日内到铁岭市银州区国家税务局缴纳入库，被告稽查局有权依照上述法律规定可以对原告每日按罚款数额的3%加处罚款，原告的意见无法律依据，二审计法院不予支持。

关于焦点3，被告稽查局作出的处罚决定程序是否合法。原告提出被告稽查局直接公告送达方式违反法定程序的意见，《税收征收管理法实施细则》第一百零六条规定："有下列情形之一的，税务机关可以公告送达税务文书，自公告之日起满30日即视为送达：……（二）采用本章的其他送达方式无法送达。"本案被告提交了邮寄单据证明采取了邮寄方式向原告送达税务文书，在邮件被退回情况下，被告通过《铁岭日报》公告送达税务处罚文书的方式符合以上法律规定。

关于焦点4，被告税务局作出的行政复议决定程序问题，原告提出被告税务局在听证审理中临时当场向被告稽查局收集证据、未在规定期限内作出复议决定，违反《行政复议法》（2009年修正）第二十四条和第三十一条的意见，《行政复议法》（2009年修正）第二十四条规定："在复议过程中，被申请人不得自行向申请人和其他有关组织和个人收集证据。"第三十一条规定："行政复议机关应当自受理申请之日起六十日内作出行政复议决定；但是法律规定的行政复议期限少于六十日的除外。情况复杂，不能在规定期限内作出行政复议决定的，经行政机关负责人批准，可以适当延长，并告知申请人和被申请人，但是延长期限最多不超过三十日。"本案原告未提交证据证明在复议过程中被告稽查局向原告和其他人收集证据。被告税务局提交证据证明其于2016年12月14日受理复议申请，并向原告送达受理通知书；于2016年12月16日向被告稽查局送达复议答复通知书。被告稽查局于2016年12月26日作出复议答辩书。被告税务局于2017年2月4日作出复议决定书，并于2017年3月6日送达给原告。被告税务局作出的复议决定符合以上法律规定。

（四）二审法院观点

根据《税收征收管理法》第五条第一款、第十四条，《税收征收管理法实施细则》第九条的规定，被上诉人原铁岭市国家税务局稽查局具有对本辖区内涉税案件查处的主体资格和法定职权。根据《增值税暂行条例》第二十二条规定："增值税纳税地点：（一）固定业户应当向其机构所在地的主管税务机关申报纳税……（二）固定业户到外县、市销售货物或者应税劳务，应当向其机构所在地的主管税务机关申请开具外出经营活动税收管理证明，并向其机构所在地的主管税务机关申报纳税；未开具证明的，应当向销售地或者劳务发生地的主管税务机关申报纳税；未向销售地或者劳务发生地的主管税务机关申报纳税的，由其机构所在地的主管税务机关补征税款。……"本案诚利公司成立于2009年，在铁岭市银州区注册登记，办理了营业执照。办理税务登记后，其机构所在地税务主管部门是原铁岭市银州区国家税务局，本案原铁岭市国家税务局稽查局具有对上诉人作出税务处罚决定的法定职权。被上诉人原辽宁省铁岭市国家税务局根据《行政复议法》第三条、第十二条第二款，《税务行政复议规则》第十九条第一款第二项的规定，有办理本地税务行政复议事项的法定职权。原铁岭市国家税务局稽查局对铁岭市诚利建材有限公司作出的铁国税稽罚〔2016〕10001号税务处罚决定书、原辽宁省铁岭市国家税务局对铁岭市诚利建材有限责任公司作出的铁税复决字〔2017〕4号税务行政复议决定书具有法定职权。

《税收征收管理法》第六十三条第一款规定："纳税人伪造、变造、隐匿、擅自销毁帐簿、记帐凭证，或者在帐簿上多列支出或者不列、少列收入，或者经税务机关通知申报而拒不申报或者进行虚假的纳税申报，不缴或者少缴应纳税款的，是偷税。对纳税人偷税的，由税务机关追缴其不缴或者少缴的税款、滞纳金，并处不缴或者少缴的税款百分之五十以上五倍以下的罚款；构成犯罪的，依法追究刑事责任。"《增值税暂行条例》第二十三条第二款规定："纳税人以1个月或者1个季度为1个纳税期限的，自期满之日起15日内申报纳税；……"经查，被上诉人原铁岭市国家税务局稽查局依据购销合同、法院判决书等证据，认定上诉人作为小规模纳税人在被检查的期间里，对于本案涉及的23笔购销业务，铁岭市诚利建材有限公司具有主动申报纳税的义务，但上诉人未将相关收入记账核算，也未在纳税期满之日起15日内申报缴纳税款，其行为属于"在账簿上不列、少列收入""经税务机关通知申报而拒不申报"的行为，且造成了"不缴或者少缴税款"的结果。被上诉人原铁岭市国家税务局稽查局对上诉人处罚，符合法律规定。

关于上诉人提出被上诉人稽查局应核实被税务处罚业务的购货方的账目

记录和纳税情况,核实被税务处罚业务的购货方案合同约定履行纳税义务已交税的情况的请求,根据《税收征收管理法》第四条第一款规定:"法律、行政法规规定负有纳税义务的单位和个人为纳税人。"《税收征收管理法实施细则》第三条第二款规定:"纳税人应当依照税收法律、行政法规的规定履行纳税义务;其签订的合同、协议等与税收法律、行政法规相抵触的,一律无效。"《合同法》第五十二条规定:"有下列情形之一的,合同无效:……(五)违反法律、行政法规的强制性规定。"本案上诉人以自身名义与需方签订了购销或租赁协议,依据该协议向法院提起民事诉讼主张了相关权利,确认了其销售货物或发生租赁业务的事实,上诉人有法定的纳税义务。其协议中约定的包税条款与国家法律、行政法规相抵触,属于无效条款,该约定不能免除上诉人缴纳税款的法定义务。上诉人铁岭市诚利建材有限公司该请求,二审法院不予支持。

关于上诉人提出被上诉人稽查局作出行政处罚认定事实不清,上诉人提出刘某、吴某文在整个销售中是实际交易人,上诉人为居间行为不是本案实际销售主体,多笔交易没收到货款,被上诉人稽查局认定处罚事实不清的理由,依据银州区人民法院民事判决书认定的原告为铁岭市诚利建材有限公司,本案涉及的全部租赁、购销业务中,均是上诉人与租赁方、购货方签订的货物租赁、购销合同或协议,均列明上诉人作为出租方、货物销售方的主体地位,同时明确了双方的权利义务。现上诉人提出刘某、吴某文为实际交易人,上诉人为居间行为的主张二审法院不予支持。关于上诉人主张被上诉人处罚中将货物名称弄错属于认定事实不清的主理由,《增值税暂行条例》第十一条:"小规模纳税人销售货物或者应税劳务,实行按照销售额和征收率计算应纳税额的简易办法,并不得抵扣进项税额。应纳税额计算公式:应纳税额=销售额×征收率。小规模纳税人的标准由国务院财政、税务主管部门规定。"第十二条规定:"小规模纳税人增值税征收率为3%。征收率的调整由国务院决定。"增值税小规模纳税人的销售商品均以3%增收率为计税标准,被上诉人依据购销合同和起诉状、购货明细表、欠条以及判决书的内容综合判定上诉人以3%增收率为计税标准符合法律规定,故上诉人主张被上诉人处罚中将货物名称弄错属于认定事实不清的请求,二审法院不予支持。原铁岭市国家税务局稽查局依法对上诉人少缴税款行为进行补税处理、处罚证据充分,追征税款基数计算准确。

关于上诉人提出要求税务局出具税务底稿,并且注明每笔业务计算方式的请求，因本案一审庭审中被上诉人铁岭市税务局稽查局提交的证据 23、24、25 为《增值税计算表》《企业所得税表》《税务稽查工作底稿》等证据，并且一审庭审已经质证，被上诉人稽查局在行政处罚书中已经注明涉案每笔税款的扣缴计算方式，现请求出示税务底稿及注明每笔业务计算方式已无实际请求意义，故该请求二审法院不予支持。

关于上诉人主张原铁岭市国家税务局稽查局直接公告送达税务处理决定书、税务处罚决定书、税务事项告知书是程序违法的理由，《税收征收管理法实施细则》第一百零六条规定："有下列情形之一的，税务机关可以公告送达税务文书，自公告之日起满 30 日即视为送达：……（二）采用本章的其他送达方式无法送达。"本案被上诉人原铁岭市国家税务局稽查局提交邮寄单据证明采取了邮寄方式向上诉人诚利建材公司送达税务文书，在直接送达找不到人及邮寄送达邮件被退回情况下，被上诉人稽查局通过《铁岭日报》公告送达税务处理文书的方式符合以上法律规定。

关于上诉人提出被上诉人原辽宁省铁岭市国家税务局作出的行政复议决定程序违法，税务局在听证审理中临时当场向被告稽查局收集证据、未在规定期限内作出复议决定违反《行政复议法》第二十四条和第三十一条的主张，《行政复议法》第二十四条规定："在复议过程中，被申请人不得自行向申请人和其他有关组织和个人收集证据。"第三十一条规定："行政复议机关应当自受理申请之日起六十日内作出行政复议决定；但是法律规定的行政复议期限少于六十日的除外。情况复杂，不能在规定期限内作出行政复议决定的，经行政复议机关的负责人批准，可以适当延长，并告知申请人和被申请人；但是延长期限最多不超过三十日。"本案上诉人未提交证据证明在复议过程中被上诉人稽查局向上诉人和其他人收集证据。被上诉人税务局提交证据证明于 2016 年 12 月 14 日受理复议申请，税务局于 2017 年 2 月 4 日作出复议决定书，于 2017 年 3 月 6 日送达给上诉人，被上诉人原辽宁省铁岭市国家税务局作出铁国税复决〔2017〕4 号税务行政复议决定书程序合法。

裁判核心观点

《增值税暂行条例》第十一条规定："小规模纳税人销售货物或者应税劳务，实行按照销售额和征收率计算应纳税额的简易办法，并不得抵扣进项税额。应纳税额计算公式：应纳税额 = 销售额 × 征收率。小规模纳税人的标准由国务院财政、税务主管部门规定。"第十二条规定："小规模纳税人增值税征收率为3%。征收率的调整由国务院决定。"增值税小规模纳税人的销售商品均以3%增收率为计税标准，被上诉人依据购销合同和起诉状、购货明细表、欠条以及判决书的内容综合判定上诉人以3%增收率为计税标准符合法律规定。

三、虚开发票与纳税义务发生时间纠纷案

（一）案例出处

辽宁省高级人民法院（2020）辽行申767号行政裁定书。

（二）案例事实

再审申请人国家税务总局葫芦岛市税务局稽查局（以下简称葫芦岛国税稽查局）因与被申请人葫芦岛市前进化工厂（以下简称前进化工厂）税务行政处罚决定一案，不服辽宁省葫芦岛市中级人民法院（2020）辽14行终25号行政判决，向辽宁省高级人民法院申请再审。

葫芦岛国税稽查局申请再审称：

1.税款的计算过程体现在《税务处理决定书》中，这是一个税务稽查案件一并做出的两份法律文书，税务处罚做出认定的事实是以税务处理决定认定的事实和税款数额为准，文书格式完全是按照国家税务总局所下的通知而完成。税务处罚决定是以税务处理决定书中确定的税款数额为依据确定的处罚金额，本案中，处罚金额就是税务处理决定确定的应补缴税款的一倍，一倍的数额计算，没有必要体现所谓的计算过程。而对于税务处理决定不服，是关于补缴税款的纳税争议，其中涉及的税款的计算及其过程不是本案的审理范围。因此不存在认定事实不清。

2.申请人作出的处罚决定是进行税收检查后的合法结论。申请人是依据《税收征收管理法》设置的税务稽查机构，专职负责查处税务违法行为的。税务稽查由税务局稽查局依法实施。稽查局主要职责，是依法对纳税人、扣缴义务人和其他涉税当事人履行纳税义务、扣缴义务情况及涉税事项进行检查处理，以及围绕检查处理开展的其他相关工作。

3.被申请人确实构成偷税，依法应予以处罚。一审、二审判决认为申请人处罚决定中认定事实不清、证据不足，是对税务稽查和处罚工作的错误解读。故申请再审，请求撤销葫芦岛市中级人民法院（2020）辽14行终25号行政判决和兴城市人民法院（2019）辽1481行初31号行政判决，依法予以

改判，维持再审申请人所作出的税务行政处罚决定书。

（三）法院观点

本案的争议焦点是葫芦岛国税稽查局作出的葫税稽罚〔2018〕5号税务行政处罚决定认定的事实是否清楚、程序是否合法。

1. 关于认定取得虚开增值税专用发票违法事实的问题。葫芦岛国税稽查局认定的违法事实是"2016年11月取得山西辉满万金属材料有限公司（失联）开具的增值税专用发票25组，金额2 498 824.75元，税额424 800.25元"。葫芦岛国税稽查局对于前进化工厂与山西辉满万金属材料有限公司资金流检查情况是"2016年11月17日第19#凭证记载了葫芦岛市前进化工厂付给山西辉满万金属材料有限公司货款2 926 000.00元，当日通过郭某昌银行卡资金回流2 677 290.00元，差额248 710.00元，占开票总额的9%"。依据现有证据，只能证明山西辉满万金属材料有限公司开具的25份增值税专用发票为虚开发票的事实，并不能认定前进化工厂让山西辉满万金属材料有限公司为其虚开增值税发票的事实。通过葫芦岛国税稽查局认定的前进化工厂2015—2017年的生产销售业务真实情况，结合前进化工厂提供的证据，能够证明前进化工厂于2016年11月17日后，购进原料进行生产，生产与销售情况属实，葫芦岛国税稽查局也没有提供证据证明当月前进化工厂的原料不是从出具发票的公司供货。葫芦岛国税稽查局对于前进化工厂进行该笔业务期间回流的资金减少的9%是否为同一货款中资金，对于回流资金中间人是否与供货方有关联以及回流的资金减少9%的用途是什么均未提供有效的证据。因此，葫芦岛国税稽查局依据现有证据不能认定前进化工厂取得的增值税发票存在资金回流，非善意取得增值税专用发票的情形。

2. 关于认定取得失控增值税专用发票违法事实的问题。葫芦岛国税稽查局认定前进化工厂取得南平鹏达金属材料有限公司（25组）、上海矜远金属材料有限公司（19组）、苏州利拉帅金属制品有限公司（20组）、上海致韫金属材料有限公司（50组）、大同市风帆金属材料有限公司（45组）、大同市昌化金属材料有限公司（19组）、沈阳吉腾金属材料销售有限公司（14组）、郑州京鑫金属材料有限公司（25组）及郑州文麟金属材料有限公司（7组）开具的虚开或失控增值税专用发票，该9户纳税人目前全部为失联或走逃状态，票面所列品名均为锌锭。其中，前进化工厂与南平鹏达金属材料有限公司、上海矜远金属材料有限公司、苏州利拉帅金属制品有限公司、上海致韫金属材料有限公司、大同市凤帆金属材料有限公司、大同市昌化金属材料有限公司及沈阳吉腾金属材料销售有限公司等7家企业存在资金回流。前进化工厂从郑州京鑫金属材料有限公司及郑州文麟金属材料有限公司购买锌锭，但一直未给对方付款，业务往来过程中未发现资金回流。前进化工厂与7家企业均有购销合同及付款凭证，付款金额与货款相同。葫芦岛国税稽查局认定9笔回流情况，但9笔回流款是否为同一货款，回流渠道是供货公司回流还是供货公司职工回流，自然人路某灿、李某伟、李某、陆某科与供货公司是否存在其他关系均没有提供相关证据予以证明。因此，葫芦岛国税稽查局认定路某灿、李某伟、李某、陆某科等人向郭某昌回流资金，存在认定事实不清，主要证据不足的问题。根据国税发〔2000〕187号《国家税务总局关于纳税人善意取得虚开的增值税专用发票处理问题的通知》的规定，对购货方取得销售方虚开的增值税专用发票应按偷税处理的前提条件是有证据证明购货方在进项税得到抵扣前知道该专用发票是销售方以非法手段获得的。本案中，前进化工厂与销售方有购货合同、付款凭证，并有货物入库单，且经税务机关查明前进化工厂生产销售业务真实，税务机关没有提供充分的证据证明前进化工厂与销售方不存在真实交易。葫芦岛国税稽查局依据现有证据认定前进化工厂取得的增值税发票存在资金回流，为非善意取得增值税专用发票，事实不清，证据不足。

关于葫芦岛国税稽查局提出本案对于前进化工厂因没有按照《增值税暂行条例》第四条"除本条例第十一条规定外，纳税人销售货物、劳务、服务、无形资产、不动产（以下统称应税销售行为），应纳税额为当期销项税额抵扣当期进项税额后的余额。应纳税额计算公式应纳税额＝当期销项税额－当期进项税额。当期销项税额小于当期进项税额不足抵扣时，其不足部分可以结转下期继续抵扣"、第二十三条"增值税的纳税期限分别为1日、3日、5日、10日、15日、1个月或者1个季度。纳税人的具体纳税期限，由主管税务机关根据纳税人应纳税额的大小分别核定；不能按照固定期限纳税的，可以按次纳税。纳税人以1个月或者1个季度为1个纳税期的，自期满之日起15日内申报纳税；以1日、3日、5日、10日或者15日为1个纳税期的，自期满之日起5日内预缴税款，于次月1日起15日内申报纳税并结清上月应纳税款。扣缴义务人解缴税款的期限，依照前两款规定执行"的规定，在接到税务机关通知后没有按照上述规定进行当月抵扣税款，没有做进项税转出，构成偷税，而作出税务行政处罚的观点。原审法院认为葫芦岛国税稽查局作出的葫税稽罚〔2018〕5号税务行政处罚决定中,均是对于前进化工厂取得虚开、失控增值税发票问题、资金回流问题、货物流检查问题、银行存款资金流检查等问题的认定。虽然处罚决定中对于前进化工厂取得发票的时间、补税的金额进行了认定,但在前进化工厂接到税务机关通知后对于取得增值税发票未在当期抵扣的事实、违反的法律、法规条款及什么时间转出、每笔应当转出多少等事实,均未在被诉处罚决定中认定,因此,对葫芦岛国税稽查局的上述观点不予支持并无不当。

裁判核心观点

税务局认定的违法事实是"2016年11月取得山西某公司(失联)开具的增值税专用发票25组,金额2 498 824.75元,税额424 800.25元"。税务局对于甲公司与山西某公司资金流检查情况是"2016年11月17日第19#凭证记载了葫芦岛市甲公司付给山西某公司货款2 926 000.00元,当日通过郭某银行卡资金回流2 677 290.00元,差额248 710.00元,占开票总额的9%"。依据现有证据,只能证明山西某公司开具的25组增值税专用发票为虚开发票的事实,并不能认定甲公司让山西某公司为其虚开增值税发票的事实。通过税务局认定的甲公司2015—2017年的生产销售业务真实情况,结合甲公司提供的证据,能够证明甲公司于2016年11月17日后,购进原料进行生产,生产与销售情况属实,税务局也没有提供证据证明当月甲公司的原料不是从出具发票的公司供货。税务局对于甲公司进行该笔业务期间回流的资金减少的9%是否为同一货款中资金,对于回流资金中间人是否与供货方有关联以及回流的资金减少9%的用途是什么均未提供有效的证据。因此,税务局依据现有证据不能认定甲公司取得的增值税发票存在资金回流,非善意取得增值税专用发票的情形。

四、收到款项即产生纳税义务纠纷案

(一)案例出处

重庆市第二中级人民法院(2020)渝02行终370号行政判决书。

(二)案例事实

重庆市开州区人民法院(以下简称一审法院)一审查明,重庆市开州区河堰镇中心卫生院(以下简称河堰卫生院)于2015年12月4日经重庆联合交易所以网络竞价拍卖其位于原开县河堰镇河水街东段4号的旧办公楼，自然人何某以270万元竞买成功，与河堰卫生院签订了《重庆市国有产权转让合同》，2016年11月22日，何某支付了购房款270万元到开县国有资产管理局在重庆银行重庆市分行开县支行的银行账户中（账号为：6801XXX********）。因出售旧办公楼的款项未支付给河堰卫生院，故河堰卫生院未进行纳税申报。为此，开州区税务局郭家税务所向河堰卫生院作出并送达了开州郭税限改〔2019〕102391号《责令限期改正通知书》，该通知以河堰卫生院违反税收管理，未按照规定期限办理纳税申报和报送纳税资料为由，根据《税收征收管理法》第六十二条的规定，限该院于2019年12月6日前报送销售其旧办公楼的相关资料，并进行纳税申报，同时告知河堰卫生院提起行政复议和提起诉讼的权利。河堰卫生院对开州区税务局作出的前述《责令限期改正通知书》不服，诉至法院，请求撤销该限期改正通知书。

（三）一审法院观点

《中华人民共和国行政诉讼法》（以下简称《行政诉讼法》）第四十九条规定："提起诉讼应当符合下列条件：（一）原告是符合本法第二十五条规定的公民、法人或者其他组织；（二）有明确的被告；（三）有具体的诉讼请求和事实根据；（四）属于人民法院受案范围和受诉人民法院管辖。"本案中，开州区税务局郭家税务所对河堰卫生院作出的责令限期改正通知，不仅仅是税收征收程序中的过程性行为，其直接设定了河堰卫生院于2019年12月6日前报送销售重庆市开州区河堰镇中心卫生院旧办公楼的相关资料并进行纳税申报的义务，对其合法权益已经产生了不利影响，故该责令限期改正通知属于可诉的行政行为。本案的争议焦点是：开州区税务局作出的责令限期改正通知是否应撤销。本案中，河堰卫生院于2015年12月4日经重庆联合交易所网络竞价方式以270万元的价格出售了其旧办公楼，买受人何某于2016年11月22日支付了270万元购房款到开县国有资产管理局，根据《增值税暂行条例》第一条"在中华人民共和国境内销售货物或者加工、修理修配劳务（以下简称劳务），销售服务、无形资产、不动产以及进口货物的单位和个人，为增值税的纳税人，应当依照本条例缴纳增值税"，以及第十九条"增值税纳税义务发生时间：（一）发生应税销售行为，为收讫销售款项或者取得索取销售款项凭据的当天；先开具发票的，为开具发票的当天。（二）进口货物，为报关进口的当天。增值税扣缴义务发生时间为纳税人增值税纳税义务发生的当天"的规定，河堰卫生院从旧办公楼买受人何某支付购房款之日，即2016年11月22日就产生了增值税纳税义务，应当按照《税收征收管理法》第二十五条"纳税人必须依照法律、行政法规规定或者税务机关依照法律、行政法规的规定确定的申报期限、申报内容如实办理纳税申报，报送纳税申报表、财务会计报表以及税务机关根据实际需要要求纳税人报送的其他纳税资料"的规定进行纳税申报。《增值税暂行条例》第二十三条第一款规定："增值税的纳税期限分别为1日、3日、5日、10日、15日、1个月或者1个季度。纳税人的具体纳税期限，由主管税务机关根据纳税人应纳税额的大小分别核定；不能按照固定期限纳税的，可以按次纳税"；第二款规定："纳税人以1个月或者1个季度为1个纳税期的，自期满之日起15日内申报纳税；以1日、3日、5日、10日或者15日为1个纳税期的，自期满之日起5日内预缴税款，于次月1日起15日内申报纳税并结清上月应纳税款。"本案中，河堰卫生院从2016年11月22日就产生了增值税纳税义务，根据前述规定，即使以1个季度为增值税纳税期，河堰卫生院也应在2017年2月21日前进行纳税申报。因河堰卫生院未按照前述规定的法定纳税期限进行申报纳税，开州区税务局作为依法设立的税务机关，根据《税收征收管理法》第六十二条规定对河堰卫生院作出责令限期改正通知，该通知行为属于依法履行法定职责，并无不当。河堰卫生院以售房款并未进入其银行账户，与何某之间至今未办理产权过户手续为由主张开州区税务局对其作出的责令限期改正通知错误，对此认为，根据《税收征收管理法实施细则》第三十二条第一款"纳税人在纳税期内没有应纳税款的，也应当按照规定办理纳税申报"的规定，即使河堰卫生院出售的旧办公楼价款没有直接支付到河堰卫生院账户而使其在纳税期内没有应缴税款，河堰卫生院也应因出售旧办公室的买卖行为进行纳税申报，这是其作为纳税人的法定义务，该义务不因旧办公楼售房款未转至河堰卫生院名下，河堰卫生院与买受人何某之间未办理产权过户手续而不存在，因此，河堰卫生院以前述理由主张责令限期更正通知违法，该院不予支持。

（四）二审法院观点

重庆市第二中级人民法院（以下简称二审法院）认为，本案争议焦点为开州区税务局作出的责令限期改正通知是否应撤销。

根据《增值税暂行条例》第一条"在中华人民共和国境内销售货物或者加工、修理修配劳务（以下简称劳务），销售服务、无形资产、不动产以及进口货物的单位和个人，为增值税的纳税人，应当依照本条例缴纳增值税"，以及第十九条"增值税纳税义务发生时间：（一）发生应税销售行为，为收讫销售款项或者取得索取销售款项凭据的当天；先开具发票的，为开具发票的当天……"本案中，案涉房屋的买受人何某于2016年11月22日支付购房款到开县国有资产管理局账户，按照上述法律规定，河堰卫生院作为案涉不动产交易行为的出让方，应为纳税义务人，而其纳税义务则从买受人付款当天产生。故河堰卫生院应依照《税收征收管理法》第二十五条"纳税人必须依照法律、行政法规规定或者税务机关依照法律、行政法规的规定确定的申报期限、申报内容如实办理纳税申报，报送纳税申报表、财务会计报表以及税务机关根据实际需要要求纳税人报送的其他纳税资料"的规定进行纳税申报。

对于河堰卫生院主张其没有收到任何款项，不是本案纳税义务人的上诉理由，因《税收征收管理法实施细则》第三十二条第一款明确规定，纳税人在纳税期内没有应纳税款的，也应当按照规定办理纳税申报，因此，即使河堰卫生院出售的房屋价款没有支付到卫生院账户上，但发生销售行为是客观事实，而按法律规定，河堰卫生院仍需进行纳税申报，故河堰卫生院的该上诉理由不能成立，二审法院不予支持。开州区税务局作出责令其限期改正通知事实清楚，适用法律、法规正确。

裁判核心观点

在中国境内销售货物或者加工、修理修配劳务，销售服务、无形资产、不动产以及进口货物的单位和个人，为增值税的纳税人。发生应税销售行为的，增值税纳税义务发生时间为收讫销售款项或者取得索取销售款项凭据的当天。案涉房屋的买受人何某于2016年11月22日支付购房款到开县国有资产管理局账户，按照上述法律规定，河堰卫生院作为案涉不动产交易行为的出让方，应为纳税义务人，而其纳税义务则从买受人付款当天产生。纳税人必须依照法律、行政法规规定或者税务机关依照法律、行政法规的规定确定的申报期限、申报内容如实办理纳税申报，报送纳税申报表、财务会计报表以及税务机关根据实际需要要求纳税人报送的其他纳税资料。故河堰卫生院应依法进行纳税申报。纳税人在纳税期内没有应纳税款的，也应当按照规定办理纳税申报，因此，即使河堰卫生院出售的房屋价款没有支付到卫生院账户上，但发生销售行为是客观事实，而按照法律规定，河堰卫生院仍需进行纳税申报。

第十章　增值税法律责任与典型案例分析

第一节　增值税偷税的法律责任与典型案例分析

一、增值税偷税的法律责任

（一）偷税及其行政责任

1. 纳税人伪造、变造、隐匿、擅自销毁账簿、记账凭证，或者在账簿上多列支出或者不列、少列收入，或者经税务机关通知申报而拒不申报或者进行虚假的纳税申报，不缴或者少缴应纳税款的，是偷税。对纳税人偷税的，由税务机关追缴其不缴或者少缴的税款、滞纳金，并处不缴或者少缴的税款50%以上5倍以下的罚款；构成犯罪的，依法追究刑事责任。

2. 扣缴义务人采取上述所列手段，不缴或者少缴已扣、已收税款，由税务机关追缴其不缴或者少缴的税款、滞纳金，并处不缴或者少缴的税款50%以上5倍以下的罚款；构成犯罪的，依法追究刑事责任。

实操案例 10-1

经国家税务总局南昌市税务局第一稽查局（以下简称稽查局）于 2023 年 2 月 21 日至 2023 年 5 月 29 日对江西甲新材料有限公司（以下简称甲公司）2021 年 9 月 1 日至 2022 年 8 月 31 日期间涉税情况进行检查，甲公司存在违法事实及处罚决定如下。

一、违法事实及证据

（一）增值税

经检查，甲公司通过将销售氰化亚金钾的收入不入账、不申报，并将暂估入库未取得增值税发票的铜丝、电解铜、磷铜球等 18 种商品结转成本，同时为使进项税额与销项税额配比以及收入与成本配比，用销售铜丝、电解铜和磷铜球等商品的销项税额抵扣购进氰化亚金钾进项税额的方式，共隐瞒2021年9月至2022年8月的氰化亚金钾销售收入20 931 560.62元，其中2021年7 633 319.47元、2022年13 298 241.15元。根据《增值税暂行条例》第一条、第二条第一项、第五条、第十九条第一款第一项、第二十二条第一款第一项，《财政部 税务总局关于调整增值税税率的通知》（财税〔2018〕32号）第一条，《财政部 税务总局 海关总署关于深化增值税改革有关政策的公告》（财政部、税务总局、海关总署公告2019年第39号）第一条的规定，应补缴增值税2 721 102.88元，其中2021年9月至2021年12月992 331.53元、2022年1月至2022年8月1 728 771.35元。

（二）城市维护建设税

2021年9月至2022年8月甲公司因账外经营、隐瞒氰化亚金钾的销售收入需补缴增值税2 721 102.88元，根据《城市维护建设税暂行条例》第二条、第三条、第四条的规定，适用5%的税率，应补缴城市维护建设税136 055.16元，其中2021年9月至2021年12月49 616.58元、2022年1月至2022年8月86 438.58元。

（三）教育费附加

2021年9月至2022年8月甲公司因账外经营、隐瞒氰化亚金钾的销售收入需补缴增值税2 721 102.88元，根据《国务院关于发布〈征收教育费附加的暂行规定〉的通知》第二条、第三条第一款的规定，适用3%的征收率，应补缴教育费附加81 633.10元，其中2021年9月至2021年12月29 769.95元、2022年1月至2022年8月51 863.15元。

（四）地方教育附加

2021年9月至2022年8月甲公司因账外经营、隐瞒氰化亚金钾的销售收入需补缴增值税2 721 102.88元，根据《江西省人民政府办公厅转发江西省财政厅等部门关于江西省地方教育附加征收管理办法》（赣府厅发〔2010〕19号）第二条、第三条第一款的规定，适用2%的征收率，应补缴地方教育附加54 422.06元，其中2021年9月至2021年12月19 846.63元、2022年1月至2022年8月34 575.43元。

（五）印花税

甲公司2021年9月至2022年8月期间签订购销合同（买卖合同）金额合计82 672 688.05元（根据购销合同金额汇总计算，部分采购及销售给个人的商品交易按收支货款金额计算），其中2021年度32 045 209.53元、2022年度 50 627 478.52 元，根据《中华人民共和国印花税暂行条例》（国务院令第 11 号）第一条、第二条、第三条和《中华人民共和国印花税法》（2021 年 6 月 10 日第十三届全国人民代表大会常务委员会第二十九次会议通过）第一条、第二条、第四条、第六条的规定，适用万分之三的税率，2021 年度应申报缴纳印花税 9 613.60 元，已申报缴纳印花税 2 499.50 元，应补缴印花税 7 114.10 元；2022 年度应申报缴纳印花税 15 188.20 元，已申报缴纳印花税 2 430.76 元，应补缴印花税 12 757.44 元，合计应补缴印花税 19 871.54 元。

（六）企业所得税

甲公司自行申报的 2021 年度企业所得税应纳税所得额为 416 587.32 元，已缴纳企业所得税 10 414.68 元，本次检查发现还存在以下调整事项：

1. 甲公司将氰化亚金钾的销售收入不入账、不申报纳税，共隐瞒 2021 年度销售收入 7 633 319.47 元，根据《企业所得税法》（根据 2018 年 12 月 29 日第十三届全国人民代表大会常务委员会第七次会议《关于修改〈中华人民共和国电力法〉等四部法律的决定》第二次修正）第一条、第二条、第五条、第六条第一项的规定，该收入应作为企业所得税的应税收入，调增 2021 年度企业所得税的应纳税所得额 7 633 319.47 元。

2. 甲公司为隐瞒氰化亚金钾的销售收入，用销售铜丝、电解铜和磷铜球等商品的销项税额抵扣购进氰化亚金钾进项税额，氰化亚金钾未结转主营业务成本（挂库存商品），也不调整 2021 年企业所得税汇算清缴表。根据甲公司提供的 163 份购进氰化亚金钾时取得的增值税专用发票信息显示，其 2021 年 9 月至 2022 年 8 月期间合计采购数量 92.5 千克，发票金额 21 691 218.54 元，进项税额 2 819 858.46 元，价税合计 24 511 077.00 元。其中 2021 年采购氰化亚金钾 34.7 千克，发票金额 7 870 833.69 元，进项税额 1 023 208.31 元，价税合计 8 894 042.00 元，经查证发票记载的业务属实，已抵扣进项税金，但因隐瞒销售收入，相应成本未税前列支。由于甲公司账册中未记入 2021 年氰化亚金钾成本，且库存商品记载 2021 年借方余额为 7 757 785.09 元，与 2021 年隐瞒氰化亚金钾的销售收入 7 633 319.47 元不相符。鉴于甲公司未能提供 2021 年销售氰化亚金钾准确数量，检查组利用其 2021 年销售氰化亚金钾收入 7 633 319.47 元除以其隐瞒销售氰化亚金钾平均单价（即隐瞒销售总收入 20 931 560.62 元÷隐瞒销售总数量 92400 克 =226.53 元/克），测算出甲公司 2021 年销售氰化亚金钾 33 696 克，按先进先出法计算出其 2021 年允许结转氰化亚金钾成本为 7 644 018.54 元。根据《企业所得税法》（根据 2018 年 12

29日第十三届全国人民代表大会常务委员会第七次会议《关于修改〈中华人民共和国电力法〉等四部法律的决定》第二次修正）第五条，《企业所得税法实施条例》（根据2019年4月23日《国务院关于修改部分行政法规的决定》修订）第二十七条、第二十九条和《企业所得税税前扣除凭证管理办法》（国家税务总局公告2018年第28号发布）第十七条的规定，调整甲公司2021年企业所得税应纳税所得额，允许税前扣除7 644 018.54元。

3. 甲公司2021年度暂估入库铜丝等商品7 688 600.64元，未取得增值税发票，已结转成本并已在2021年度企业所得税汇算清缴时税前扣除；2022年度暂估入库铜丝等商品9 207 044.51元，未取得增值税发票，已结转成本。鉴于检查组经检查无证据证明其铜丝等材料采购业务虚假，根据《企业所得税法》（根据2018年12月29日第十三届全国人民代表大会常务委员会第七次会议《关于修改〈中华人民共和国电力法〉等四部法律的决定》第二次修正）第八条、《企业所得税税前扣除凭证管理办法》（国家税务总局公告2018年第28号发布）第十三条、第十五条、第十六条、第十七条的规定，2023年2月23日，检查组向甲公司下达了税务事项告知书，依法应告知其补开换开有关发票。鉴于甲公司已于2023年4月22日前补开2021年暂估入库商品的增值税普通发票，允许上述成本7 688 600.64元在2021年所得税前扣除，不作调整。

4. 本次查补2021年城市维护建设税49 616.58元、教育费附加29 769.95元、地方教育附加19 846.63元和印花税7 114.10元。根据《企业所得税法实施条例》（根据2019年4月23日《国务院关于修改部分行政法规的决定》修订）第三十一条的规定，上述税费可以税前扣除106 347.26元。

检查调整后，甲公司2021年度企业所得税应纳税所得额为299 540.99元，根据《企业所得税法》（根据2018年12月29日第十三届全国人民代表大会常务委员会第七次会议《关于修改〈中华人民共和国电力法〉等四部法律的决定》第二次修正）第四条、第五条和第二十二条，《财政部 税务总局关于实施小微企业普惠性税收减免政策的通知》（财税〔2019〕13号）以及《财政部 税务总局关于实施小微企业和个体工商户所得税优惠政策的公告》（财税〔2021〕12号）的规定，应纳企业所得税7 488.52元，已纳企业所得税10 414.68元，应补缴企业所得税-2 926.16元。

综上所述，甲公司采取隐瞒手段，在账簿上少列收入，以虚假申报的方式导致少缴增值税2 721 102.88元、少缴城市维护建设税136 055.16元、少缴印花税 19 871.60 元。

上述违法事实，主要有以下证据证明：

营业执照复印件、危险化学品经营许可证复印件、《房屋租赁合同》、税务稽查工作底稿（二）、办公地址图片复印件及相关人员身份证复印件、库存商品和暂估入库、主营业务成本、主营业务收入明细账复印件、法定代表人询问笔录及身份证复印件、企业情况说明、王彩云、邬旭华、张万政情况说明及身份证复印件、销售清单、银行存款账户资金流水、《销售氰化亚金钾收入明细表》、企业商品出入库单复印件、已税购销合同、与个人签订的购销合同、2021 年 9 月至 2022 年 8 月增值税纳税申报表、税收完税证明、2021 年企业所得税申报表、《2021.9—2022.8 印花税明细表》、《2021 年度企业所得税汇算清缴表》、2021 年度财务报告及增值税相关证据、企业提供补开发票及对应资料复印件。

二、处罚决定

根据《税收征收管理法》第六十三条第一款的规定，甲公司的行为属于偷税，稽查局决定对甲公司处以少缴增值税税款、少缴城市维护建设税税款和少缴印花税税款一倍罚款，罚款金额 2 877 029.64 元。

以上应缴款项共计 2 877 029.64 元。甲公司应自决定书送达之日起 15 日内到国家税务总局南昌市新建区税务局缴纳入库。到期不缴纳罚款，稽查局可依照《行政处罚法》第七十二条第一款第一项规定，每日按罚款数额的 3% 加处罚款。

如对本决定不服，甲公司可以自收到决定书之日起 60 日内依法向国家税务总局南昌市税务局申请行政复议，或者自收到决定书之日起 6 个月内依法向人民法院起诉。如对处罚决定逾期不申请复议也不向人民法院起诉、又不履行的，稽查局有权采取《税收征收管理法》第四十条规定的强制执行措施，或者申请人民法院强制执行。

（二）逃税罪及其刑事责任

1. 纳税人采取欺骗、隐瞒手段进行虚假纳税申报或者不申报，逃避缴纳税款数额较大并且占应纳税额 10% 以上的，处 3 年以下有期徒刑或者拘役，并处罚金；数额巨大并且占应纳税额 30% 以上的，处 3 年以上 7 年以下有期徒刑，并处罚金。

2. 扣缴义务人采取上述所列手段，不缴或者少缴已扣、已收税款，数额较大的，依照上述规定处罚。

3. 对多次实施上述两项行为，未经处理的，按照累计数额计算。

4. 有第1项行为，经税务机关依法下达追缴通知后，补缴应纳税款，缴纳滞纳金，已受行政处罚的，不予追究刑事责任；但是，5年内因逃避缴纳税款受过刑事处罚或者被税务机关给予二次以上行政处罚的除外。

5. 纳税人进行虚假纳税申报，具有下列情形之一的，应当认定为上述第1项规定的"欺骗、隐瞒手段"：

（1）伪造、变造、转移、隐匿、擅自销毁账簿、记账凭证或者其他涉税资料的。

（2）以签订"阴阳合同"等形式隐匿或者以他人名义分解收入、财产的。

（3）虚列支出、虚抵进项税额或者虚报专项附加扣除的。

（4）提供虚假材料，骗取税收优惠的。

（5）编造虚假计税依据的。

（6）为不缴、少缴税款而采取的其他欺骗、隐瞒手段。

6. 具有下列情形之一的，应当认定为上述第1项规定的"不申报"：

（1）依法在登记机关办理设立登记的纳税人，发生应税行为而不申报纳税的。

（2）依法不需要在登记机关办理设立登记或者未依法办理设立登记的纳税人，发生应税行为，经税务机关依法通知其申报而不申报纳税的。

（3）其他明知应当依法申报纳税而不申报纳税的。

扣缴义务人采取上述第5、6项所列手段，不缴或者少缴已扣、已收税款，数额较大的，依照上述第1项的规定定罪处罚。扣缴义务人承诺为纳税人代付税款，在其向纳税人支付税后所得时，应当认定扣缴义务人"已扣、已收税款"。

7. 纳税人逃避缴纳税款10万元以上、50万元以上的，应当分别认定为上述第1项规定的"数额较大""数额巨大"。扣缴义务人不缴或者少缴已扣、已收税款"数额较大""数额巨大"的认定标准，依照上述规定。

8. 纳税人有上述第1项规定的逃避缴纳税款行为，在公安机关立案前，经税务机关依法下达追缴通知后，在规定的期限或者批准延缓、分期缴纳的期限内足额补缴应纳税款，缴纳滞纳金，并全部履行税务机关作出的行政处罚决定的，不予追究刑事责任。但是，5年内因逃避缴纳税款受过刑事处罚或者被税务机关给予二次以上行政处罚的除外。纳税人有逃避缴纳税款行为，税务机关没有依法下达追缴通知的，依法不予追究刑事责任。

9. 上述第 1 项规定的"逃避缴纳税款数额"，是指在确定的纳税期间，不缴或者少缴税务机关负责征收的各税种税款的总额。

上述第 1 项规定的"应纳税额"，是指应税行为发生年度内依照税收法律、行政法规规定应当缴纳的税额，不包括海关代征的增值税、关税等及纳税人依法预缴的税额。

上述第 1 项规定的"逃避缴纳税款数额占应纳税额的百分比"，是指行为人在一个纳税年度中的各税种逃税总额与该纳税年度应纳税总额的比例；不按纳税年度确定纳税期的，按照最后一次逃税行为发生之日前一年中各税种逃税总额与该年应纳税总额的比例确定。纳税义务存续期间不足一个纳税年度的，按照各税种逃税总额与实际发生纳税义务期间应纳税总额的比例确定。

逃税行为跨越若干个纳税年度，只要其中一个纳税年度的逃税数额及百分比达到上述第 1 项规定的标准，即构成逃税罪。各纳税年度的逃税数额应当累计计算，逃税额占应纳税额百分比应当按照各逃税年度百分比的最高值确定。

上述第 3 项规定的"未经处理"，包括未经行政处理和刑事处理。

二、未及时缴纳税款是否构成偷税纠纷案

（一）案例出处

江苏省南京市中级人民法院（2020）苏 01 行终 625 号行政判决书。

（二）案例事实

南京江北新区人民法院（以下简称一审法院）查明：2013 年 1 月 30 日，南京司迈特称重系统有限公司（以下简称司迈特公司）与案外人珠海万通化工有限公司（以下简称珠海万通公司）签订《采购合同（设备类）》，约定珠海万通公司向司迈特公司购买 PTA 真空上料称重计量系统，数量为 1 套，价税合计 518 000 元。合同签订后，珠海万通公司于 2013 年 3 月 5 日向司迈特公司支付货款 155 400 元，于 2013 年 5 月 6 日向司迈特公司支付货款 155 400 元。因双方在履行合同过程中存在争议，2016 年 11 月，司迈特公司以珠海万通公司拖欠货款为由向南京市鼓楼区人民法院提起民事诉讼，珠海万通公司后对管辖权提出异议。南京市鼓楼区人民法院作出（2016）苏 0106

民初11538号民事裁定,将该案移送至广州市黄埔区人民法院处理。在案件审理过程中,珠海万通公司提起反诉。广州市黄埔区人民法院于2017年6月12日作出(2017)粤0112民初938号民事判决:珠海万通公司向司迈特公司支付货款105 700元及逾期利息并驳回两公司的其他诉讼请求。判决生效后,经人民法院执行,剩余货款105 700元及逾期利息于2017年10月份执行到司迈特公司账户。就该交易,司迈特公司共计收到货款总计416 670.83元,其中不含税销售额为356 128.91元。2018年4月28日,原南京市国税局稽查局将检举人检举司迈特公司偷税漏税一案交由原南京市国家税务局第二稽查局(以下简称原第二稽查局)立案查处。2018年5月24日,原第二稽查局对司迈特公司涉嫌逃避缴纳税款一案立案。2018年6月4日,原第二稽查局向司迈特公司送达《税务检查通知书》,告知司迈特公司决定派潘某松、冯某等人,自2018年6月4日起对迈特公司2013年1月1日至2013年12月31日的涉税情况进行检查,同时告知如检查发现此期间以外明显的税收违法嫌疑或线索不受此限。2018年6月22日,司迈特公司向税务机关提出申请,申请预缴检举案件相关的税款,并于2018年6月25日补缴税款60 541.91元。2018年8月10日,国家税务总局南京市税务局稽查局作出税务稽查案件稽查所属期间变更审批,变更稽查所属期间为2013年1月1日至2017年12月31日。2018年7月12日、2018年8月17日,原第二稽查局先后办理延长税收违法案件检查时限审批手续,将案件检查时限延长至2018年9月23日。调查期间,原第二稽查局调取了司迈特公司2013年度至2017年度的利润表情况、资产负债表情况、增值税纳税申报表,司迈特公司未将涉案销售额纳入2017年度的利润表及资产负债表中进行计算,也未将涉案销售额进行纳税申报。2018年9月30日,国家税务总局南京市税务局作出2018年第7号《国家税务总局南京市税务局关于第一税务分局等6家派出机构挂牌成立的公告》,成立国家税务总局南京市税务局第三稽查局(以下简称南京税务第三稽查局),负责承担市税务局列名大企业的税务稽查、税收高风险事项应对和协查等工作;负责南京市鼓楼区、浦口区、六合区、南京江北新区区域内税收、社会保险费和有关非税收入违法案件的查处以及查办案件的执行工作。因此,对司迈特公司的税务稽查工作由南京税务第三稽查局承继。2018年9月13日、2018年10月12日、2018年11月13日、2018年12月13日、2019年1月14日,南京税务第三稽查局先后办理延长税收违法案件审理时限审批手续,将案件审理时限延长至2019年2月15日。2018年11月30日,

第十章 增值税法律责任与典型案例分析

南京税务第三稽查局组织集体审理会议对司迈特公司一案进行审理。2018年12月17日，南京税务第三稽查局向司迈特公司作出宁税稽三罚告〔2018〕59号《税务行政处罚事项告知书》，告知司迈特公司，司迈特公司未按规定申报行为构成偷税，偷税金额为60 541.92元，拟对司迈特公司违法事实处以少缴税款50%的罚款30 270.96元，并告知司迈特公司有陈述、申辩、听证的权利。2018年12月18日，司迈特公司提出听证申请。2019年1月2日，南京税务第三稽查局举行听证，听证中南京税务第三稽查局听取了司迈特公司的陈述、申辩意见。司迈特公司提出合同中约定货款支付达到95%以上再开具发票，司迈特公司并没有主观故意且2016年至2017年因存在交易上的民事诉讼纠纷，故没有确认收入等意见。2019年1月21日，南京税务第三稽查局就司迈特公司的听证情况进行集体研究审理，维持原处理处罚意见，并于2019年1月23日出具审理报告。2019年1月24日，南京税务第三稽查局对司迈特公司作出宁税稽三处〔2019〕11号《税务处理决定书》，作出如下决定：1.司迈特公司应补缴2017年6月增值税60 541.92元；2.调增司迈特公司2017年应纳税所得额356 128.91元，调整后2017年度应纳税所得额为224458.48元，用以前年度亏损进行弥补；3.根据《税收征收管理法》第三十二条的规定，纳税人未按照规定期限缴纳税款的，扣缴义务人未按照规定期限解缴税款的，税务机关除责令限期缴纳外，从滞纳税款之日起，按日加收滞纳税款万分之五的滞纳金，对司迈特公司应补缴的税额按规定加收滞纳金，同时在该处理决定书内告知了司迈特公司申请复议的权利和期限。同日，南京税务第三稽查局对司迈特公司作出宁税稽三罚〔2019〕2号《税务行政处罚决定书》（以下简称涉案处罚决定书），查明违法事实为司迈特公司销售货物未按规定进行纳税申报，未申报金额共计356 128.91元，南京税务第三稽查局根据税收征收管理法第六十三条的规定，决定对司迈特公司处以少缴税款的0.5倍罚款，罚款金额30 270.96元。司迈特公司不服涉案处罚决定书，起诉至一审法院，请求撤销南京税务第三稽查局作出的涉案处罚决定书。

一审法院另查明，司迈特公司因不服南京税务第三稽查局作出的宁税稽三处〔2019〕11号《税务处理决定书》，于2019年5月20日向原南京铁路运输法院提起诉讼，要求撤销南京税务第三稽查局作出的宁税稽三处〔2019〕11号《税务处理决定书》。原南京铁路运输法院于2019年11月11日作出（2019）苏8602行初834号之一行政裁定，认为根据法律规定，司迈特公司对税务处理决定书不服，应先向复议机关申请行政复议，司迈特公司不能未经复议，直接向法院提起行政诉讼，故裁定驳回司迈特公司的起诉。司迈特公司不服，提起上诉。南京市中级人民法院于 2020 年 4 月 21 日作出（2019）苏 01 行终 982 号行政裁定：驳回上诉，维持原裁定。

（三）一审法院观点

《税收征收管理法》第五条第一款规定："国务院税务主管部门主管全国税收征收管理工作。各地国家税务局和地方税务局应当按照国务院规定的税收征收管理范围分别进行征收管理。"第十四条规定："本法所称税务机关是指各级税务局、税务分局、税务所和按照国务院规定设立的并向社会公告的税务机构。"《税收征收管理法实施细则》第九条第一款规定："税收征管法第十四条所称按照国务院规定设立的并向社会公告的税务机构，是指省以下税务局的稽查局。稽查局专司偷税、逃避追缴欠税、骗税、抗税案件的查处。"南京税务第三稽查局作为法定的税务机关，具有对其税收征收管理范围内的偷税案件进行查处的法定职责。

《税收征收管理法》第二十五条第一款规定："纳税人必须依照法律、行政法规规定或者税务机关依照法律、行政法规的规定确定的申报期限、申报内容如实办理纳税申报，报送纳税申报表、财务会计报表以及税务机关根据实际需要要求纳税人报送的其他纳税资料。"第二十七条规定："纳税人、扣缴义务人不能按期办理纳税申报或者报送代扣代缴、代收代缴税款报告表的，经税务机关核准，可以延期申报。经核准延期办理前款规定的申报、报送事项的，应当在纳税期内按照上期实际缴纳的税额或者税务机关核定的税额预缴税款，并在核准的延期内办理税款结算。"第三十一条规定："纳税人、扣缴义务人按照法律、行政法规规定或者税务机关依照法律、行政法规的规定确定的期限，缴纳或者解缴税款。纳税人因有特殊困难，不能按期缴纳税款的，经省、自治区、直辖市国家税务局、地方税务局批准，可以延期缴纳税款，但是最长不得超过三个月。"第六十三条第一款规定："纳税人伪造、变造、隐匿、擅自销毁账簿、记账凭证，或者在账簿上多列支出或者不列、少列收入，或者经税务机关通知申报而拒不申报或者进行虚假的纳税申报，不缴或者少缴应纳税款的，是偷税。对纳税人偷税的，由税务机关追缴其不缴或者少缴的税款、滞纳金，并处不缴或者少缴的税款百分之五十以上五倍以下的罚款；构成犯罪的，依法追究刑事责任。"《增值税暂行条例》第十九条第一项规定："发生应税销售行为，收讫销售款项或者取得索取销售款项凭据的当天；先开具发票的，开具发票的当天，为增值税纳税义务的发生时间。"第二十三条规定："增值税的纳税期限分别为 1 日、3 日、5 日、10 日、15 日、1 个月或者 1 个季度。纳税人的具体纳税期限，由主管税务机关根据纳税人应纳税额的大小分别核定；不能按照固定期限纳税的，可以按次纳税。纳税人以 1 个月或者 1 个季度为 1 个纳税期的，自期满之日起 15 日内申报纳税；以 1 日、3 日、5 日、10 日或者 15 日为 1 个纳税期的，自期满之日起 5 日内预缴税款，于次月 1 日起 15 日内申报纳税并结清上月应纳税款。……"根据以上规定，增值税纳税义务发生时间为收讫销售款项或者取得索取销售款项凭据的当天。司迈特公司于 2013 年与珠海万通公司签订《买卖合同》，后因双方在合同履行过程中发生纠纷，司迈特公司将珠海万通公司诉至法院，该案经广州市黄埔区人民法院审理，并于 2017 年 6 月 12 日作出（2017）粤 0112 民初 938 号民事判决。该判决生效时，司迈特公司因此次交易而获取的销售收入金额已经明确，即司迈特公司取得了索取货款的凭证，发生了增值税纳税义务。司迈特公司应按照法律规定的申报期限、申报内容在纳税申报时如实办理销售收入的纳税申报并缴纳相应的税款。因该笔交易，司迈特公司共计收到货款总计 416 670.83 元，其中不含税销售额为 356 128.91 元。司迈特公司在收到全部货款后，仍未办理纳税申报进行纳税。在南京税务第三稽查局调取的司迈特公司 2013—2017 年度利润表及资产负债表中，司迈特公司未将上述销售额列入 2017 年度主营业务收入中，亦未在法定期限内进行纳税申报并缴纳相应税款。同时，本案也无证据显示司迈特公司具有延期申报及缴纳税款等法定情形，南京税务第三稽查局据此认定司迈特公司在账簿上少列收入、未按实际收入依法申报纳税，构成偷税行为并作出少缴税款的 0.5 倍罚款即 30 270.96 元的行政处罚决定，符合《税收征收管理法》第六十三条的规定。

  关于司迈特公司称其不具有主观故意，不应当按照偷税进行处罚的主张。一审法院认为，司迈特公司作为企业法人，办理了税务登记，依法如实进行纳税申报是其应明知的法律常识。司迈特公司应依法在当期会计账簿中确定收入并依法申报纳税，但直至司迈特公司收到全部货款，至 2018 年税务机关开始对司迈特公司纳税情况进行检查后，司迈特公司仍未就该笔款项进行纳税申报，司迈特公司实施了在账簿上不列、少列收入的情形。《国家税务局关于税务检查期间补正申报补缴税款是否影响偷税行为定性有关问题的批复》（税总函〔2013〕196 号）中载明："税务机关认定纳税人补缴或者少缴税款的行为是否构成偷税，应当严格遵循税收征收管理法第六十三条的有关规定。纳税人未在法定的期限内缴纳税款，且其行为符合税收征收管理法第六十三条规定的构成要件的，即构成偷税，逾期后补缴税款不影响行为的定性。纳税人在稽查局进行税务检查前主动补正申报补缴税款，并且税务机关没有证据证明纳税人具有偷税主观故意的，不按偷税处理。"根据该批复的意见，纳税人所实施的行为符合税收征收管理法所规定的构成要件，即构成偷税，且司迈特公司亦不具有该批复中所载明可以不按偷税处理的条件。因此，司迈特公司的该主张不能成立。

南京税务第三稽查局在作出案涉行政处罚决定书前，依法进行了立案检查、调查取证、处罚告知、举行听证、听取陈述申辩、报送审理、作出处罚决定并送达给司迈特公司，履行了《税务稽查工作规程》《重大税务案件审理办法》规定的相关程序，程序合法。

（四）二审法院观点

本案的争议焦点是上诉人未及时缴纳税款的行为是否构成偷税。《税收征收管理法》第六十三条第一款规定："纳税人伪造、变造、隐匿、擅自销毁账簿、记账凭证，或者在账簿上多列支出或者不列、少列收入，或者经税务机关通知申报而拒不申报或者进行虚假的纳税申报，不缴或者少缴应纳税款的，是偷税。对纳税人偷税的，由税务机关追缴其不缴或者少缴的税款、滞纳金，并处不缴或者少缴的税款百分之五十以上五倍以下的罚款；构成犯罪的，依法追究刑事责任。"《国家税务局关于税务检查期间补正申报补缴税款是否影响偷税行为定性有关问题的批复》（税总函〔2013〕196号）中载明："税务机关认定纳税人补缴或者少缴税款的行为是否构成偷税，应当严格遵循税收征收管理法第六十三条的有关规定。纳税人未在法定的期限内缴纳税款，且其行为符合税收征收管理法第六十三条规定的构成要件的，即构成偷税，逾期后补缴税款不影响行为的定性。纳税人在稽查局进行税务检查前主动补正申报补缴税款，并且税务机关没有证据证明纳税人具有偷税主观故意的，不按偷税处理。"《增值税暂行条例》第十九条第一项规定："发生应税销售行为，收讫销售款项或者取得索取销售款项凭据的当天；先开具发票的，开具发票的当天，为增值税纳税义务的发生时间。"第二十三条的规定："增值税的纳税期限分别为1日、3日、5日、10日、15日、1个月或者1个季度。纳税人的具体纳税期限，由主管税务机关根据纳税人应纳税额

第十章　增值税法律责任与典型案例分析

的大小分别核定；不能按照固定期限纳税的，可以按次纳税。纳税人以 1 个月或者 1 个季度为 1 个纳税期的，自期满之日起 15 日内申报纳税；以 1 日、3 日、5 日、10 日或者 15 日为 1 个纳税期的，自期满之日起 5 日内预缴税款，于次月 1 日起 15 日内申报纳税并结清上月应纳税款。……"上述规定明确了纳税义务发生时间和纳税期限，本案中，广州市黄埔区人民法院于 2017 年 6 月 12 日作出（2017）粤 0112 民初 338 号民事判决，该民事判决生效时，司迈特公司因销售行为取得的销售收入已确定，其增值税纳税义务已发生。司迈特公司未在纳税期限内申报纳税，且在 2013—2017 年度利润表及资产负债表中，未将上述收入列入主营业务收入，亦未按照法律规定进行纳税申报并缴纳税款。司迈特公司亦未向南京税务第三稽查局提交其具有延期申报及缴纳税款的相关材料。南京税务第三稽查局依据上述事实，认定司迈特公司在账簿上少列收入、未按实际收入依法申报纳税，属于《税收征收管理法》第六十三条第一款规定的情形，构成偷税，上诉人主张其不属于偷税的主观故意缺乏事实和法律依据，江苏省南京市中级人民法院不予支持。宁税稽三处〔2019〕11 号《税务处理决定书》已对上诉人的纳税争议已进行处理，认定司迈特公司与珠海万通公司的交易不含税销售额为 356 128.91 元，在司迈特公司已缴纳税款的情况下，南京税务第三稽查局对司迈特公司处以其少缴税款的 50% 的罚款，符合《税收征收管理法》第六十三条的规定。

被上诉人南京税务第三稽查局在作出涉案处罚决定书前，依法进行了立案检查、调查取证、处罚告知、举行听证、听取陈述申辩、报送审理、作出处罚决定并送达给司迈特公司，履行了《税务稽查工作规程》《重大税务案件审理办法》规定的相关程序，程序合法。

裁判核心观点

广州市黄埔区人民法院于 2017 年 6 月 12 日作出（2017）粤 0112 民初 338 号民事判决，该民事判决生效时，甲公司因销售行为取得的销售收入已确定，其增值税纳税义务已发生。甲公司未在纳税期限内申报纳税，且在 2013—2017 年度利润表及资产负债表中，未将上述收入列入主营业务收入，亦未按照法律规定进行纳税申报并缴纳税款。甲公司亦未向南京税务第三稽查局提交其具有延期申报及缴纳税款的相关材料。南京税务第三稽查局依据上述事实，认定甲公司在账簿上少列收入、未按实际收入依法申报纳税，属于《税收征收管理法》第六十三条第一款规定的情形，构成偷税，上诉人主张其不属于偷税的主观故意缺乏事实和法律依据，法院不予支持。

三、逃税罪案例

（一）案例出处

广东省中山市中级人民法院（2024）粤20刑终503号刑事判决书。

（二）案例事实

2019年8月至11月，被告人吴某芳作为中山某某服饰有限公司法定代表人、实际控制人，采取隐瞒手段不申报纳税，通过户名为冯某光、账号6222……的银行账户分9次收取杭州某某服饰有限公司支付结算的货款共计人民币3 248 175元，均已发货不存在退货情况。上述货款均未开具发票，未进入该公司账户，亦未进行纳税申报，逃避缴纳增值税410 641.34元、城市维护建设税20 532.07元、企业所得税7 896.95元，共计人民币439 070.36元，逃税数额占应纳税额比例为65.57%。2022年4月6日，国家税务总局中山市税务局稽查局向中山某某服饰有限公司送达税务处理决定书及税务行政处罚决定书，责令中山某某服饰有限公司足额缴纳税款445 179.93元（含核定征收企业所得税6 109.57元）、罚款及滞纳金219 535.20元；2022年5月3日，国家税务总局中山市税务局稽查局向该公司送达催告书，催告该公司履行纳税义务。被告人吴某芳至今仍未补缴税款。国家税务总局中山市税务局稽查局于2022年12月1日将本案移送中山市公安局。

2023年5月19日9时许，被告人吴某芳接公安人员电话通知后主动前往中山市公安局小榄分局升平派出所投案。

（三）一审法院观点

中山市第二人民法院认为，被告人吴某芳作为中山某某服饰有限公司实际控制人、法定代表人，采取隐瞒手段不申报纳税，逃避缴纳税款数额较大且占应纳税数额10%以上，经税务机关依法下达追缴通知后，仍不补缴应纳税款，缴纳滞纳金，其行为已构成逃税罪，应依法惩处。依照《中华人民共和国刑法》（以下简称《刑法》）第二百零一条及《最高人民法院 最高人民检察院关于办理危害税收征管刑事案件适用法律若干问题的解释》第二条之规定，以逃税罪判处被告人吴某芳有期徒刑二年四个月，并处罚金三万元。

（四）上诉理由

上诉人吴某芳辩称：①其确认收取杭州某公司的费用是货款，其一审未认罪是心存侥幸，后认识自己错误，二审自愿认罪认罚；②二审期间其家属积极多方筹措资金补缴税款；③其家中有高龄的老人及未成年儿子需要照顾，请求对其改过自新的机会，对其从轻处罚。

其辩护人提出：①吴某芳自愿认罪，在上诉状中已表明自己当时存有侥幸心理，作违背事实的辩解，在二审庭审中其认罪态度好；②吴某芳及其家属已全额补缴税款，弥补国家的损失，恳请广东省中山市中级人民法院充分考虑吴某芳现在的认罪态度、弥补国家损失的决心及遭受的困难，对吴某芳从轻处罚并依法宣告缓刑。

二审期间，上诉人吴某芳及其辩护人提交了涉案相关的税收完税证明及支付凭证等证据，证实吴某芳已向税务机关补缴应纳税款445 180元。

（五）二审法院观点

上诉人吴某芳无视国家法律，作为中山某某服饰有限公司实际控制人、法定代表人，采取隐瞒手段不申报纳税，逃避缴纳税款数额较大且占应纳税数额10%以上，经税务机关依法下达追缴通知后，仍不补缴应纳税款，缴纳滞纳金，其行为已构成逃税罪，应依法惩处。一审宣判后，上诉人吴某芳深刻反思自己所犯罪行的性质及严重性，二审期间能如实供述犯罪事实，自愿认罪认罚，依法可以对其从宽处理。综上，原审判决认定的事实清楚，证据确实、充分，审判程序合法，量刑适当，鉴于上诉人吴某芳在二审审理期间已向税务机关补缴应纳税款，积极挽回国家税收损失，具有一定的悔罪表现，综合考虑其犯罪事实、犯罪情节及危害后果，广东省中山市中级人民法院认为其符合缓刑的适用条件，依法对上诉人吴某芳宣告缓刑。上诉人吴某芳及其辩护人所提意见，经上述分析，有理部分予以采纳，无理部分予以驳回。

裁判核心观点

上诉人无视国家法律，作为中山某某服饰有限公司实际控制人、法定代表人，采取隐瞒手段不申报纳税，逃避缴纳税款数额较大且占应纳税数额10%以上，经税务机关依法下达追缴通知后，仍不补缴应纳税款，缴纳滞纳金，其行为已构成逃税罪，应依法惩处。一审宣判后，上诉人深刻反思自己所犯罪行的性质及严重性，二审期间能如实供述犯罪事实，自愿认罪认罚，依法可以对其从宽处理。

第二节　虚开增值税专用发票的法律责任与典型案例分析

一、虚开增值税专用发票的行政责任

虚开发票的，由税务机关没收违法所得；虚开金额在 1 万元以下的，可以并处 5 万元以下的罚款；虚开金额超过 1 万元的，并处 5 万元以上 50 万元以下的罚款；构成犯罪的，依法追究刑事责任。

二、虚开增值税专用发票的刑事责任

1. 虚开增值税专用发票或者虚开用于骗取出口退税、抵扣税款的其他发票的，处 3 年以下有期徒刑或者拘役，并处 2 万元以上 20 万元以下罚金；虚开的税款数额较大或者有其他严重情节的，处 3 年以上 10 年以下有期徒刑，并处 5 万元以上 50 万元以下罚金；虚开的税款数额巨大或者有其他特别严重情节的，处 10 年以上有期徒刑或者无期徒刑，并处 5 万元以上 50 万元以下罚金或者没收财产。

2. 单位犯上述第 1 项规定之罪的，对单位判处罚金，并对其直接负责的主管人员和其他直接责任人员，处 3 年以下有期徒刑或者拘役；虚开的税款数额较大或者有其他严重情节的，处 3 年以上 10 年以下有期徒刑；虚开的税款数额巨大或者有其他特别严重情节的，处 10 年以上有期徒刑或者无期徒刑。

3. 虚开增值税专用发票或者虚开用于骗取出口退税、抵扣税款的其他发票，是指有为他人虚开、为自己虚开、让他人为自己虚开、介绍他人虚开行为之一的。

4. 具有下列情形之一的，应当认定为上述第一项规定的"虚开增值税专用发票或者虚开用于骗取出口退税、抵扣税款的其他发票"。

（1）没有实际业务，开具增值税专用发票、用于骗取出口退税、抵扣税款的其他发票的。

（2）有实际应抵扣业务，但开具超过实际应抵扣业务对应税款的增值专用发票、用于骗取出口退税、抵扣税款的其他发票的。

（3）对依法不能抵扣税款的业务，通过虚构交易主体开具增值税专用发票、用于骗取出口退税、抵扣税款的其他发票的。

（4）非法篡改增值税专用发票或者用于骗取出口退税、抵扣税款的其他发票相关电子信息的。

（5）违反规定以其他手段虚开的。

为虚增业绩、融资、贷款等不以骗抵税款为目的，没有因抵扣造成税款被骗损失的，不以本罪论处，构成其他犯罪的，依法以其他犯罪追究刑事责任。

5.虚开增值税专用发票、用于骗取出口退税、抵扣税款的其他发票，税款数额在10万元以上的，应当依照上述第1项的规定定罪处罚；虚开税款数额在50万元以上、500万元以上的，应当分别认定为上述第1项规定的"数额较大""数额巨大"。

（1）具有下列情形之一的，应当认定为上述第一项规定的"其他严重情节"：①在提起公诉前，无法追回的税款数额达到30万元以上的；②5年内因虚开发票受过刑事处罚或者二次以上行政处罚，又虚开增值税专用发票或者虚开用于骗取出口退税、抵扣税款的其他发票，虚开税款数额在30万元以上的；③其他情节严重的情形。

（2）具有下列情形之一的，应当认定为上述第1项规定的"其他特别严重情节"：①在提起公诉前，无法追回的税款数额达到300万元以上的；②5年内因虚开发票受过刑事处罚或者二次以上行政处罚，又虚开增值税专用发票或者虚开用于骗取出口退税、抵扣税款的其他发票，虚开税款数额在300万元以上的；③其他情节特别严重的情形。

以同一购销业务名义，既虚开进项增值税专用发票、用于骗取出口退税、抵扣税款的其他发票，又虚开销项的，以其中较大的数额计算。

以伪造的增值税专用发票进行虚开，达到上述规定标准的，应当以虚开增值税专用发票罪追究刑事责任。

三、虚开增值税专用发票行政纠纷案

（一）案例出处

河南省南阳市中级人民法院（2024）豫13行再8号行政裁定书。

（二）案例事实

一审法院审理查明，南阳税务第二稽查局于2022年10月24日向南阳某新能源有限公司作出宛税二稽处〔2022〕104号税务处理决定书，认定南阳某新能源有限公司存在虚开增值税专用发票的行为，并于当日送达给南阳某新能源有限公司。南阳某新能源有限公司不服该处理决定，提起行政复议，在行政复议期间又自愿撤回复议申请。2022年12月1日，南阳税务第二稽查局向德州税务第一稽查局作出宛税二稽协〔2022〕5号《税收违法案件协查函》，协查函记载："我局正对某某新能源有限公司发票违法进行检查，请德州税务第一稽查局协助查证涉案企业发票开具或取得情况及证据等问题。"同日，南阳税务第二稽查局向德州税务第一稽查局作出《已证实虚开通知单》，通知单记载："经查证，现将南阳某新能源有限公司已证实虚开的发票23份、涉案发票金额20 201 082.11元告知你局，请按有关规定处理，并将有关情况及税务处理结果反馈我局。"2023年1月4日，南阳税务第二稽查局向南阳市公安局作出宛税二稽移〔2022〕4号《关于南阳某新能源有限公司虚开发票案件的移送书》，于2023年1月5日送达给南阳市公安局，公安机关已经立案受理。2023年1月11日，德州税务第一稽查局向南阳税务第二稽查局作出德州税稽一协复〔2023〕13号《税收违法案件协查回复函》，回复函记载："根据你局《关于南阳某新能源有限公司发票违法的协查函》（宛税二稽协〔2022〕5号），我局已经进行检查，现将协查结果反馈你局。"该函记载的处理、处罚情况为："调查核实后，建议对德州某商贸有限公司于2021年11月、12月接受南阳某新能源有限公司开具的22份增值税专用发票作进项税额转出及企业所得税处理，补缴税款。"2023年3月21日，南阳市税务局作出宛税复终字〔2023〕1号《行政复议终止决定书》。2023年5月30日，德州税务第一稽查局向原告德州某商贸有限公司作出德州税稽一处〔2023〕11号《税务处理决定书》，认定德州某商贸有限公司取得不符合规定的发票，发票违法。依据《增值税暂行条例》第九条以及《中华人民共和国城市维护建设税法》第一条、《征收教育费附加的暂行规定》第二条、第三条等规定，认定德州某商贸有限公司应补缴税费2 803 189.8元。该公司收到处理决定后，目前没有补缴税款，对处理决定也未提起行政复议或行政诉讼。

（三）一审法院观点

一审法院认为，根据《行政诉讼法》第二十五条第一款的规定，有权提起行政诉讼的当事人应当是行政行为的相对人或者利害关系人。本案中，第一，南阳税务第二稽查局作出的 104 号《税务处理决定书》的相对人为南阳某新能源有限公司，德州某商贸有限公司并非该行政处理决定书的相对人。南阳某新能源有限公司提起复议后又撤回复议申请，该处理决定已经发生法律效力。第二，德州某商贸有限公司也不是南阳税务第二稽查局作出的 104 号《税务处理决定书》的利害关系人。南阳税务第二稽查局对某某新能源有限公司作出 104 号税务处理决定并未增设原告的权利义务；南阳税务第二稽查局对某某新能源有限公司作出的 104 号《税务处理决定书》虽然对德州某商贸有限公司产生了不利影响，但是该影响属于反射利益，对反射利益德州某商贸有限公司没有诉权。与德州某商贸有限公司存在有直接利害关系的是德州税务第一稽查局对其作出的 11 号《税务处理决定书》，案涉 104 号《税务处理决定书》以及《已证实虚开通知单》属于德州税务第一稽查局作出 11 号《税务处理决定书》时是否应当采信的证据。第三，德州税务第一稽查局对德州某商贸有限公司作出 11 号《税务处理决定书》，责令德州某商贸有限公司补缴税费，该决定对德州某商贸有限公司的权利义务产生实际影响，德州某商贸有限公司应当先补缴税费后依法提起行政复议或者行政诉讼，或者德州某商贸有限公司作为受票企业依法向开票企业提起民事诉讼，以维护自身合法权益。第四，德州税务第一稽查局根据南阳税务第二稽查局作出的 104 号《税务处理决定书》以及《已证实虚开通知单》对下游企业的原告德州公司"已经"作出 11 号《税务处理决定书》，作为下游企业的原告公司具有救济途径，并非处于"有口难辩"的境地。依据《中华人民共和国行政诉讼法》第二十五条、第四十九条及《最高人民法院关于适用〈中华人民共和国行政诉讼法〉的解释》第十二条、第六十九条第一款第一项规定，裁定：驳回德州某商贸有限公司的起诉。案件受理费 50 元，退还德州某商贸有限公司。

（四）二审法院观点

《行政诉讼法》第二条第一款规定，公民、法人或者其他组织认为行政机关和行政机关工作人员的行政行为侵犯其合法权益，有权依照本法向人民法院提起诉讼。第二十五条第一款规定，行政行为的相对人以及其他与行政行为有利害关系的公民、法人或者其他组织，有权提起诉讼。根据上述规定，行政诉讼是当事人认为行政行为侵犯其合法权益而启动的救济程序，与行政行为存在法律上的利害关系，是提起行政诉讼的前提条件。判断是否存在利害关系，应审查行政行为是否对当事人的权利义务产生直接的、现实的、客观的影响，而不包括间接的或因事物普遍联系而产生的关联；并且，该利害关系应当是法律上的利害关系，不能扩大理解为所有直接或者间接受行政行为影响的公民、法人或者其他组织。本案中，南阳税务第二稽查局对案外人作出的税务处理决定，并没有对德州某商贸有限公司的实体权利义务进行处理。虽然在被诉税务处理决定中，相关开票情况涉及德州某商贸有限公司，但这种关联仅是事实上的关联，不属于行政诉讼法上的利害关系。德州某商贸有限公司应否补缴税费或进行抵扣，仍需经有权机关按照法定程序依法依规进行处理，案涉协查函和德州税务第一稽查局的税务处理决定对此亦进行了印证。且南阳某新能源有限公司因涉嫌虚开增值税发票已经被公安机关立案侦查，在刑事案件侦办过程中，不宜再对被诉处理决定进行司法审查。综上，一审法院裁定驳回起诉并无不当。德州某商贸有限公司的上诉理由不能成立。

（五）再审法院观点

判断德州某商贸有限公司是否系利害关系人的关键在于案涉税务处理决定是否影响受票企业德州某商贸有限公司的权利义务。根据《国家税务总局关于纳税人虚开增值税专用发票征补税款问题的公告》（国家税务总局公告2012年第33号）有关"纳税人取得虚开的增值税专用发票，不得作为增值税合法有效的扣税凭证抵扣其进项税额"的规定，本案中，由于案涉税务处理决定认定南阳某新能源有限公司对外开具的增值税专用发票的行为属于虚开增值税专用发票，德州某商贸有限公司从南阳某新能源有限公司处取得的增值税专用发票不得作为增值税合法有效的扣税凭证抵扣其进项税额，德州某商贸有限公司虽然不是案涉税务处理决定的行政相对人，但案涉税务处理决定对德州某商贸有限公司作为纳税人的合法权益产生实际影响，德州某商贸有限公司与案涉税务处理决定存在利害关系，德州某商贸有限公司具有提起行政诉讼的主体资格。

裁判核心观点

根据《国家税务总局关于纳税人虚开增值税专用发票征补税款问题的公告》（国家税务总局公告2012年第33号）有关"纳税人取得虚开的增值税专用发票，不得作为增值税合法有效的扣税凭证抵扣其进项税额"的规定，本案中，由于案涉税务处理决定认定甲公司对外开具的增值税专用发票的行为属于虚开增值税专用发票，乙公司从甲公司处取得的增值税专用发票不得作为增值税合法有效的扣税凭证抵扣其进项税额，乙公司虽然不是案涉税务处理决定的行政相对人，但案涉税务处理决定对乙公司作为纳税人的合法权益产生实际影响，乙公司与案涉税务处理决定存在利害关系，乙公司具有提起行政诉讼的主体资格。

四、虚开增值税专用发票刑事处罚案

（一）案例出处

上海市第二中级人民法院（2024）沪02刑终147号刑事判决书。

（二）案例事实

上海市静安区人民法院审理上海市静安区人民检察院指控原审被告人何某犯虚开增值税专用发票罪一案，于2023年11月24日作出（2023）沪0106刑初962号刑事判决。原审被告人何某不服，向上海市第二中级人民法院提出上诉。上海市第二中级人民法院受理后，依法组成合议庭，公开开庭审理了本案。现已审理终结。

某某事务所有限公司鉴定人员出具的审计报告，公安机关出具的《到案情况》及调取的《户籍资料》，法院代管款单据，关联案件人员陈某文等的供述，扣押决定书、扣押清单、扣押笔录，被告人何某的供述等证据判决认定：被告人何某于2017年9月至2022年8月期间，介绍上海凯奇玩具有限公司（以下简称凯奇公司）、某公司2、某公司3、某公司4、某公司5收受上海卞尔实业有限公司、上海闽新木业有限公司、上海柳旭实业有限公司、某公司6虚开的增值税专用发票，税额共计人民币300万余元，已全部认证抵扣。被告人何某按照票面金额的0.5%收取好处费，共计16万余元。

2022年11月7日，被告人何某被抓获归案，到案后如实供述了上述事实。一审审理期间，被告人何某在家属帮助下退缴16万元。

（三）一审法院观点

上海市静安区人民法院认为，被告人何某的行为构成虚开增值税专用发票罪，何某到案后如实供述自己罪行，自愿认罪认罚，可依法从轻处罚。何某到案后退缴违法所得，可酌情从轻处罚。据此，依照《刑法》第二百零五条第一款、第三款、第六十七条第三款、第六十四条和《中华人民共和国刑事诉讼法》(以下简称《刑事诉讼法》)第十五条之规定,以虚开增值税专用发票罪判处何某有期徒刑10年,并处罚金20万元;违法所得予以追缴;犯罪工具予以没收。

(四) 二审认定事实

上诉人何某辩称原判量刑过重,其系初犯且认罪认罚、积极退缴违法所得,请求二审法院对其从轻处罚。二审审理过程中,何某的辩护人提交了转账流水、会见笔录、情况说明等,认为原判查明事实不清,未考虑及认定何某具有法定从轻、从宽、减轻情节,请求二审法院撤销原判,予以改判。主要理由如下:①某公司5、某公司2、某公司4与何某没有直接联系,系陈某文介绍给何某,何某在共同犯罪中系从犯,应当依法减轻处罚。②审计报告认定事实不清。何某应仅对其所控制账户中转出的回款金额承担责任,何某实际交易货款应予扣除。③何某认罪认罚并退赔违法所得。④二审期间有新的司法解释实施,根据从旧兼从轻原则,对何某应适用新的司法解释。

上海市人民检察院第二分院认为,原判认定何某犯虚开增值税专用发票罪的事实清楚,证据确实、充分。二审期间有新的司法解释实施,根据司法解释的规定,对何某应处3年以上10年以下有期徒刑,并处5万元以上、50万元以下罚金。依据从旧兼从轻原则,应适用新的司法解释,建议二审法院依法裁判。

二审审理过程中,上海市人民检察院第二分院向上海市第二中级人民法院提交了(2023)沪0106刑初744号刑事判决书、(2023)沪0106刑初713号刑事判决书、(2023)沪0106刑初1081号刑事判决书,证明凯奇公司涉及虚开数额约190万元,已全部认证抵扣,其于2023年5月29日退缴税款40万余元,于2023年7月19日退缴税款148.20万元。某公司2涉及虚开税额130万余元,全部认证抵扣且于2023年5月22日全额退缴税款。某公司3涉及虚开数额约34万元,已全部认证抵扣并于2023年6月9日全额退缴税款。上海市第二中级人民法院另查明(2023)沪0106刑初1208号刑事判决书证实某公司5涉及虚开税额22万余元并全部认证抵扣,其于2023年5月退缴全部税款,并于2023年9月21日被提起公诉。(2023)沪0106刑初1431号刑事判决书证实某公司4涉及虚开税额8万余元并全部认证抵扣,其于2023年11月13日被提起公诉,并于该案一审审理过程中全额退缴税款。

（五）二审法院观点

上海市第二中级人民法院认为，上诉人何某介绍他人虚开增值税专用发票，虚开的税款数额较大，其行为已构成虚开增值税专用发票罪，依法应予惩处。经查，在案证据证实何某在受票单位和开票单位之间介绍虚开增值税专用发票，并按一定比例收取好处费。原判认定何某介绍虚开的增值税专用发票税额共计300万余元，已全部认证抵扣。上海市第二中级人民法院核对了涉税事项证明材料，原判认定数额并无不当且该金额已将何某提出的真实交易部分对应金额予以扣除，系对被告人有利就低认定，辩护人提供的新证据中转账流水等材料无法证明相关企业存在真实货物交易行为。何某积极参与犯罪活动并从中获利，对辩护人的相关辩护意见，上海市第二中级人民法院不予采纳。

根据自2024年3月20日起施行的《最高人民法院 最高人民检察院关于办理危害税收征管刑事案件适用法律若干问题的解释》第十一条的规定，虚开增值税专用发票，税款数额在50万元以上、不满500万元的，认定为"数额较大"；在提起公诉前，无法追回的税款数额达到30万元以上，不满300万元的，认定为"其他严重情节"。具有以上两种情形之一的，对应量刑为"三年以上十年以下有期徒刑，并处五万元以上五十万元以下罚金"。本案中，何某虚开增值税专用发票税额300万余元，属于数额较大。在提起公诉前，其所涉无法追回的税款数额为8万余元。根据从旧兼从轻原则，对何某的量刑予以调整，上海市人民检察院第二分院的意见正确。何某到案后如实供述自己罪行，自愿认罪认罚，可依法从轻处罚。何某到案后退缴违法所得，可酌情从轻处罚。据此，依照《刑事诉讼法》第二百三十六条第一款第二项，第十五条，《刑法》第十二条第一款，第二百零五条第一款、第三款，第六十七条第三款，第六十四条，《最高人民法院 最高人民检察院关于办理危害税收征管刑事案件适用法律若干问题的解释》第十一条第一款的规定，判决如下：①维持上海市静安区人民法院（2023）沪0106刑初962号刑事判决的第二项，即被告人何某的违法所得予以追缴；被告人何某的犯罪工具予以没收；②撤销上海市静安区人民法院（2023）沪0106刑初962号刑事判决的第一项，即被告人何某犯虚开增值税专用发票罪，判处有期徒刑10年，并处罚金人民币20万元；③上诉人（原审被告人）何某犯虚开增值税专用发票罪，判处有期徒刑6年，并处罚金人民币15万元。（刑期从判决执行之日起计算，判决执行以前先行羁押的，羁押一日折抵刑期一日，即自 2023 年 5 月 15 日至 2029 年 5 月 12 日止。罚金应于判决生效后一个月内向上海市静安区人民法院缴纳。)

裁判核心观点

上诉人介绍他人虚开增值税专用发票，虚开的税款数额较大，其行为已构成虚开增值税专用发票罪，依法应予惩处。根据自 2024 年 3 月 20 日起施行的《最高人民法院 最高人民检察院关于办理危害税收征管刑事案件适用法律若干问题的解释》第十一条之规定，虚开增值税专用发票，税款数额在 50 万元以上、不满 500 万元的，认定为"数额较大"；在提起公诉前，无法追回的税款数额达到 30 万元以上，不满 300 万元的，认定为"其他严重情节"。具有以上两种情形之一的，对应量刑为"三年以上十年以下有期徒刑，并处五万元以上五十万元以下罚金"。上诉人虚开增值税专用发票税额 300 万余元，属于数额较大。在提起公诉前，其所涉无法追回的税款数额为 8 万余元。根据从旧兼从轻原则，对上诉人的量刑予以调整。上诉人到案后如实供述自己罪行，自愿认罪认罚，可依法从轻处罚。上诉人到案后退缴违法所得，可酌情从轻处罚。

第三节 虚开增值税普通发票的法律责任与典型案例分析

一、虚开增值税普通发票的行政责任

虚开发票的，由税务机关没收违法所得；虚开金额在 1 万元以下的，可以并处 5 万元以下的罚款；虚开金额超过 1 万元的，并处 5 万元以上 50 万元以下的罚款；构成犯罪的，依法追究刑事责任。

二、虚开增值税普通发票的刑事责任

1.虚开普通发票（即增值税专用发票或者用于骗取出口退税、抵扣税款的其他发票以外的发票），情节严重的，处 2 年以下有期徒刑、拘役或者管制，并处罚金；情节特别严重的，处 2 年以上 7 年以下有期徒刑，并处罚金。

2.单位犯上述第1项规定之罪的,对单位判处罚金,并对其直接负责的主管人员和其他直接责任人员,依照上述第1项的规定处罚。

3.具有下列情形之一的,应当认定为上述第1项规定的"虚开普通发票":

(1)没有实际业务而为他人、为自己、让他人为自己、介绍他人开具发票的。

(2)有实际业务,但为他人、为自己、让他人为自己、介绍他人开具与实际业务的货物品名、服务名称、货物数量、金额等不符的发票的。

(3)非法篡改发票相关电子信息的。

(4)违反规定以其他手段虚开的。

4.具有下列情形之一的,应当认定为上述第1项规定的"情节严重":

(1)虚开发票票面金额50万元以上的。

(2)虚开发票100份以上且票面金额30万元以上的;

(3)5年内因虚开发票受过刑事处罚或者二次以上行政处罚,又虚开发票,票面金额达到第(1)(2)项规定的标准60%以上的。

以伪造的发票进行虚开,达到上述规定的标准的,应当以虚开发票罪追究刑事责任。

5.具有下列情形之一的,应当认定为上述第1项规定的"情节特别严重":

(1)虚开发票票面金额250万元以上的。

(2)虚开发票500份以上且票面金额150万元以上的。

(3)5年内因虚开发票受过刑事处罚或者二次以上行政处罚,又虚开发票,票面金额达到第(1)(2)项规定的标准60%以上的。

三、虚开增值税普通发票行政纠纷案

(一)案例出处

天津市第二中级人民法院(2024)津02行终461号行政判决书。

(二)案例事实

天津市河东区人民法院(以下简称一审法院)查明,2019年8月1日,天津市税务局稽查局经选案及部门审核单位负责人批准,对天津某技术有限公司（以下简称某公司）进行立案检查。2019年8月8日，天津市税务局稽查局作出津税稽检通一〔2019〕151490号《税务检查通知书》并于次日送达某公司，告知自2019年8月9日起对某公司2016年1月1日至2018年12月31日（如检查发现此期间以外明显的税收违法嫌疑或线索不受此限）涉税情况进行检查。2020年9月4日，天津市税务局稽查局作出津税稽通〔2020〕41号《税务事项通知书》并于当年9月7日送达某公司，通知某公司取得的天津某甲劳务服务有限公司、天津某某劳务服务有限公司滨海第一分公司、天津某乙劳务服务有限公司开具的46张发票属于不符合规定的发票，不得作为税前扣除凭证，某公司应当自被告知之日起60日内补开、换开符合规定的发票。2020年12月21日，天津市税务局稽查局作出津税稽通〔2020〕60号《税务事项通知书》并于次日送达某公司，通知某公司取得的天津某甲劳务服务有限公司、天津某某劳务服务有限公司滨海第一分公司、天津某乙劳务服务有限公司、天津某甲建筑工程有限公司、天津某乙建筑工程有限公司开具的56张发票属于不符合规定的发票，不得作为税前扣除凭证，并限某公司于2020年12月31日前，提供证实涉及上述发票业务真实性的相关材料。根据新违法线索，2020年12月21日，天津市税务局稽查局经审批，拓展检查期限为2016年1月1日至2019年6月30日。2021年1月7日，天津市税务局稽查局作出津税稽通〔2021〕2号《税务事项通知书》并于次日送达某公司，通知某公司取得的天津某甲建筑工程有限公司开具的5份发票属于不符合规定的发票，不得作为税前扣除凭证，某公司应当在被告知之日起60日内补开、换开符合规定的发票。天津市税务局稽查局经审批，分别到中国某股份有限公司天津建国道支行、招商银行股份有限公司天津分行、中国某股份有限公司天津分行、中国农业银行天津凤凰城支行查询案件相关企业及自然人存款账户。经天津市税务局稽查局局长审批，天津市税务局稽查局分别于2019年9月26日、2019年11月26日、2020年1月13日、2020年3月18日、2020年5月22日、2020年7月15日、2020年9月11日、2020年11月11日、2021年1月6日、2021年2月24日、2021年4月8日延长案件检查审理时限。2021年4月28日，某公司在《税务稽查工作底稿（一）》《税务稽查工作底稿（二）》和陈述申辩笔录上盖章并写明"认可检察（查）组处理意见"。2021年12月6日，某公司变更法定代表人，变更前为杜某玲，变更后为刘某。2021年12月7日，天津市税务局稽查局作出津税稽处〔2021〕21号《税务处理决定书》并于2021年12月17日送达某公司，认为根据《发票管理办法》(国务院令第 587 号)第二十二条第二款第二项规定,认定某公司让他人为自己开具与实际经营业务情况不符的发票。某公司对天津市税务局稽查局作出的《税务处理决定书》不服,向市税务局提起行政复议。天津市税务局于 2022 年 1 月 20 日受理。在行政复议审理期间,某公司向市税务局提交撤销行政复议申请书,以某公司承认存在不完善之处,通过学习税法相关知识,认真总结诚恳接受税务机关的批评,保证在以后的工作中遵纪守法为由,申请撤回行政复议。天津市税务局于 2022 年 2 月 7 日作出津税复终字〔2022〕1 号《行政复议终止决定书》,根据《行政复议法》(2017 年修正)第二十五条规定,行政复议终止。后某公司亦未就《税务处理决定书》提起行政诉讼。

2023 年 7 月 21 日,天津市税务局稽查局作出《税务行政处罚事项告知书》并于当日送达某公司,告知某公司税务行政处罚的事实、理由、依据及拟作出的处罚决定,并告知某公司享有陈述、申辩和要求听证的权利。2023 年 7 月 24 日,某公司提交《听证申请书》。2023 年 7 月 26 日,天津市税务局稽查局作出津税稽税通〔2023〕1 号《税务事项通知书》、津税稽听通〔2023〕1 号《税务行政处罚听证通知书》并向某公司送达,告知某公司申请的听证事项符合受理条件,准予受理,并告知某公司听证举行时间、地点及主持人等有关情况。2023 年 8 月 4 日举行听证会,听取了某公司的陈述申辩意见并告知其将针对提出的问题进行复核。2023 年 8 月 15 日,天津市税务局稽查局作出津税稽罚〔2023〕15 号《税务行政处罚决定书》决定对某公司处 50 万元罚款并送达某公司。

某公司不服,提起行政复议。2023 年 8 月 31 日,天津市税务局收到某公司的复议申请,申请内容为要求撤销天津市税务局稽查局作出的《税务行政处罚决定书》。2023 年 9 月 4 日,天津市税务局作出津税复受字〔2023〕21 号《行政复议受理通知书》并于次日向某公司邮寄。2023 年 9 月 4 日,天津市税务局作出津税复提答字〔2023〕21 号《行政复议答复通知书》并于次日向天津市税务局稽查局邮寄。天津市税务局稽查局于 2023 年 9 月 15 日作出《行政复议答复书》。2023 年 10 月 26 日,天津市税务局作出津税复延字〔2023〕19 号《行政复议延期审理通知书》并向某公司及天津市税务局稽查局邮寄,决定延期至 2023 年 11 月 29 日前作出。经审查,天津市税务局于 2023 年 11 月 21 日作出津税复决字〔2023〕23 号《行政复议决定书》并于次日向某公司及天津市税务局稽查局邮寄,认为天津市税务局稽查局作出的《税务行政处罚决定书》认定事实清楚，证据确凿，适用依据正确，程序合法，内容适当。根据《行政复议法》（2017年修正）第二十八条第一款第（一）项的规定，决定予以维持。某公司对天津市税务局稽查局作出的《税务行政处罚决定书》和天津市税务局作出的《行政复议决定书》均不服，向一审法院提起行政诉讼，请求：1. 撤销天津市税务局稽查局作出的《税务行政处罚决定书》；2. 撤销天津市税务局作出的《行政复议决定书》；3. 本案诉讼费用由天津市税务局稽查局、天津市税务局承担。

另查明，2020年8月14日，天津市滨海新区公安局作出津滨公（济）立字〔2020〕527号《立案决定书》，对某公司涉虚开发票案立案侦查。2021年12月23日，天津市税务局稽查局作出津税稽移〔2021〕13号《涉嫌犯罪案件移送书》并附《关于天津某某技术有限公司发票违法案件的调查报告》《税务处理决定书》移送至天津市公安局经侦总队。2022年12月30日，天津市滨海新区人民检察院作出津滨检刑不诉〔2022〕705号《不起诉决定书》，认定某公司前法定代表人杜某玲在某公司经营中实施了《刑法》（2020年修正）第二百零五条之一规定的行为，鉴于其犯罪情节轻微，具有自首情节，全额补缴税款，自愿认罪认罚，其经营的企业具备一定规模，积极推进企业合规建设，根据《刑法》（2020年修正）第三十七条之规定，不需要判处刑罚，决定对杜某玲不起诉。天津市税务局稽查局于2023年5月6日至天津市滨海新区人民检察院调取该《不起诉决定书》。

（三）一审法院观点

一审法院认为，本案的争议焦点是天津市税务局稽查局作出的《税务行政处罚决定书》事实是否清楚、适用法律是否正确、裁量是否得当、程序是否合法。根据《税收征收管理法》第五条、第十四条，《税收征收管理法实施细则》第九条、《国家税务总局天津市税务局关于税务稽查机构改革有关事项的公告》（2018年第18号）和《国家税务总局天津市税务局关于调整税务稽查机构工作职责的公告》（2022年第2号）的规定，天津市税务局稽查局具有作出被诉《税务行政处罚决定书》的主体资格及法定职权。根据《行政复议法》（2017年修正）第三条、第十二条第二款和《税务行政复议规则》第十七条的规定，天津市税务局具有受理本案行政复议申请、作出行政复议决定的主体资格和法定职权。

结合天津市税务局稽查局提交的相关证据材料，包括《已证实虚开通知单》、公安机关的讯问笔录、劳务合同、资金流向证据、听证笔录、《税务处理决定书》等材料，能够证实某公司实施了虚开发票的行为。天津市滨海新区人民检察院《不起诉决定书》中也认定了某公司的前法定代表人杜某玲在某公司的经营中通过支付开票费的方式购买增值税发票，实施了《刑法》（2020 年修正）第二百零五条第一款的行为。某公司主张杜某玲的行为不能代表某公司，但是杜某玲实施上述行为时是某公司的法定代表人，虚开发票的受票人亦是某公司，法定代表人以法人名义从事的民事活动，其法律后果应由法人承受。故某公司主张不应对其进行处罚没有法律依据，一审法院不予支持。同时，天津市税务局稽查局于 2021 年 12 月 7 日作出《税务处理决定书》，认为根据《发票管理办法》（国务院令第 587 号）第二十二条第二款第二项规定，认定某公司让他人为自己开具与实际经营业务情况不符的发票。某公司对该《税务处理决定书》曾提出行政复议，后自行撤回，亦未提起行政诉讼。该《税务处理决定书》的合法有效性未经法定程序予以否定，某公司亦未能提交证据证明《税务处理决定书》存在重大明显违法。《税务处理决定书》所认定的事实应当作为本案的事实根据。故天津市税务局稽查局作出《税务行政处罚决定书》认定事实清楚。天津市税务局稽查局履行了立案、调查检查、延长检查时限、审理、处罚前告知、听证、听取陈述申辩、作出处罚决定并送达等行政程序，其行政程序合法。某公司主张根据《关于加强行政执法与刑事司法衔接工作的意见》的规定，检察机关在刑事诉讼程序结束后未向税务机关作出检察建议书并移送相关材料，天津市税务局稽查局无权作出被诉《税务行政处罚决定书》。该文件系针对做好行政执法与刑事司法衔接工作的规范性文件，并未规定未经检察机关发送检察建议行政机关不能作出处罚决定。天津市税务局稽查局在收到生效司法文书后根据本案具体情况作出被诉处罚决定，符合法律规定。某公司的主张没有法律依据，一审法院不予支持。

关于法律适用问题，最高人民法院公布的指导案例 41 号中指出，行政法中的适用法律错误，是指行政主体在作出具体行政行为时将法律规范的规定与相应的案件事实作了错误的结合，从而使行政行为存在较大瑕疵的情形。结合本案各方当事人提交的证据及庭审陈述意见，可以认定天津市税务局稽查局适用的是《发票管理办法》（国务院令第 587 号）第三十七条第一款的规定，即违法行为发生时的法律法规，其适用法律正确。但是由于《发票管理办法》历经三次修订，法律条款进行过删减变更。天津市税务局稽查局在处罚决定中直接引用"《发票管理办法》第三十七条第一款"并不规范，应当写明其适用法律法规的修订年份以便与其他加以区分，以免产生歧义。天津市税务局稽查局应当在今后的工作中加以重视。天津市税务局稽查局根据某公司存在的虚开发票的行为及金额，适用《发票管理办法》（国务院令第587号）第三十七条第一款的规定，在法律规定的幅度范围内处以罚款，裁量适当。

天津市税务局收到某公司的复议申请后，履行了受理复议申请、通知天津市税务局稽查局提交答复、审理、延长期限、作出复议决定并送达的行政程序。市税务局经审理认为天津市税务局稽查局作出的《税务行政处罚决定书》认定事实清楚，证据确凿，适用依据正确，程序合法，内容适当，根据《行政复议法》（2017年修正）第二十八条第一款第一项之规定，予以维持。天津市税务局作出的被诉《行政复议决定书》认定事实清楚，程序合法，适用法律正确。故某公司的诉讼请求没有事实和法律依据，一审法院不予支持。综上，依据《行政诉讼法》第六十九条、第七十九条和《最高人民法院关于适用〈中华人民共和国行政诉讼法〉的解释》第一百三十六条第一款的规定，判决驳回某公司的诉讼请求。案件受理费50元，由某公司负担。

（四）二审法院观点

天津市第二中级人民法院（以下简称二审法院）认为，本案的争议焦点为：1.被上诉人天津市税务局稽查局作出的《税务行政处罚决定书》认定事实是否清楚，适用法律是否正确，程序是否合法；2.被上诉人天津市税务局作出的《行政复议决定书》认定事实是否清楚，适用法律是否正确，程序是否合法。

关于争议焦点1，根据《税收征收管理法》第五条、第十四条，《税收征收管理法实施细则》第九条，《国家税务总局天津市税务局关于税务稽查机构改革有关事项的公告》（2018年第18号）和《国家税务总局天津市税务局关于调整税务稽查机构工作职责的公告》（2022年第2号）的规定，被上诉人天津市税务局稽查局具有作出被诉《税务行政处罚决定书》的主体资格及法定职权。《发票管理办法》（2010年修订）第三十七条第一款规定："违反本办法第二十二条第二款的规定虚开发票的，由税务机关没收违法所得；虚开金额在1万元以下的，可以并处5万元以下的罚款；虚开金额超过1万元的，并处5万元以上50万元以下的罚款；构成犯罪的，依法追究刑事责任。"该办法第二十二条规定:"开具发票应当按照规定的时限、顺序、栏目,全部联次一次性如实开具,并加盖发票专用章。任何单位和个人不得有下列虚开发票行为:(一)为他人、为自己开具与实际经营业务情况不符的发票;(二)让他人为自己开具与实际经营业务情况不符的发票;(三)介绍他人开具与实际经营业务情况不符的发票。"在本案中,根据天津市滨海新区人民检察院作出的津滨检刑不诉〔2022〕705号《不起诉决定书》,确认如下事实:上诉人某公司在经营中,时任法定代表人杜某玲在2016年1月至2018年12月期间,通过支付开票费的方式购买增值税发票,实施了《刑法》(2020年修正)第二百零五条第一款的行为,即虚开发票行为。同时,依据天津市滨海新区人民法院(2020)津0116刑初525号《刑事判决书》可知,为上诉人某公司开票的上游公司承认在未开展实际业务的情况下为他人虚开发票。被上诉人天津市税务局稽查局在《关于天津某技术有限公司发票违法案件的调查报告》中查明,在2018年2月至2018年10月取得的46张发票中,上诉人某公司虽然与开票公司签订合同,但是与开票公司并未发生真实业务,该项事实同时被已经生效的津滨检刑不诉〔2022〕705号《不起诉决定书》和津税稽处〔2021〕21号《税务处理决定书》所确认。另上诉人某公司在2019年1月取得的5张发票中,其在未签订合同,也未实际付款的情况下取得该5张发票,该项事实同时被已经生效的津税稽处〔2021〕21号《税务处理决定书》所确认。综合本案在案证据,被上诉人市税务稽查局认定上诉人某公司存在虚开发票的行为认定事实清楚,证据充分。上诉人某公司虽然主张其系在挂靠关系下开具发票,但是未提交充分的证据证明挂靠关系真实存在,对其该项主张二审法院不予支持。

  关于上诉人某公司主张查处46张发票超过税务行政处罚的5年时效,《税收征收管理法》第八十六条规定:"违反税收法律、行政法规应当给予行政处罚的行为,在五年内未被发现的,不再给予行政处罚。"《行政处罚法》第三十六条规定:"违法行为在二年内未被发现的,不再给予行政处罚;涉及公民生命健康安全、金融安全且有危害后果的,上述期限延长至五年。法律另有规定的除外。前款规定的期限,从违法行为发生之日起计算;违法行为有连续或者继续状态的,从行为终了之日起计算。"在本案中,案涉46张发票中第一张发票的取得时间为2016年8月,最后一张的取得时间为2018年10月,其违法行为处于持续状态,被上诉人天津市税务局稽查局于2023年8月15日作出被诉行政处罚决定未超过上述税收征收管理法规定的5年时效,故上诉人某公司的该项主张二审法院不予支持。

关于上诉人某公司认为行政处罚适用法律错误的主张，在本案中，虽然被上诉人天津市税务局稽查局在作出《税务行政处罚决定书》时仅引用《发票管理办法》第三十七条之规定，没有注明行政法规的修订年份，但是其在××号《税务行政处罚事项告知书》中注明了认定违法行为适用的是《发票管理办法》（国务院令2010年第587号）第二十二条第二款第（二）项的规定。最高人民法院在41号指导案例中指出，行政法中的适用法律错误，是指行政主体在作出具体行政行为时将法律规范的规定与相应的案件事实作了错误的结合，从而使行政行为存在较大瑕疵的情形。本案中结合在案证据及庭审陈述意见，可以认定被上诉人天津市税务局稽查局适用的是《发票管理办法》（2010年修订）第三十七条第一款的规定，即违法行为发生时的行政法规，适用法律正确，处罚结果并无不当。但是被上诉人天津市税务局稽查局对于法律适用的条款引用不够规范准确，对此二审法院予以指出。

关于上诉人认为被上诉人天津市税务局稽查局作出本案行政处罚应当有检察机关开具的《检察建议书》作为前置条件的主张，刑事处罚程序和行政处罚程序是两种不同的公法制裁程序，两者在证明标准、构成要件等方面并不相同。《关于加强行政执法与刑事司法衔接工作的意见》是为了做好行政执法与刑事司法衔接工作的规范性文件。在本案中，被上诉人天津市税务局稽查局针对虚开发票的行为具有作出行政处罚的主体资格和法定职权，被上诉人天津市税务局稽查局在收到津滨检刑不诉〔2022〕705号《不起诉决定书》后作出被诉处罚决定，符合法律规定，上诉人的该项主张二审法院不予支持。

被上诉人天津市税务局稽查局履行了立案、调查检查、延长检查时限、审理、处罚前告知、听证、听取陈述申辩、作出处罚决定并送达等行政程序，其行政程序合法。

关于争议焦点2，根据《行政复议法》（2017年修正）第三条、第十二条第二款和《税务行政复议规则》第十七条的规定，被上诉人天津市税务局具有作出行政复议决定的主体资格和法定职权。被上诉人天津市税务局收到上诉人的复议申请后，履行了受理复议申请、通知答复、审查、延长期限、作出复议决定并送达的行政程序。经审查，被上诉人天津市税务局认为被上诉人天津市税务局稽查局作出的《税务行政处罚决定书》认定事实清楚，证据确凿，适用依据正确，程序合法，内容适当。依据《行政复议法》（2017年修正）第二十八条第一款第（一）项之规定，予以维持。被上诉人天津市税务局作出被诉行政复议决定，认定事实清楚、程序合法、适用法律正确。上诉人某公司的上诉请求缺乏事实和法律依据，二审法院不予支持。

裁判核心观点

根据《税收征收管理法》第八十六条规定："违反税收法律、行政法规应当给予行政处罚的行为，在五年内未被发现的，不再给予行政处罚。"《行政处罚法》第三十六条规定："违法行为在二年内未被发现的，不再给予行政处罚；涉及公民生命健康安全、金融安全且有危害后果的，上述期限延长至五年。法律另有规定的除外。前款规定的期限，从违法行为发生之日起计算；违法行为有连续或者继续状态的，从行为终了之日起计算。"在本案中，案涉46张发票中第一张发票的取得时间为2016年8月，最后一张的取得时间为2018年10月，其违法行为处于持续状态，被上诉人天津市税务局稽查局于2023年8月15日作出被诉行政处罚决定未超过上述税收征收管理法规定的5年时效。

四、虚开增值税普通发票刑事处罚案

（一）案例出处

上海市静安区人民法院（2024）沪0106刑初1416号刑事判决书。

（二）案例事实

经审理查明，被告人武某系被告单位某公司1实际经营人。被告单位某公司1于2020年5月至2022年2月经营期间，为虚增公司运营成本，经由被告人武某决定，在没有真实业务的情况下，以支付开票费的方式，让他人为某公司1虚开增值税普通发票共101份，价税合计695.50万余元，上述增值税普通发票已计入公司业务成本。

2023年11月9日，被告人武某经民警电话联系后主动投案，到案后如实供述上述犯罪事实。案发后，被告单位补缴税款及滞纳金共计189.90万余元。在法院审理过程中，被告单位某公司1预缴罚金7万元，被告人武某预缴罚金6万元。

公诉机关建议判处被告单位某公司1罚金人民币7万元；判处被告人武某有期徒刑一年三个月，适用缓刑，并处罚金。被告单位诉讼代表人彭某、被告人武某对量刑建议没有异议且签字具结。

以上事实，被告单位诉讼代表人彭某、被告人武某在庭审中均无异议，且有相关银行账户交易明细、涉案增值税普通发票复印件、完税证明，公安机关出具的到案经过，某某事务所有限公司专项审计报告，代管款收据，被告人武某的供述和户籍资料等证据证实，足以认定。

（三）法院观点

上海市静安区人民法院认为，被告单位某公司1让他人为自己虚开增值税普通发票，情节特别严重，被告人武某作为某公司1直接负责的主管人员，其行为均已构成虚开发票罪。公诉机关指控的罪名成立，上海市静安区人民法院予以支持。被告人武某犯罪以后自动投案，如实供述自己的罪行，系自首，且认罪认罚，依法可对某公司1、武某减轻处罚。根据被告人武某的犯罪事实、情节及认罪悔罪态度等，可以适用缓刑。采纳公诉机关的量刑建议。据此，依照《刑法》第二百零五条之一，第三十条，第三十一条，第六十七条第一款，第七十二条第一款、第三款，第七十三条第二款、第三款，第五十二条及《刑事诉讼法》第十五条之规定，判决如下：①被告单位某公司1犯虚开发票罪，判处罚金人民币7万元（已缴纳）。②被告人武某犯虚开发票罪，判处有期徒刑一年三个月，缓刑一年三个月，并处罚金人民币6万元（已缴纳）。（缓刑考验期限，自判决确定之日起计算。）武某回到社区后，应当遵守法律、法规，服从监督管理，接受教育，完成公益劳动，做一名有益社会的公民。

裁判核心观点

被告单位让他人为自己虚开增值税普通发票，情节特别严重，被告人武某作为被告单位直接负责的主管人员，其行为均已构成虚开发票罪。被告人武某犯罪以后自动投案，如实供述自己的罪行，系自首，且认罪认罚，依法可对被告单位、被告人武某减轻处罚。根据被告人武某的犯罪事实、情节及认罪悔罪态度等，可以适用缓刑。

第十一章　增值税纳税筹划技巧与典型案例分析

第一节　增值税纳税人身份的纳税筹划

一、恰当选择增值税纳税人身份

实操案例 11-1

甲公司属于生产型企业，其年应纳增值税销售额达到 900 万元，具备健全的会计核算制度，符合一般纳税人的条件，因此被认定为增值税一般纳税人，适用 13% 的增值税税率。然而，甲公司准予从销项税额中抵扣的进项税额较少，仅占销项税额的 20%，这使得甲公司作为一般纳税人的增值税税负要远超过小规模纳税人的税负。请提出纳税筹划方案（小规模纳税人征收率按 3% 计算）。

实操案例 11-2

乙商贸公司为增值税一般纳税人，年销售额为 600 万元，由于可抵扣的进项税额较少，年实际缴纳增值税 60 万元，增值税税负较重。请为乙公司设计合理减轻增值税负担的纳税筹划（小规模纳税人征收率按 3% 计算）。

纳税筹划思路

根据《增值税暂行条例》《增值税暂行条例实施细则》《增值税法》的规定，我国增值税的纳税人分为两类：一般纳税人和小规模纳税人。

对一般纳税人实行凭增值税专用发票抵扣税款的制度，对其会计核算水平要求较高，管理也较为严格；对小规模纳税人实行简易征收办法，对纳税人的管理水平要求不高。一般纳税人适用的增值税税率为 13%、9% 或者

6%；小规模纳税人适用的征收率为3%，自2020年1月1日起暂时降低为1%。一般纳税人的进项税额可以抵扣，而小规模纳税人的进项税额不可以抵扣。自2020年2月1日起，小规模纳税人可以自行开具增值税专用发票。在增值税专用发票的开具上，小规模纳税人与一般纳税人的区别已经不明显。

由于小规模纳税人不能使用增值税专用发票，从小规模纳税人处购买商品的一般纳税人无法取得增值税专用发票，也就无法抵扣这部分商品中所包含的增值税款，因此，容易增加产品购买方的税收负担，小规模纳税人的产品销售可能因此受到影响。一般纳税人和小规模纳税人所使用的征税方法不同，因此就有可能导致两者的税收负担存在一定的差异。在一定情况下，小规模纳税人可以向一般纳税人转化，这就为具备相关条件的小规模纳税人提供了纳税筹划的空间。小规模纳税人向一般纳税人转化，除了必须考虑税收负担，还必须考虑会计成本，因为税法对一般纳税人的会计制度要求比较严格，小规模纳税人向一般纳税人转化会增加会计成本。比如，企业需要增设会计账簿、培养或聘请会计人员等。

企业为了减轻增值税税负，就需要综合考虑各种因素，从而决定如何在一般纳税人和小规模纳税人之间做出选择。一般来讲，企业可以根据三个标准来判断一般纳税人和小规模纳税人之间增值税税收负担的差异。

（一）增值率判别法

增值率是增值额占不含税销售额的比例。假设某工业企业某年度不含税的销售额为M，不含税购进额为N，增值率为A。如果该企业为一般纳税人，我们以13%的税率为例，其应纳增值税为$M \times 13\% - N \times 13\%$；引入增值率计算，则为$M \times A \times 13\%$；如果是小规模纳税人，应纳增值税为$M \times 3\%$。令两类纳税人的税负相等，则有：

$$M \times A \times 13\% = M \times 3\%$$

$$A = 23.08\%$$

也就是说，当增值率为23.08%时，企业无论是选择成为一般纳税人还是小规模纳税人，增值税的税收负担是相等的；当增值率小于23.08%时，企业作为一般纳税人的税负小于作为小规模纳税人的税负；当增值率大于23.08%时，企业作为一般纳税人的税负大于作为小规模纳税人的税负。

需要指出的是，这里所考虑的仅仅是企业的增值税税收负担，而不包括其他因素。因此，在决定是选择一般纳税人还是小规模纳税人身份时，不能仅仅以增值率为标准，还要考虑企业对外经济活动的难易程度以及一般纳税人的会计成本等。由于后者难以量化，因此，纳税筹划更多地体现了一种创造性的智力活动，而不是一个简单的计算问题或者数字操作问题。

（二）购货额占销售额比重判别法

由于增值税税率和征收率存在多种税率，这里仅仅考虑一般情况，其他情况的计算方法与这里的计算方法是一致的。假设一般纳税人适用13%的税率，小规模纳税人适用3%的税率。假定某工业企业不含税的销售额为A，X为购货额占销售额的比重，则购入货物的金额为AX。如果该企业为一般纳税人，应纳增值税为$A\times 13\%-AX\times 13\%$；如果是小规模纳税人，应纳增值税为$A\times 3\%$。令两类纳税人的税负相等，则有：

$$A\times 13\%-AX\times 13\%=A3\%$$
$$X=76.92\%$$

也就是说，当企业购货额占销售额的比重为76.92%时，两种纳税人的增值税税收负担完全相同；当比重大于76.92%时，一般纳税人的增值税税收负担轻于小规模纳税人；当比重小于76.92%时，一般纳税人的增值税税收负担重于小规模纳税人。

（三）含税销售额与含税购货额比较法

假设Y为含增值税的销售额，X为含增值税的购货额，且两者均为同期。令两类纳税人的税负相等，则有：

$$[Y\div(1+13\%)-X\div(1+13\%)]\times 13\%=Y\div(1+3\%)\times 3\%$$
$$X\div Y=74.68\%$$

可见，当企业的含税购货额为同期销售额的74.68%时，两类纳税人的增值税税收负担相同；当企业的含税购货额大于同期销售额的74.68%时，一般纳税人增值税税收负担轻于小规模纳税人；当企业含税购货额小于同期销售额的74.68%时，一般纳税人增值税税收负担重于小规模纳税人。

企业在设立时，可以根据上述三个标准来判断其自身所负担的增值税，并根据对各种因素的综合考量，进行合理的纳税筹划。企业在成立之前就需要进行这种筹划，因此，企业对各种情况的估计就存在很大的不确定性，这种纳税筹划结果的确定性就比较小。对此，小型企业一般可以先选择小规模纳税人的身份，在生产经营过程中积累本企业的各项指标数据，然后再进行增值税的纳税筹划,这样,纳税筹划的结果就比较确定了。

在进行纳税筹划时需要注意,小规模纳税人的标准和一般纳税人的登记制度。自2018年5月1日起,增值税小规模纳税人标准为年应征增值税销售额500万元及以下。

自2023年1月1日至2027年12月31日,对月销售额10万元以下(含本数)的增值税小规模纳税人,免征增值税。自2023年1月1日至2027年12月31日,增值税小规模纳税人适用3%征收率的应税销售收入,减按1%征收率征收增值税;适用3%预征率的预缴增值税项目,减按1%预征率预缴增值税。

需要注意的是,纳税人销售额超过小规模纳税人标准,未申请办理一般纳税人认定手续的,应按销售额依照增值税税率计算应纳税额,不得抵扣进项税额,也不得使用增值税专用发票。

纳税筹划方案

(一)实操案例11-1的纳税筹划方案

由于增值税小规模纳税人可以转化为一般纳税人,而增值税一般纳税人不能转化为小规模纳税人,因此,可以新设两家企业来承接甲公司的业务,各自作为独立核算的单位,甲公司可以注销,也可以留作他用。新设立的两家企业年应税销售额分别为440万元和460万元,并且符合小规模纳税人的其他条件,按照小规模纳税人的征收率征税。在这种情况下,两家企业合计缴纳增值税27万元〔(440+460)×3%〕。作为一般纳税人则需要缴纳增值税93.60万元(900×13%×80%)。通过纳税筹划,企业可以少纳增值税66.60万元(93.60-27)。

(二)实操案例11-2的纳税筹划方案

筹划方案一:由于一般情况下一般纳税人不允许直接变更为小规模纳税人,投资者可以将乙公司注销,同时成立丙公司和丁公司来承接乙公司的业务。丙公司和丁公司的年销售额均为300万元,符合小规模纳税人的标准。年应纳增值税18万元〔(300+300)×3%〕。

筹划方案二:投资者将乙公司注销,同时成立5家公司来承接乙公司的业务。5家公司的年销售额均为120万元,符合小规模纳税人的标准。同时将5家公司的季度销售额控制在30万元以内,则根据现行小规模纳税人月销售额不超过 10 万元免征增值税的优惠政策，4 家公司年应纳增值税为 0。

二、巧选供货方的增值税纳税人身份

实操案例 11-3

某企业属于增值税一般纳税人，其所使用的原材料有两种进货渠道：一种是从一般纳税人那里进货，含税价格为 116 元 / 件，可以开具 13% 的增值税专用发票；另一种是从小规模纳税人那里进货，含税价格为 100 元 / 件，不能开具增值税专用发票。该企业 2024 年度一直从一般纳税人处进货，一共进货 10 万件。请提出该企业的纳税筹划方案。

纳税筹划思路

增值税一般纳税人和小规模纳税人不仅会影响自身的增值税负担，而且会影响采购它们产品的企业的增值税负担，因为，增值税一般纳税人可以开具增值税专用发票，从一般纳税人处采购货物的纳税人可以抵扣其中所包含的增值税，增值税小规模纳税人通常只能开具普通发票（自 2020 年 2 月 1 日起，小规模纳税人可以自行开具增值税专用发票），从小规模纳税人处采购货物的纳税人无法抵扣其中所包含的增值税，但是，增值税一般纳税人的产品相对价格较高，这就有一个选择和比较的问题。很多企业都会遇到这样的问题：本厂需要的某材料一直由某一家企业供货，该企业属于增值税一般纳税人。同时，另外一家企业（属于工业小规模纳税人）也能够供货，而且愿意给予价格优惠，但不能提供增值税专用发票，因此该企业就想知道价格降到多少合适。与此相反的情况也会存在。问题的实质是，增值税一般纳税人产品的价格与增值税小规模纳税人产品的价格之比达到什么程度就会导致采购某种类型企业的产品比较合算。取得 13% 增值税税率专用发票与取得普通发票税收成本如何换算呢？

假定取得普通发票的购货单价为 X，取得 13% 增值税税率专用发票的购货单价为 Y，因为专用发票可以抵扣 $Y \div 1.13 \times 13\%$ 的进项税，以及进项税 12% 的城市维护建设税、教育费附加和地方教育附加。令两者相等，得到下面的等式：

$$Y - Y \div 1.13 \times 13\% \times (1+12\%) = X$$
$$Y = 1.15 \times X$$

也就是说，如果从小规模纳税人处的进价等于 $Y \div 1.15$，两者所导致的增值税负担就是相等的；如果从小规模纳税人处的进价大于 $Y\div1.15$，则从小规模纳税人采购货物所导致的增值税负担较轻。

实务中比较简单的方法就是将取得增值税专用发票上的不含税价格与增值税普通发票上的含税价格直接比较，价格低者即为应当选择的供货方。

纳税筹划方案

根据上述标准来判断，如果开具增值税普通发票的价格为100元，与之相对应的增值税专用发票价格应为115元。本案中一般纳税人的含税价格为116元，因此，从一般纳税人那里购进货物的价格较高。该企业应当选择小规模纳税人为供货方。当然，选择供货方除了考虑增值税负担，还需要考虑其他因素，如信用关系、运输成本、洽谈成本等，因此，应当将这里的增值税负担标准与其他的标准综合考虑。

三、营改增行业选择小规模纳税人身份

实操案例 11-4

甲公司提供交通运输服务，年含税销售额为515万元，在营改增之后选择了一般纳税人身份，由于在营改增之前按照3%的税率缴纳营业税，而营改增之后按照9%的税率缴纳增值税，虽然可以抵扣一些进项税额，但整体税负仍然超过了营改增之前。请提出纳税筹划方案（增值税征收率按3%计算）。

实操案例 11-5

李先生经营一家餐馆和一家装修公司。营改增之前，该餐馆年营业额为300万元，适用5%的税率，缴纳营业税15万元，该装修公司年营业额为400万元，适用3%的税率，缴纳营业税12万元，合计缴纳营业税27万元。营改增之后，请为该餐馆和装修公司提出纳税筹划方案（增值税征收率按3%计算）。

纳税筹划思路

营改增纳税人分为一般纳税人和小规模纳税人。应税行为的年应征增值税销售额（以下简称应税销售额）超过500万元的纳税人为一般纳税人，未超过500万元的纳税人为小规模纳税人。年应税销售额超过规定标准的其他个人不属于一般纳税人。年应税销售额超过规定标准但不经常发生应税行为的单位和个体工商户可选择按照小规模纳税人纳税。

年应税销售额未超过规定标准的纳税人，会计核算健全，能够提供准确税务资料的，可以向主管税务机关办理一般纳税人资格登记，成为一般纳税人。会计核算健全，是指能够按照国家统一的会计制度规定设置账簿，根据合法、有效凭证核算。

一般纳税人提供交通运输服务，税率为9%。小规模纳税人适用的增值税征收率为3%。

由于营改增之前营业税的最低税率为3%，营改增之后小规模纳税人的征税率为3%（自2020年1月1日起暂时降低为1%），所以，只要选择小规模纳税人身份，营改增纳税人的税负就不会上升。增值税是价外税，在计算增值税时还需要将取得的价款换算为不含税销售额，因此，选择小规模纳税人身份的营改增纳税人，其税负一定会下降。

如果营改增之后，纳税人的销售额超过了500万元，就必须申请成为一般纳税人，不能为了保持小规模纳税人的身份而一直不申请成为一般纳税人。根据税法规定，有下列情形之一者，应当按照销售额和增值税税率计算应纳税额，不得抵扣进项税额，也不得使用增值税专用发票：一般纳税人会计核算不健全，或者不能够提供准确税务资料的；应当办理一般纳税人资格登记而未办理的。如果纳税人的销售额超过了500万元却不办理一般纳税人资格登记，应当按照9%的税率缴纳增值税，而且不允许抵扣进项税额，纳税人的税负将会大大增加。

纳税筹划方案

（一）实操案例11-4的纳税筹划方案

甲公司的不含税销售收入为500万元［515÷（1+3%）］，由于并未超过500万元的标准，可以选择小规模纳税人的身份。在营改增之前，甲公司需要缴纳营业税15.45万元（515×3%），税后营业收入为499.55万元（515-15.45）。营改增之后，如果选择小规模纳税人身份，甲公司需要缴纳增值税15万元［515÷（1+3%）×3%］，销售收入为500万元（515-15）。通过纳税筹划，增加销售收入0.45万元（500-499.55）。

（二）实操案例11-5的纳税筹划方案

营改增之后，如果两家企业选择一般纳税人，则餐馆适用6%的税率缴纳增值税，装修公司适用9%的税率缴纳增值税。由于可抵扣进项税额较少，其增值税负担会高于营业税负担。如果两家企业选择小规模纳税人，则需要缴纳增值税20.39万元［300÷（1+3%）×3%+400÷（1+3%）×3%］。

四、营改增行业分立公司成为小规模纳税人

实操案例11-6

甲公司为一家餐饮连锁公司，下设100家分公司，各家分公司的年销售额约500万元。甲公司属于营改增一般纳税人，适用6%的税率。由于允许抵扣的进项税额比较少，增值税税收负担率（即增值税应纳税额除以销售额）约为5%，请提出纳税筹划方案。

纳税筹划思路

应税行为的年应税销售额超过500万元的纳税人为一般纳税人，未超过500万元的纳税人为小规模纳税人。对于规模较大，年应税销售额超过500万元的营改增纳税人而言，如果其经营模式允许其分立，可以考虑通过分立企业，或者将分公司改制为子公司等形式保持小规模纳税人的身份，按照简易计税方法计算增值税，这样就可以将增值税税收负担率维持在3%的较低水平上。

纳税筹划方案

甲公司将各家分公司改制为独立的子公司，同时确保各家子公司年销售额不超过500万元，这样，甲公司集团中的每一个子公司都可以保持小规模纳税人的身份，按照3%的征收率缴纳增值税，增值税税收负担率从5%降低为3%。

第二节 增值税核算方式的纳税筹划

一、兼营销售应分开核算

实操案例11-7

某钢材厂属于增值税一般纳税人。某月销售钢材，取得含税销售额1 800万元，同时经营农机，取得含税销售额200万元。前项经营的增值税税率为

13%，后项经营的增值税税率为 9%。该厂对两种经营统一进行核算。请计算该厂应纳增值税税款，并提出纳税筹划方案。

纳税筹划思路

根据《增值税法》第十二条的规定，纳税人发生两项以上应税交易涉及不同税率、征收率的，应当分别核算适用不同税率、征收率的销售额；未分别核算的，从高适用税率。因此，纳税人兼营不同税率的项目时，一定要分别核算，否则，会增加纳税人的税收负担。

自 2017 年 7 月 1 日起，简并增值税税率结构，取消 13% 的增值税税率。纳税人销售或者进口下列货物，税率为 11%：农产品（含粮食）、自来水、暖气、石油液化气、天然气、食用植物油、冷气、热水、煤气、居民用煤炭制品、食用盐、农机、饲料、农药、农膜、化肥、沼气、二甲醚、图书、报纸、杂志、音像制品、电子出版物。

自 2018 年 5 月 1 日起，纳税人发生增值税应税销售行为或者进口货物，原适用 17% 和 11% 税率的，税率分别调整为 16%、10%。纳税人购进农产品，原适用 11% 扣除率的，扣除率调整为 10%。纳税人购进用于生产销售或委托加工 16% 税率货物的农产品，按照 12% 的扣除率计算进项税额。原适用 17% 税率且出口退税率为 17% 的出口货物，出口退税率调整至 16%。原适用 11% 税率且出口退税率为 11% 的出口货物、跨境应税行为，出口退税率调整至 10%。

自 2019 年 4 月 1 日起，增值税一般纳税人（以下简称纳税人）发生增值税应税销售行为或者进口货物，原适用 16% 税率的，税率调整为 13%；原适用 10% 税率的，税率调整为 9%。纳税人购进农产品，原适用 10% 扣除率的，扣除率调整为 9%。纳税人购进用于生产或者委托加工 13% 税率货物的农产品，按照 10% 的扣除率计算进项税额。原适用 16% 税率且出口退税率为 16% 的出口货物劳务，出口退税率调整为 13%；原适用 10% 税率且出口退税率为 10% 的出口货物、跨境应税行为，出口退税率调整为 9%。适用 13% 税率的境外旅客购物离境退税物品，退税率为 11%；适用 9% 税率的境外旅客购物离境退税物品，退税率为 8%。

纳税筹划方案

在未分别核算的情况下，该厂应缴纳增值税 230.09 万元 [（1 800+200）÷（1+13%）×13%]。由于两种经营的税率不同，分别核算对企业有利，建议该企业对两种经营活动分别核算。这样，该厂应缴纳增值税 223.59 万元

[1 800÷（1+13%）×13%+200÷（1+9%）×9%]。分别核算和未分别核算相差 6.50 万元 [230.09-223.59]。由此可见，分别核算可以为该钢材厂减轻增值税税负 6.50 万元。

二、折扣销售应在一张发票上注明

实操案例 11-8

某企业为了促销，规定凡购买其产品在 6 000 件以上的，给予折扣 10%。该产品不含税单价 200 元，折扣后的不含税价格为 180 元，适用的增值税税率为 13%。该企业未将销售额和折扣额在同一张发票上分别注明。请计算该企业应当缴纳的增值税，并提出纳税筹划方案。

纳税筹划思路

根据《增值税若干具体问题的规定》（国税发〔1993〕154 号）第二条第二项的规定，纳税人采取折扣方式销售货物，如果销售额和折扣额在同一张发票上分别注明的，可按折扣后的销售额征收增值税；如果将折扣额另开发票，不论其在财务上如何处理，均不得从销售额中减除折扣额。根据《国家税务总局关于折扣额抵减增值税应税销售额问题通知》（国税函〔2010〕56 号）的规定，纳税人采取折扣方式销售货物，销售额和折扣额在同一张发票上分别注明是指销售额和折扣额在同一张发票上的"金额"栏分别注明的，可按折扣后的销售额征收增值税。未在同一张发票"金额"栏注明折扣额，而仅在发票的"备注"栏注明折扣额的，折扣额不得从销售额中减除。

所谓折扣销售，是指售货方在销售货物或应税劳务时，因购货方购买数量较大或购买行为频繁等原因，给予购货方价格方面的优惠。这种行为在现实经济生活中很普遍，是企业销售策略的一部分。由于税法对上述两种情况规定了差别待遇，这就为企业进行纳税筹划提供了空间。

根据《国家税务总局关于纳税人折扣折让行为开具红字增值税专用发票问题的通知》（国税函〔2006〕1279 号）的规定，纳税人销售货物并向购买方开具增值税专用发票后，由于购货方在一定时期内累计购买货物达到一定数量，或者由于市场价格下降等原因，销货方给予购货方相应的价格优惠或补偿等折扣、折让行为，销货方可按现行《增值税专用发票使用规定》的有关规定开具红字增值税专用发票。

纳税筹划方案

由于该企业没有将折扣额写在同一张发票上,该企业缴纳增值税应当以销售额的全额计缴增值税 156 000 元（200×6 000×13%）。如果企业熟悉税法的规定,将销售额和折扣额在同一张发票上分别注明,那么企业应纳增值税应当以折扣后的余额计缴增值税 140 400 元（180×6 000×13%）,可减轻增值税负担 15 600 元（156 000-140 400）。

三、将实物折扣转换为价格折扣

实操案例 11-9

某企业销售一批商品,共 1 万件,每件不含税价格为 100 元,根据需要采取实物折扣的方式,即在 100 件商品的基础上赠送 10 件商品,实际赠送 1 000 件商品。该商品适用的增值税税率为 13%。请计算该企业应当缴纳的增值税并提出纳税筹划方案。

纳税筹划思路

企业在运用折扣销售的方式进行纳税筹划时,应当注意一个问题,即折扣销售的税收优惠仅适用于货物价格的折扣,而不适用于实物折扣。如果销售者将资产、委托加工和购买的货物用于实物折扣,则该实物款额不仅不能从货物销售额中扣除,而且还应当对用于折扣的实物按照"视同销售货物"中的"赠送他人"项目,计征增值税。因此,企业在选择折扣方式时,尽量不选择实物折扣,在必须采用实物折扣方式时,企业可以在发票上通过适当调整而变为价格折扣。

纳税筹划方案

按照实物折扣的方式销售后,企业收取价款 100 万元（1×100）,收取增值税销项税额 13 万元（1×100×13%）,需要自己承担销项税额 1.30 万元（0.10×100×13%）。如果该企业进行纳税筹划,将这种实物折扣在开发票时变成价格折扣,即按照出售 1.10 万件商品计算,商品价格总额为 110 万元,打折以后的价格为 100 万元。这样,该企业就可以收取 100 万元的价款,同时收取增值税额 13 万元（100×13%）,不用自己负担增值税。通过纳税筹划,减轻税收负担 1.30 万元。

四、将销售折扣转换为折扣销售

实操案例 11-10

企业与客户签订的合同约定不含税销售额为 10 万元，合同中约定的付款期为 40 天。如果对方可以在 20 天内付款，将给予对方 3% 的销售折扣，即 3 000 元。由于企业采取的是销售折扣方式，折扣额不能从销售额中扣除，企业应按照 10 万元的销售额计算增值税销项税额。假设适用的增值税税率为 13%，这样，增值税销项税额 1.30 万元（10×13%）。请提出该企业的纳税筹划方案。

纳税筹划思路

销售折扣是指企业在销售货物或提供应税劳务的行为发生后，为了尽快收回资金而给予债务方价格上的优惠。销售折扣通常采用 3/10、1/20、N/30 等符号。这三种符号的含义是：如果债务方在 10 天内付清款项，则折扣额为 3%；如果在 20 天内付清款项，则折扣额为 1%；如果在 30 天内付清款项，则应全额支付。由于销售折扣发生在销售货物之后，本身并不属于销售行为，而为一种融资性的理财行为，因此销售折扣不得从销售额中减除，企业应当按照全部销售额计缴增值税。销售折扣在实际发生时计入财务费用。

从企业税负角度考虑，折扣销售方式优于销售折扣方式。如果企业面对的是一个信誉良好的客户，销售货款回收的风险较小，那么企业可以考虑通过修改合同，将销售方式改为折扣销售。

纳税筹划方案

方案一：企业在承诺给予对方 3% 的折扣的同时，将合同中约定的付款期缩短为 20 天，这样就可以在给对方开具增值税专用发票时，将以上折扣额与销售额开在同一张发票上，使企业按照折扣后的销售额计算销项增值税，增值税销项税额为 1.26 万元 [10×（1−3%）×13%]。这样，企业收入没有降低，但节省了 390 元的增值税。当然，这种方法也有缺点，如果对方企业没有在 20 天之内付款，企业会遭受损失。

方案二：企业主动压低该批货物的价格，将合同金额降低为 9.70 万元，相当于给予对方 3% 折扣之后的金额。同时在合同中约定，对方企业超过 20 天付款加收 3 390 元滞纳金（相当于 3 000 元销售额和 390 元增值税）。这样，企业的收入并没有受到实质影响。如果对方在 20 天之内付款，可以按照

9.70万元的价款给对方开具增值税专用发票,并计算1.26万元的增值税销项税额。如果对方没有在20天之内付款,企业可向对方收取3 000元滞纳金及390元增值税,并以"全部价款和价外费用"10万元计算销项增值税,也符合税法的要求。

五、将实物促销变为价格折扣

实操案例11-11

甲公司计划在年底开展一次"买一赠一"的促销活动。原计划提供促销商品正常销售额2 000万元,实际收取销售额1 000万元。已知甲公司销售该商品适用增值税税率为13%。请为甲公司设计合理减轻增值税负担的筹划方案。

纳税筹划思路

不同的促销方式在增值税上所受的待遇是不同的,利用这些不同待遇就可以进行纳税筹划。在增值税法上,赠送行为视同销售行为征收增值税,因此,当企业计划采用赠送这种促销方式时,应当考虑将赠送的商品放入销售的商品中,与销售的商品一起进行销售,这样就把赠送行为隐藏在销售行为之中,避免了赠送商品所承担的税收。比如,市场上经常看到的"加量不加价"的促销方式就是运用这种纳税筹划方法的典型例子,如果采用在原数量和价格的基础上赠送若干数量商品的方法进行促销,则该赠送的商品就需要缴纳增值税,就加重了企业的税收负担。

纳税筹划方案

由于甲公司无偿赠与价值1 000万元的商品,需要视同销售,为此增加增值税销项税额130万元(1 000×13%)。如果甲公司能将此次促销活动改为五折促销,或者采取"加量不加价"的方式组合销售,即花一件商品的钱买两件商品,就可以少负担增值税130万元。

六、巧妙控制委托代销纳税义务发生时间

实操案例11-12

甲公司委托乙公司代销一批货物。甲公司于2024年1月1日发出货物,

2024年12月1日收到乙公司的代销清单和全部货款113万元。甲公司是按月缴纳增值税的企业，适用增值税税率为13%。甲公司应当在何时缴纳增值税，并提出纳税筹划方案。

💡 纳税筹划思路

根据《增值税法》第二十八条的规定，增值税纳税义务发生时间如下：①发生应税交易，纳税义务发生时间为收讫销售款项或者取得销售款项索取凭据的当日；先开具发票的，为开具发票的当日；②发生视同应税交易，纳税义务发生时间为完成视同应税交易的当日；③进口货物，纳税义务发生时间为货物报关进口的当日。

根据《增值税暂行条例实施细则》第三十八条的规定，收讫销售款项或者取得索取销售款项凭据的当天，按销售结算方式的不同，具体为：①采取直接收款方式销售货物，不论货物是否发出，均为收到销售款或者取得索取销售款凭据的当天；②采取托收承付和委托银行收款方式销售货物，为发出货物并办妥托收手续的当天；③采取赊销和分期收款方式销售货物，为书面合同约定的收款日期的当天，无书面合同的或者书面合同没有约定收款日期的，为货物发出的当天；④采取预收货款方式销售货物，为货物发出的当天，但生产销售生产工期超过12个月的大型机械设备、船舶、飞机等货物，为收到预收款或者书面合同约定的收款日期的当天；⑤委托其他纳税人代销货物，为收到代销单位的代销清单或者收到全部或者部分货款的当天，未收到代销清单及货款的，为发出代销货物满180天的当天；⑥销售应税劳务，为提供劳务同时收讫销售款或者取得索取销售款的凭据的当天；⑦纳税人发生视同销售货物行为，为货物移送的当天。

纳税人可以充分利用上述增值税纳税义务发生时间的规定，通过适当调整结算方式进行纳税筹划。例如，采取赊销和分期收款方式销售货物时，购买方在合同约定时间无法支付货款，则应当及时修改合同，以确保销售方在收到货款后再缴纳增值税，否则，销售方则需要在合同约定的付款日期（在该日期实际上并未收到货款）产生增值税的纳税义务并应当在随后的纳税期限到来后缴纳增值税。对于委托销售的，如果发出代销货物即将满180天仍然未收到代销清单及货款，则应当及时办理退货手续，否则就产生了增值税的纳税义务。

第十一章　增值税纳税筹划技巧与典型案例分析

纳税筹划方案

甲公司应当在发出代销货物满 180 天的当天计算增值税的纳税义务，即 2024 年 6 月 29 日计算增值税，应纳增值税 13 万元 [113÷（1+13%）×13%]。甲公司应当在 7 月 15 日之前缴纳 13 万元的增值税（如有进项税额，可以抵扣进项税额后再缴纳）。

经过纳税筹划，甲公司为了避免在发出货物满 180 天时产生增值税的纳税义务，可以在发出货物 179 天之时，即 2024 年 6 月 28 日，要求乙公司退还代销的货物，然后在 2024 年 6 月 29 日与乙公司重新办理代销货物手续。这样，甲公司就可以在实际收到代销清单及 113 万元的货款时计算 13 万元的增值税销项税额，并于 2025 年 1 月 15 日之前缴纳 13 万元的增值税。

第三节　利用增值税优惠政策的纳税筹划

一、分立农产品公司增加进项税额

实操案例 11-13

某市牛奶公司主要生产流程如下：饲养奶牛生产牛奶，将产出的新鲜牛奶进行加工制成奶制品，再将奶制品销售给各大商业公司，或直接通过销售网络转销给该市及其他地区的居民。奶制品的增值税税率适用 13%，进项税额主要由两部分组成：一是向农民个人收购的草料部分可以抵扣 10% 的进项税额；二是公司水费、电费和修理用配件等按规定可以抵扣进项税额。与销项税额相比，这两部分进项税额数额较小，致使公司的增值税税负较高。假设 2024 年度从农民生产者手中购入的草料不含税金额为 1 000 万元，允许抵扣的进项税额为 100 万元，其他水电费、修理用配件等进项税额为 80 万元，全年奶制品不含税销售收入为 5 000 万元。根据这种情况，请提出纳税筹划方案。

纳税筹划思路

我国增值税的计算和征收方式是税额抵扣法，即用纳税人的销项税额减去进项税额，而确定销项税额和进项税额的依据都是增值税专用发票，因此，如果纳税人不能合法取得增值税专用发票，那么，纳税人的进项税额就不能抵扣。这就会增加纳税人的税收负担，使其在与同行业的竞争中处于不利地位。但是，根据税法的规定，在某些情况下，虽然纳税人无法取得增值税专用发票，但是也可以抵扣进项税额。例如，纳税人购进农产品，除取得增值税专用发票或者海关进口增值税专用缴款书外，按照农产品收购发票或者销售发票上注明的农产品买价和9%或者10%的扣除率计算的进项税额。进项税额计算公式为：进项税额 = 买价 × 扣除率。企业应当充分利用上述政策，尽量多地取得可以抵扣进项税额的发票。

根据《增值税法》第二十四条的规定，农业生产者销售的自产农产品免征增值税，但其他生产者销售的农产品不能享受免税待遇。农业是指种植业、养殖业、林业、牧业、水产业。农业生产者包括从事农业生产的单位和个人。农产品是指初级农产品，具体范围由财政部、国家税务总局确定。因此，企业如果有自产农产品，可以考虑单独设立相关的子公司负责生产销售自产农产品，从而享受免税待遇。

纳税筹划方案

纳税筹划之前，该公司应纳增值税 470 万元 [5 000 × 13%-（100+80）]。

该公司可以将整个生产流程分成饲养和牛奶制品加工两部分，饲养场由独立的子公司来经营，该公司仅负责奶制品加工厂。纳税筹划之后，假定饲养场销售给奶制品厂的鲜奶售价为 4 000 万元，其他条件不变，该公司应缴纳增值税 170 万元（5 000 × 13%-4000 × 10%-80）。由于农业生产者销售的自产农产品免征增值税，饲养场销售鲜奶并不需要缴纳增值税。因此，减轻增值税负担 300 万元（470-170）。

二、巧用起征点与小微企业免增值税优惠

实操案例 11-14

某个体工商户销售水果、杂货，每月含税销售额为 20 600 元，当地财政厅和税务局规定的增值税起征点为 20 000 元。请计算该个体工商户全年应纳增值税税额，并提出纳税筹划方案。（不考虑月销售额10万元以下免税优惠政策，征收率按3%计算）

第十一章 增值税纳税筹划技巧与典型案例分析

实操案例 11-15

甲公司为增值税小规模纳税人，2025 年度每月不含税销售额为 10.10 万元。请计算甲公司全年应纳增值税税额，并提出纳税筹划方案。

纳税筹划思路

根据《增值税法》第二十三条的规定，小规模纳税人发生应税交易，销售额未达到起征点的，免征增值税；达到起征点的，依照本法规定全额计算缴纳增值税。根据《增值税暂行条例实施细则》第三十七条的规定，增值税起征点的适用范围限于个人。增值税起征点的幅度规定如下：①销售货物的，为月销售额 5 000~20 000 元；②销售应税劳务的，为月销售额 5 000~20 000 元；③按次纳税的，为每次（日）销售额 300~500 元。上述所称销售额，是指《增值税暂行条例实施细则》第三十条第一款所称小规模纳税人的销售额，即不含税销售额。省、自治区、直辖市财政厅（局）和税务局应在规定的幅度内，根据实际情况确定本地区适用的起征点，并报财政部、国家税务总局备案。

如果纳税人的不含税销售额位于当地规定的增值税起征点附近，应当尽量使自己的不含税销售额低于税法规定的起征点，从而享受免税的优惠待遇。但这一优惠仅能适用于个人和个体工商户，不能适用于个人独资企业、合伙企业、有限责任公司。

自 2023 年 1 月 1 日至 2027 年 12 月 31 日，对月销售额 10 万元以下（含本数）的增值税小规模纳税人，免征增值税。

2027 年 12 月 31 日前，增值税小规模纳税人适用 3% 征收率的应税销售收入，减按 1% 征收率征收增值税；适用 3% 预征率的预缴增值税项目，减按 1% 预征率预缴增值税。

上述优惠政策类似于起征点优惠，可以适用于所有属于小规模纳税人的各种类型的企业。

纳税筹划方案

（一）实操案例 11-14 的纳税筹划方案

该个体工商户每月不含税销售额 20 000 元[20 600÷（1+3%）]，达到

439

了增值税的起征点，应当缴纳增值税。全年应纳增值税 7 200 元 [20 600 ÷（1+3%）×3%×12]。

如果该个体工商户通过打折让利将每月含税销售额降低至 20 500 元，由于其不含税销售额尚未达到 20 000 元起征点，可以免纳增值税。该个体工商户全年让利 1 200 元，节税 7 200 元，增加利润 6 000 元。

（二）实操案例 11-15 的纳税筹划方案

甲公司全年需缴纳增值税 1.21 万元（10.10×12×1%）。若甲公司合理调剂每月销售额，将前三季度的销售额控制在 30 万元以内，由此可以享受免征增值税的优惠。最后一个季度的销售额为 31.20 万元（10.10×12-30×3），需要缴纳增值税 0.31 万元（31.20×1%）。通过纳税筹划，可减轻增值税负担 0.90 万元（1.21-0.31）。

三、合理利用农产品免增值税政策

实操案例 11-16

在某乡镇农村，一些农户在田头、地角栽种了大量速生材，目前，已进入砍伐期。一些农户直接出售原木，价格每立方米价格为 200 元；另一些农户则不满足廉价出售原木，自己对原木进行深加工，如将原木加工成薄板、包装箱等再出售。假设加工 1 立方米原木需要耗用电力 6 元，人工费 4 元，因此，其出售价最低为 210 元。但是这个价格没有人愿意收购，深加工以后的原木反而要以比没有加工的原木更低的价格出售。请分析其中的原因并提出纳税筹划方案。

纳税筹划思路

根据《增值税法》第二十四条的规定，农业生产者销售的自产农产品免征增值税，但其他生产者销售的农产品不能享受免税待遇。农业是指种植业、养殖业、林业、牧业、水产业。农业生产者，包括从事农业生产的单位和个人。农产品是指初级农产品，具体范围由财政部、国家税务总局确定。销售农产品免税必须符合上述条件，否则，就无法享受免税的待遇。购进农产品，除取得增值税专用发票或者海关进口增值税专用缴款书外，按照农产品收购发票或者销售发票上注明的农产品买价和 9% 或者 10% 的扣除率计算的进项税额。进项税额计算公式为：

$$进项税额 = 买价 \times 扣除率$$

如果农业生产者希望自己对产品进行深加工使其增值以后再出售，就无法享受免税待遇，往往获得比深加工之前更差的效果，摆脱这种状况就需要通过适当的安排使得自己既能够享受免税待遇，还可以有机会得以对初级农产品进行加工增值。

纳税筹划方案

农户出售原木属免税农业产品，增值税一般纳税人收购后，可以抵扣9%的税款。因此，增值税一般纳税人收购200元的原木可抵扣18元税金，原材料成本只有182元。而农户深加工的产品出售给工厂，工厂不能计提进项税。增值税一般纳税人根据这种情况，只愿意以192元的价格收购深加工的产品（182元的原木成本加上加工所耗用的电力和人工费10元）。另外，深加工后的农产品已不属免税产品，农户还要缴纳增值税和所得税（如果达不到增值税起征点或每季度30万元，可以免征增值税）。这样，深加工的农户最后收入反而达不到200元。在这种情况下，农户深加工农业产品是失败的，这既有不能享受税收优惠的原因，也有增值率太低的因素。

经过纳税筹划，可以采取另一种方式来避免出现以上情况，即农户将原木直接出售给工厂，工厂收购原木后雇用农户加工。通过改变加工方式，农户出售200元的原木可得收入200元，工厂雇用农户加工，6元的电费由工厂支付，还可以抵扣进项税额，工厂另外向农户支付人工费4元。这样，农户可得收入204元，比农户自行深加工增收12元（204-192），企业也可抵扣农产品的18元税款以及电费所含进项税额，使成本得以降低。

四、充分利用促进重点群体创业就业优惠政策

实操案例11-17

甲公司为当地有名的福利企业，2025年度计划招收100名失业人员。当地规定的优惠定额标准为每人每年7 000元。请计算甲公司可以享受的增值税优惠并提出纳税筹划方案。

纳税筹划思路

自2023年1月1日至2027年12月31日，脱贫人口（含防止返贫监测对象，下同）、持《就业创业证》（注明"自主创业税收政策"或"毕业年度内自主创业税收政策"）或《就业失业登记证》（注明"自主创业税收政策"）的人员，从事个体经营的，自办理个体工商户登记当月起，在3年（36个月，下同）内按每户每年20 000元为限额依次扣减其当年实际应缴纳的增值税、城市维护建设税、教育费附加、地方教育附加和个人所得税。限额标准最高可上浮20%，各省、自治区、直辖市人民政府可根据本地区实际情况在此幅度内确定具体限额标准。

纳税人年度应缴纳税款小于上述扣减限额的，减免税额以其实际缴纳的税款为限；大于上述扣减限额的，以上述扣减限额为限。

上述人员具体包括：①纳入全国防止返贫监测和衔接推进乡村振兴信息系统的脱贫人口；②在人力资源社会保障部门公共就业服务机构登记失业半年以上的人员；③零就业家庭、享受城市居民最低生活保障家庭劳动年龄内的登记失业人员；④毕业年度内高校毕业生。高校毕业生是指实施高等学历教育的普通高等学校、成人高等学校应届毕业的学生；毕业年度是指毕业所在自然年，即1月1日至12月31日。

自2023年1月1日至2027年12月31日，企业招用脱贫人口，以及在人力资源社会保障部门公共就业服务机构登记失业半年以上且持《就业创业证》或《就业失业登记证》（注明"企业吸纳税收政策"）的人员，与其签订1年以上期限劳动合同并依法缴纳社会保险费的，自签订劳动合同并缴纳社会保险当月起，在3年内按实际招用人数予以定额依次扣减增值税、城市维护建设税、教育费附加、地方教育附加和企业所得税优惠。定额标准为每人每年6 000元，最高可上浮30%，各省、自治区、直辖市人民政府可根据本地区实际情况在此幅度内确定具体定额标准。城市维护建设税、教育费附加、地方教育附加的计税依据是享受本项税收优惠政策前的增值税应纳税额。

按上述标准计算的税收扣减额应在企业当年实际应缴纳的增值税、城市维护建设税、教育费附加、地方教育附加和企业所得税税额中扣减，当年扣减不完的，不得结转下年使用。

上述所称企业是指属于增值税纳税人或企业所得税纳税人的企业等单位。

农业农村部（国家乡村振兴局）、人力资源社会保障部、国家税务总局要实现脱贫人口身份信息数据共享，推动数据下沉。

企业招用就业人员既可以适用上述税收优惠政策，又可以适用其他扶持就业专项税收优惠政策的，企业可以选择适用最优惠的政策，但不得重复享受。

纳税人在2027年12月31日享受上述税收优惠政策未满3年的，可继续享受至3年期满为止。上述人员，以前年度已享受重点群体创业就业税收优惠政策满3年的，不得再享受上述税收优惠政策；以前年度享受重点群体创业就业税收优惠政策未满3年且符合上述条件的，可按上述规定享受优惠至3年期满。

纳税筹划方案

甲公司应当招用建档立卡贫困人口，以及在人力资源社会保障部门公共就业服务机构登记失业半年以上且持《就业创业证》或《就业失业登记证》（注明"企业吸纳税收政策"）的人员，与其签订1年以上期限劳动合同并依法缴纳社会保险费，每年可以抵扣增值税70万元（0.70×100）。

五、利用资产重组不征增值税政策

实操案例11-18

甲上市公司准备与乙公司进行资产互换，甲公司名下的所有资产和负债均转移给乙公司，乙公司名下的全部资产和负债转移给甲公司，双方互不支付差价。已知，甲公司名下的货物正常销售额为5 000万元，乙公司名下的货物正常销售额为4 000万元，适用增值税税率为13%。甲公司与乙公司原计划各自按照资产销售的方式来进行税务处理，请对甲公司与乙公司的交易提出纳税筹划方案。

纳税筹划思路

根据《国家税务总局关于纳税人资产重组有关增值税问题的公告》（国家税务总局公告2011年第13号）规定，自2011年3月1日起，纳税人在资产重组过程中，通过合并、分立、出售、置换等方式，将全部或者部分实物资产以及与其相关联的债权、负债和劳动力一并转让给其他单位和个人，不属于增值税的征税范围，其中涉及的货物转让，不征收增值税。

根据《国家税务总局关于纳税人资产重组增值税留抵税额处理有关问题的公告》(国家税务总局公告2012年第55号)的规定,增值税一般纳税人(以下简称原纳税人)在资产重组过程中,将全部资产、负债和劳动力一并转让给其他增值税一般纳税人(以下简称新纳税人),并按程序办理注销税务登记的,其在办理注销登记前尚未抵扣的进项税额可结转至新纳税人处继续抵扣。原纳税人主管税务机关应认真核查纳税人资产重组相关资料,核实原纳税人在办理注销税务登记前尚未抵扣的进项税额,填写《增值税一般纳税人资产重组进项留抵税额转移单》。《增值税一般纳税人资产重组进项留抵税额转移单》一式三份,原纳税人主管税务机关留存一份,交纳税人一份,传递新纳税人主管税务机关一份。新纳税人主管税务机关应将原纳税人主管税务机关传递来的《增值税一般纳税人资产重组进项留抵税额转移单》与纳税人报送资料进行认真核对,对原纳税人尚未抵扣的进项税额,在确认无误后,允许新纳税人继续申报抵扣。

根据《国家税务总局关于纳税人资产重组有关增值税问题的公告》(国家税务总局公告2013年第66号)的规定,纳税人在资产重组过程中,通过合并、分立、出售、置换等方式,将全部或者部分实物资产以及与其相关联的债权、负债经多次转让后,最终的受让方与劳动力接收方为同一单位和个人的,仍适用《国家税务总局关于纳税人资产重组有关增值税问题的公告》(国家税务总局公告2011年第13号)的相关规定,其中货物的多次转让行为均不征收增值税。资产的出让方需将资产重组方案等文件资料报其主管税务机关。

纳税人可以利用上述优惠政策进行资产重组。

纳税筹划方案

如果按普通资产销售来进行税务处理,不考虑其他税费,仅销售货物部分就需要计算增值税销项税额1 170万元[(5 000+4 000)×13%]。

如果甲公司和乙公司在资产重组的框架下开展资产置换,置换的范围增加债权债务和劳动力,并按照相关规定将资产重组方案等文件资料报其主管税务机关,则可以享受货物转让不征收增值税的优惠政策,免于计算增值税销项税额1 170万元。

第四节 利用房产转让增值税优惠进行纳税筹划

一、利用免税亲属转赠住房进行纳税筹划

实操案例 11-19

王女士想为自己的儿子在北京购买一套住房,由于他们均无北京户籍,而在北京缴纳社保和个人所得税的时间刚满 1 年,不具备在北京购买住房的资格。王女士便以其哥哥(具有北京户籍)的名义在北京购房,3 年之后,等自己与儿子具备在北京买房资格后再过户到儿子名下。假设所涉住房购买时的价款为 300 万元,过户到王女士儿子名下时的市场价格为 500 万元,请计算该套住房过户时应当缴纳的税款并提出纳税筹划方案。

纳税筹划思路

个人将住房无偿赠与配偶、父母、子女、祖父母、外祖父母、孙子女、外孙子女、兄弟姐妹免征增值税、个人所得税。

房屋产权所有人将房屋产权无偿赠与配偶、父母、子女、祖父母、外祖父母、孙子女、外孙子女、兄弟姐妹以外的人,受赠人因无偿受赠房屋取得的受赠所得,按照"偶然所得"项目缴纳个人所得税,税率为 20%,即无偿赠与的受赠人为近亲属以外的人时,受赠人须缴纳 20% 的个人所得税。

对受赠人无偿受赠房屋计征个人所得税时,其应纳税所得额为房地产赠与合同上标明的赠与房屋价值减除赠与过程中受赠人支付的相关税费后的余额。赠与合同标明的房屋价值明显低于市场价格或房地产赠与合同未标明赠与房屋价值的,税务机关可依据受赠房屋的市场评估价格或采取其他合理方式确定受赠人的应纳税所得额。

根据我国现行税收政策,亲属之间住房赠与免税的范围仅限于配偶、父母、子女、祖父母、外祖父母、孙子女、外孙子女、兄弟姐妹,其他亲属之间赠与住房不能享受免税待遇,此时,如果一定要赠与上述亲属以外的亲属,可以通过上述亲属进行转赠。例如,赠与侄子、侄女、外甥、外甥女,可以通过兄弟姐妹转赠;赠与岳父母、公婆、弟妹、小叔子、小舅子等,可

以通过配偶转赠。

> 📋 **纳税筹划方案**

该套住房过户时，王女士的哥哥需要缴纳增值税 23.81 万元［500÷（1+5%）×5%］，需要缴纳城市维护建设税、教育费附加和地方教育附加 2.86 万元［23.81×（7%+3%+2%）］；王女士的儿子需要缴纳契税 14.29 万元［500÷（1+5%）×3%］，需要缴纳个人所得税 92.38 万元［（500-23.81-14.29）×20%］，合计税收负担 133.34 万元（23.81+2.86+14.29+92.38）。

王女士的哥哥可以将房产先赠与王女士，由于两者是兄妹关系，根据现行税收政策，可以免征增值税和个人所得税，在过户时，王女士需要缴纳契税 14.29 万元［500÷（1+5%）×3%］。随后，王女士可以再将住房赠与自己的儿子，由于两者是母子关系，根据现行税收政策，可以免征增值税和个人所得税。在过户时，王女士的儿子需要缴纳契税 14.29 万元［500÷（1+5%）×3%］，合计税收负担 28.58 万元（14.29+14.29）。通过纳税筹划，减轻税收负担 104.76 万元（133.34-28.58）。

二、利用赡养关系免税进行纳税筹划

> 📖 **实操案例 11-20**

李先生的弟弟多年前因一场车祸去世，侄子由李先生抚养。现李先生准备将一套持有不到 2 年的市场价格为 200 万元的住房赠与侄子，如果直接赠与，请计算应当缴纳的税款并提出纳税筹划方案。

> 💡 **纳税筹划思路**

个人将住房无偿赠与对其承担直接抚养或者赡养义务的抚养人或者赡养人免征增值税、个人所得税。

原则上，抚养和赡养关系并不要求具备亲属关系，但一般而言，亲属之间存在抚养和赡养关系的可能性较大一些。如果不具备亲属关系，双方可以签订赡养协议，以此来证明双方之间存在赡养关系。

> 📋 **纳税筹划方案**

如果直接赠与，由于李先生持有该房产的时间不足 2 年，李先生需要缴纳增值税 9.52 万元 [200÷（1+5%）×5%]，需要缴纳城市维护建设税、教育费附加和地方教育附加 1.14 万元 [9.52×（7%+3%+2%）]；李先生的侄子需要缴纳契税 5.71 万元 [200÷（1+5%）×3%]，需要缴纳个人所得税 36.95 万元 [（200-9.52-5.71）×20%]，合计税收负担 53.32 万元（9.52+1.14+5.71+36.95）。

李先生可以到当地乡镇政府或者街道办开具自己与侄子具有抚养或者赡养关系的证明，持该证明到税务机关办理免征增值税和个人所得税手续。在赠与过户时，李先生的侄子需要缴纳契税 5.71 万元 [200÷（1+5%）×3%]。通过纳税筹划，减轻税收负担 47.61 万元（53.32-5.71）。

三、利用遗赠免税进行纳税筹划

实操案例 11-21

赵先生夫妻感情不和，事实上已经分居多年，由于各种原因，赵先生暂时无法办理离婚手续。在分居期间，赵先生与李女士共同生活在一起，李女士在赵先生生病期间悉心照料赵先生，赵先生准备将属于自己个人的一套住房赠与李女士。如果直接赠与，赵先生需要缴纳增值税、城市维护建设税、教育费附加和地方教育附加，李女士需要缴纳契税和个人所得税。请提出纳税筹划方案。

纳税筹划思路

房屋产权所有人死亡，法定继承人、遗嘱继承人或者受遗赠人依法取得房屋产权免征增值税、个人所得税。

对于通过遗赠的方式赠与住房而言，法律并不要求双方有任何特别的关系。当然，为了能够在生前就在事实上将住房赠与对方，可以通过公证赠与的方式先将住房的永久使用权赠与对方，同时制作公证遗嘱，保证未来通过遗赠的方式将住房赠与对方。由于公证赠与是不能反悔的，因此，赠与住房的使用权之后就无法收回了，但公证遗嘱是可以变更的，因此，受赠人未来是否一定可以取得住房的所有权尚有不确定因素。

纳税筹划方案

赵先生可以先将该套住房的永久居住权赠与李女士，并办理赠与公证，同时立下遗嘱，在自己去世以后将该套房产遗赠给李女士，也办理遗嘱公证。这样，在赵先生生前，李女士可以一直使用该套住房，在赵先生去世之后，可以持公证遗嘱办理过户手续，在过户时，李女士只需要缴纳契税。

四、持有满 2 年后再转让住房

实操案例 11-22

吴先生 2023 年 12 月 1 日在南京市区购买了一套普通住房，总价款为 400 万元。2025 年 7 月 1 日，吴先生准备将该套住房以 500 万元的价格转让给他人。如果此时转让，计算应当缴纳的增值税并提出纳税筹划方案。

纳税筹划思路

个人将购买不足 2 年的住房对外销售的，按照 5% 的征收率全额缴纳增值税；个人将购买 2 年以上（含 2 年）的住房对外销售的，免征增值税。

个人购买住房以取得的房屋产权证或契税完税证明上注明的时间作为其购买房屋的时间。"契税完税证明上注明的时间"是指契税完税证明上注明的填发日期。纳税人申报时，同时出具房屋产权证和契税完税证明且两者所注明的时间不一致的，按照"孰先"的原则确定购买房屋的时间，即房屋产权证上注明的时间早于契税完税证明上注明的时间的，以房屋产权证注明的时间为购买房屋的时间；契税完税证明上注明的时间早于房屋产权证上注明的时间的，以契税完税证明上注明的时间为购买房屋的时间。个人购买住房以后要及时缴纳契税并办理房产证，否则，未来出售时会因为持有时间不满 2 年而享受不了相关优惠政策。

纳税筹划方案

如果此时转让，需要缴纳增值税 23.81 万元［500÷（1+5%）×5%］，需要缴纳城市维护建设税、教育费附加和地方教育附加 2.86 万元［23.81×（7%+3%+2%）］，合计税收负担 26.67 万元（23.81+2.86）。

如果吴先生能够再持有房产一段时间，在 2025 年 12 月 1 日以后进行房产过户，此时，吴先生已经持有该套房产满 2 年，可以免征增值税。这样可减轻税收负担 26.67 万元（暂时不考虑个人所得税负担）。

五、通过抵押贷款延迟办理房产过户

实操案例 11-23

刘先生 2023 年 12 月 1 日在北京市区购买了一套普通住房,总价款为 480 万元。2025 年 7 月 1 日,刘先生因急需用钱,准备将该套住房以 500 万元的价格转让给他人。如果此时转让,需要缴纳增值税 23.81 万元 [500÷(1+5%)×5%],需要缴纳城市维护建设税、教育费附加和地方教育附加 2.86 万元 [23.81×(7%+3%+2%)],合计税收负担 26.67 万元(23.81+2.86)。请为刘先生提出增值税纳税筹划方案。

纳税筹划思路

个人将购买不足 2 年的住房对外销售的,按照 5% 的征收率全额缴纳增值税;个人将购买 2 年以上(含 2 年)的住房对外销售的,免征增值税。

迟延办理过户手续是常用的筹划方案,但应注意确保买卖双方的合法权益并预防道德风险。除了上文所阐述的抵押贷款的方式,还可以采取先租赁后销售的方式,但也应注意防止房产所有人"一房二卖"以及未来拒绝过户的风险。

纳税筹划方案

由于刘先生急需用钱,此时已经无法等到持有满 2 年再销售住房了。为了享受满 2 年免增值税的政策,刘先生可以先实际销售住房,等待满 2 年后再办理房产过户手续。为保证购房者的利益并预防刘先生未来再将住房销售给他人或者不办理房产过户手续,双方可以先签订一份抵押借款协议。协议约定刘先生向购房者借款 500 万元,以该套住房作为抵押,并办理抵押登记。这样,购房者的利益可以得到保障。刘先生与购房者再签订一份购买该套住房的协议,协议约定住房办理过户的日期为 2025 年 12 月 1 日,如果刘先生拖延办理住房过户手续,可以约定每拖延一日支付一定数额的违约金,如果刘先生拒绝办理住房过户手续,可以约定一个比较高的违约金,这样就可以预防刘先生再以高价将住房出售给他人。通过上述筹划,可以减轻税收负担 26.67 万元(暂时不考虑个人所得税负担)。